Büning · Robuste und adaptive Tests

Herbert Büning

Robuste und adaptive Tests

Walter de Gruyter · Berlin · New York 1991

Dr. rer. pol. Herbert Büning
Professor für Statistik am Institut für Statistik und Ökonometrie der Freien Universität Berlin

Mit 47 Abbildungen und 73 Tabellen

∞ Gedruckt auf säurefreiem Papier, das die
US-ANSI-Norm über Haltbarkeit erfüllt.

Die Deutsche Bibliothek - CIP-Einheitsaufnahme

Büning, Herbert:
Robuste und adaptive Tests /
Herbert Büning. - Berlin ;
New York: de Gruyter, 1991
ISBN 3-11-012827-6

Printed in Germany.
Druck: WB-Druck GmbH + Co. Buchproduktions KG, Rieden am Forggensee.
Buchbinderische Verarbeitung: Dieter Mikolai, Berlin.
Einbandgestaltung: Johannes Rother, Berlin

It is a capital mistake to theorize before one has data.

Sherlock Holmes,
in Scandal in Bohemia

Vorwort

Robuste und adaptive Verfahren nehmen in jüngster Zeit einen breiten Raum in der statistischen Literatur ein.

Die vorliegenden Monographien zu diesem Themenkomplex beschäftigen sich jedoch bevorzugt mit Schätzverfahren, weniger mit Tests, siehe z.B. Rey (1978), Huber(1981), Hoaglin u.a.(1983) und Hampel u.a. (1986), wobei letztere Abhandlung ganz auf dem Konzept der Influenzfunktion basiert. Im Buch von Staudte u. Sheather (1990) sind robusten Tests zwei Kapitel gewidmet, das fünfte und sechste Kapitel mit dem Einstichproben- bzw. Zweistichproben-Lageproblem. Das Buch von Tiku u.a. (1986) behandelt Schätz-und Testverfahren zwar ungefähr gleichgewichtig, geht aber eingeschränkt von einem speziellen MML (Modified Maximum Likelihood)-Ansatz zur Konstruktion von Schätz-und Teststatistiken aus. Kariya u. Sinha (1989) untersuchen die Robustheit von Tests im multivariaten Fall auf der Basis des Invarianzprinzips. Es gibt m.W. bislang noch keine Monographie, die sich ausschließlich robusten und adaptiven statistischen Tests widmet. Aus diesem "Ergänzungsbedürfnis" ist das vorliegende Lehrbuch geschrieben. Es mag in dem Sinne als Fortsetzung der "Nichtparametrischen statistischen Methoden" von Büning u. Trenkler (1978) angesehen werden, daß nach der "Blütezeit" nichtparametrischer Verfahren in den 50er und 60er Jahren hier der Entwicklung neuerer statistischer Methoden Rechnung getragen werden soll.

Während robuste Tests - grob gesprochen - als unempfindlich gegenüber Abweichungen von den im Modell postulierten Annahmen gekennzeichnet sind, werden adaptive Tests im Sinne einer Anpassung an vorliegende Daten erklärt: Es soll derjenige Test ausgewählt werden, der im Hinblick auf die gegebene Datensituation der geeignetste ist. Die Begriffe robust und adaptiv bedürfen natürlich noch einer Präzisierung (siehe 1.3, 2.4, 3.1 und 3.2). Beide Ansätze, der robuste und der adaptive, sind sowohl von theoretischem, aber ganz besonders auch von praktischem Interesse, weil der Anwender statistischer Methoden nur in den seltensten Fällen annähernd Gewißheit über das Erfülltsein der (restriktiven) Modellannahmen hat, unter denen die (klassischen) optimalen Tests hergeleitet sind.

So wendet sich das vorliegende Lehrbuch gleichermaßen an den theoretisch interessierten wie praktisch orientierten Statistiker; insbesondere an Studierende der verschiedenen Fachrichtungen, die nach dem Studium der parametrischen und nichtparametrischen Testverfahren einen Einblick in neuere statistische Methoden auf dem Gebiet der Testtheorie gewinnen wollen.

Wesentliche Teile der Buches resultieren aus Unterlagen zu Vorlesungen über "Robuste und adaptive Verfahren", gehalten am Fachbereich Wirtschaftswissenschaft der Freien Universität Berlin für Studierende im Wahlfach Statistik. Es versteht sich von selbst, daß ein solches Lehrbuch auch nicht annähernd alle Probleme und die zugehörigen Verfahren, die Gegenstand von Robustheitsuntersuchungen sind, auflisten oder gar diskutieren kann. Ziel dieses Buches ist es vielmehr, an einer Reihe ausgewählter Beispiele, so insbesondere an den wichtigen Ein- und Zweistichproben-Problemen, verschiedene Konzepte robuster und adaptiver Tests verständlich zu machen und darüberhinaus geeignete Tests für diese Probleme bereitzustellen. Dabei soll bewußt der "Notlage" eines Statistikers in der Praxis Rechnung getragen werden, der einen Datensatz vor sich hat und nicht weiß, welchen der infrage kommenden Tests er anwenden soll. (Dieser Statistiker ist jedoch insoweit gegenüber dem konservativen Statistiker, der für eine bestimmte zu überprüfende Hypothese stets denselben Test (t-Test, F-Test) anwendet, einen großen Schritt weiter, als er um die Existenz mehrerer Tests für "sein" Problem und ihre Abhängigkeit von Modellannahmen weiß!). In diesem Sinne wird in den einzelnen Kapiteln zur Anwendung der Verfahren immer wieder auf reale Datensätze zurückgegriffen; der Abschnitt 1.3 ist zum Einstieg sogar ganz Datenbeispielen gewidmet. Aber auch der mehr theoretisch interessierte Leser möge unter Zuhilfenahme der zahlreichen Literaturangaben zu jedem Problem Anregungen für eigene wissenschaftliche Arbeiten erhalten.

Nach einer Einführung im 1. Kapitel mit einer Abgrenzung parametrischer, nichtparametrischer, robuster und adaptiver Verfahren und einer Auswahl von Datenbeispielen für die im folgenden zu behandelnden Probleme wird im 2. Kapitel die Robustheit von Tests untersucht. In den Abschnitten 2.1 bis 2.4 sind Grundlagen dargestellt; dabei kommt dem Abschnitt 2.4 mit verschiedenen Robustheitskonzepten besondere Bedeutung zu. Die Abschnitte 2.5 bis 2.9 behandeln Tests im Ein-, Zwei- und c-Stichproben-Fall jeweils für Lage- und Skalenparameter sowie das Regressionsproblem. Der Abschnitt 2.10 fällt insoweit aus dem Rahmen dieses Buches, als er sich im Gegensatz zu allen anderen Abschnitten mit *multivariaten* Daten beschäftigt. Mit dieser Ergänzung soll ein Problem angesprochen werden, das sich bei der Untersuchung mehrdimensionaler Daten stellt: Im $\mathbf{R}^p$, $p \geq 2$, gibt es bekanntlich keine natürliche (eindeutige) Ordnung der Vektoren. Das bedeutet z.B., daß das Trimmen von Beobachtungen - ein im univariaten Fall sehr einfaches und wichtiges Konzept zur Konstruktion robuster Verfahren - im $\mathbf{R}^p$ nicht mehr eindeutig möglich ist. Das 3. Kapitel beschäftigt sich mit adaptiven Tests, insbesondere wiederum für den Ein- und Zweistichproben-Fall. Eine wichtige Rolle in dem hier dargestellten adaptiven Konzept von Hogg (1974,1976) spielt die Auswahl geeigneter Maße zur Klassifizierung von Verteilungen (3.3). Das abschließende 4. Kapitel gibt eine Zusammenfassung der Ergebnisse der untersuchten robusten und adaptiven Tests. Im Anhang sind einige Begriffe zusammengestellt und erläutert, was zum besseren Verständnis des dargebotenen Stoffes dienen möge.

Ein Hinweis zur Darstellung des Stoffes: Definitionen, Sätze, Beispiele, Abbildungen und Tabellen sind kapitelweise durchnumeriert; das Ende eines Beweises ist durch Δ und das eines Beispieles durch ∇ gekennzeichnet.

An dieser Stelle möchte ich meinen Mitarbeitern, den Herren Dr. A. Handl und U. Müller, und meiner Mitarbeiterin Frau B. Schmidtmann sowie den Teilnehmern an den beiden Lehrveranstaltungen über robuste und adaptive Tests im WS 89/90 und SS 90, insbesondere Herrn Sidabras, herzlich danken für das sorgfältige Lesen des Manuskripts und für die Korrekturvorschläge. Zu Dank verpflichtet bin ich insbesondere Frau K. Geck und Frau P. Schlesinger, die mit viel Sorgfalt und Geduld verschiedene Textversionen geschrieben und bis zur endgültigen Druckvorlage durchgehalten haben. Die Graphik in Abschnitt 1.2 verdanke ich einem Studenten aus der statistischen Grundausbildung, dem Karikaturisten Hunz.

Mein Dank gilt last but not least dem De Gruyter Verlag für die wieder gute Zusammenarbeit.

Berlin, im Juni 1991 H. Büning

Inhaltsverzeichnis

A tool which has many purposes is not usually as efficient for any one of them as a specialized tool developed solely for a single purpose.

M. G. Kendall

1 Einführung

1.1 Die vier Epochen der Statistik

Parametrische, nichtparametrische, robuste und adaptive Tests, diese begrifflich noch näher abzugrenzenden Verfahren spiegeln vier Epochen der statistischen Inferenz wider, wobei der Beginn einer neuen Epoche natürlich nicht das Ende der vorangegangenen ankündigt. So stehen sich heute alle vier Testverfahren mehr oder weniger gleichbedeutend als Konkurrenten gegenüber, wobei die Bevorzugung eines dieser Verfahren gegenüber den anderen vom Kenntnisstand des Anwenders oder seinem a priori postulierten (realistischen?) Modell abhängen mag.

Die zeitliche Festlegung des Beginns der einzelnen Epochen ist im nachhinein natürlich kaum möglich; ein solcher Versuch muß sich daher auf einige herausragende Arbeiten stützen, die ganz entscheidend Einfluß auf die weitere Entwicklung der Inferenzstatistik genommen haben.

Während die ersten auf der Normalverteilungsannahme basierenden Ansätze parametrischer Verfahren bis in den Beginn des 19. Jahrhunderts zurückreichen (Gauß (1821)), ist dann später - gerade im Hinblick auf Tests bei Normalverteilung - insbesondere die Arbeit von Student (1908) zur t-Verteilung zu nennen.

Die eigentliche Geburtsstunde der 2. Epoche, der nichtparametrischen Statistik, schlägt mit der Einführung von Rangverfahren (Hotelling und Papst (1936), Friedman (1937)). Arbeiten von Smirnow (1939), Wald u. Wolfowitz (1940), Wilcoxon (1945), Mann u. Whitney (1947) und insbesondere die zahlreichen Untersuchungen zur Güte von Rangtests Mitte bis Ende der 50er Jahre mit dem Nachweis der hohen Effizienz dieser Verfahren im Vergleich zu ihren parametrischen Konkurrenten verhalfen den nichtparametrischen Tests endgültig zu ihrem Durchbruch.

Als maßgeblich für den Beginn der 3. Epoche, der robusten Statistik, sind Arbeiten von Tukey (1960, 1962), Huber (1964), Crow u. Siddiqui (1967), Hampel (1968) und insbesondere die umfangreiche Princeton-Studie von Andrews u.a. (1972) zu nennen, wenngleich die Bezeichnung "robust" schon bei Box (1953) im Zusammenhang mit Tests auf Gleichheit von Varianzen unter Abweichungen von der Normalverteilungsannahme auftaucht. Die ersten Arbeiten zur Untersuchung von Tests bei nichtnormalverteilten Daten sind bereits bei Pearson (1929, 1931), Geary (1936, 1947) und Gayen (1950) zu finden.

Wichtige Impulse für den Beginn der 4. Epoche, der adaptiven Statistik, gingen von Hájek (1970), Jaeckel (1971) und dann vor allem von Hogg (1974, 1976), Randles u. Hogg (1973) und Hogg u.a. (1975) aus. In jüngster Zeit sind eine Reihe weiterer Arbeiten über adaptive Verfahren entstanden; sie beziehen sich aber mehr auf den Schätz- als auf den Testbereich.

1.2 Abgrenzung der vier Verfahren

Zum besserem Verständnis der im 2. und 3. Kapitel zu behandelnden robusten und adaptiven Tests seien die vier modellbezogenen Bezeichnungen von Tests, parametrisch, nichtparametrisch, robust und adaptiv, gegenübergestellt:

(a) Parametrische Tests gehen von einer a priori bekannten Verteilungsfunktion F aus, die den Daten zugrunde liegt; zur (weiteren) Spezifikation von F werden dann einige (oder alle) der F charakterisierenden Parameter getestet.

(b) Nichtparametrische Tests setzen nicht die Kenntnis der Verteilungsfunktion F voraus. Es geht hier z.B. um das Testen auf eine bestimmte Verteilung oder um das Testen auf Gleichheit zweier oder mehrerer Verteilungen, wie auch immer diese Verteilungen aussehen mögen. In diesem Sinne bedeutet also (b) im Vergleich zu (a) eine *Aufhebung* oder zumindest *Abschwächung* der (restriktiven) Modellannahme einer bekannten Verteilungsfunktion F, wenn z.B. nur die Stetigkeit oder die Symmetrie von F gefordert wird.

(c) Robuste Tests berücksichtigen eine *Abweichung* bzw. *Änderung* eines a priori postulierten Modells M; sie gehen z.B. von einem Supermodell M^* aus, das M umfaßt. Grundlage für die Kennzeichnung solcher Verfahren ist das Stetigkeitsprinzip: Was optimal unter Modell M ist, sollte auch nahezu optimal "in der Nähe" von M sein. Mit anderen Worten, es stellt sich die Frage: Wie hoch ist der Effizienzverlust eines unter dem Modell M optimalen Tests, wenn (nur leicht) an diesem Modell "gedreht" wird? Das geänderte Modell M^* kann genauso restriktiv sein wie das ursprüngliche Modell M. Der Blickwinkel ist hier ein anderer als in (b). Hampel (1978) bezieht den Begriff "robust" nur auf den parametrischen Fall: "*robust statistics basically has nothing to do with nonparametric statistics*". Dies engt aber m.E. den Robustheitsbegriff zu sehr ein, denn auch Abweichungen von den im nichtparametrischen Fall postulierten Modellannahmen, wie von der Stetigkeit oder der Symmetrie der (unbekannten) Verteilungsfunktion F sind Gegenstand von Robustheitsuntersuchungen. Robust können also parametrische wie nichtparametrische Tests sein.

(d) Adaptiven Tests liegt die Vorgehensweise zugrunde, alle wichtigen und verfügbaren Informationen aus dem vorliegenden Datensatz zu holen, um dann mit Hilfe dieser Information einen geeigneten (den besten?) Test auszuwählen. Die hier vorrangig betrachteten adaptiven Tests sind zweistufig: Datenanalyse und

Entscheidung für einen bestimmten Test auf der 1. Stufe und die eigentliche Testprozedur auf der 2. Stufe. Die auf der 1. Stufe gewonnenen Informationen beziehen sich auf die (unbekannte) Gestalt der Verteilungsfunktion F, so auf die Stärke der Tails oder der Asymmetrie.

Adaptive Tests sind nicht neu in der statistischen Praxis. So werden häufig auf der 1. Stufe die Originaldaten geeignet transformiert, um dann auf der 2. Stufe einen Test anwenden zu können, der auf der Normalverteilung basiert. Eine andere Vorgehensweise in der Praxis ist es, die für die Anwendung eines bestimmten parametrischen Verfahrens unterstellte Verteilung vorab mit Hilfe eines Anpassungstests zu überprüfen, um dann bei Annahme dieses Verteilungsmodells den parametrischen Test durchzuführen. Solche zweistufigen Verfahren sind insoweit sehr bedenklich, als das Gesamtniveau α^* dieser bedingten Tests - bezogen auf beide Stufen - völlig außer Kontrolle geraten kann. Hogg (1976) spricht im Hinblick auf eine solche Änderung des Testniveaus von "*cheating*" und schlägt zur "*Legalisierung*" dieses cheating ein Konzept vor, das in der Verknüpfung eines adaptiven und eines verteilungsfreien Ansatzes unter Einhaltung des vorgegebenen Testniveaus liegt. Der Anwender kann also "mit gutem Gewissen" einen Blick auf die Daten werfen und dann einen geeigneten Test auswählen.

Die Begriffe "robust" und "adaptiv" schließen sich natürlich nicht aus; ein adaptives Verfahren wird gerade wegen seiner Anpassung an die Daten ausgesprochen robust sein. Die folgende (nicht ganz ernst gemeinte) Graphik möge die Verteilungs-Mobilität eines parametrischen, nichtparametrischen, robusten bzw. adaptiven Statistikers in der "Welt seiner möglichen Verteilungen" veranschaulichen.

Abb. 1: Die vier Modellwelten des Statistikers

1.3 Datenbeispiele

In diesem Abschnitt werden zur Vorbereitung auf Fragestellungen in den folgenden beiden Kapiteln einige *reale* Datensätze betrachtet.
Es sind hier bewußt keine fiktiven Daten angegeben, um einer möglichen Kritik im Sinne von Stigler (1977) zu entgehen, der den Autoren der auf simulierten Daten basierenden sogenannten Princeton-Studie (Andrews u.a. (1972)) vorgeworfen hat, die Welt nur durch "*Cauchy colored glasses*" (F symmetrisch und starke Tails) betrachtet zu haben. Die ersten drei Beispiele werfen die Frage nach Ausreißern (Outliers) in den Daten auf. Dazu Hawkins (1980): "*The intuitive definition of an outlier would be an observation which deviates so much from other observations as to arouse suspicions that is was generated by a different mechanism*".

Es gibt zwei wesentliche Gründe für das Auftreten von Ausreißern:

(1) Die Daten kommen aus einer Verteilung mit starken Tails, so z.B. aus einer Doppelexponential- oder gar Cauchy-Verteilung.

(2) Die Daten kommen aus zwei Verteilungen: Die eine erzeugt "gute", die andere "schlechte" Beobachtungen, verursacht durch grobe Fehler, wie Meßfehler, Übertragungsfehler etc.. Wir sprechen hier von einer kontaminierten Verteilung oder auch einem gross-error-Modell (siehe 2.2 und 2.4.3).

Es ist also nicht jede extreme Beobachtung "schlecht" im Sinne einer mit ihr verbundenen unkorrekten Analyse des Datensatzes; sie kann durchaus wichtige Information über die zugrunde liegende Verteilung der Daten liefern, wie z.B. ein extrem hoher oder niedriger Meßwert bei einem Patienten nach Verabreichung eines Medikaments.

Hampel (1980) bringt als anschauliches Beispiel die Einkommens- und Steuerdaten in einem armseligen Alpendorf, in dem ein Millionär sein Häuschen gebaut hat:
"*Man kann nun versuchen, den Ausreißer besonders sorgfältig zu überprüfen, aber für das Gesamtsteuereinkommen ist er entscheidend. Ein Soziologe dagegen, den nicht die tatsächlichen genauen Steuerverhältnisse, sondern nur gewisse typische Grundstrukturen in den Ortschaften des Gebiets interessieren, kann sehr wohl versuchen, beispielsweise Pareto-Verteilungen anzupassen, und dabei den Millionär weitgehend oder ganz ignorieren.*"

Welche der beiden oben angegebenen Ursachen für das Erscheinen von Ausreißern dann im konkreten Fall zutrifft, wird nicht immer leicht zu entscheiden sein; im Zweifelsfall sollte aber auf jeden Fall ein (robustes) Verfahren angewandt werden, das vor Fehlschlüssen wegen extremer Beobachtungen schützt. Zur Ausreißer-Problematik siehe auch Barnett u. Lewis (1978) und Beckman u. Cook (1983).

An den folgenden drei Beispielen soll demonstriert werden, wie unterschiedlich jeweils der Grad der Gewißheit über das Vorliegen eines groben Fehlers ist.

Beispiel 1 (Morgenstern (1965, S.29 f)):

Im Jahre 1953 führte das Britische Ministerium für Arbeit und Nationale Dienste mittels Fragebogen und Interviews eine Erhebung über Haushaltsangaben durch. 20 000 Haushalte wurden gebeten, drei Wochen lang Aufzeichnungen über alle Ausgaben zu führen. Von den eingeschickten Bogen waren nur 12 911 brauchbar. Das Zahlenmaterial wurde in verschiedener Weise aufgegliedert, unter anderem nach Aufwendungen für verschiedene Posten per Haushalt, aufgegliedert nach dem Einkommen des Haushaltsvorstandes. Tafel 9 des "Berichtes über eine Erhebung betreffend Haushaltsausgaben im Jahre 1953/54" (H.M.S.O., London) entnehmen wir die in Tabelle 1 angeführten Zahlen.

Tab. 1: Ausgaben für Damenoberbekleidung nach dem Einkommen des Haushaltsvorstandes

Wocheneinkommen des Haushaltsvorstandes von ... bis unter ... £	Anzahl der Fälle in der Stichprobe	Wöchentliche Ausgaben für Damenoberbekleidung shillings	pence
Unter 3	1 843	3	5,7
3- 6	1 589	4	8,9
6- 8	2 472	4	11,7
8- 10	2 779	4	9,6
10- 14	2 765	6	2,0
14- 20	1 003	9	8,2
20- 30	291	13	9,3
30- 50	111	11	4,9
50 und mehr	58	225	6,3

Auffallend ist der sehr große Betrag der wöchentlichen Aufwendungen für Damen-Oberbekleidung bei der wohlhabendsten Gruppe (über 50 £). In einer Fußnote findet sich jedoch die Erklärung hierfür: "Ein Mitglied eines zu dieser Gruppe gehörenden Haushaltes gab im Erhebungszeitraum 1903 £ für einen Posten aus" - vermutlich für einen sehr teuren Pelzmantel. Dieser Pelzmantel taucht auch in anderen Tabellen immer wieder auf und beschert uns jedesmal eine "extreme" Zahl. Die Unterlagen sind natürlich nicht *falsch*, und die Statistiker, die den Bericht verfaßten, waren durchaus korrekt. Ihre Ergebnisse wären aber brauchbarer gewesen, wenn sie den Pelzmantel weggelassen hätten.

▽

Beispiel 2 (Cox u. Snell (1981, S.72)):

In Tabelle 2 sind für 15 Patienten mit moderater Hypertonie der systolische und diastolische Blutdruck angegeben, und zwar unmittelbar *vor* Einnahme und dann zwei Stunden *nach* Einnahme von 25 mg des Präparates Captopril:

Tab. 2: Blutdrucke (mm Hg) vor und nach Einnahme von Captopril

	Systolisch			Diastolisch		
Patient Nr.	vorher	nachher	Differenz	vorher	nachher	Differenz
1	210	201	-9	130	125	-5
2	169	165	-4	122	121	-1
3	187	166	-21	124	121	-3
4	160	157	-3	104	106	2
5	167	147	-20	112	101	-11
6	176	145	-31	101	85	-16
7	185	168	-17	121	98	-23
8	206	180	-26	124	105	-19
9	173	147	-26	115	103	-12
10	146	136	-10	102	98	-4
11	174	151	-23	98	90	-8
12	201	168	-33	119	98	-21
13	198	179	-19	106	110	4
14	148	129	-19	107	103	-4
15	154	131	-23	100	82	-18

Auffällig ist folgender Sachverhalt: Die beiden Patienten Nr.7 und Nr.13 haben durchschnittliche Differenzen beim systolischen Druck, aber eine extreme hohe (negative) Differenz (Nr.7) bzw. eine geringe (positive!) Differenz (Nr.13) beim diastolischen Druck. Es ist nicht ohne weiteres zu entscheiden, ob es sich dabei um eine Anomalie, um einen Meß- oder Übertragungsfehler oder einfach um individuelle Schwankungen des Blutdrucks handelt.

∇

Beispiel 3 (Cochran (1947), siehe auch Hampel (1980)):

Folgende Daten hinsichtlich eines varianzanalytischen Modells der Zweifach-Klassifikation liegen vor:

Tab. 3: Verhältnis von Trocken- zu Naßgewicht bei Weizen (Trockengewicht in Tausendstel des Naßgewichtes)

	Einsatz von Nitrogen			
	kein	früh	mitten	spät
Block 1	718	732	734	792
2	725	781	725	716
3	704	1035	763	758
4	726	763	738	781

Es ist ganz offensichtlich, daß der Ausreißer 1035 als grober Fehler einzustufen ist, weil er physikalisch unmöglich ist. Eine Varianzanalyse mit einem solchen Wert kann somit zu einem völlig unsinnigen Ergebnis führen. Hampel (1980) zeigt eine Reihe von Möglichkeiten auf, wie dieser und ähnliche grobe Fehler behandelt werden können. Er gibt zudem einige Beispiele für Vorkommen und Häufigkeit von groben Fehlern an; siehe auch Hampel u.a. (1986, S.25 ff).

∇

Wir resümieren: Der Wert 225 shillings, 6,3 pence in Beispiel 1 ist korrekt aber für die Datenanalyse irreführend, die Werte -23 und +4 bei den Patienten Nr.7 bzw. Nr.13 in Beispiel 2 sind zweifelhaft, und der Wert 1035 in Beispiel 3 ist nicht korrekt. Welcher dieser drei Fälle auch immer in einer konkreten Testsituation vorliegen mag, ein robuster Test sollte auf jeden Fall verhindern, daß ein Einzelwert oder einige wenige Daten einen dominierenden Einfluß auf die Teststatistik und damit auf die Entscheidung für oder gegen die Nullhypothese haben. Darüber hinaus sollte dieser Test hohe Effizienz unter der Verteilung der "guten" Daten haben.

Anhand der folgenden Beispiele wollen wir die Frage nach der Auswahl eines geeigneten Tests aufwerfen, auch im Hinblick auf den im 3. Kapitel zu beschreibenden adaptiven Ansatz. Bei den Beispielen 4 und 5 geht es jeweils um einen Test auf einen Lageparameter θ im Einstichproben- Fall (siehe 2.5).

Beispiel 4 (Stigler (1977)):

Die folgenden 20 Daten sind eine Auswahl aus Newcomb's im Jahr 1882 durchgeführten Messungen von Durchgangszeiten des Lichts, gemessen in millionstel Sekunden. Die Originalwerte z_i ergeben sich aus den hier betrachteten Werten x_i über die Transformation $z_i=10^{-3}x_i+24.8$. Der zugehörige "wahre" Wert ist 33.02.

Die Daten sind:

28	-44	29	30	26	27	22	23	33	16
24	29	24	40	21	31	34	-2	25	19 .

Zu testen sei: H_0: $\theta = 33$ gegen H_1: $\theta \neq 33$.

∇

Beispiel 5:

Im SS 1960 und WS 1960/61 wurde am Institut für Psychologie der Universität Würzburg eine Intelligenzuntersuchung mittels des Amthauer-Intelligenz-Struktur-Tests durchgeführt. Die nachstehenden Daten sind die IQ-Werte von n=22 ausgewählten Studierenden der Rechts- und Staatswissenschaftlichen Fakultät:

117	121	142	132	149	84	94	107	104	106	150
129	107	127	110	122	103	134	105	130	138	94 .

Zu testen sei: H_0: $\theta = 108$ gegen H_1: $\theta > 108$.

∇

Welcher Test soll nun in den Beispielen 4 und 5 angewendet werden? Der t-Test? Doch sind die Daten in Beispiel 4 normalverteilt? In Beispiel 5 liegt kein kardinales, sondern nur ein ordinales Meßniveau vor, so daß hier einem nichtparametrischen Test der Vorzug zu geben ist. Aber welchem? Es gibt eine Reihe von Rangtests für dieses Einstichproben-Problem, z.B. den Vorzeichen-Test, den Wilcoxon-Vorzeichen-Test, den v. d. Waerden-Test. Jeder dieser Tests ist optimal für ein bestimmtes Verteilungsmodell (siehe 2.5.3). Doch wie sind die Daten verteilt? Ist es somit auf Grund mangelnder Vorkenntnisse über die zugrundeliegende Verteilung nicht näherliegend, einen adaptiven Test zu wählen? Für Beispiel 4 käme auch ein robuster Test infrage, der vor Ausreißern (-44, -2) schützt. Allerdings wird hier der "wahre" Parameter $\theta = 33$ fast durchweg unterschätzt (systematischer Bias ?), so daß wohl weder ein robuster noch ein adaptiver Test die Nullhypothese "bekräftigen" wird.

Nach diesen beiden Beispielen zum Einstichproben-Fall für einen Lageparameter θ seien noch je zwei Beispiele zum Zweistichproben-Fall mit Tests auf Lage- bzw. Streuungsunterschiede angeführt (siehe 2.7 und 2.8).

Beispiel 6 (Immich (1974, S.329 f)):

39 weiße Neuseelandkaninchen im Alter von 50 Tagen wurden in eine Testgruppe (m=22) und eine Kontrollgruppe (n=17) geteilt. Die Kaninchen der Testgruppe erhielten eine bestimmte Dosis Nikotinbase mit dem Trinkwasser; die Dosis wurde dem steigenden Durchschnittsgewicht der Kaninchen angepaßt. Nach 700 Tagen

wurden die Kaninchen getötet und seziert. Dabei wurden neben anderen Organen auch die Aorten entnommen. Die Untersucher wollten den Calcium-Gehalt in der Aorta bei der Test- und bei der Kontrollgruppe miteinander vergleichen. Bei Versuchsende lebten nur noch 33 Kaninchen. Bei diesen wurden folgende Werte (in mg Ca/100g Aorta) beobachtet:

Testgruppe (X):	5,6	5,7	6,2	6,5	6,6	8,7	14,1	14,4	14,6
	15,9	19,2	20,9	28,5	29,5	36,6	39,0	42,5	45,5
Kontrollgruppe (Y):	2,9	3,4	5,1	5,4	5,8	6,7	7,4	7,5	9,3
	9,8	10,7	12,0	14,3	16,1	19,8.			

Zu testen sei: H_0: $\theta = 0$ gegen H_1: $\theta < 0$ mit $\theta = E(Y) - E(X)$.

∇

Beispiel 7:

Die in Beispiel 5 zitierte Studie hatte u.a. zum Ziel, eventuelle Intelligenzunterschiede der Studierenden verschiedener Fakultäten aufzuzeigen. Im folgenden sind die IQ-Werte der m=21 Versuchspersonen aus der Naturwissenschaftlichen Fakultät (X) angegeben, dazu die bereits in Beispiel 5 aufgelisteten n=22 Daten aus der Rechts- und Staatswissenschaftlichen Fakultät (Y):

Naturw. (X):	138	134	137	124	149	109	115	100	132	152	120
	139	123	132	108	161	137	99	105	127	124	
Rechts- und Staatsw. (Y):	117	121	142	132	149	84	94	107	104	106	150
	129	107	127	110	122	103	134	105	130	138	94

Zu testen sei: H_0: $\theta = 0$ gegen H_1: $\theta < 0$ mit $\theta = E(Y) - E(X)$.

∇

Beispiel 8 (Daniel (1978, S.102)):

Eine Studie zur Bestimmung, ob Patienten im mittleren oder fortgeschrittenen Alter mit Altersdiabetes unter Belastung im Nüchternzustand durch Produktion hoher Serumspiegel an Wachstumshormon reagieren, ergab folgende Daten (in Nanogramm pro Milliliter) für die Test- und Kontrollgruppe:

Testgruppe (X):	1.2	0.2	0.3	0.9	4.2	0.9	0.3	0.7	0.9	1.1	3.0	0.9	2.3
	1.3	0.2	1.2	1.5	2.1	7.7	20.0	1.2	3.4	2.2	0.1	4.3	0.7
	0.7	1.3	1.3	9.8	0.9	4.7	0.0	0.4	21.0	12.0	4.2	2.7	1.7
	0.5	1.0	0.9	2.1	0.1	1.7	1.0	3.9	1.0	0.5	0.7	0.2	0.9
	0.9	0.8	0.5	1.5	1.1	1.1	1.6	1.5	4.0	4.7	0.9		
Kontrollgruppe (Y):	1.4	1.6	1.4	4.1	2.6	1.1	0.4	1.8	2.2	0.3	1.3	1.7	1.0
	1.2	1.4	0.5	1.1	1.5	1.1	3.3	2.6	0.7	0.1	1.6	2.5	0.7
	1.7	0.3	1.9	0.0	0.5								

Zu testen sei: H_0: $\lambda = 1$ gegen H_1: $\lambda < 1$ mit $\lambda = VAR(Y)/VAR(X)$.

∇

Beispiel 9:

Im Rahmen einer Statistik-Veranstaltung, in der das arithmetische Mittel $\bar{Z}$ und der Median $\tilde{Z}$ als Schätzer für einen Lageparameter θ diskutiert und in Abhängigkeit vom zugrundeliegenden Verteilungsmodell nach dem Varianzkriterium miteinander verglichen wurden, fand folgendes Experiment statt: Jeder der n=24 Teilnehmer berechnete für s=50 simulierte Daten, jeweils aus der Standardnormalverteilung N und der Doppelexponentialverteilung D (mit $\mu = 0$ und $\sigma^2 = 2$) die Schätzer $\bar{Z}$ und $\tilde{Z}$, um zu veranschaulichen, daß

$VAR_N(\bar{Z}) \leq VAR_N(\tilde{Z})$, aber

$VAR_D(\bar{Z}) \geq VAR_D(\tilde{Z})$ gilt.

Im folgenden sind die $\tilde{z}_i$- und $\bar{z}_i$- Werte, i=1,...,24, für die Doppelexponentialverteilung angegeben (Daten gerundet):

Mediane:	-0.025	0.002	-0.230	0.193	-0.316	0.114
	0.013	-0.040	-0.048	0.065	0.063	0.052
	0.018	-0.110	0.100	0.216	-0.061	0.017
	-0.216	-0.304	-0.009	-0.084	-0.048	-0.012
Mittelwerte:	0.427	0.181	0.109	-0.265	0.384	-0.014
	-0.195	0.028	-0.194	-0.157	-0.477	0.284
	0.123	0.247	0.068	0.253	0.064	0.102
	-0.054	0.036	0.199	-0.406	-0.149	-0.285

Zu testen sei: H_0: $\lambda = 1$ gegen H_1: $\lambda > 1$ mit $\lambda = VAR_D(\bar{Z})/VAR_D(\tilde{Z})$.

∇

Bei diesen vier Beispielen stellen sich ähnliche Fragen wie im Einstichproben-Fall. Können in den Beispielen 6 und 7 der t-Test und in den Beispielen 8 und 9 der F-Test angewendet werden? Ist die Annahme der Normalverteilung nicht gerechtfertigt, kommen nichtparametrische oder robuste Tests infrage, letztere insbesondere dann, wenn Ausreißer vorliegen oder wenn - speziell im Lageproblem - die Gleichheit der Varianzen in beiden Grundgesamtheiten nicht gesichert ist. Ein solcher robuster Test soll dann vor einer Abweichung von dieser Homogenitätsannahme "schützen". Aber auch unter den nichtparametrischen Verfahren für das Zweistichproben- Lage- bzw. Skalenproblem bleibt die Qual der Wahl, weil die einzelnen Tests unterschiedliche Effizienz bei verschiedenen Verteilungen haben. Und da die zugrundeliegende Verteilung in der Regel a priori nicht bekannt ist, bietet sich dann ein adaptiver Test an. Eine Ausnahme stellt vielleicht das Beispiel 9 dar. Hier können wir davon ausgehen, daß die Daten (angenähert) normalverteilt sind und somit der parametrische F-Test zum Zuge kommt. Die Annahme der Normalverteilung für die Anwendung des F-Tests ist aber auch ganz wesentlich, denn wir werden sehen, daß dieser Test ausgesprochen nichtrobust ist bei Abweichungen von der Normalverteilung, was für den t-Test im Lageproblem in diesem Maße nicht zutrifft.

There are no routine statistical questions, there are only questionable statistical routines.

(An unknown statistician)

2 Robuste Tests

2.1 Vorbemerkungen

Wie bereits im Abschnitt 1.2 vermerkt wurde, bezieht sich die Robustheit von Tests auf Abweichungen von a priori formulierten Annahmen, wie z.B. von der Unabhängigkeit der Daten oder einer bestimmten Verteilungsfunktion. Die Rechtfertigung der Suche nach robusten Tests ergibt sich also daraus, daß das unterstellte Modell zu restriktiv ist und in der Realität niemals exakt zutrifft, allenfalls also nur angenähert Gültigkeit hat. Zum Problem der Modellabweichungen sagen Hampel u.a. (1986, S.21): " *A tacit hope in ignoring deviations from ideal models was that they would not matter; that statistical procedures which were optimal under the strict model would still be approximately optimal under the approximate model. Unfortunately, it turned out that this hope was often drastically wrong; even mild deviations often have much larger effects than were anticipated by most statisticians* ".

Betrachten wir als Beispiel das Modell der Normalverteilung, auf dem die Anwendung zahlreicher parametrischer Tests basiert. Stigler (1977) zitiert eine Erklärung des französischen Physikers Lippmann für die "Vorzugsstellung" der Normalverteilung: "*Everyone believes in the normal law, the experimenters because they imagine it a mathematical theorem, and the mathematicians because they think it an experimental fact*".
Die Hinwendung zu nichtparametrischen und robusten Tests in den letzten Jahrzehnten ist eng verknüpft mit der Infragestellung einer solchen (oder ähnlichen restriktiven) Modellannahme. So sagt Geary (1947): "*Normality is a myth; there never was, and never will be, a normal distribution*".
Nicht jeder Anwender statistischer Verfahren ist sich der Modellannahmen bewußt, auf denen seine Verfahren basieren. Dazu sagt Govindarajulu (1976): "*The end result is replacing scientific method by blind faith, either because of ignorance or the rationalization that an approximately accurate inference based on recognized and accepted scientific techniques is better than no answer at all or the one based on common sense or intuition*".

Wir hatten im Vorwort knapp und unpräzise einen Test robust genannt, der unempfindlich gegenüber Abweichungen von den postulierten Modellannahmen ist. Eine solche nicht selten zu findende Formulierung wirft natürlich eine Reihe von Fragen auf.

Was heißt "unempfindlich" (das Wort steht ja eigentlich synonym für "robust"), bzw. wie wird diese Unempfindlichkeit eines Tests gemessen? Welche Abweichungen vom Modell sind gemeint (verschiedene Formen der Abweichungen führen in der Regel zu unterschiedlichen Robustheitsaussagen), und wie werden Modellabweichungen gemessen? Weiterhin, wie lautet das vorgelegte Testproblem, das Einfluß auf die Robustheit des Tests haben kann? Sind z.B. die Hypothesen einseitig oder zweiseitig? Inwieweit spielt dabei das vorgegebene Testniveau eine Rolle? Oder der Stichprobenumfang?
Bradley (1968, 1978) geht diesen und weiteren Fragen ausführlich nach. Am Ende steht die Forderung, daß zur Definition der Robustheit eines Tests sowohl die vollständige Spezifikation sämtlicher Prämissen und Bedingungen, unter denen der Test angewendet wird, als auch die Angabe eines Maßes für Robustheit und Modellabweichungen notwendig sind.

Nach Bickel (1976) ist eine umfassende Definition von "robust" nicht mehr möglich ("*it is too late*") und auch nicht wünschenswert. Drei Fragen stellt er stattdessen in den Vordergrund:

1. Robustheit gegen was? Was ist das Supermodell?
2. Robustheit wovon? Welche Art von Verfahren wird betrachtet?
3. Robustheit in welchem Sinne? Welches sind die Ziele und Verhaltenskriterien?

Was die erste Frage betrifft, so könnte z.B. zur Untersuchung der Robustheit von Tests bei abhängigen Daten als Supermodell ein Abhängigkeitsmodell ausgewählt werden, das den Spezialfall der Unabhängigkeit einschließt. Robustheitsuntersuchungen von Tests zu diesem Problemkreis liegen bislang nur vereinzelt vor, siehe z.B. die Bücher von Rao (1965, S.419 ff) und Miller (1986, S.32 ff) und die Arbeiten von Serfling (1968), Gastwirth u. Rubin (1971), Hollander u.a. (1974), Viano u. Oppenheim (1975), Albers (1978), Cressie (1980), Kohne (1981) sowie Brunner u. Neumann (1982).

Zur Studie robuster Tests bei nichtnormalverteilten Daten kann als Supermodell ein Modell betrachtet werden, das die Normalverteilung umfaßt (siehe 2.2). Wir werden uns hier auf diesen Fall, d.h. auf die sogenannte *Verteilungsrobustheit*, beschränken. Dabei ist streng genommen zu unterscheiden zwischen Inferenzrobustheit und Kriteriumsrobustheit, siehe Box u. Tiao (1964). Die erstere bedeutet beim Testen Robustheit der Entscheidung für oder gegen die Nullhypothese auf der Basis der Daten bei Änderung der Teststatistik in Abhängigkeit von der Verteilung, die zweite hingegen Robustheit der Teststatistik hinsichtlich ihrer Verteilung unter der Null- oder Alternativhypothese (stabiles α oder β) bei Abweichungen vom Modell. Daß Inferenzrobustheit nicht Kriteriumsrobustheit impliziert und umgekehrt, demonstriert eine Arbeit von Pollock (1978). Wie bereits oben angedeutet, soll im folgenden nur das Konzept der Kriteriumsrobustheit weiter verfolgt werden.

Was die zweite Frage betrifft, so werden wir in den Abschnitten 2.5 bis 2.9 eine Auswahl von Tests für die dort angegebenen Testprobleme vorstellen und diskutieren. Dabei liegt besondere Betonung auf den für die statistische Praxis wichtigen Ein- und Zweistichproben-Problemen für Lage und Streuungsalternativen. Der klassische parametrische Test für Lagealternativen ist der t-Test und für Streuungsalternativen der χ^2-Test bei einer Stichprobe bzw. der F-Test bei zwei Stichproben. Während die Literatur zur Verteilungsrobustheit des χ^2-Tests ausgesprochen dürftig ist, liegen zur Untersuchung der Robustheit der t-Tests im Ein- und Zweistichproben-Problem und des F-Tests eine Fülle von Arbeiten vor. Im Rahmen eines Lehrbuches können wir aus dieser Fülle natürlich nur einen stark begrenzten Ausschnitt geben und auf zusätzliche Literaturstellen lediglich hinweisen. Wichtiger als eine Ansammlung der verschiedensten Studien und ihrer Ergebnisse scheint uns zu sein, an ausgewählten Beispielen Konzepte robuster Tests und Ideen zu ihrer Konstruktion zu vermitteln. Es ist also nicht nur das Anliegen dieses Lehrbuches, die oben genannten (klassischen) parametrischen Tests auf Robustheit zu untersuchen, sondern diese auch mit möglichen Konkurrenten zu vergleichen; das sind:

1. *nichtparametrische* Tests, wie die beiden Tests von Wilcoxon im Ein- und Zweistichproben-Problem für Lagealternativen oder die Tests von Mood und Siegel-Tukey im Zweistichproben-Fall für Variabilitätsalternativen,
2. *robustifizierte* Tests, die eigens im Hinblick auf Robustheitsanforderungen konstruiert sind.

Was die Konstruktion robustifizierter Tests betrifft, so liegt es nahe, in Anlehnung an die gewonnenen Kenntnisse über die Robustheit von Schätzern (siehe z.B. die bereits zitierte Princeton-Studie von Andrews u.a. (1972)) entsprechende Teststatistiken einzuführen. Dabei bietet es sich an, das arithmetische Mittel in der t-Statistik durch das γ-getrimmte Mittel, das γ-winsorisierte Mittel oder einen M-Schätzer zu ersetzen, weil sich diese Schätzer im Vergleich zum arithmetischen Mittel für Verteilungen mit starken Tails als wesentlich robuster herausgestellt haben.
Der dritten Frage ist der gesamte Abschnitt 2.4 gewidmet.

2.2 Verteilungsmodelle

Zur Untersuchung der Verteilungsrobustheit von Tests in den Abschnitten 2.5 bis 2.9 wollen wir nun einige Verteilungsmodelle als Supermodelle vorstellen, die die Normalverteilung einschließen und die immer wieder in Robustheitsstudien auftauchen.

(1) Verteilungen Typ I-VII von Pearson

Die Dichten f sind Lösungen folgender Differentialgleichung:

$$f'(x) = \frac{(x-a) \cdot f(x)}{b_0 + b_1 x + b_2 x^2} .$$

Die verschiedenen Typen I-VII sind durch spezielle Wahl der Parameter a, b_0, b_1, b_2 und den Bereich für x charakterisiert. Sie schließen symmetrische und asymmetrische Verteilungen ein, so z.B. die Betaverteilung, die Gammaverteilung (Exponential- und χ^2- Verteilung), t-Verteilung, die F-Verteilung und die Normalverteilung, diese mit $a = \mu,\ b_0 = -\sigma^2,\ b_1 = b_2 = 0$.

Alle Pearson-Verteilungen sind durch die ersten vier Momente $E(X^i)$, i=1,..,4, eindeutig bestimmt, siehe Kendall u. Stuart, Vol. 1 (1969) und Manoukian (1986a, S.117f). In diesem Sinne basieren die vorliegenden Robustheitsstudien parametrischer Tests, wie des t-Tests, F-Tests und χ^2-Tests, unter Zugrundelegung von Pearson-Verteilungen auf den Maßen β_1 für die Schiefe und β_2 für die Kurtosis:

$$\beta_1 = \frac{\mu_3}{\sigma^3},$$

$$\beta_2 = \frac{\mu_4}{\sigma^4},$$

worin $\mu_3 = E((X-\mu)^3)$ und $\mu_4 = E((X-\mu)^4)$ das 3. bzw. 4. zentrale Moment und σ die Standardabweichung bedeuten. Da für die Normalverteilung $\beta_1 = 0$ und $\beta_2 = 3$ gilt, könnte man eine Verteilung "in der Nähe der Normalverteilung" (zur Präzision dieses Begriffes siehe Abschnitt 2.3) durch Werte nahe bei $\beta_1 = 0$ und $\beta_2 = 3$ kennzeichnen. Eine solche Vorgehensweise ist jedoch zu verwerfen, da zwei Verteilungen, die in den β_1- und β_2- Werten übereinstimmen, völlig unterschiedliche Gestalt (z.B. deutlich verschiedene Tails) haben können, siehe die Beispiele für $\beta_1 = 0$ und $\beta_2 = 3$ bei Johnson u.a. (1980) und Joiner u. Rosenblatt (1971). Wir kommen auf dieses Problem und diese Beispiele in Abschnitt 3.3 bei der Untersuchung von Maßzahlen zur Charakterisierung von Verteilungen zurück.

(2) Verteilungen von Box und Tiao (1962)

Die Dichten sind gegeben durch

$$f(x,\theta,\tau,\beta) = k \cdot e^{-\frac{1}{2}\left|\frac{x-\theta}{\tau}\right|^{\frac{2}{1+\beta}}}$$

mit $x,\theta \in \mathbf{R}$, $\tau \in \mathbf{R}^+$, $-1 < \beta \leq +1$ und

$$k = \left(\tau \cdot \Gamma\left[1 + \frac{1}{2}(1+\beta)\right] \cdot 2^{\left(1+\frac{1}{2}(1+\beta)\right)}\right)^{-1}$$, worin Γ die Gamma-Funktion bedeutet.

Die Verteilungen sind symmetrisch um den Lageparameter (Median) θ , τ ist ein Skalenparameter. Der Formparameter β "steuert" die verschiedenen Gestalten der Verteilungen; speziell ergibt sich für

$\beta \to -1$ die Gleichverteilung,
$\beta = 1$ die Doppelexponentialverteilung,
$\beta = 0$ die Normalverteilung.

Der durch diese Verteilungen abgedeckte Tailbereich umfaßt also kurze Tails wie die der Gleichverteilung bis Tails der Stärke einer Doppelexponentialverteilung (nicht jedoch der Cauchy-Verteilung). Im Hinblick auf Robustheitsuntersuchungen bzgl. der Box-Tiao-Verteilungen als Supermodell für die Normalverteilung könnten wir also zur Beschreibung der "Tail-Nähe an die Normalverteilung" Werte nahe $\beta = 0$ zugrunde legen. Es sei noch erwähnt, daß die Box-Tiao-Verteilungen ein Spezialfall der Verteilungen von Johnson u.a. (1980) sind.

(3) R-S-T-Verteilung

Diese von Ramberg und Schmeiser (1974) eingeführte Familie von Verteilungen stellt eine Erweiterung der von Tukey (1960) betrachteten Klasse symmetrischer Verteilungen dar. Die Verteilungen sind implizit über ihre p-Quantile definiert und bieten sich damit für Simulationsstudien an:

$$x_p = F^{-1}(p) = \lambda_1 + \frac{p^{\lambda_3} - (1-p)^{\lambda_4}}{\lambda_2},\ 0 \leq p \leq 1 \text{, d.h.}$$

$$f(x_p) = \frac{\lambda_2}{\lambda_3 \cdot p^{\lambda_3 - 1} + \lambda_4 \cdot (1-p)^{\lambda_4 - 1}}.$$

Damit f eine Dichte ist, müssen gewisse Bedingungen an die vier Parmeter $\lambda_1,\ldots,\lambda_4$ gestellt werden, und das k-te Moment existiert dann und nur dann, falls $\min(\lambda_3,\lambda_4) > -1/k$ ist, siehe Ramberg u. Schmeiser (1974). Die Parameter $\lambda_1,\ldots,\lambda_4$ können wie folgt interpretiert werden:

λ_1 als Lageparameter,

λ_2 als Skalenparameter,

λ_3 und λ_4 als Formparameter, die gemeinsam Schiefe und Tails kennzeichnen.

Für $\lambda_3 = \lambda_4$ sind die Verteilungen symmetrisch um λ_1; f ist dann eine Dichte, falls λ_2 und λ_3 dasselbe Vorzeichen haben und von Null verschieden sind. Der Fall λ_1=0, $\lambda_2=\lambda_3=\lambda_4=\lambda$ ist die ursprünglich von Tukey betrachtete λ-Familie von Verteilungen. Die R-S-T-Verteilung deckt einen breiten Bereich von Verteilungen mit kurzen bis sehr starken Tails und großer Asymmetrie ab. Für $\lambda_3 = \lambda_4 = 1$ bzw. $\lambda_3 = \lambda_4 = 2$ liegt eine Gleichverteilung vor und für λ_2, $\lambda_3 = \lambda_4 \rightarrow 0$ eine logistische Verteilung. Durch geeignete Wahl der Parameter $\lambda_1,\ldots,\lambda_4$ können z.T. ausgezeichnete Approximationen einiger bekannter Verteilungen erzielt werden, wenn man als Maßstab für die Güte der Approximation eine Übereinstimmung entsprechender Quantile wählt, siehe Ramberg u. Schmeiser (1972, 1974) und Handl (1986). Im Falle der Cauchy-Verteilung mit Median $\theta = 0$ gilt dies für $\lambda_1 = 0$, $\lambda_2 = -3.0674$ und $\lambda_3 = -1.000$, bei einer Exponentialverteilung mit $\theta = 1$ für $\lambda_1 = \lambda_2 = \lambda_4 = 0.0004$ und $\lambda_3 = 0.0$ und bei der Standardnormalverteilung für $\lambda_1 = 0$, $\lambda_2 = 0.1975$ und $\lambda_3 = \lambda_4 = 0.1350$. Wird also die R-S-T-Verteilung als Supermodell der Normalverteilung gewählt, so könnte die "Nähe der Standardnormalverteilung" bei Festhalten von $\lambda_1 = 0$ und $\lambda_2 = 0.1975$ durch Werte nahe bei $\lambda_3 = 0.1350$ (Formparameter) beschrieben werden.

(4) Kontaminierte Normalverteilung

Diese von Dixon (1950) so bezeichnete "Mischung" zweier Normalverteilungen spielt als Supermodell in Robustheitsuntersuchungen eine herausragende Rolle und soll hier deshalb etwas ausführlicher diskutiert werden. Die Dichte ist gegeben durch:

$$f(x) = (1-\varepsilon)\cdot\frac{1}{\sqrt{2\pi}\,\sigma_1}\cdot e^{-\frac{1}{2}\cdot\left(\frac{x-\mu_1}{\sigma_1}\right)^2} + \varepsilon\cdot\frac{1}{\sqrt{2\pi}\,\sigma_2}\cdot e^{-\frac{1}{2}\cdot\left(\frac{x-\mu_2}{\sigma_2}\right)^2}$$

mit $x, \mu_1, \mu_2 \in \mathbf{R}$, $\sigma_1, \sigma_2 \in \mathbf{R}^+$ und $\varepsilon \in [0,1]$.

Für die Verteilung F einer Zufallsvariablen X mit dieser Dichte schreiben wir auch:

$$F = (1-\varepsilon)\,N(\mu_1, \sigma_1^2) + \varepsilon\,N(\mu_2, \sigma_2^2).$$

Dieses Wahrscheinlichkeitsmodell kann wie folgt interpretiert werden: Eine Beobachtung x kommt mit Wahrscheinlichkeit $(1-\varepsilon)$ aus $N(\mu_1, \sigma_1^2)$ und mit Wahrscheinlichkeit ε aus $N(\mu_2, \sigma_2^2)$.

Es sei betont, daß F im allgemeinen *keine* Normalverteilung ist, wohl natürlich für $\varepsilon = 0$ oder $\varepsilon = 1$. Die "Nähe" einer Normalverteilung kann also z.B. durch Werte nahe bei $\varepsilon = 0$ beschrieben werden.

F ist symmetrisch, falls gilt:

(a) $\mu_1 = \mu_2$ oder

(b) $\sigma_1 = \sigma_2$ und $\varepsilon = 0.5$.

Im Fall (a) ist die Dichte unimodal. Die beiden Graphiken 1 und 2 dienen zur Veranschaulichung der Dichten, siehe Hald (1962, S. 152 f).

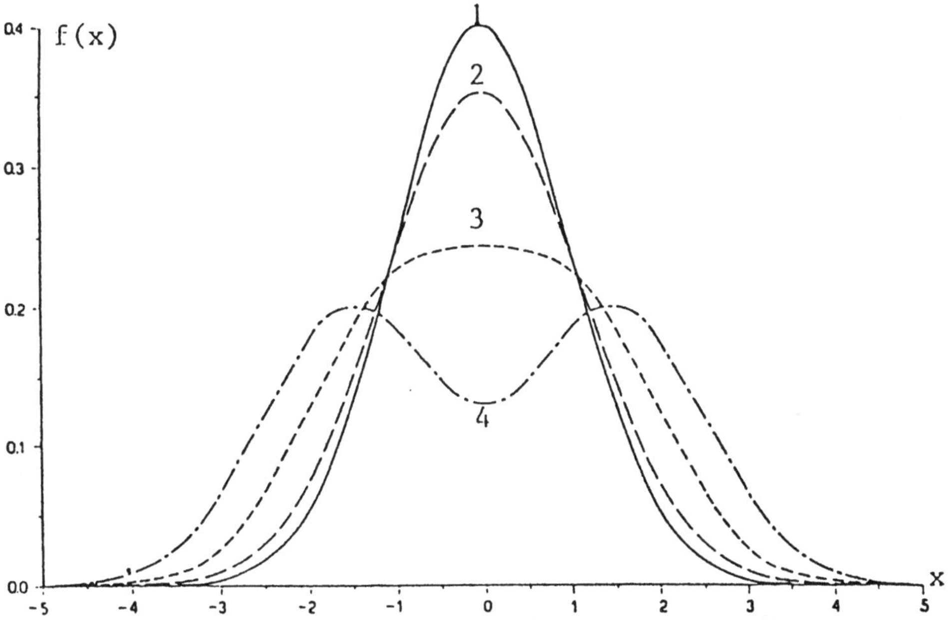

Abb. 1: Kontaminierte Normalverteilung

Kurve 1 stellt die Standardnormalverteilung dar,

Kurve 2: $\mu_1 = 0.5, \mu_2 = -0.5, \sigma_1 = \sigma_2 = 1, \varepsilon = 0.5$,

Kurve 3: $\mu_1 = 1, \mu_2 = -1, \sigma_1 = \sigma_2 = 1, \varepsilon = 0.5$,

Kurve 4: $\mu_1 = 1.5, \mu_2 = -1.5, \sigma_1 = \sigma_2 = 1, \varepsilon = 0.5$ (bimodal).

Alle vier Verteilungen sind symmetrisch um 0.

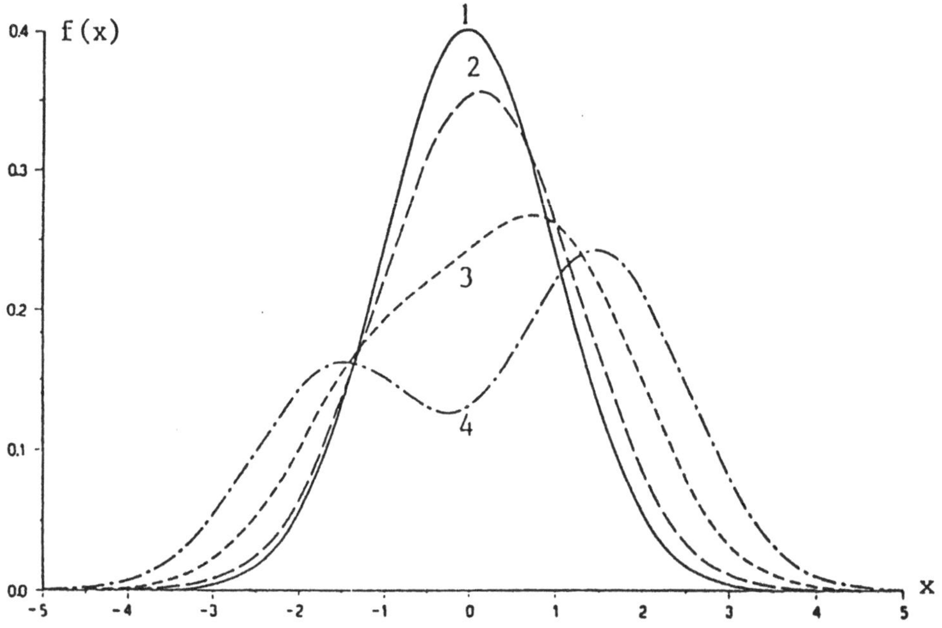

Abb. 2: Kontaminierte Normalverteilung

Kurve 1: wie oben

Kurve 2: $\mu_1 = 0.5, \mu_2 = -0.5, \sigma_1 = \sigma_2 = 1, \varepsilon = 0.4,$ (linksschief)

Kurve 3: $\mu_1 = 1, \mu_2 = -1, \sigma_1 = \sigma_2 = 1, \varepsilon = 0.4,$ (linksschief)

Kurve 4: $\mu_1 = 1.5, \mu_2 = -1.5, \sigma_1 = \sigma_2 = 1, \varepsilon = 0.4,$ (linksschief und bimodal).

Wir unterscheiden zwei Fälle der Kontamination:

(a) Lagekontamination: $\mu_1 \neq \mu_2, \sigma_1 = \sigma_2$ und

(b) Skalenkontamination: $\sigma_1 \neq \sigma_2, \mu_1 = \mu_2$.

Der Fall (b) spielt in Robustheitsuntersuchungen eine weitaus größere Rolle als der Fall (a). Häufig wird dabei $\sigma_2 = c \cdot \sigma_1$, $c > 1$ gesetzt. Wir schreiben dann auch KN(ε, c) für die skalenkontaminierte Normalverteilung. Die Graphik 3 von Tukey (1960) veranschaulicht den Fall (b) mit $\mu_1 = \mu_2 = 0, \sigma_1 = 1$ und $\sigma_2 = 3$.

Tukey (1962) gibt Gründe an, die für die Betrachtung der Skalenkontamination sprechen:

"A simple indication that this is likely to be so is furnished by the probability element

$$\left[(1-\theta)(2\pi)^{-\frac{1}{2}} e^{-\frac{1}{2}y^2} + \theta h^{-1}(2\pi)^{-\frac{1}{2}} e^{\frac{-y^2}{2h^2}}\right] dy$$

which can be constructed in at last three ways:

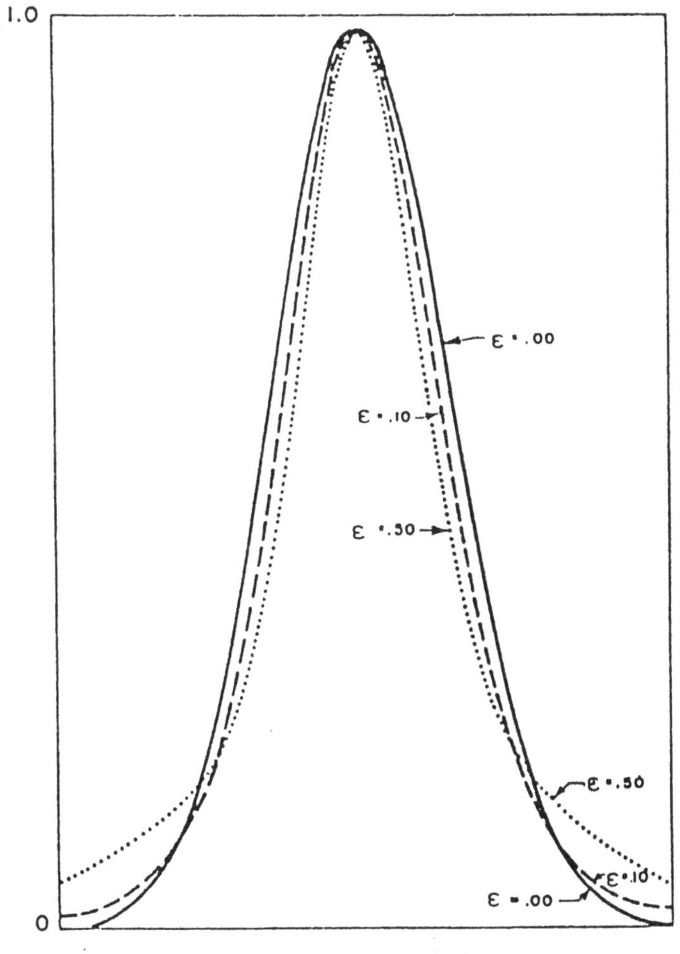

Abb. 3: Kontaminierte Normalverteilung (Dichten zentriert)

(a1) as a unified long-tailed distribution which is conveniently manipulable in certain ways,

(a2) as representing a situation in which there is probability θ that an occasional-cause system, which contributes additional variability when it acts, will indeed act,

(a3) as representing a situation in which variability is irregularly nonhomogeneous."

In diesem Sinne kann also einem Datensatz eine kontaminierte Normalverteilung zugrunde liegen, wenn der Gegenstand der durchzuführenden Untersuchung von zwei verschiedenen Faktoren beeinflußt wird. Hald (1962, S. 155 f) bringt als ein Beispiel die Untersuchung des Aschegehalts von Torf in einem Moor. Eine zusätzliche Analyse ergab, daß in dem untersuchten Moor zwei Torfarten mit unterschiedlichem Aschegehalt existierten, die eine Mischung zweier Normalverteilungen als Verteilung für den Aschegehalt nahelegten.

Für den Erwartungswert und die Varianz einer Zufallsvariablen X mit einer kontaminierten Normalverteilung gilt:

$$E(X) = (1-\varepsilon)\mu_1 + \varepsilon\mu_2 ,$$

$$VAR(X) = (1-\varepsilon)\sigma_1^2 + \varepsilon\sigma_2^2 + \varepsilon(1-\varepsilon)(\mu_1 - \mu_2)^2 ;$$

speziell im Fall (b) der Skalenkontamination:

$$E(X) = \mu_1 = \mu_2 = \mu$$

$$VAR(X) = (1-\varepsilon)\sigma_1^2 + \varepsilon\sigma_2^2 .$$

Hinsichtlich der Angabe höherer Momente, der Werte für Schiefe und Kurtosis und weiterer Ausführungen zur kontaminierten Normalverteilung sei auf Behboodian (1970), Cohen (1967), Eisenberger (1964) und Everitt u. Hand (1981) verwiesen. Es sei noch folgendes vermerkt: Die kontaminierte Normalverteilung ist ein Spezialfall eines allgemeinen Modells, des sogenannten gross-error-Modells, auf das wir bereits in Abschnitt 1.3 hingewiesen haben:

$$F(x) = (1-\varepsilon)G(x) + \varepsilon \cdot H(x), 0 \leq \varepsilon \leq 1.$$

Hier können G und H beliebige Verteilungsfunktionen sein; oder speziell G die Normalverteilungsfunktion und H eine beliebige, u.U. asymmetrische Verteilungsfunktion.

Bei der Untersuchung der Robustheit von Tests in den Abschnitten 2.5 bis 2.9 werden wir von den oben vorgestellten vier Supermodellen vorrangig das der kontaminierten Normalverteilung zugrunde legen. Es sei hier ausdrücklich betont: Robustheit eines Tests in der "Nähe der Normalverteilung" bei Wahl eines bestimmten Supermodells impliziert nicht unbedingt Robustheit in der "Nähe der Normalverteilung" bei anderen Supermodellen; kurz gesagt: Die Robustheit ist modellabhängig. Das bestätigt eine Arbeit von Lee und Gurland (1977) über die Robustheit des t-Tests im Einstichproben-Problem: das Testniveau kann stark schwanken unter Zugrundelegung verschiedener Verteilungen, die in den Erwartungswerten und Varianzen und in der Schiefe und Kurtosis übereinstimmen.

In diesem Zusammenhang verdient eine Arbeit von Hall u. Joiner (1982) besondere Erwähnung, die sich mit der Darstellung des Raumes symmetrischer Verteilungen beschäftigt. Die Autoren untersuchen insgesamt 45 Verteilungen, alle mit stärkeren Tails als die der Normalverteilung, darunter Repräsentanten der R-S-T-Verteilung und der kontaminierten Normalverteilung. Für jede dieser Verteilungen wird der lokal beste Rangtest (siehe 2.5.3) betrachtet und dann die A.R.E. (asymptotisch relative Effizienz) dieses Tests bezüglich jeder anderen Verteilung bestimmt. Es ergibt sich somit eine (45,45)-Matrix mit paarweisen A.R.E.'s als Elementen. Als Distanzmaß wird $d = \sqrt{1 - A.R.E.}$ gewählt: Je größer die A.R.E., desto kleiner die Distanz zwischen beiden Verteilungen. Auf diese Matrix der A.R.E.-Werte wird dann eine multidimensionale Skalierung angewendet. Die Darstellung im $\mathbf{R}^2$ erklärt 99.3% der Varianz, so daß die betrachteten symmetrischen Verteilungen im wesentlichen also durch zwei Dimensionen beschrieben werden können. Auf die Interpretation dieser beiden Dimensionen kommen wir in Abschnitt 3.3.1 zurück. Abbildung 4 gibt die Darstellung im $\mathbf{R}^2$ wieder.

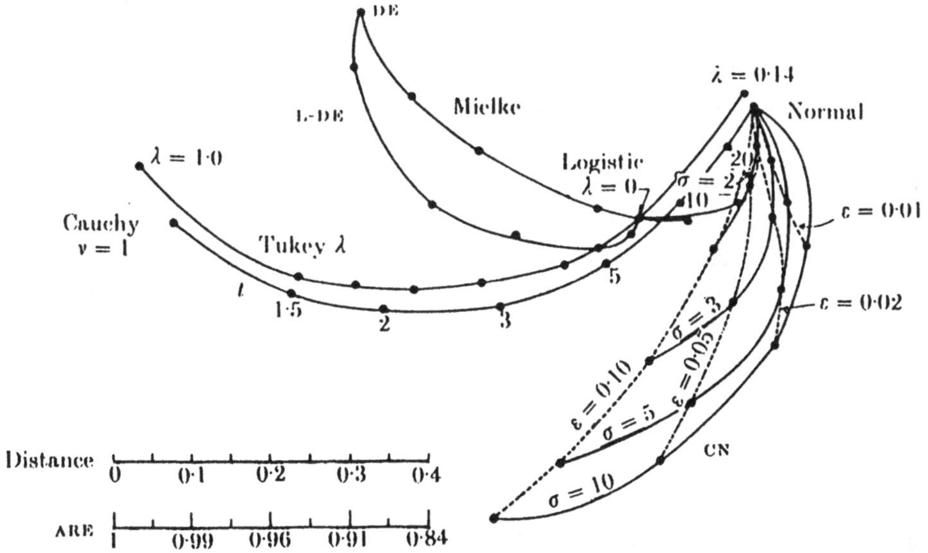

Abb. 4: **Darstellung einer Reihe symmetrischer Verteilungen im $\mathbf{R}^2$**

Die Graphik veranschaulicht die unterschiedliche Lage der kontaminierten Normalverteilung (für verschiedene ε) und von Tukey's λ (R-S-T-Verteilung mit $\lambda_1 = 0$, $\lambda_2 = \lambda_3 = \lambda_4 = \lambda$, $\lambda > 0$) im $\mathbf{R}^2$. Diese beiden Verteilungsmodelle schließen also für Werte nahe bei $\varepsilon = 0$ bzw. $\lambda = 0.14$ unterschiedliche Verteilungen in der "Nähe der Normalverteilung" ein.

Robustheitsuntersuchungen von Tests für die genannten vier Supermodelle stoßen in gewissem Sinne auf methodische Schwierigkeiten: Die exakte Herleitung der (finiten) Verteilung der zu betrachtenden Teststatistik unter der Null-oder Alternativhypothese ist bei Annahme eines der Supermodelle in der Regel nicht möglich; die Verteilung läßt sich nicht in (geschlossener) analytischer Form darstellen. Als Ausweg aus diesem Dilemma bietet sich entweder der Rückgriff auf die asymptotische Theorie oder auf die Herleitung empirischer Verteilungen mit Hilfe von Simulationsstudien an. Über beide Möglichkeiten mag der praktizierende Statistiker nicht sehr glücklich sein; im asymptotischen Fall, weil er keine Informationen über die Güte der Approximation an seine (endliche) Stichprobensituation hat und im Falle von Simulationsstudien, weil er daran zweifeln mag, daß simulierte Daten die reale Welt treffend widerspiegeln.

Die asymptotischen Resultate mögen erste wichtige Tendenzaussagen liefern, während die Simulationsergebnisse dann möglicherweise eine Bestätigung der asymptotischen Theorie bringen. So nimmt es nicht wunder, daß im Zeitalter des Computers Simulationsstudien aus Robustheitsuntersuchungen nicht mehr wegzudenken sind. Es sei nochmals an die Princeton-Studie von Andrews u.a. (1972) erinnert, die ganz wesentliche Ergebnisse zum Thema "Robustheit von Lageschätzern" geliefert und danach eine Fülle weiterer Simulationsstudien für dieses und andere Probleme ausgelöst hat.

Es ist in diesem Zusammenhang Hampel u.a. (1986, S.6) grundsätzlich zuzustimmen, die G.W. Leibniz zitieren: "*Es gibt nichts Praktischeres als eine gute Theorie*". Diese Theorie darf sich aber nicht so verselbständigen (wie es leider immer wieder zu beobachten ist), daß sie - quasi im Elfenbeinturm entwickelt und gepflegt - gänzlich von der realen Datenwelt abhebt und jeglichen Bezug zur statistischen Praxis vermissen läßt. Es gibt ohne Frage "*eine Fülle überflüssiger Simulationsstudien*" (Hampel u.a. (1986, S.86)), aber ebenso sicher auch eine Fülle überflüssiger theoretischer Arbeiten. Und auch ein so flotter Spruch wie "*Wer nichts kapiert, der simuliert*" vermag nicht von der Tatsache abzulenken, daß für die in diesem Buch angesprochenen Probleme nahezu keine exakten (finiten) Lösungen vorliegen, Simulationsstudien sind also hier (noch) unverzichtbar. Sie werden somit im folgenden eine zentrale Rolle spielen. Es ist dabei ein wichtiges Anliegen des Buches, aus der Fülle der zur Verfügung stehenden Simulationsstudien zu den einzelnen Testproblemen einige im Hinblick auf eine einheitliche Konzeption geeignete Studien auszuwählen und zu analysieren.

Neben der asymptotischen Theorie, den Simulationsverfahren und der Edgeworth-Reihenentwicklung (siehe Anhang) gibt es noch einen weiteren Ansatz zur approximativen Herleitung der Verteilung, der von Hampel (1973) konzipiert wurde und der als *small sample asymptotics* bezeichnet wird. Dieser Ansatz ist eng verknüpft mit der Sattelpunkt-Approximation und hat das anspruchsvolle Ziel "*to work well for n=1*". Im Gegensatz zur Edgeworth-Reihenentwicklung erweist sich die Sattelpunkt-Approximation auch als gut in den Tails der Verteilung. Wir wollen hier nicht näher auf dieses Konzept eingehen und verweisen stattdessen auf die Arbeit von Field u. Ronchetti (1990).

2.3 Levy-Distanz zweier Verteilungen

Wir haben bislang mehrfach von Verteilungen in der "Nähe der Normalverteilung" gesprochen, ohne diesen Begriff zu präzisieren. Das soll in diesem Abschnitt geschehen. Was heißt also allgemein "Nähe zweier Verteilungen"? Im vorangegangenen Abschnitt hatten wir das Distanzmaß $d = \sqrt{1 - A.R.E.}$ von Hall u. Joiner (1982) erwähnt, auf dessen Grundlage die Autoren eine multidimensionale Skalierung angewendet haben. Mit diesem Distanzmaß kann also die "Nähe zweier Verteilungen" mittels der A.R.E. von Rangtests erklärt werden. Im folgenden wollen wir ein Distanzmaß betrachten, das "unmittelbar" den Abstand zwischen zwei Verteilungen mißt, und dann einige Beispiele von Verteilungen mit ihren Distanzen anführen.

Als Einstieg betrachten wir folgende drei Verteilungen mit den angegebenen Dichten:

(1) $F_1 = N(0,1)$,

$$f_1(x) = \frac{1}{\sqrt{2\pi}} e^{-\frac{1}{2}x^2},$$

(2) $F_2 = 0.99 \cdot N(0,1) + 0.01 \cdot CA$, CA ist die Cauchy-Verteilung,

$$f_2(x) = 0.99 \frac{1}{\sqrt{2\pi}} e^{-\frac{1}{2}x^2} + 0.01 \frac{1}{\pi} \frac{1}{1+x^2},$$

(3) $F_3 = U(-\sqrt{3}, \sqrt{3})$, U ist die Gleichverteilung,

$$f_3(x) = \begin{cases} \frac{\sqrt{3}}{6} & \text{für } -\sqrt{3} < x < \sqrt{3} \\ 0 & \text{sonst} \end{cases} .$$

Frage: Liegt F_1 "näher" an F_2 oder an F_3 ?

Legen wir als Kriterium für die "Nähe zweier Verteilungen" die Übereinstimmung möglichst vieler Momente der beiden Verteilungen zugrunde, so liegt F_1 näher an F_3 als an F_2, weil die Momente 1., 2. und 3. Ordnung von F_1 und F_3 gleich sind, hingegen F_2 keine endlichen Momente hat. Intuitiv jedoch wird der Leser F_1 näher bei F_2 "ansiedeln": Im Modell F_2 kommt eine Beobachtung mit einer Wahrscheinlichkeit von 99% aus der Standardnormalverteilung N(0,1) und nur mit 1% aus einer Cauchy-Verteilung. Wir werden im folgenden mit der Levy-Distanz zweier Verteilungen diesem intuitiven Verständnis Rechnung tragen. Es sei schon erwähnt, daß es eine Reihe weiterer Distanzmaße gibt; darauf werden wir noch kurz zu sprechen kommen.

Definition 1: Die Levy-Distanz d_L zweier Verteilungsfunktionen F und G ist definiert durch:

$$d_L(F,G) = \inf \{ \delta \mid \bigwedge_{x \in \mathbb{R}} G(x-\delta) - \delta \leq F(x) \leq G(x+\delta) + \delta \} \ .$$

Offensichtlich ist d_L eine Metrik; d_L kann auch wie folgt geschrieben werden:

$$d_L(F,G) = \sup_{x \in \mathbb{R}} \inf \{ \delta \mid G(x-\delta) - \delta \leq F(x) \leq G(x+\delta) + \delta \} \ .$$

Die folgende Graphik veranschaulicht die Levy-Distanz (F liegt in dem gestrichelten Band um G):

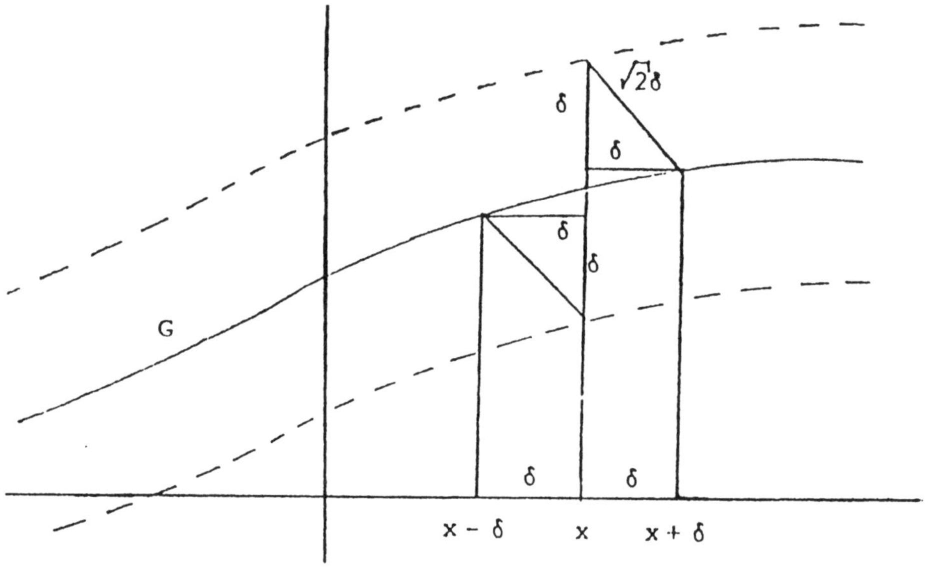

Abb. 5: Levy-Distanz

Wie wir sehen, gibt $\sqrt{2}\, d_L$ den maximalen Abstand zwischen den Graphen von F und G, gemessen in 45°-Richtung, an.

Wir wollen zunächst die Berechnung von d_L an einem einfachen Beispiel demonstrieren:

Beispiel 1:

Gegeben seien:

$$F(x)=\begin{cases} 0 & \text{für } x \le 0 \\ 2x^2 & \text{für } 0 < x < \frac{1}{2} \\ 1-2(1-x)^2 & \text{für } \frac{1}{2} \le x < 1 \\ 1 & \text{für } x \ge 1 \end{cases}$$

$$G(x) = \begin{cases} 0 & \text{für } x \le 0 \\ x & \text{für } 0 < x < 1 \\ 1 & \text{für } x \ge 1\,. \end{cases}$$

(a) Für $0 < x < \frac{1}{2}$ gilt:

$$G(x-\delta)-\delta \le F(x) \Leftrightarrow (x-\delta)-\delta \le 2x^2 \Leftrightarrow \frac{1}{2}x - x^2 \le \delta\,.$$

Gesucht ist also das kleinste δ, das größer ist als das Maximum von $\frac{1}{2}x - x^2$. Das Maximum von $\frac{1}{2}x - x^2$ ist gleich $\frac{1}{16}$ an der Stelle $x = \frac{1}{4}$, d.h. $\delta \ge \frac{1}{16}$.

(b) Für $\frac{1}{2} \le x < 1$ gilt:

$$F(x) \le G(x+\delta)+\delta \Leftrightarrow 1-2(1-x)^2 \le (x+\delta)+\delta \Leftrightarrow -x^2 + \frac{3}{2}x - \frac{1}{2} \le \delta\,.$$

Das Maximum von $-x^2 + \frac{3}{2}x - \frac{1}{2}$ ist gleich $\frac{1}{16}$ an der Stelle $x = \frac{3}{4}$, d.h. wie oben $\delta \ge \frac{1}{16}$.

Aus (a) und (b) folgt (weil das kleinste δ gesucht ist): $d_L = \frac{1}{16}$ und $\sqrt{2}\,d_L = \frac{\sqrt{2}}{16} \approx 0.0884$. Abbildung 6 veranschaulicht die Levy-Distanz für obige Verteilungen.

∇

Die Berechnung von d_L ist nicht immer so einfach wie im obigen Beispiel. In Tabelle 1 sind die (mit Hilfe eines Computerprogrammes ermittelten) Werte von d_L für N(0,1) und die skalenkontaminierte Normalverteilung $KN(\varepsilon, c) = (1-\varepsilon)N(0,1) + \varepsilon N(0,c^2)$ mit ausgewählten ε und c zusammengestellt und in Tabelle 2 für weitere Verteilungen zur Gegenüberstellung.

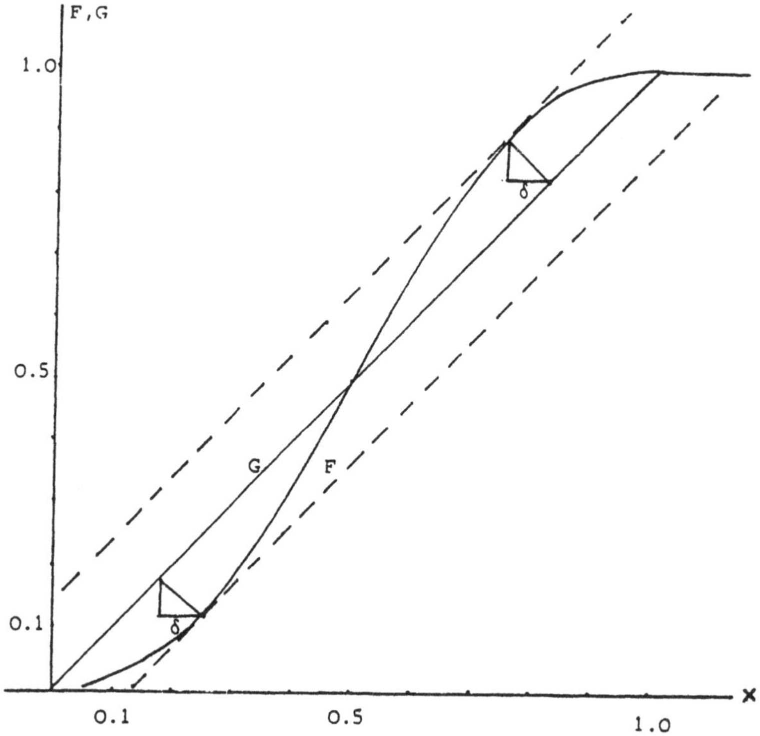

Abb. 6: Levy-Distanz von F und G

Dabei bedeutet N die Normalverteilung, U die Gleichverteilung, LG die logistische Verteilung, D die Doppelexponential- und CA die Cauchy-Verteilung. Da die Levy-Distanz nicht lage- und skaleninvariant ist, sind - um einen Vergleich zu ermöglichen - alle Dichten der betrachteten Verteilungsfunktionen so skaliert, daß sie denselben Wert $1/\sqrt{2\pi}$ an der Stelle $x = 0$ haben wie die Dichte der Standardnormalverteilung.

Tab. 1: $d_L(N, KN(\varepsilon, c))$

	ε		
c	0.05	0.10	0.20
2	0.0049	0.0101	0.0206
3	0.0067	0.0135	0.0278
5	0.0080	0.0163	0.0338

Tab. 2: d_L für ausgewählte Verteilungen

	N	LG	D	CA
U	0.0897	0.1030	0.1617	0.1633
N		0.0163	0.0766	0.0932
LG			0.0607	0.0782
D				0.0469

Wir sehen, daß die Distanzen d_L in Tabelle 1 natürlich mit wachsendem ε bzw. c zunehmen und daß $d_L(N, CA)$ fast zwanzigmal so groß ist wie $d_L(N, KN(0.05,2))$.

Für die eingangs angegebenen Verteilungen F_1, F_2 und F_3 erhalten wir folgende Distanzen:

$d_L(F_1,F_2) = 0.001$
$d_L(F_1,F_3) = 0.043$
$d_L(F_2,F_3) = 0.044.$

Mit der Distanz d_L wird also unsere intuitive Vorstellung bestätigt, daß F_1 "viel näher" an F_2 als an F_3 liegt, im Gegensatz zum Kriterium der Übereinstimmung der Momente.

In diesem Sinne kann also die bereits mehrfach benutzte Formulierung "eine Verteilung F in der Nähe der Normalverteilung" durch $d_L(F,N) \leq \delta$ präzisiert werden. In der Festlegung von δ liegt natürlich eine gewisse Willkür; nach den Tabellen 1 und 2 könnte $\delta = 0.01$ gewählt werden.

Die Levy-Distanz d_L hat eine wichtige Eigenschaft. Es sei $\{F_n\}$ eine Folge von Verteilungsfunktionen, dann gilt:

$\{F_n\} \rightarrow F$ an allen Stetigkeitsstellen von $F \leftrightarrow d_L(F_n, F) \rightarrow 0$;

zum Beweis siehe Huber (1981, S.41).

Wir betrachten noch eine weitere Distanzfunktion, die allerdings die obige Eigenschaft nicht hat, die sogenannte Kolmogorov-Distanz d_K:

$$d_K := \sup_{x \in \mathbb{R}} |F(x) - G(x)|.$$

Auf einer solchen Sup-Metrik bauen eine Reihe nichtparametrischer Statistiken im Ein- und Zweistichproben-Problem auf. In unserem obigen Beispiel 1 ergibt sich $d_K = \frac{1}{8}$ an den Stellen $x = \frac{1}{4}$ und $x = \frac{3}{4}$, d.h. wegen $d_L = \frac{1}{16}$ gilt $d_K > d_L$.

Es läßt sich sogar allgemein zeigen: $d_K \geq d_L$, siehe Huber (1981, S.41).

Es gibt noch eine Reihe weiterer Distanzfunktionen, z.B. die Prokhorov-Distanz, die Lipschitz-Distanz und die Totalvariation, siehe Huber (1981). Alle drei Distanzfunktionen sind Metriken und haben einige interessante theoretische Eigenschaften (siehe z.B. das Strassen-Theorem in Verbindung mit der Prokhorov-Distanz), sie entziehen sich aber einer so einfachen graphischen Veranschaulichung wie die der Levy- und der Kolmogorov-Distanz.

2.4 Robustheitskonzepte

2.4.1 Einteilung verschiedener Konzepte

Im Rahmen der Robustheitstheorie statistischer Verfahren gibt es eine Reihe von Konzepten, wie Stabilität, capacities, Stetigkeitsprinzip, adaptive Robustheit, Bayes-Robustheit, Max-Min- bzw. Min-Max-Kriterien, Influenzfunktion, Bruchpunkt (break down point), siehe Hampel u.a. (1986) und Huber (1981). Diese verschiedenen Robustheitskonzepte lassen sich zunächst grob in *qualitative* und *quantitative* einteilen. Beim qualitativen Konzept geht es im wesentlichen um die Stetigkeit einer Funktion (eines Funktionals) in F, wobei als Abstandsmaß zweier Verteilungen F und G die Levy-Metrik oder die Prokhorov-Metrik gewählt werden können, siehe Hampel (1968, 1971), Lambert (1982) und Rieder (1982). Robustheit einer Teststatistik T_n bzw. des zugehörigen Funktionals T bedeutet dann nichts anderes als Stetigkeit von T_n (bzw. T) in F; über den Grad oder das "Ausmaß" der Robustheit ist dabei nichts gesagt.

Wir wollen uns im folgenden auf den für die statistische Anwendung wichtigeren quantitativen Aspekt beschränken, der auch in der Literatur stärker Berücksichtigung findet. Dabei wird der Grad der Robustheit von Tests prinzipiell über das Testniveau α oder die Güte β gemessen, bzw. über die relative Effizienz, finit (F.R.E.) oder asymptotisch (A.R.E.), um einen direkten Vergleich der Robustheit zweier Tests zu ermöglichen. In Erweiterung des Stetigkeitsprinzips bietet sich zunächst für eine quantitative Definition der Robustheit die Betrachtung der Ableitung der entsprechenden Funktion (des Funktionals) in F an, so wie in der elementaren Analysis die Ableitung einer Funktion f an einer Stelle x_0 das Steigungsverhalten der zugehörigen Kurve in einer (hinreichend kleinen) Umgebung von x_0 beschreibt. Auf einer solchen Ableitung basieren verschiedene Robustheitskonzepte für Tests, die unter dem Stichwort "Influenzfunktion" bekannt sind, so die von Rousseeuw u. Ronchetti (1979), Eplett (1980), Lambert (1981) und Field u. Ronchetti (1985). Hierbei wird also die *infinitesimale* Umgebung einer Verteilung F betrachtet. Demgegenüber stehen solche Konzepte, die von einer *endlichen* Verteilungsumgebung ausgehen, wie z.B. das Max-Min-Kriterium von Rieder (1978,1981), dem ein gross-error-Modell zugrunde liegt, oder das Max-Min-Kriterium von Gastwirth (1966), basierend auf der A.R.E. von Tests für eine ausgewählte Klasse von Verteilungen. Es mag dahingestellt bleiben, welcher der beiden Aspekte - infinitesimale oder endliche Umgebung einer Verteilung - im Rahmen von Robustheitsstudien aus der Sicht der statistischen Praxis realistischer oder aussagekräftiger ist.

Neben der bereits erfolgten Einteilung der verschiedenen Robustheitskonzepte in qualitativ - quantitativ (bezogen auf die Teststatistik) und endlich - infinitesimal (bezogen auf die Verteilungsumgebung) ist noch zwischen finit - asymptotisch (bezogen auf den Stichprobenumfang) zu unterscheiden, je nachdem, ob in dem betrachteten Robustheitskonzept der Stichprobenumfang als endlich oder als über alle Grenzen wachsend angenommen wird. Die oben erwähnten quantitativen Konzepte sind bis auf das von Field u. Ronchetti (1985) durchweg asymptotischer Natur, auch das noch erwähnenswerte Konzept des Bruchpunktes von Rieder (1982), der diesen von Hampel (1968,1971) für Schätzstatistiken eingeführten Begriff auf Teststatistiken übertragen hat. Eine endliche Bruchpunkt-Version, die sogenannte test resistance, stammt von Ylivisakar (1977). Hinsichtlich weiterer Einzelheiten zu den skizzierten Robustheitskonzepten sei auf die übersichtsartige Darstellung von Field u. Ronchetti (1985) verwiesen.Wir werden zunächst im folgenden Abschnitt den *finiten* Fall betrachten, weil er Grundlage für Simulationsstudien ist, von denen wir eine Reihe in den nächsten Abschnitten bei der Untersuchung der Robustheit ausgewählter Tests präsentieren werden. Von den asymptotischen Konzepten sei danach nur das von Rousseeuw u. Ronchetti (1979) vorgestellt, das wir dann später im Zusammenhang mit der Untersuchung der Robustheit von *Rangtests* wieder aufgreifen werden. Wegen der Bedeutung für die statistische Praxis wird hier aber der finite Aspekt im Vordergrund stehen.

Zum Schluß dieses Abschnitts wollen wir noch die verschiedenen, oben zitierten quantitativen Robustheitskonzepte in einem Diagramm darstellen:

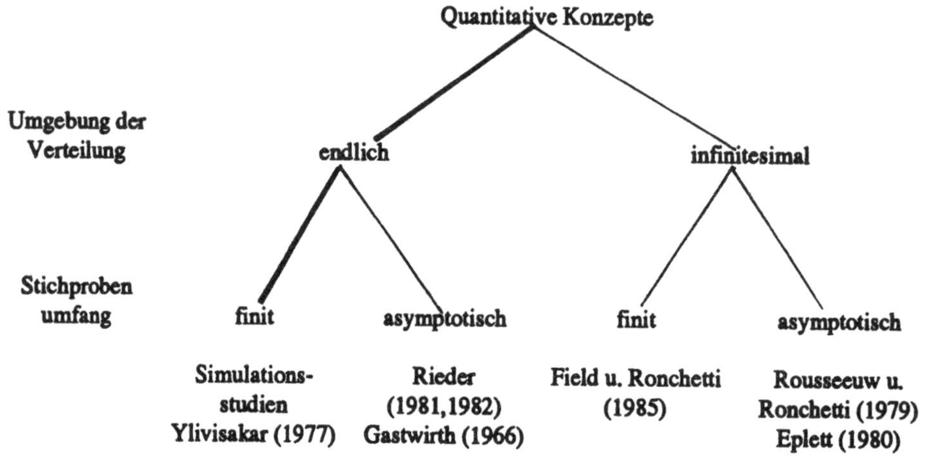

Abb. 7: Quantitative Robustheitskonzepte

Mit Robustheitskonzepten des fett gedruckten Pfads wollen wir uns im nächsten Abschnitt beschäftigen.

2.4.2 Finites Konzept der α- und β-Robustheit

Im Hinblick auf die in den nächsten Abschnitten zu behandelnden Testprobleme gehen wir von folgender Testsituation im Einstichproben-Problem aus; die α- und β-Robustheit im Zwei- und c-Stichproben-Problem kann ganz analog formuliert werden.

Es seien $X_1, \ldots, X_n$ unabhängige und identisch verteilte Zufallsvariablen mit $X_i \sim F_\theta$, $i=1,\ldots,n$, $\theta \in \Omega$, wobei θ z.B. ein Lage- oder Variabilitätsparameter (Skalenparameter) ist. Zu testen sei:

$$H_0: \theta = \theta_0 \text{ gegen } H_1: \theta > \theta_0 \text{ (oder auch } \theta < \theta_0, \theta \neq \theta_0).$$

Dazu betrachten wir die Teststatistik T_n, $T_n = T_n(X_1, \ldots, X_n)$.

(1) α-Robustheit (Validitätsrobustheit)

Bei vorgegebenem (*nominalem*) Testniveau α sei der kritische Bereich C_α (über die Quantile der Verteilung von T_n) eindeutig bestimmt durch: $P_{F\theta}(T_n \in C_\alpha \mid \theta = \theta_0) = \alpha$. Statt F_θ unterstellen wir nun eine Verteilungsfunktion G_θ für die Zufallsvariablen $X_1, \ldots, X_n$ und bestimmen das *aktuelle* Testniveau α^*:

$$\alpha^* = P_{G\theta}(T_n \in C_\alpha \mid \theta = \theta_0).$$

Als α-Robustheitsmaß betrachten wir:

$$r_1(\alpha, \alpha^*) := \frac{|\alpha - \alpha^*|}{\alpha};$$

$r_1(\alpha, \alpha^*)$ hängt natürlich noch vom Stichprobenumfang n ab. Im Sinne einer qualitativen Aussage kann dann ein auf T_n basierender Test als α-robust unter G_θ bezeichnet werden, falls $r_1(\alpha, \alpha^*) \leq d_1$ gilt, wobei d_1 "geeignet" zu wählen ist. In der Wahl von d_1 steckt natürlich eine gewisse Willkür. Bradley (1978) schlägt als "strenges" Kriterium $d_1 = 0.1$ und als "liberales" Kriterium $d_1 = 0.5$ vor.

Illers (1982) bezeichnet einen Test als robust, falls $(\alpha^* \leq \alpha)$ ist; er setzt also robust gleich konservativ, wie groß auch immer die (positive) Differenz $\alpha - \alpha^*$ sein mag.

(2) β-Robustheit (Effizienzrobustheit)

Zur Festlegung eines β-Robustheitsmaßes gehen wir von einem konservativen Test unter G_θ aus $(\alpha^* \leq \alpha)$.

Es seien $\beta(\theta) := P_{F_\theta}(T_n \in C_\alpha \mid \theta \in H_1)$ und $\beta^*(\theta) := P_{G_\theta}(T_n \in C_\alpha \mid \theta \in H_1)$ die für $\theta \in H_1$ definierten Gütefunktionen von T_n unter F_θ bzw. G_θ, die natürlich auch noch von α und n abhängen. Es werde angenommen: $\beta(\theta) \geq \beta^*(\theta)$ für alle α, n und $\theta \in H_1$. Hierbei ist insbesondere der Fall von Interesse, daß T_n unter F_θ optimal ist, wie z.B. der t-Test unter $N(\mu, \sigma^2)$, und G_θ "in der Nähe von F_θ" liegt, wie z.B. die skalenkontaminierte Normalverteilung $KN(\varepsilon, c)$ für kleine ε und c, c>1 "in der Nähe von $N(\mu, \sigma^2)$". Es seien nun α, n und $\theta_1 \in H_1$ fest gewählt. Als β-Robustheitsmaß für T_n unter G_θ an der Stelle $\theta = \theta_1$ betrachten wir den relativen Güteverlust:

$$r_2(\beta(\theta_1), \beta^*(\theta_1)) = \frac{\beta(\theta_1) - \beta^*(\theta_1)}{\beta(\theta_1)} .$$

Wegen der Abhängigkeit dieses Maßes von $\theta_1 \in H_1$ und zudem von α und n bietet sich über r_2 nicht so unmittelbar ein qualitatives Maß der β-Robustheit an, wie es bei der α-Robustheit der Fall ist.

Statt der β-Robustheit *eines Tests* wird häufig die relative Effizienz *zweier Tests* als Robustheitskriterium herangezogen, um einen direkten Güte-Vergleich der beiden Tests unter verschiedenen Verteilungsannahmen zu ermöglichen. Dabei liegt es nahe, als einen der Vergleichstests den unter dem betrachteten Verteilungsmodell F optimalen Test zu wählen, wie z.B. den t-Test im Ein- und Zweistichproben-Lageproblem unter der Normalverteilung. So bezeichnen Tiku u.a. (1986) einen Test als robust "*that is nearly as efficient as the classical procedure for a normal distribution but is considerably more efficient overall for nonnormal distributions, particulary distributions that constitute plausible alternatives to normality*". Dabei bleibt allerdings offen, was unter "*nearly as efficient*" und "*considerably more efficient*" zu verstehen ist.

Die finite relative Effizienz (F.R.E.) zweier Tests ist wie folgt definiert, siehe auch Büning u. Trenkler (1978, S.272 f). Zu testen sei:

$$H_0 : \theta = \theta_0 \text{ gegen } H_1 : \theta > \theta_0 ,$$

und es bezeichnen $\beta_1(n, \alpha, \theta)$ und $\beta_2(n, \alpha, \theta)$ die Gütefunktionen zweier Tests A_1 bzw. A_2 mit $\theta \in H_1$. Ist nun z.B. der Stichprobenumfang n_1 für Test A_1 vorgegeben, so soll n_2 für Test A_2 so "festgelegt" werden, daß gilt:

$$\beta_2(n_2, \alpha, \theta) = \beta_1(n_1, \alpha, \theta) .$$

In der Regel existiert natürlich kein $n_2 \in N$, so daß obige Gleichung gilt, wohl aber ein $n_2 \in N$ mit $\beta_2(n_2, \alpha, \theta) \leq \beta_1(n_1, \alpha, \theta) \leq \beta_2(n_2 + 1, \alpha, \theta)$.

Dann ist die F.R.E. von A_1 zu A_2 definiert durch:

$$F.R.E.(A_1, A_2) := \frac{\tilde{n}_2}{n_1}, \tilde{n}_2 \in \mathbf{R}^+ \quad \text{mit}$$

$$\tilde{n}_2 = n_2 + p \text{ und } p = \frac{\beta_1(n_1, \alpha, \theta) - \beta_2(n_2, \alpha, \theta)}{\beta_2(n_2 + 1, \alpha, \theta) - \beta_2(n_2, \alpha, \theta)}.$$

Zur Erfüllung der obigen Gleichung $\beta_2 = \beta_1$ für $\tilde{n}_2$ wird also linear zwischen n_2 und $n_2 + 1$ interpoliert. Es bedeuten dann Werte von F.R.E. (A_1, A_2) kleiner als 1, daß A_2 effizienter als A_1 ist.

Die finite relative Effizienz hängt von drei Parametern ab: α, n und $\theta \in H_1$, wohingegen die asymptotische relative Effizienz (A.R.E.) nach Pitman durch eine Zahl gekennzeichnet ist, in die α und θ nicht eingehen. Diese A.R.E. basiert auf einem "lokalen" Gütevergleich von A_1 und A_2 in der Nähe von θ_0 über Folgen von Alternativen $\theta_n = \theta_0 + a/\sqrt{n}$, a>0 ; sie ist definiert als Limes (falls existent) des Quotienten der beiden Stichprobenumfänge, die nötig sind, damit A_1 und A_2 *asymptotisch* die gleiche Güte haben, siehe Büning u. Trenkler (1978, S.275 f). Beide Konzepte, das der F.R.E. und das der A.R.E., werden wir beim Vergleich zweier Tests in den nächsten Abschnitten heranziehen.

Zum Abschluß dieses Abschnittes sollte noch eine Aussage über die Qualität bzw. Präzision von Simulationsergebnissen bei der Schätzung $\hat{p}$ einer Wahrscheinlichkeit p, hier des Testniveaus α oder der Güte β, in Abhängigkeit von der Anzahl N der Simulationsläufe gemacht werden. Sei E das interessierende Ereignis mit P(E)=p und $\hat{p} = N(E)/N$ der Schätzer für p, wobei N(E) die Häufigkeit des Auftretens von E bei den N Simulationsläufen angibt, so gilt: $\hat{p} \overset{asymp.}{\sim} N(p, p(1-p)/N)$. Die Standardabweichung von $\hat{p}$ ist also approximativ gegeben durch:

$$\hat{\sigma}(\hat{p}, N) = \sqrt{\hat{p}(1-\hat{p})/N}$$

und ein approximatives Konfidenzintervall für p zum Niveau 1-γ durch die Grenzen

$$\frac{N}{N+z^2}\left(\hat{p} + \frac{z^2}{2N} \pm z\left(\frac{\hat{p}(1-\hat{p})}{N} + \frac{z^2}{4N^2}\right)^{1/2}\right) \quad \text{mit } \Phi(z) = 1 - \gamma\,,$$

siehe Cramér (1963, S.514 f).

2.4.3 Influenzfunktion

Die Influenzfunktion (IF) wurde zunächst von Hampel (1968) für Schätzstatistiken eingeführt - siehe auch Hampel (1968,1974) - und dann später von Rousseeuw u. Ronchetti (1979) auf Teststatistiken übertragen. Es handelt sich hier um ein quantitatives, infinitesimales, asymptotisches Konzept, das wir zum besseren Verständnis zunächst für den Schätzbereich darstellen wollen, um es dann auf den Testbereich zu erweitern. Wir werden sehen, daß die IF für Teststatistiken (bzw. für deren zugehörigen Funktionale) bis auf eine "Korrekturfunktion" mit der IF für Schätzstatistiken übereinstimmt.

Wir gehen aus vom folgenden Modell, siehe Hampel u.a. (1986):
Es seien $X_1, \ldots, X_n$ unabhängige, identisch verteilte Zufallsvariablen mit $X_i \sim F_\theta$, $i=1,\ldots,n$, $\theta \in \Omega$, und sei G_n die zugehörige empirische Verteilungsfunktion, d.h.

$$G_n(x) = \frac{1}{n}\sum_{i=1}^{n} \delta_{x_i}(x) \text{ mit } \delta_{x_i}(x) = \begin{cases} 0 & \text{für } x < x_i \\ 1 & \text{für } x \geq x_i \end{cases} .$$

Als Schätzer für θ betrachten wir Statistiken S_n, die sich (unter Aufgabe der Reihenfolge der Beobachtungen) als Funktionen von G_n darstellen lassen, $S_n = S_n(X_1, \ldots, X_n) = S_n(G_n)$, und die Funktionale sind oder asymptotisch durch Funktionale ersetzt werden können. Das bedeutet:
Es sei $S: \mathcal{F} \rightarrow \mathbf{R}$ ein Funktional, wobei $\mathcal{F}$ eine auf dem Stichprobenraum der X_i, $i=1,\ldots,n$, definierte Klasse von Verteilungsfunktionen ist, und es gelte $S_n(G_n) = S(G_n)$ bzw. $S_n(G_n) \xrightarrow{P} S(G)$, wobei G die "wahre" Verteilung der X_i ist. G muß nicht zum postulierten Modell F_θ gehören, sondern kann (u.U. leicht) davon abweichen; so mag z.B. gelten:
$G = (1-\varepsilon)F_\theta + \varepsilon H, 0 < \varepsilon \leq 1$, worin H eine beliebige Verteilungsfunktion ist. Dies ist das bereits in 2.2 angegebene gross-error-Modell, das wie folgt interpretiert werden kann: Eine Beobachtung gehört mit Wahrscheinlichkeit $1-\varepsilon$ zu F_θ und mit Wahrscheinlichkeit ε zu H, wobei ε sehr klein sein mag.
Wir führen nun folgende Konsistenz-Eigenschaft von Funktionalen ein:

Definition 2: Ein Funktional S heißt Fisher-konsistent, falls gilt:

$$S(F_\theta) = \theta \text{ für alle } \theta \in \Omega.$$

Das bedeutet also, daß im postulierten Modell F_θ die Schätzfunktion S_n zumindest asymptotisch den Parameter θ "trifft".

Beispiel 2:

Es sei $F_\theta = \Phi_\mu(x,\sigma^2)$, σ^2 bekannt, wobei Φ_μ die Normalverteilungsfunktion ist, und $S: \mathcal{F} \to \mathbf{R}$ mit $S(G) = \int x \, dG(x)$.
Als Schätzstatistik für μ betrachten wir:

$$S_n(X_1, \ldots, X_n) = \overline{X} = S_n(G_n) = \int x \, dG_n(x).$$

Es gilt:

$$\overline{X} \xrightarrow{P} S(G), \text{ und damit:}$$

$$S(\Phi_\mu) = \int x \, d\Phi_\mu(x) = \mu, \text{ d.h. } S \text{ ist Fisher-konsistent.}$$

∇

Wir kommen nun zur Definition der Influenzfunktion:

Definition 3: Die Influenzfunktion IF eines Funktionals S in $F \in \mathcal{F}$ ist definiert als

$$IF(x,S,F) = \lim_{h \downarrow 0} \frac{S((1-h)F+h\delta_x) - S(F)}{h} \quad \text{, wobei}$$

δ_x das Einpunktmaß im Punkt x ist.

Die Influenzfunktion ist also die Ableitung eines Funktionals S in F "in Richtung von δ_x" und mißt somit den Einfluß einer (infinitesimalen) Kontamination im Punkt x auf das Funktional S bzw. auf die zugehörige Schätzstatistik S_n. Diese Definiton der Ableitung eines Funktionals ist ein Spezialfall des allgemeinen Konzepts der Ableitung von Funktionalen, das auf v. Mises (1947) zurückgeht; siehe auch Fréchet- und Gâteaux- Ableitungen in Huber (1981).
Die Influenzfunktion IF ist also eine Funktion der (zusätzlichen) Beobachtung x, wobei x ein Ausreißer sein kann. Der Leser beachte, daß IF nicht invariant gegenüber linearen Transformationen ist.

Wir führen noch folgende Schreibweise ein:

$$IF(x,S,F) = \frac{\partial}{\partial h} [S((1-h)F+h\delta_x)]_{h=0}.$$

Die nachstehende Definition beschreibt den maximalen Einfluß einer Kontamination in x auf das Funktional S:

Definition 4: $\gamma(S,F) := \sup_x |IF(x,S,F)|$ heißt gross-error-Sensitivität von S in F.

Beispiel 3:

Es sei $S: \mathcal{F} \to \mathbf{R}$ mit $S(F) = \mu = \int y \, dF(y)$.
Dann ist zunächst:

$$\begin{aligned} S((1-h)F(y) + h\delta_x(y)) - S(F(y)) &= \int y \, d((1\text{-}h)F(y) + h\delta_x(y)) - \mu \\ &= (1-h)\int y \, dF(y) + h\int y \, d\delta_x(y) - \mu \\ &= (1-h)\mu + hx - \mu \end{aligned}$$

und damit

$$IF(x,S,F) = \lim_{h \downarrow 0} \frac{(1-h)\mu + hx - \mu}{h} = x - \mu \, ,$$

d.h. $\gamma(S,F) = \infty$.

∇

Beispiel 4:

Es sei $\mathcal{F}$ die Menge aller Verteilungsfunktionen F mit stetiger Dichte f. Wir betrachten als Funktional S den Median $x_{0.5}$:

$$S: \mathcal{F} \to \mathbf{R} \text{ mit } S(F)=F^{-1}(0.5) = x_{0.5} \text{ mit } f(x_{0.5}) > 0 \, .$$

Es sei $F_h(y) = (1-h)F(y) + h\delta_x(y)$. Dann gilt mit Hilfe der Regel für die Ableitung der inversen Funktion:

$$IF(x,S,F) = \frac{\partial}{\partial h}[F_h^{-1}(0.5)]_{h=0} = -\frac{0.5 - \delta_x(F^{-1}(0.5))}{f(F^{-1}(0.5))} = \frac{\text{sign}(x\text{-}x_{0.5})}{2f(x_{0.5})} \, .$$

IF ist beschränkt mit $\gamma(S,F) = 1/(2f(x_{0.5}))$, und es gilt speziell für die Standardnormalverteilungsfunktion Φ:

$$\gamma(S,\Phi) = (\pi/2)^{1/2} \approx 1.253 \, .$$

In der Graphik 8 sind die Influenzfunktionen aus Beispiel 3 und 4 für $F = \Phi$ dargestellt.

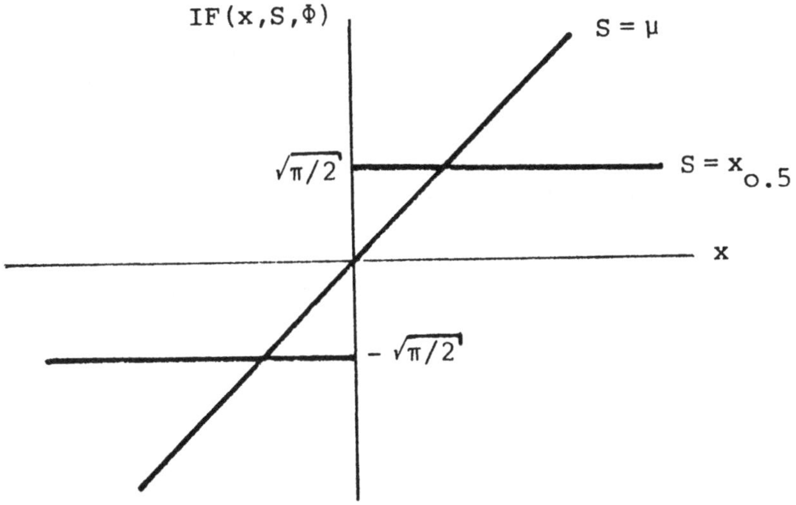

Abb. 8: IF von $S = \mu$ und $S = x_{0.5}$ für $F = \Phi$

Weitere Beispiele zur Bestimmung der Influenzfunktion von Schätzern und allgemein von M-, L- und R-Schätzern sind bei Huber (1981) zu finden.

Die Influenzfunktion IF steht in enger Beziehung zu der (asymptotischen) Varianz von $\sqrt{n}(S_n - S(F))$, denn es gilt unter gewissen Bedingungen, siehe Hampel u.a. (1986, S.85):

Satz 1: Die Verteilung von $\sqrt{n}(S_n - S(F))$ strebt gegen die Normalverteilung $N(0, VAR(S,F))$ mit der asymptotischen Varianz

$$VAR(S,F) = \int (IF(x,S,F))^2 \, dF(x).$$

Fassen wir zusammen: IF sollte folgende wünschenswerte Eigenschaften haben:

(1) beschränkt sein ($\gamma < \infty$) zum Schutz vor Ausreißern,

(2) stetig in x sein zum Schutz vor leichten Fehlern wie Runden der Daten.

Die Influenzfunktion in Beispiel 3 erfüllt (2), aber nicht (1) und bei der in Beispiel 4 gilt (1), aber nicht (2) an der Stelle x=0.

Wir wollen nun im Sinne von Rousseeuw u. Ronchetti (1979) und Hampel u.a. (1986) obige Influenzfunktion IF auf Funktionale, die zu Teststatistiken gehören, übertragen. Dabei stellt sich das Problem, daß diese Funktionale in der Regel nicht Fisher-konsistent sind, eine Eigenschaft, auf die nicht verzichtet werden sollte. So liegt es also nahe, zunächst das zu einer vorgegebenen Teststatistik gehörende nicht Fisher-konsistente Funktional durch ein geeignetes Fisher-konsistentes Funktional zu ersetzen und darauf dann die Influenzfunktion anzuwenden. Diese im folgenden näher zu beschreibende Vorgehensweise impliziert zudem eine wünschenswerte Eigenschaft einer Influenzfunktion für Teststatistiken, nämlich ihre Invarianz gegenüber monotonen (differenzierbaren) Transformationen.

Bei der Einführung der Influenzfunktion für Teststatistiken wollen wir uns zunächst auf den Einstichproben-Fall beschränken. Wir gehen also von folgendem Problem aus:

Es seien $X_1, \dots, X_n$ unabhängige und identisch verteilte Zufallsvariablen mit $X_i \sim F_\theta$, $\theta \in \Omega$. Zu testen sei:

$$H_0: \theta = \theta_0 \text{ gegen } H_1: \theta > \theta_0 \quad (\text{oder } \theta < \theta_0)$$

mit Hilfe der Teststatistik $T_n = T_n(X_1, \dots, X_n)$.

Es werde wie beim Schätzen angenommen:

$$T_n(G_n) = T(G_n) \text{ bzw. } T_n \xrightarrow{P} T(G),$$

worin G_n die empirische Verteilungsfunktion, G die "wahre" Verteilung und T ein Funktional sind. T ist in der Regel nicht Fisher-konsistent.

Beispiel 5:

Es sei $F_\theta(x) = \Phi_\mu(x, \sigma^2)$, σ^2 bekannt. Zu testen sei:

$$H_0: \mu = \mu_0 \text{ gegen } H_1: \mu > \mu_0.$$

Als Teststatistik wählen wir:

$$T_n = T_n(X_1, \dots, X_n) = \frac{\overline{X} - \mu_0}{\sigma} \quad (\text{statt } \sqrt{n}\, T_n).$$

Es ist

$$T_n = T_n(X_1, \dots, X_n) = \frac{1}{n} \sum_{i=1}^{n} \left(\frac{X_i - \mu_0}{\sigma} \right) = T_n(G_n)$$

$$= \int \frac{x - \mu_0}{\sigma} dG_n(x) \xrightarrow{P} \int \frac{x - \mu_0}{\sigma} dG(x) =: T(G)$$

und damit

$$T(\Phi_\mu) = (\mu - \mu_0)/\sigma.$$

T ist also nicht Fisher-konsistent.

∇

Beispiel 6:

Es sei $F_\theta(x) = \Phi_{\sigma^2}(x, \mu)$, μ unbekannt. Zu testen sei:

$$H_0: \sigma^2 = \sigma_0^2 \text{ gegen } H_1: \sigma^2 > \sigma_0^2.$$

Wir betrachten:

$$T_n = T_n(X_1, \dots, X_n) = \frac{\frac{1}{n}\Sigma(X_i - \overline{X})^2}{\sigma_0^2} = T_n(G_n)$$

$$= \int\left(\frac{x - \overline{x}}{\sigma_0}\right)^2 dG_n(x) \overset{P}{\rightarrow} \int\left(\frac{x - \mu}{\sigma_0}\right)^2 dG(x) = :T(G).$$

Es ist $T(\Phi_{\sigma^2}) = \sigma^2/\sigma_0^2$, d.h. T ist nicht Fisher-konsistent.

∇

Im Abschnitt 2.5.3 werden wir in Verbindung mit Rangstatistiken weitere nicht Fisher-konsistente Funktionale kennenlernen.
Es gilt also i.a. für das zu einer Teststatistik T_n gehörende Funktional T:

$$T(F_\theta) \neq \theta, \text{ jedoch } T(F_\theta) = k(\theta),$$

wobei k eine geeignete Funktion ist (siehe Beispiel 5 und 6). Darauf aufbauend kann nun ein Fisher-konsistentes Funktional konstruiert und dann dafür die Influenzfunktion definiert werden:

Es sei $k_n: \Omega \rightarrow R$ mit $k_n(\theta) := E_\theta(T_n)$ und $k(\theta) := T(F_\theta)$, und es werde angenommen:

(a) $k_n(\theta) \rightarrow k(\theta)$ für alle $\theta \in \Omega$,

(b) $k'(\theta) > 0$, so daß k^{-1} existiert.

Statt T(G) betrachten wir: $D(G) = k^{-1}(T(G))$. D ist offensichtlich Fisher-konsistent, denn

$$D(F_\theta) := k^{-1}(T(F_\theta)) = k^{-1}(k(\theta)) = \theta.$$

Das führt zu folgender Definition, siehe Hampel u.a. (1986, S.191):

Definition 5: Die Influenzfunktion IF_{Test} eines zu einer Teststatistik T_n gehörenden Funktionals T in F_θ ist definiert als:

$$IF_{Test}(x,T,F_\theta) := IF(x,D,F_\theta) = \lim_{h \downarrow 0} \frac{D((1-h)F_\theta + h\delta_x) - D(F_\theta)}{h}.$$

IF_{Test} ist also über IF definiert und mißt den (infinitesimalen) Einfluß einer (zusätzlichen) Beobachtung x auf T_n und damit auf die Testentscheidung für oder gegen H_0.

Wie für Schätzstatistiken bringen wir:

Definition 6: $\gamma_{Test}(T,F_\theta) := \sup_x \left| IF_{Test}(x,T,F_\theta) \right|$ heißt gross-error-Sensitivität von T in F_θ.

Das Fisher-konsistente Funktional D kann nicht immer explizit angegeben werden. Es gilt aber auf Grund der Regel für die Ableitung einer inversen Funktion $(k^{-1})' = 1/k'$ und der Kettenregel:

$$IF_{Test}(x,T,F_\theta) = \frac{\frac{\partial}{\partial h}[T((1-h)F_\theta + h\delta_x)]_{h=0}}{k'(\theta)} = \frac{IF(x,T,F_\theta)}{k'(\theta)}.$$

IF_{Test} ist also die Influenzfunktion des zu T_n gehörenden Funktionals T, dividiert durch die "Korrekturfunktion" $k'(\theta)$. Diese Funktion trägt der Tatsache Rechnung, daß T möglicherweise nicht Fisher-konsistent ist; für den Fall der Fisher-Konsistenz ist $k(\theta) = \theta$ und damit $k'(\theta) = 1$. Zudem bewirkt die Funktion $k'(\theta)$, daß IF_{Test} invariant gegenüber monotonen (differenzierbaren) Transformationen der Teststatistik ist.

Im folgenden betrachten wir IF_{Test} stets unter der Nullhypothese.

Beispiel 7:

Gegeben seien Modell und Hypothesen wie in Beispiel 5. Dann ist:

$$T(\Phi_\mu) = \frac{\mu - \mu_0}{\sigma} = k(\mu),\ k'(\mu) = \frac{1}{\sigma},$$

und es gilt unter $H_0: \mu = \mu_0$ in Analogie zum Ergebnis in Beispiel 3:

$$IF_{Test}(x,T,\Phi_\mu) = \frac{(x-\mu_0)/\sigma}{1/\sigma} = x - \mu_0 \quad \text{und} \quad \gamma_{Test}(T,\Phi_\mu) = \infty.$$

∇

Um eine zu Satz 1 analoge Aussage für Teststatistiken zu formulieren, betrachten wir die asymptotische absolute Effizienz E (efficacy) von T in F, siehe Büning u. Trenkler (1978, S.278):

$$E := E(T,F) = \lim_{n\to\infty} (k_n'(\theta_0))^2/(n\sigma_n^2(\theta_0)) \text{ mit}$$

$$k_n(\theta) := E_\theta(T_n) \text{ und } \sigma_n^2(\theta) := VAR_\theta(T_n).$$

Es sei vermerkt, daß die in Abschnitt 2.4.2 beschriebene Pitman-A.R.E. zweier Tests A_1, A_2 gleich dem Quotienten der Efficacies der zu den beiden Teststatistiken gehörenden Funktionale T_1 und T_2 ist:

$$A.R.E.(A_1, A_2) = \frac{E(T_1,F)}{E(T_2,F)}.$$

Die asymptotische Güte β eines Tests ist für Alternativen der Form $\theta_n = \theta_0 + a/\sqrt{n}$, $a > 0$, und unter gewissen Regularitätsbedingungen bestimmt durch (siehe Noether (1955)):

$$\beta = 1 - \Phi(z_{1-\alpha} - a\sqrt{E}),$$

worin Φ die Standardnormalverteilungsfunktion mit $\Phi(z_{1-\alpha}) = 1 - \alpha$ bedeutet.
Das heißt also: Je größer die Efficacy E, desto größer die (asymptotische) Güte β des Tests.

Satz 2: Unter $H_0 : \theta = \theta_0$ mit $F := F_{\theta_0}$ gilt:

$$\int (IF_{Test}(x,T,F))^2 \, dF(x) = \frac{1}{E(T,F)}.$$

Beweis: Es ist $IF_{Test}(x,T,F) = IF(x,T,F)/k'(\theta_0)$ und nach Satz 1:

$$VAR(T,F) = \int (IF(x,T,F))^2 \, dF(x) \text{ mit}$$

$$VAR(T,F) = \lim_{n\to\infty} n\sigma_n^2(\theta_0).$$

Es ergibt sich:

$$\int (IF_{Test}(x,T,F))^2 \, dF(x) = \frac{VAR(T,F)}{(k'(\theta_0))^2} = \lim_{n\to\infty} \frac{n\sigma_n^2(\theta_0)}{(k_n'(\theta_0))^2} = \frac{1}{E(T,F)}.$$

Δ

Es folgt unmittelbar:

$$\text{A.R.E.}\,(A_1, A_2) = \frac{E(T_1, F)}{E(T_2, F)} = \frac{\int (IF_{Test}(x, T_2, F))^2\, dF(x)}{\int (IF_{Test}(x, T_1, F))^2\, dF(x)},$$

worin T_1, T_2 die beiden zu den Teststatistiken von A_1 bzw. A_2 gehörenden Funktionale sind. Speziell für Fisher-konsistente Funktionale T_1, T_2 gilt dann:

$$\text{A.R.E.}\,(A_1, A_2) = \frac{VAR(T_2, F)}{VAR(T_1, F)}.$$

Zum Abschluß dieses Abschnitts seien noch zwei Bemerkungen angeführt:

1. Es mag verwundern, daß mit der Influenzfunktion IF_{Test} der Einfluß einer Beobachtung x auf die Teststatistik T_n bzw. auf das zugehörige Funktional T gemessen wird und nicht direkt auf das Testniveau α oder die Güte β des Tests. Die Beschreibung dieses direkten Einflusses gelingt (in gewissem Sinne) mit dem von Rousseeuw u. Ronchetti (1979) eingeführten Konzept der Level Influence Function (LIF) und der Power Influence Function (PIF), die proportional zu IF_{Test} und damit unbeschränkt sind, falls IF_{Test} selbst unbeschränkt ist. Mit LIF und PIF werden also nicht - wie eigentlich gewünscht - die durch die Kontamination in x veränderten Werte von α und β bestimmt. Dies wird aber möglich mit Hilfe eines (asymptotischen) Ergebnisses von Rieder (1981), das wir in Zusammenhang mit der Untersuchung der Influenzfunktion für Rangtests heranziehen werden.

2. Das bislang nur für den Einstichproben-Fall dargestellte Konzept der Influenzfunktion läßt sich auch auf den Zweistichproben-Fall mit Lage- oder Skalenalternativen übertragen: Es seien $X_1, \ldots, X_m$ und $Y_1, \ldots, Y_n$ unabhängig und identisch verteilt mit $X_i \sim F$, $i = 1, \ldots, m$, und $Y_j \sim G$, $j = 1, \ldots, n$. Folgende Alternativen werden betrachtet: $G(x) = F(x - \theta)$ bzw. $G(x) = F(x\theta)$. Da Ausreißer in der 1. Stichprobe, in der 2. Stichprobe und in beiden Stichproben auftreten können, müssen zunächst separat drei Influenzfunktionen eingeführt werden, siehe Hampel u.a. (1986, S.193):

(a) $IF_{Test,1}(x,T,F,G)$ mißt den Einfluß einer Beobachtung x aus der 1. Stichprobe,

(b) $IF_{Test,2}(y,T,F,G)$ mißt den Einfluß einer Beobachtung y aus der 2. Stichprobe,

(c) $IF_{Test}(x,y,T,F,G)$ mißt den gemeinsamen Einfluß von x und y, jeweils auf das zur Teststatistik gehörende (zweidimensionale) Funktional T.

Diese drei Influenzfunktionen sind analog zum Einstichproben-Fall definiert; mit der (gewünschten) Konsequenz, daß unter $H_0: F=G$ gilt:

$$IF_{Test}(x,y,T,F) = IF_{Test,1}(x,T,F) + IF_{Test,2}(y,T,F) .$$

Durch die zusätzliche Symmetrieforderung an das Funktional T:

$$IF_{Test,1}(x,T,F) = -IF_{Test,2}(x,T,F), \text{ d.h.}$$

$$IF_{Test}(x,x,T,F) = 0 \text{ für alle } x,$$

werden beide Stichproben "in gleicher Weise" behandelt, was eine Reduktion auf *eine* Influenzfunktion $IF_{Test,1}$ oder $IF_{Test,2}$ mit sich bringt. Somit können Ergebnisse betreffend IF_{Test} im Einstichproben-Fall für Lage - und Skalenalternativen unmittelbar auf den entsprechenden Zweistichproben-Fall für Lage- bzw. Skalenalternativen übertragen werden, falls für das zugehörige Funktional obige Symmetriebedingung unterstellt wird.

2.5 Lagetests im Einstichproben-Problem

2.5.1 Modell und Hypothesen

Das Einstichproben-Problem für Lagealternativen kann wie folgt beschrieben werden: Es seien $X_1, \dots, X_n$ unabhängige und identisch verteilte Zufallsvariablen mit $X_i \sim F(x-\theta)$, $i=1,\dots,n$, $\theta \in \mathbb{R}$, wobei F stetig mit zugehöriger Dichte f und symmetrisch um θ sei. Zu testen ist die Hypothese

$$H_0\colon \theta = \theta_0 \text{ gegen } H_1\colon \theta > \theta_0 \; (\theta < \theta_0, \theta \neq \theta_0).$$

O.B.d.A. kann $\theta_0 = 0$ gesetzt werden, da ein Test auf $H_0\colon \theta = \theta_0$ durch Transformation der Zufallsvariablen X_i in $Y_i := X_i - \theta_0$, $i=1,\dots n$, einem Test der Y_i auf $H_0\colon \theta = 0$ entspricht, siehe dazu das Beispiel 4 in Abschnitt 1.3 mit $\theta_0 = 33$.

2.5.2 t-Test

Wird als Verteilungsmodell F die Normalverteilung unterstellt, d.h. $X_i \sim N(\mu, \sigma^2)$, $i=1,\dots,n$, so ist für einen Test auf den Lageparameter (Erwartungswert) μ bei unbekannter Varianz σ^2 (der wenig praxisrelevante Fall bekannter Varianz soll hier nicht behandelt werden) der klassische t-Test gleichmäßig bester unverfälschter Test für die einseitigen und zweiseitigen Alternativen, siehe z.B. Roussas (1973, S.292 f). Die zugehörige Teststatistik t lautet:

$$t = \frac{\sqrt{n}(\overline{X} - \mu_0)}{S} \quad \text{mit} \quad \overline{X} = \frac{1}{n}\sum_{i=1}^{n} X_n \quad \text{und} \quad S^2 = \frac{1}{n-1}\sum_{i=1}^{n}(X_i - \overline{X})^2 .$$

Die Statistik t ist unter $H_0\colon \mu = \mu_0$ t-verteilt mit (n-1) FG, $t \sim t(n-1)$. Das bedeutet für die Entscheidungsregel: H_0 zum Niveau α ablehnen, falls $t \geq t_{1-\alpha}(n-1)$, $t \leq -t_{1-\alpha}(n-1)$ bzw. $|t| \geq t_{1-\alpha/2}(n-1)$, je nachdem, ob unter $H_1\colon \mu > \mu_0$, $\mu < \mu_0$ bzw. $\mu \neq \mu_0$ ist.

Unter Annahme der Normalverteilung kann dann die Güte des t-Tests für die ein- und zweiseitigen Alternativen über die nichtzentrale t-Verteilung bestimmt werden, siehe Lehmann (1959, S.166 f).

Was aber ist die Konsequenz, wenn die Annahme der Normalverteilung für die Zufallsvariablen $X_1, \dots, X_n$ nicht erfüllt ist? Die asymptotische Verteilung von t unter H_0 läßt sich sofort angeben. Da der Nenner von t mit $n \to \infty$ "in Wahrscheinlichkeit" gegen σ strebt, $S \xrightarrow{P} \sigma$, ist die Grenzverteilung von t unter H_0 dieselbe wie die von

$\sqrt{n}(\overline{X} - \mu_0)/\sigma$, welche nach dem zentralen Grenzwertsatz die N(0,1)-Verteilung ist, d.h. also: t ist unter H_0 asymptotisch N(0,1)-verteilt. Da $t_{1-\alpha}(n-1) \rightarrow z_{1-\alpha}$ mit $\Phi(z_{1-\alpha}) = 1 - \alpha$, hält also der t-Test auch bei nichtnormalverteilten Daten *asymptotisch* das Testniveau ein.

Die Herleitung der exakten Verteilung von t bei nichtnormalverteilten Daten ist analytisch meist äußerst schwierig, abgesehen von Stichprobenumfängen n=2 und n=3 und von speziellen Verteilungsannahmen, siehe z.B. Laderman (1939) für n=2 und Perlo (1933) für n=3 und eine Gleichverteilung, Lee u. Gurland (1977), sowie Subrahmaniam u.a. (1975) für eine skalen- bzw. lagekontaminierte Normalverteilung (Abschnitt 2.2) und Sansing u. Owen (1974) für f(x)>0 fast überall, F stetig und mit gewissen Integral-Eigenschaften. Grund für diese Schwierigkeit ist die Tatsache, daß $\overline{X}$ und S nur bei normalverteilten Daten unabhängig sind. Die meisten der vorliegenden Arbeiten zur Herleitung der Verteilung von t bei nichtnormalverteilten Daten basieren auf Simulationsstudien oder auf Approximationen. Zu diesen gehören die Untersuchungen von Gayen (1949) und Srivastava (1958), deren Approximation die ersten vier Glieder (Kumulanten) der Edgeworth-Reihenentwicklung zugrunde liegen. Auf die Problematik einer solchen Approximation einer Verteilung über die ersten vier Kumulanten bzw. die entsprechenden Momente (bezüglich des Zusammenhangs zwischen Kumulanten und Momente siehe Anhang) wurde bereits in Abschnitt 2.2 hingewiesen. Tiku (1971) verwendet Laguerre-Polynome zwecks Approximation und berücksichtigt dabei soviele Kumulanten von F wie gewünscht. Yuen und Murthy (1974) wenden diese Ergebnisse von Tiku auf den Spezialfall einer t-Verteilung für F an.

Die Bestimmung der Verteilung von t für nichtnormalverteilte Daten spielt eine wesentliche Rolle bei Robustheitsstudien des t-Tests. Wie empfindlich reagiert dieser Test bei Abweichungen von der Normalverteilung bezüglich des Testniveaus α oder der Güte β? Wie stark z.B. weichen die unter der Normalverteilungsannahme bestimmten α-Quantile der t-Verteilung von denen unter einer anderen Verteilung bestimmten α-Quantile ab, eine Frage, die ja für die Entscheidung für oder gegen die Nullhypothese H_0 von grundlegender Bedeutung ist. Oder anders formuliert: Wie ändert sich das vorgegebene (*nominale*) Testniveau α , wenn bei der Entscheidung für oder gegen H_0 die α-Quantile der t-Verteilung zugrunde gelegt werden, in Wirklichkeit aber eine andere als die Normalverteilung für die Daten vorliegt? Ist dann das eigentliche (*aktuelle*) Testniveau α^* größer oder kleiner als α? Ein Ablehnen von H_0 muß demnach nicht unbedingt das Falsifizieren von H_0 bedeuten, sondern kann auch auf eine inkorrekte Verteilungsannahme (oder auf andere falsche Modellannahmen) zurückzuführen sein.

Eine spezielle Rolle spielt dabei das Auftreten von Ausreißern in den Daten, sei es, daß diese Ausreißer Meßfehler, sei es, daß sie Ausdruck einer Verteilung mit starken Tails sind, siehe Abschnitt 1.3. Da die t-Statistik in Einheiten des Kehrwertes der Standardabweichung s gemessen wird, ist der Einfluß einer einzigen (z.B. extrem großen) Beobachtung auf den t-Wert nicht nur durch den (beliebig großen) $\bar{x}$-Wert im Zähler, sondern auch durch den (beliebig großen) s-Wert im Nenner bestimmt, wie das folgende Beispiel demonstrieren soll:

Beispiel 8:

(a) Es sei $x_1 = x_2 = \ldots = x_{n-1} = c$ und $x_n = x \neq c$.
Zu testen sei:

$$H_0: \mu = \mu_0 = c \text{ gegen } H_1: \mu \neq c.$$

Es ist:

$$\bar{x} = \frac{(n-1)c + x}{n} \quad \text{und} \quad s^2 = \frac{(x-c)^2}{n}, \text{ d.h. } \quad s = \frac{|x-c|}{\sqrt{n}}$$

und damit

$$t = \frac{(\bar{x}-c)\sqrt{n}}{s} = \frac{x-c}{|x-c|} = \begin{cases} 1 & \text{für } x > c \\ -1 & \text{für } x < c, \end{cases}$$

unabhängig von n. Das bedeutet: Wie groß (klein) x immer sein mag, die Nullhypothese $H_0: \mu = c$ wird wegen $|t| = 1$ für $\alpha \leq 0.20$ *nie* abgelehnt.

∇

(b) Es sei $x_1 = 1, x_2 = 2, \ldots, x_{n-1} = n-1, x_n = x$. Zu testen sei ($\alpha = 0.05$):

$$H_0: \mu = 0 \text{ gegen } H_1: \mu > 0.$$

Als Wert der t-Statistik für die ersten n-1 Beobachtungen ergibt sich: $t = \sqrt{3n}$, d.h. für $n - 1 \geq 3$ führen die n-1 Daten zur Ablehnung von H_0. Nehmen wir im Fall $n - 1 = 3$ ($\bar{x} = 2, s_x^2 = 1$) als weitere Beobachtung den "Ausreißer" $x \geq 8$ hinzu, so wird H_0 auf der Basis dieser 4 Beobachtungen ($\bar{x} = 3.5, s_x^2 = 9.67$ für x=8) nicht mehr abgelehnt.

∇

Wir hatten im Beispiel 5 in Abschnitt 2.4.3 die Influenzfunktion des Tests auf $H_0: \mu = \mu_0$ bei bekannten σ berechnet und unter H_0 $IF_{Test} = x - \mu_0$ erhalten. Dieselbe Influenzfunktion ergibt sich auch für die Statistik $t/\sqrt{n}$, da S ein konsistenter Schätzer für σ ist.

Wie bereits in Abschnitt 2.1 betont, sollen als Konkurrenten zum klassischen, unter der Normalverteilungsannahme optimalen Verfahren - hier zum t-Test - zwei Gruppen von Testverfahren betrachtet werden, die nichtparametrischen und die robustifizierten. Während die erstgenannten Tests ohne spezielle Verteilungsannahme anwendbar sind (nur die Stetigkeit von F wird wegen der gewünschten eindeutigen Rangzuweisung gefordert), sind die zuletztgenannten gerade zum Schutz vor Ausreißern in den Daten konzipiert.

2.5.3 Nichtparametrische Tests

Wir betrachten folgende lineare Rangstatistik

$$L_n^+ = \sum_{i=1}^{n} g(R_i^+)V_i \text{ mit } V_i = 1 \text{ für } X_i > 0 \text{ und } V_i = 0 \text{ für } X_i \leq 0;$$

die sogenannten "Scores" g(i) sind monoton wachsend, und $R_i^+ = R(|X_i|)$, $i=1,\ldots,n$, ist der Rang von $|X_i|$. Es bezeichne [x] den ganzzahligen Anteil von x.
Wir nehmen an, es existiere eine quadratisch integrierbare, monoton wachsende Score-Funktion $\phi^+: (0,1) \rightarrow R$ mit

$$\lim_{n\to\infty} \int_0^1 (g(1 + [u \cdot n]) - \phi^+(u))^2 \, du = 0,$$

d.h. die Treppenfunktion der Scores

$$g(1 + [u \cdot n]) = \begin{cases} g(1) & \text{für} \quad 0 < u < \frac{1}{n} \\ g(i) & \text{für} \quad \frac{i-1}{n} \leq u < \frac{i}{n}, i = 2,\ldots,n \end{cases},$$

lasse sich durch eine "glatte" Funktion ϕ^+ approximieren.
Im folgenden Beispiel sind einige spezielle Rangtests mit ihren Scores angegeben:

Beispiel 9:

(a) Wilcoxon-Test W_n^+:

$$g_W(i) = i,$$

(b) v.d. Waerden-Test X_n^+:

$$g_X(i) = \Phi^{-1}\left(\frac{1}{2} + \frac{1}{2}\left(\frac{i}{n+1}\right)\right),$$

worin Φ die Standardnormalverteilungsfunktion ist,

(c) Vorzeichen-Test V_n^+:

$$g_V(i) = 1,$$

V_n^+ zählt die Anzahl der Beobachtungen größer als 0,

(d) Randles-Hogg-Test K_n^+:

$$g_K(i) = \begin{cases} 0 & \text{für } i \leq [(n+1)/2] \\ i - [(n+1)/2] & \text{für } i > [(n+1)/2] \,. \end{cases}$$

∇

Die Wahl der Scores g(i) beeinflußt natürlich ganz wesentlich die Güte des Tests. So liegt es nahe, diese Scores in Abhängigkeit von einer konkreten Verteilung so auszuwählen, daß der zugehörige Test möglichst hohe Güte hat.
Für die exakte Verteilung von L_n^+ unter H_0 gilt zunächst unabhängig von F:

$$P(L_n^+ = l^+ \mid \theta = 0) = \frac{a(l^+)}{2^n},$$

wobei $a(l^+)$ die Anzahl der Tupel $(v_1, \ldots, v_n)$ angibt, für die $L_n^+ = l^+$ ist. Somit ist die Verteilung von L_n^+ unter H_0 bestimmt durch

$$F_{L_n^+}(x) = \sum_{l^+ \leq x} P(L_n^+ = l^+ \mid \theta = 0) \,.$$

Die Entscheidungsregel lautet dann: $H_0: \theta = 0$ zum Niveau α ablehnen, falls $L_n^+ \geq l_{1-\alpha}^+$, $L_n^+ \leq l_\alpha^+$ bzw. $L_n^+ \leq l_{\alpha/2}^+$ oder $L_n^+ \geq l_{1-\alpha/2}^+$ ist, je nachdem, ob unter $H_1: \theta > 0$, $\theta < 0$ bzw. $\theta \neq 0$ ist.
Weiterhin gilt unter H_0:

$$E(L_n^+) = \frac{1}{2}\sum_{i=1}^{n} g(i) \text{ und } VAR(L_n^+) = \frac{1}{4}\sum_{i=1}^{n} (g(i))^2.$$

Es läßt sich zeigen, daß unter H_0 $(L_n^+ - E(L_n^+))/\sqrt{VAR(L_n^+)}$ asymptotisch N(0,1)-verteilt ist, siehe Randles u. Wolfe (1979, S.333 f).

Die lineare Rangstatistik L_n^+ ist unter gewissen Regularitätsbedingungen auch asymptotisch normalverteilt unter der Alternativhypothese H_1, siehe Hájek u. Šidák (1967, S.219); wir gehen darauf im Abschnitt 2.5.6 noch näher ein.

Die Herleitung der exakten Verteilung von L_n^+ unter H_1 zwecks Berechnung der Güte ist selbst für kleine Stichprobenumfänge sehr rechenaufwendig. Grundlage für die Güteberechnung ist die Bestimmung von

$$P(Z=z \mid \theta) = n! \int \underset{0<t_1<\ldots<t_n<\infty}{\cdots} \int \prod_{i=1}^{n} f(t_i - s_i\theta)\, dt_i\,.$$

Darin ist $Z = (Z_1, \ldots, Z_n)$ mit $Z_i = 1$ für $X_j > 0$ bzw. $Z_i = 0$ für $X_j \leq 0$, wobei X_j bei *festem* i bestimmt ist durch $|X_j| = |X|_{(i)}$ und $|X|_{(i)}$ die i-te geordnete Statistik der Absolutbeträge von $X_1, \ldots, X_n$ ist; $s_i = 2z_i - 1$ gibt das Vorzeichen von X_j an. (Der Leser beachte, daß die Indikatorvariablen $Z_1, \ldots, Z_n$ anders als die $V_1, \ldots, V_n$ über die *geordnete* Statistik $|X|_{(1)}, \ldots, |X|_{(n)}$ definiert sind.) Exakte Güteberechnungen liegen bislang nur für einige wenige ausgewählte Tests und Verteilungen vor, siehe z.B. Klotz (1963) für den Wilcoxon-Test unter der Normalverteilung und Arnold (1965) für den Wilcoxon-Test unter der Cauchy-Verteilung und t-Verteilung mit verschiedenen Freiheitsgraden.

Bei Annahme einer speziellen Verteilungsfunktion gibt es (im Gegensatz zum t-Test für normalverteilte Daten) keinen gleichmäßig besten Rangtest, wohl aber einen solchen, der die Güte in der "Nähe der Nullhypothese" maximiert, den sogenannten lokal optimalen Rangtest.

Definition 7: Es sei M_α die Menge aller Rangtests zum Niveau α. Der Test T^* heißt lokal optimaler Rangtest für H_0: $\theta = 0$ gegen H_1: $\theta > 0$, falls

$$\bigwedge_{T \in M_\alpha} \bigvee_{\varepsilon > 0} \bigwedge_{0<\theta<\varepsilon} \beta_{T^*}(\theta) \geq \beta_T(\theta)\,.$$

Mit Hilfe eines Resultats von Fraser (1957) läßt sich zeigen, daß unter gewissen Regularitätsannahmen der lokal optimale Rangtest im vorliegenden Einstichproben-Problem bestimmt ist durch die lineare Rangstatistik mit den Scores (siehe Randles u. Wolfe (1979, S.328))

$$g(i,f) = E\left[\frac{-f'\left(F^{-1}\left(\frac{1}{2}+\frac{1}{2}(U_{(i)})\right)\right)}{f\left(F^{-1}\left(\frac{1}{2}+\frac{1}{2}(U_{(i)})\right)\right)}\right],$$

wobei $U_{(1)}, \ldots, U_{(n)}$ die geordnete Statistik von n über (0,1) gleichverteilten Zufallsvariablen ist. Hájek u. Šidák (1967, S.67) haben gezeigt, daß die lineare Rangstatistik basierend auf g(i,f) asymptotisch äquivalent (im Sinne von gleicher A.R.E.) ist zu der Statistik basierend auf den Scores

$$\tilde{g}(i,f) = \frac{-f'\left(F^{-1}\left(\frac{1}{2}+\frac{1}{2}\left(\frac{i}{n+1}\right)\right)\right)}{f\left(F^{-1}\left(\frac{1}{2}+\frac{1}{2}\left(\frac{i}{n+1}\right)\right)\right)}$$

(man beachte: $E(U_{(i)}) = i/(n+1)$). Diese Scores sind i.d.R. leichter zu berechnen als $g(i,f)$. Die zu $\tilde{g}(i,f)$ gehörende optimale Score-Funktion $\phi^+(u,f)$ lautet:

$$\phi^+(u,f) = \frac{-f'\left(F^{-1}\left(\frac{1}{2}+\frac{1}{2}u\right)\right)}{f\left(F^{-1}\left(\frac{1}{2}+\frac{1}{2}u\right)\right)}.$$

Die optimale Score-Funktion beschreibt also das relative Steigungsverhalten der Dichte f an den Stellen der p-Quantile (wegen der Symmetrie von F für p>0.5 o.B.d.A.) und ist damit also im wesentlichen durch das Tailverhalten der zugrundeliegenden Verteilungsfunktion F bestimmt. Zur Interpretation von f'/f siehe auch Hall u. Joiner (1983). Wir geben nun für einige spezielle Verteilungen die lokal optimalen Rangtests an:

Beispiel 10:

(a) Normalverteilung: $f(x) = \frac{1}{\sqrt{2\pi}} e^{-\frac{1}{2}x^2}$

$$-\frac{f'(x)}{f(x)} = x\,,\ \text{d.h. } g(i,f) = E\left[\Phi^{-1}\left(\frac{1}{2}+\frac{1}{2}U_{(i)}\right)\right] = E[\,|Z|_{(i)}]\,,$$

wobei $|Z|_{(1)} < \ldots < |Z|_{(n)}$ die geordnete Statistik der absoluten Werte von n standardnormalverteilten Zufallsvariablen ist. Dies ist der sogenannte Terry-Hoeffding-Test T_n^+, der asymptotisch äquivalent ist zum v.d. Waerden-Test in Beispiel 9(b).

(b) Logistische Verteilung: $f(x) = \frac{e^{-x}}{(1+e^{-x})^2}, F(x) = \frac{1}{1+e^{-x}}$

$$-\frac{f'(x)}{f(x)} = 2F(x)-1\,,\ \text{d.h. } g(i,f) = 2E\left[F\left(F^{-1}\left(\frac{1}{2}+\frac{1}{2}U_{(i)}\right)\right)\right]-1 = \frac{i}{n+1}$$

und ebenso $\tilde{g}(i,f) = \frac{i}{n+1}$.

Das ist - abgesehen von der Konstanten $1/(n+1)$ - der Wilcoxon-Test in Beispiel 9(a).

(c) Doppelexponentialverteilung: $f(x) = \frac{1}{2} e^{-|x|}$

Es ist

$$-\frac{f'(x)}{f(x)} = \begin{cases} 1 & \text{für } x \geq 0 \\ -1 & \text{für } x < 0 \end{cases}.$$

Wegen $F^{-1}\left(\frac{1}{2} + \frac{1}{2} U_{(i)}\right) > 0$ und $F^{-1}\left(\frac{1}{2} + \frac{1}{2}\left(\frac{i}{n+1}\right)\right) > 0$ ist $g(i,f) = \tilde{g}(i,f) = 1$.

Das ist der Vorzeichentest in Beispiel 9(c).

∇

Es sei darauf hingewiesen, daß für die Gleichverteilung kein lokal optimaler Rangtest existiert. Das hängt damit zusammen, daß der Träger der Dichte f nicht die ganze reelle Achse ist und dieser Träger von Parametern a, b abhängt. Die Existenz lokal optimaler Rangtests bei bestimmten Verteilungen ist zunächst mehr von theoretischem Interesse als von praktischem Nutzen für den statistischen Anwender, da dieser in den seltensten Fällen "Gewißheit" über das zugrundeliegende Verteilungsmodell hat (und aus diesem Grunde ja auch nicht stets den t-Test bemühen sollte). Bei der Einführung adaptiver Tests im 3. Kapitel werden wir uns aber diese Ergebnisse über lokal optimale Rangtests auch für die statistische Praxis zunutze machen.

2.5.4 Robustifizierte Tests

Zur Konstruktion robustifizierter Tests können robuste Schätzer herangezogen werden, auf die wir deshalb zunächst kurz eingehen wollen. Es gibt mittlerweile eine Fülle von Studien zur Robustheit von Lageschätzern im Einstichproben-Fall, so u.a. die viel beachtete und bereits zitierte Princeton-Studie von Andrews u.a. (1972). Neben der Klasse von M-Schätzern, die wir im Abschnitt 2.5.7 kurz aufgreifen wollen, spielen die sogenannten L-Schätzer (Linearkombination geordneter Statistiken) eine herausragende Rolle, die wie folgt definiert sind:

$$L_{()} = \sum_{i=1}^{n} a_i X_{(i)} \text{ mit } X_{(1)} \leq X_{(2)} \leq \ldots \leq X_{(n)} \text{ und } \sum_{i=1}^{n} a_i = 1.$$

Wegen der Symmetrie von F um θ (speziell $\theta = 0$) liegt es nahe, "symmetrische" Gewichte a_i zu wählen: $a_i = a_{n-i+1}$, $i=1,\ldots,n$. Dann ist - wie sich leicht zeigen läßt - $L_{()}$ eine erwartungstreue Schätzung für θ. Ein Spezialfall eines L-Schätzers ist das arithmetische Mittel $\overline{X}$ mit $a_i = 1/n$ für alle $i=1,\ldots,n$. Dieser Schätzer ist optimal bei normalverteilten Daten, ist aber wenig robust bei Abweichungen von der Normalverteilung, wie die Princeton-Studie gezeigt hat. $\overline{X}$ ist offensichtlich empfindlich gegenüber Ausreißern in den Daten, die Influenzfunktion des zugehörigen Funktionals ist unbeschränkt, siehe Beispiel 3 im Abschnitt 2.4.3.

Als robustifizierte Konkurrenten zu $\overline{X}$ bieten sich das γ-getrimmte Mittel $\overline{X}_{\gamma g}$ und das γ-winsorisierte Mittel $\overline{X}_{\gamma w}$ an. (Zur Vermeidung einer Verwechslung mit dem Testniveau α wird der Trimmanteil hier nicht, wie sonst üblich, mit α sondern mit γ bezeichnet). Diese Schätzer, die ausgezeichnete Robustheitseigenschaften haben, wie eine Reihe von Studien belegen, sind wie folgt definiert:

Es sei $X_{(1)} \leq X_{(2)} \leq \ldots \leq X_{(n)}$ die geordnete Statistik von $X_1, \ldots, X_n$, und es sei $g = [\gamma n], 0 \leq \gamma < 0.5$. Dann ist

$$\overline{X}_{\gamma g} := \frac{1}{n-2g} \sum_{i=g+1}^{n-g} X_{(i)} .$$

$\overline{X}_{\gamma g}$ ist offensichtlich ein L-Schätzer. Zur Berechnung von $\overline{X}_{\gamma g}$ werden also die g kleinsten und die g größten Beobachtungen aus der Stichprobe gestrichen und dann die restlichen n-2g Beobachtungen gemittelt.

Das γ-winsorisierte Mittel $\overline{X}_{\gamma w}$, dessen Name auf C.P.Winsor zurückgeht (siehe Tukey (1962)), ist definiert als

$$\overline{X}_{\gamma w} := \frac{1}{n}\left[gX_{(g+1)} + gX_{(n-g)} + \sum_{i=g+1}^{n-g} X_{(i)} \right] .$$

$\overline{X}_{\gamma w}$ ist ebenfalls ein L-Schätzer. Die aus der Stichprobe unten bzw. oben getrimmten g Beobachtungen werden durch die kleinste ($X_{(g+1)}$) bzw. größte ($X_{(n-g)}$) in der Stichprobe verbleibende Beobachtung ersetzt.

Beispiel 11:

Gegeben seien die Daten aus Beispiel 4 in Abschnitt 1.3 mit n=20.

Es ist $\overline{x} = 21.75$ und für $\gamma = 0.05, 0.10, 0.20, 0.30, 0.40$:

$$\overline{x}_{0.05g} = 24.39 \qquad \overline{x}_{0.05w} = 25.55$$
$$\overline{x}_{0.10g} = 25.44 \qquad \overline{x}_{0.10w} = 25.25$$
$$\overline{x}_{0.20g} = 25.67 \qquad \overline{x}_{0.20w} = 25.60$$
$$\overline{x}_{0.30g} = 25.75 \qquad \overline{x}_{0.30w} = 25.90$$
$$\overline{x}_{0.40g} = 25.50 \qquad \overline{x}_{0.40w} = 25.50.$$

Alle Schätzer unterschätzen also den "wahren" Parameter $\theta = 33.02$ (systematischer Bias).

∇

Der Unterschied zwischen $\overline{X}_{\gamma g}$ und $\overline{X}_{\gamma w}$ wird besonders deutlich, wenn wir $\overline{X}_{\gamma w}$ mit einer anderen Darstellung von $\overline{X}_{\gamma g}$ vergleichen:

$$\overline{X}_{\gamma g} = \frac{1}{n}\left[g\overline{X}_{\gamma g} + g\overline{X}_{\gamma g} + \sum_{i=g+1}^{n-g} X_{(i)}\right].$$

Beim γ-getrimmten Mittel $\overline{X}_{\gamma g}$ werden also die getrimmten Werte anders als bei $\overline{X}_{\gamma w}$ durch das arithmetische Mittel aller *verbleibenden* Beobachtungen ersetzt. Das bedeutet, daß $\overline{X}_{\gamma w}$ die Streuung der Daten in stärkerem Maße berücksichtigt als $\overline{X}_{\gamma g}$. So liegt es nahe, für die Definition eines Streuungsmaßes Abweichungen von $\overline{X}_{\gamma w}$ und nicht von $\overline{X}_{\gamma g}$ zugrunde zu legen.

An dieser Stelle sei auf ein interessantes Experiment von Smith u. Iglewicz (1982) hingewiesen, in dem Studenten u.a. die (bekannte) Anzahl der Wörter auf einer Seite, die (bekannte) Höhe eines Punktes an der Wand und die Zeitdauer von 60 sec schätzen sollten. Mit diesen Daten (aus asymmetrischen Verteilungen und Verteilungen mit kurzen und starken Tails) wurden dann eine Reihe von Schätzern miteinander verglichen. Dabei schnitt das γ-getrimmte Mittel mit γ = 10% bzw. 15% in den meisten Fällen am besten ab.

Mit den vorangegangenen Überlegungen wollen wir nun eine Teststatistik angeben, die auf Tukey und McLaughlin (1963) zurückgeht, und die als eine robustifizierte Version der t-Statistik aufgefaßt werden kann. Dazu betrachten wir zunächst die winsorisierte Summe der Abweichungsquadrate (Winsorized sum of squared deviations):

$$SSD_w = g(X_{(g+1)} - \overline{X}_{\gamma w})^2 + g(X_{(n-g)} - \overline{X}_{\gamma w})^2 + \sum_{i=g+1}^{n-g} (X_{(i)} - \overline{X}_{\gamma w})^2 .$$

Dann heißt

$$t_{\gamma g} = \frac{\overline{X}_{\gamma g} - \theta_0}{\sqrt{SSD_w/h(h-1)}} \quad \text{mit } h=n-2g$$

γ-getrimmte t-Statistik. Auf diese zunächst wohl eigenartige Verbindung von Trimmen und Winsorisieren in $t_{\gamma g}$ kamen Tukey und McLaughlin auf Grund der von ihnen geforderten Bedingung, daß zwischen der Varianz des Zählers der Teststatistik und dem Erwartungswert des Quadrats des Nenners unter beliebigen Verteilungen der Stichprobenvariablen eine möglichst geringe Abweichung bestehen sollte, analog zur t-Statistik, für die exakt gilt:

$$VAR(\overline{X}) = \frac{\sigma^2}{n} = E\left(\frac{S^2}{n}\right).$$

Mit Hilfe einer Reihe von trial-and-error Verfahren wurde dann für $t_{\gamma g}$ diese geringe Abweichung unter Zugrundelegung einer Normal-, einer Gleich-, einer Dreieck- und einer Doppelexponentialverteilung, sowie für Stichprobenumfänge $n \leq 20$ nachgewiesen. Die beiden Autoren schlagen zudem vor, die (finite) Verteilung von $t_{\gamma g}$ unter der Normalverteilung durch die t-Verteilung mit n-2g-1 FG zu approximimieren. Diese Approximation ist erstaunlich gut (zumindest für einen Trimmanteil $\gamma \leq 0.15$), was auch durch eine Studie von Patel u.a. (1988) belegt wird, in der auch t-Approximationen für nichtnormalverteilte Daten vorgeschlagen werden. Huber (1970) hat eine "asymptotische" Begründung für die Wahl des Nenners in $t_{\gamma g}$ gegeben, und zwar ist $n \cdot SSD_w/h(h-1)$ eine konsistente Schätzung für die asymptotische Varianz von $\sqrt{n}(\overline{X}_{\gamma g} - \theta_0)$, so daß $t_{\gamma g}$ asymptotisch N(0,1)-verteilt ist. Dies gilt für alle symmetrischen und stetigen Verteilungsfunktionen F, die streng monoton sind an den Stellen $\pm x_\gamma$, wobei $F(-x_\gamma) = \gamma$ der Grenzanteil g/n ist.

Die analytische Herleitung der exakten Verteilung von $t_{\gamma g}$ unter H_0 oder H_1 ist selbst bei Annahme einer Normalverteilung wegen der Struktur der Statistik als Quotient zweier Funktionen geordneter Statistiken äußerst schwierig, wenn nicht gar unmöglich. So liegen zur Bestimmung der Quantile von $t_{\gamma g}$ oder zur Güteberechnung bislang nur Simulationsstudien vor, von denen wir im nächsten Abschnitt eine Auswahl vorstellen wollen.

Dixon u. Tukey (1968) haben $\overline{X}_{\gamma g}$ im Zähler von $t_{\gamma g}$ durch das γ-winsorisierte Mittel $\overline{X}_{\gamma w}$ ersetzt und gezeigt, daß die Verteilung der so modifizierten γ-winsorisierten t-Statistik

$$t_{\gamma w} = \frac{h-1}{n-1} \frac{\overline{X}_{\gamma w} - \theta_0}{\sqrt{SSD_w/n(n-1)}}$$

gut durch eine t-Verteilung mit h-1=n-2g-1 FG approximiert werden kann. Ein Gütevergleich von $t_{\gamma g}$ und $t_{\gamma w}$ erfolgt in Abschnitt 2.5.5.

Weitere robustifizierte Versionen der t-Statistik ergeben sich, wenn wir jeweils Zähler und Nenner von t durch andere robuste Lage- bzw. Skalenschätzer als bei $t_{\gamma g}$ bzw. $t_{\gamma w}$ ersetzen; wir kommen darauf in Abschnitt 2.5.7 kurz zurück. Abschließend betrachten wir folgendes Beispiel.

Beispiel 12:

Gegeben seien die Daten aus Beispiel 5 in Abschnitt 1.3 mit n=22. Zu testen sei:

$H_0: \theta = 108$ gegen $H_1: \theta > 108$, $\alpha = 0.05$.

Wie dort bereits erwähnt, sollte für diesen Datensatz kein parametrischer Test (t-Test, t_{W}-Test), sondern ein Rangtest aus 2.5.3 angewendet werden, da von der Symmetrie der Daten ausgegangen werden kann, wie der Boxplot in Abbildung 9 zeigt. (Zum Vergleich: Median M=119, $\bar{x}$ = 118.4).

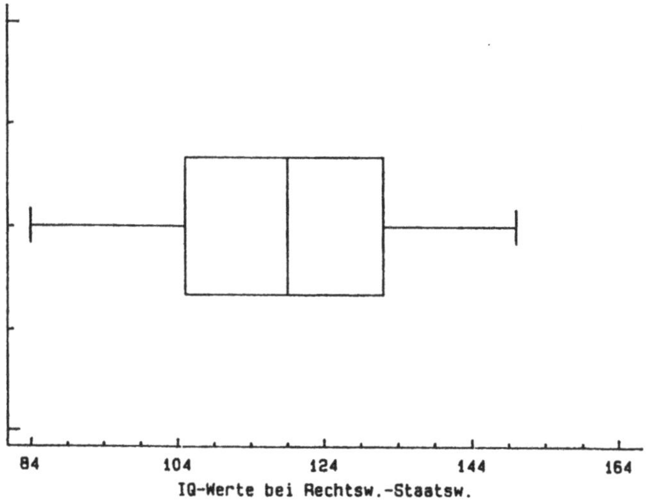

Abb.9: Boxplot der Daten aus Beispiel 5 in 1.3

Wir wählen zur Gegenüberstellung den Vorzeichen-Test V_+^n und den Wilcoxon-Test W_+^n aus. Es ergibt sich nach der Datentransformation $y_i = x_i - 108$: $V_n^+ = 13$ und $W_n^+ = 190$.

Wegen $P_{H_0}(V_n^+ \geq 13) = 0.262$ bzw.

$$P_{H_0}(W_n^+ \geq 190) = 0.020$$

(der p-Wert von W_n^+ ist approximativ über die Normalverteilung bestimmt worden) lehnt der Wilcoxon-Test H_0 ab, nicht jedoch der Vorzeichen-Test. Welche Entscheidung soll nun getroffen werden? H_0 ablehnen? H_0 nicht ablehnen? Oder mit anderen Worten: Welcher von beiden Tests ist für diesen Datensatz der geeignetere? Auf die Beantwortung dieser Frage werden wir in Abschnitt 3.4.2 bei der Betrachtung eines adaptiven Tests zurückkommen.

∇

Der Leser prüfe, daß für das Beispiel 4 in Abschnitt 1.3 alle 4 Tests, der t-Test ($t = -2.854$), der $t_{\gamma g}$-Test mit $\gamma = 0.10$ ($t_{0.10g} = -4.751$), der V_n^+-Test ($V_n^+ = 2$) und der W_n^+-Test ($W_n^+ = 11.5$) zur Ablehnung von H_0 führen. Das ist wegen des systematischen Bias in den Daten auch nicht verwunderlich.

2.5.5 Robustheitsstudien

In diesem Abschnitt sollen einige Ergebnisse von Robustheitsuntersuchungen zu den konkurrierenden Tests aus 2.5.2 bis 2.5.4 dargestellt werden. Dabei handelt es sich - wie schon vermerkt - im wesentlichen um Simulationsstudien, die wir hier getrennt nach den Kriterien der α- und β-Robustheit (bzw. der Effizienz) anführen wollen.

(1) α-Robustheit

Für die in Abschnitt 2.5.3 betrachteten linearen Rangstatistiken L_n^+ stellt sich das Problem der α-Robustheit nicht, weil L_n^+ für alle stetigen Verteilungsfunktionen F exakt das Niveau α einhält. Das gilt natürlich nicht für die t-Statistik und die γ-getrimmte bzw. γ-winsorierte t-Statistik, deren Verteilungen unter H_0 ganz wesentlich vom zugrundeliegenden Verteilungsmodell abhängen. Es gibt mittlerweile eine Reihe von Untersuchungen zur α- Robustheit des t-Tests bei Abweichungen von der Normalverteilung; drei von ihnen seien zunächst vorgestellt, danach noch zwei für den γ-getrimmten t-Test.

Lee u. Gurland (1977) betrachten die lage- und skalenkontaminierte Normalverteilung (siehe Abschnitt 2.2):

$$F = (1-\varepsilon)N(\mu_1, \sigma_1^2) + \varepsilon N(\mu_2, \sigma_2^2)\,.$$

Für die zugehörige Zufallsvariable X gilt:

$$\mu = E(X) = (1-\varepsilon)\mu_1 + \varepsilon\mu_2 \text{ und}$$
$$\sigma^2 = VAR(X) = (1-\varepsilon)\sigma_1^2 + \varepsilon\sigma_2^2 + \varepsilon(1-\varepsilon)(\mu_1-\mu_2)^2.$$

Es sei $\rho_r := \kappa_r/\sigma^r$, wobei κ_r die r-te Kumulante ist, siehe Anhang. Drei spezielle kontaminierte Normalverteilungen F_1, F_2, F_3 werden in der Arbeit durch geeignete Wahl von $\varepsilon, \mu_1, \mu_2, \sigma_1, \sigma_2$ so festgelegt, daß sie in $\mu = 0$, $\sigma = 1$, $\rho_3 = -1$, $\rho_4 = 2.5$, d.h. im Mittelwert, in der Varianz, der Schiefe und der Kurtosis übereinstimmen, nicht jedoch in ρ_5 und ρ_6, wie Tabelle 3 zeigt.

Das Testproblem lautet

$$H_0\colon \mu = 0 \text{ gegen } H_1\colon \mu \neq 0.$$

Tab. 3: Drei ausgewählte kontaminierte Normalverteilungen

Verteilung	μ	σ	ρ_3	ρ_4	ρ_5	ρ_6	ε	μ_1	μ_2	σ_1	σ_2
F_1	0	1	-1	2.5	-4	3.1845	0.2218	0.2269	-0.7960	0.6661	1.4620
F_2	0	1	-1	2.5	-2	-2.5514	0.3328	0.2759	-0.5530	0.5198	1.4159
F_3	0	1	-1	2.5	0	-7.8008	0.4496	0.3342	-0.4091	0.2385	1.3603

Im Falle der Normalverteilung ist der kritische Wert $t_{1-\alpha/2}(n-1)$ bei vorgegebenem nominalen Testniveau α bestimmt durch

$$P_N(|t| \geq t_{1-\alpha/2}(n-1) \mid \mu = 0) = \alpha .$$

Lee u. Gurland haben für $\alpha = 0.01, 0.05, 0.10$, n=5, 10 und die drei angegebenen Verteilungen F_1, F_2, F_3 die aktuellen Testniveaus $P_{F_i}(|t| \geq t_{1-\alpha/2}(n-1) \mid \mu = 0) = \alpha^*$, i=1,2,3, exakt bestimmt; sie sind in Tabelle 4 zusammengestellt:

Tab. 4: Aktuelle Testniveaus des t-Tests bei kontaminierter Normalverteilung

n	α	F_1	F_2	F_3
	.01	.0109	.0127	.0329
5	.05	.0528	.0592	.1074
	.10	.1049	.1145	.1719
	.01	.0135	.0171	.0349
10	.05	.0581	.0653	.0853
	.10	.1105	.1182	.1331

Es zeigt sich, daß α^* z.T. sehr stark von α abweicht. So nimmt das α-Robustheitsmaß $r_1(\alpha, \alpha^*) = |\alpha - \alpha^*| / \alpha$ (siehe Abschnitt 2.4.2) bis auf den Fall n=5 und F_1 stets Werte größer als 0.1 an, d.h. der t-Test ist unter Annahme der Verteilungen F_1, F_2, F_3 nicht α-robust im Sinne des "strengen" Kriteriums ($r_1 \leq 0.1$). Hervorzuheben ist dabei noch, daß der t-Test hier stets antikonservativ ist ($\alpha^* > \alpha$).

In der Studie von Sansing u. Owen (1974) wird ein Box-Tiao-Modell (siehe Abschnitt 2.2) unterstellt mit $2/(1+\beta) = 1, 5/2$ und 4. Das nominale Testniveau α wird mit dem aktuellen α^* beim einseitigen t-Test verglichen,und zwar für $\alpha = 0.05, 0.025$ und n=2 (1) (10). Die im Rahmen einer Simulationsstudie (2000 Läufe) erhaltenen Ergebnisse sind in Tabelle 5 dargestellt; dazu auch die Testniveaus unter der Normalverteilung zur Überprüfung der Präzision der Simulation.

Tab. 5: Aktuelle Testniveaus des t-Tests beim Box-Tiao-Modell

	$\frac{2}{1+\beta}=1$		NORMAL		$\frac{2}{1+\beta}=\frac{5}{2}$		$\frac{2}{1+\beta}=4$	
n	α=.05	α=.025	α=.05	α=.025	α=.05	α=.025	α=.05	α=.025
2	.0395	.0225	.0475	.0245	.0480	.0230	.0545	.0280
3	.0355	.0185	.0540	.0230	.0485	.0220	.0660	.0315
4	.0430	.0165	.0535	.0265	.0470	.0235	.0625	.0335
5	.0430	.0160	.0560	.0260	.0550	.0250	.0585	.0335
6	.0450	.0155	.0510	.0285	.0500	.0270	.0515	.0300
7	.0450	.0195	.0525	.0245	.0515	.0225	.0530	.0270
8	.0495	.0220	.0495	.0235	.0505	.0235	.0515	.0260
9	.0475	.0220	.0475	.0230	.0485	.0230	.0495	.0235
10	.0520	.0245	.0465	.0245	.0465	.0245	.0465	.0260

Für $2/(1+\beta) = 1$, d.h. für die Doppelexponentialverteilung als eine Verteilung mit starken Tails, ist die Differenz von α und α^* in den meisten Fällen recht bemerkenswert, der t-Test ist dabei konservativ. Für $2/(1+\beta) = 4$ ist er fast durchweg antikonservativ, während für $2/(1+\beta) = 5/2$ die Abweichungen weniger auffällig sind. Das ist auch nicht verwunderlich, da $\beta = -1/5$ ist und damit eine Verteilung "in der Nähe" der Normalverteilung ($\beta = 0$) beschrieben wird.

Pearson u. Please (1975) haben eine Reihe von Verteilungsmodellen für ihre Simulationsstudie zur α-Robustheit des t-Tests zugrunde gelegt, so u.a. auch Verteilungen vom Pearson-Typ, siehe Abschnitt 2.2. Alle Verteilungen wurden klassifiziert nach den Kriterien der Schiefe $\beta_1 = \mu_3/\sigma^3$ und Kurtosis $\beta_2 = \mu_4/\sigma^4$. Ihre Ergebnisse für $0 \le \beta_1 \le 0.8$ und $2.4 \le \beta_2 \le 3.6$ und Stichprobenumfänge n=10, 25 lassen sich wie folgt zusammenfassen: Bei einem nominalem Testniveau $\alpha = 0.05$ schwankt das aktuelle Testniveau α^* des (ein- und zweiseitigen) t-Tests zwischen 0.03 und 0.07 und bei $\alpha = 0.01$ zwischen 0 und 0.02. Ähnliche Simulationsstudien unter Zugrundelegung der Kriterien Schiefe und Kurosis sind bei Bowman u.a. (1977) und Ratcliffe (1986) zu finden.

Patel u.a. (1988) haben neben der α-Robustheit des t-Tests auch die des γ-getrimmten t-Tests untersucht (Simulationsstudie mit 2000 Läufen), und dabei die Standardnormalverteilung N und verschiedene gross-error-Modelle (siehe Abschnitt 2.2) zugrunde gelegt, die skalenkontaminierte Normalverteilung KN(ε, c) mit $\varepsilon = 0.05$, c=3 und $\varepsilon = 0.1$, c=10 und zudem, mit der sogenannten "Slash-Verteilung" N/U als

Kontamination, $(1-\varepsilon)N+\varepsilon N/U$, $\varepsilon = 0.05, 0.10$ und 0.25, wobei N/U für die Verteilung des Quotienten einer standardnormalverteilten und einer auf (0,1) gleichverteilten Zufallsvariablen steht. Diese Slash-Verteilung hat noch stärkere Tails als die Cauchy-Verteilung. In Tabelle 6 sind (ausschnittsweise) die absoluten Abweichungen $(\alpha^* - \alpha)$ des nominalen Testniveaus $\alpha = 0.05$ vom aktuellen α^* für n=10, 20, 40 und für Trimmanteile γ = 5%, 10%, 15%, 25% des $t_{\gamma g}$-Tests angegeben. Im Fall $n\gamma \notin \mathbb{N}$, sind hier bei der Berechnung von $\overline{X}_{\gamma g}$ die kleinste und größte verbleibende Beobachtung mit p=0.5 gewichtet.

Tab. 6: Abweichungen $(\alpha^* - \alpha)$ beim t-Test und $t_{\gamma g}$-Test ($\alpha = 0.05$)

Verteilung	n	t	5%	10%	15%	25%
N	10	-.001	-.001	.000	.001	-.005
	20	.000	.001	.001	.001	.001
	40	-.001	-.001	-.001	-.001	-.001
KN(0.05,3)	10	.000	-.002	.001	.002	-.004
	20	-.002	-.001	.000	.001	.000
	40	.000	.000	.000	.000	-.001
0.95 N + 0.05 N/U	10	-.017	-.018	-.002	-.001	-.001
	20	-.027	-.010	-.002	.000	-.001
	40	-.034	-.009	-.001	-.001	.000
KN(0.1,10)	10	-.017	-.022	-.006	-.005	-.001
	20	-.018	-.013	-.006	-.001	-.002
	40	-.006	-.011	-.004	.000	.000
0.9 N + 0.1 N/U	10	-.027	-.028	-.006	-.006	-.003
	20	-.029	-.018	-.007	.000	.001
	40	-.026	-.022	-.005	-.001	-.001
0.75 N + 0.25 N/U	10	-.027	-.034	-.019	-.021	-.016
	20	-.028	-.024	-.020	-.014	-.007
	40	-.017	-.021	-.016	-.008	.000

Der $t_{0.25g}$-Test erweist sich als der α-robusteste Test unter den Konkurrenten, gefolgt vom $t_{0.15g}$-Test, wohingegen der t-Test und auch noch der $t_{0.05g}$-Test wenig robust bei

Verteilungen mit starken Tails sind. Legt man selbst das "liberale" Kriterium der α-Robustheit von Bradley mit $r_1(\alpha, \alpha^*) \leq 0.5$ zugrunde, so ist der t-Test bei starken Tails meist nicht α-robust; er ist dann konservativ, wie schon in der oben vorgestellten Studie von Sansing u. Owen (1974) festgestellt.

Dieses konservative Verhalten des t-Tests, das zwangsläufig mit einem Güteverlust verbunden ist, wird auch durch eine Arbeit von Vleugels (1984) bestätigt, der im Rahmen einer Simulationsstudie (mit 50000 Läufen) die α-Robustheit des t-Tests und des γ-getrimmten t-Tests mit fest vorgegebener Anzahl g von "oben" und "unten" getrimmten Beobachtungen, $g=[\gamma n] = 1$ und 2, für n=10, 15, 20 untersucht hat. Das entspricht dann Trimmanteilen $\gamma = 5\%$, 6 2/3%, 10%, 13 1/3% bzw. 20%. Als Verteilungsmodelle werden die Normalverteilung N, drei skalenkontaminierte Normalverteilungen C1 = KN(0.05,3), C2=KN(0.10,3), C3=KN(0.20,3) und zwei weitere Repräsentanten von Verteilungen mit (sehr) starken Tails, die Doppelexponentialverteilung D und die Cauchy-Verteilung CA, betrachtet. In Tabelle 7 sind für diese Verteilungen und die erwähnten Tests (dazu der Wilcoxon-Test W_n^+ zur Überprüfung der Präzision der Simulation) die aktuellen Testniveaus α^* im Vergleich zu $\alpha = 0.05$ und 0.01 angegeben. Die kritischen Werte der einzelnen Tests sind bei vorgegebenem α alle unter Annahme der Normalverteilung bestimmt; das aktuelle Testniveau α^* ist dann jeweils unter Zugrundelegung dieser kritischen Werte für die verschiedenen Verteilungen berechnet.

Bis auf wenige Ausnahmen erweisen sich der t-Test und die beiden getrimmten Versionen als konservativ, wenngleich die Differenz $(\alpha - \alpha^*)$ "in der Nähe" der Normalverteilung nicht sehr erheblich ist, wohl aber bei der Cauchy-Verteilung. Die relativen Differenzen $r_1(\alpha, \alpha^*) = |\alpha - \alpha^*| / \alpha$ fallen für $\alpha = 0.01$ weit stärker ins Gewicht als bei $\alpha = 0.05$ und nehmen bei Verteilungen mit starken Tails für den t-Test Werte zwischen 0.13 und 0.78 an.

In der Arbeit von Vleugels sind auch α-Quantile des γ-getrimmten t-Tests mit g=1 und g=2 unter Annahme der Normalverteilung für n=8(1)22 und $\alpha = 0.05, 0.025, 0.01$ und 0.005 simuliert (300000 Läufe). In den Tabellen 8 und 9 sind diese Werte und zudem zum Vergleich die *approximierten* α-Quantile der γ-getrimmten t-Statistik über die t-Verteilung mit n-2g+1 FG angeführt. Diese Approximation wurde von Tukey u. McLaughlin (1963) vorgeschlagen, siehe Abschnitt 2.5.2. Wie wir sehen, ist die Übereinstimmung zwischen den simulierten α-Quantilen und den über die t-Verteilung approximierten in der Regel recht gut. Das gilt insbesondere für den Fall n>10 und $\alpha = 0.05$ und 0.025.

Zur α-Robustheit des t-Tests seien noch zwei Arbeiten genannt, zum einen die von Subrahmaniam u.a. (1975) und zum anderen die von Benjamini (1983), der der Frage nachgeht: Ist der t-Test wirklich konservativ bei Verteilungen mit starken Tails? Darin untersucht der Autor auch das Verhalten des t-Tests bei Asymmetrie der Daten.

Tab. 7: Aktuelle Testniveaus des t-Tests und des γ-getrimmten t-Tests

					γ-getrimmter t-Test								
		t-Test			g=1			g=2			W_s^+		
Verteilung	α	n=10	n=15	n=20	n=10	n=15	n=20	n=10	n=15	n=20	n=10	n=15	n=20
N	.05	.0509	.0499	.0510	.0512	.0484	.0505	.0505	.0498	.0509	.0489	.0491	.0488
	.01	.0105	.0102	.0105	.0106	.0100	.0102	.0097	.0103	.0100	.0096	.0101	.0101
C1	.05	.0488	.0487	.0481	.0488	.0488	.0479	.0483	.0494	.0506	.0500	.0501	.0506
	.01	.0088	.0088	.0093	.0092	.0094	.0098	.0083	.0094	.0097	.0106	.0104	.0099
C2	.05	.0466	.0474	.0494	.0487	.0474	.0486	.0493	.0486	.0502	.0504	.0502	.0501
	.01	.0087	.0084	.0085	.0103	.0094	.0095	.0097	.0100	.0097	.0103	.0100	.0102
C3	.05	.0458	.0476	.0497	.0460	.0462	.0484	.0487	.0473	.0489	.0506	.0505	.0496
	.01	.0066	.0073	.0076	.0081	.0080	.0078	.0085	.0087	.0089	.0103	.0100	.0103
D	.05	.0484	.0499	.0505	.0446	.0482	.0490	.0398	.0475	.0489	.0509	.0515	.0510
	.01	.0069	.0087	.0086	.0067	.0080	.0085	.0058	.0072	.0080	.0106	.0109	.0105
CA	.05	.0283	.0305	.0300	.0310	.0328	.0338	.0326	.0343	.0372	.0503	.0504	.0507
	.01	.0022	.0024	.0023	.0031	.0034	.0033	.0038	.0036	.0044	.0100	.0101	.0100

Tab. 8: (1 − α)-Quantile der Verteilung von $t_{\gamma s}$ für g=1 und der t-Verteilung mit n-3 FG

	α = 0.05		α = 0.025		α = 0.01		α = 0.005	
n	g=1	t	g=1	t	g=1	t	g=1	t
8	2.060	2.015	2.651	2.571	3.530	3.365	4.295	4.032
9	1.974	1.943	2.509	2.447	3.253	3.143	3.867	3.707
10	1.917	1.895	2.406	2.365	3.076	2.998	3.610	3.499
11	1.876	1.860	2.340	2.306	2.957	2.896	3.456	3.355
12	1.844	1.833	2.285	2.262	2.867	2.821	3.312	3.250
13	1.819	1.812	2.245	2.228	2.798	2.764	3.208	3.169
14	1.799	1.796	2.211	2.201	2.744	2.781	3.151	3.106
15	1.791	1.782	2.194	2.179	2.703	2.681	3.092	3.055
16	1.777	1.771	2.169	2.160	2.665	2.650	3.042	3.012
17	1.767	1.761	2.153	2.145	2.641	2.624	3.000	2.977
18	1.754	1.753	2.138	2.131	2.616	2.602	2.960	2.947
19	1.751	1.746	2.129	2.120	2.592	2.583	2.934	2.921
20	1.740	1.740	2.115	2.110	2.578	2.567	2.918	2.898
21	1.734	1.734	2.107	2.101	2.567	2.552	2.895	2.878
22	1.729	1.729	2.095	2.093	2.543	2.539	2.873	2.861

Tab. 9: (1 − α)-Quantile der Verteilung von $t_{\gamma g}$ für g=2 und der t-Verteilung mit n-5 FG

	α = 0.05		α = 0.025		α = 0.01		α = 0.005	
n	g=2	t	g=2	t	g=2	t	g=2	t
8	2.588	2.353	3.596	3.182	5.305	4.541	6.881	5.841
9	2.272	2.132	3.012	2.776	4.165	3.747	5.183	4.604
10	2.104	2.015	2.721	2.571	3.613	3.365	4.427	4.032
11	2.008	1.943	2.558	2.447	3.339	3.143	3.984	3.707
12	1.941	1.895	2.438	2.365	3.130	2.998	3.695	3.499
13	1.892	1.860	2.362	2.306	3.009	2.896	3.502	3.355
14	1.860	1.833	2.301	2.262	2.887	2.821	3.353	3.250
15	1.832	1.812	2.263	2.228	2.883	2.764	3.262	3.169
16	1.812	1.796	2.232	2.201	2.778	2.718	3.181	3.106
17	1.795	1.782	2.203	2.179	2.727	2.681	3.114	3.055
18	1.785	1.771	2.183	2.160	2.697	2.650	3.067	3.012
19	1.774	1.761	2.170	2.145	2.661	2.624	3.013	2.977
20	1.758	1.753	2.143	2.131	2.623	2.602	2.984	2.947
21	1.752	1.746	2.132	2.120	2.599	2.583	2.952	2.921
22	1.747	1.740	2.127	2.110	2.586	2.567	2.923	2.898

(2) β-Robustheit

In der bereits erwähnten Arbeit von Patel u.a. (1988) zur α-Robustheit wird auch ein Gütevergleich des t-Tests mit dem γ-getrimmten t-Test für γ = 5%, 10%, 15% und 25%, n=10, 20 und 40 und die dort angegebenen sechs Verteilungsmodelle vorgenommen, und zwar für H_0: $\mu = 0$ gegen H_1: $\mu = 0.5$, wobei $\mu = E(X)$ der Lageparameter dieser Verteilungen ist. Die α-Quantile von $t_{\gamma g}$ sind dabei approximativ über die t-Verteilung mit n-2g-1 FG gewählt. Tabelle 10 ist (ausschnittsweise) obiger Arbeit entnommen.

Wir sehen, daß bereits bei 5% Kontamination durch eine Normalverteilung mit Erwartungswert 0 und Standardabweichung 3 der 5%-getrimmte t-Test besser als der t-Test ist. Die Überlegenheit des γ-getrimmten t-Tests gegenüber dem t-Test wird mit wachsender Stärke der Tails in den Verteilungen immer deutlicher, die Gütewerte sind bis zu fünfmal so groß, wobei der t-Test dramatisch an Güte verliert.

Wir legen nun als "Ausgangsmodell" die Normalverteilung N zugrunde und berechnen das in Abschnitt 2.4.2 betrachtete β-Robustheitsmaß

$$r_2(\beta, \beta^*) = \frac{\beta - \beta^*}{\beta}$$

für den t-Test und zwei ausgewählte γ-getrimmte Tests, $\gamma = 10\%$ und 25%. Dabei bedeutet β die Güte unter N und β^* die jeweils zu einer der anderen fünf Verteilungen gehörende Güte der drei Tests ($\alpha = 0.05$ und $\mu = 0.5$ fest). Aus Tabelle 10 ergibt sich dann Tabelle 11 mit r_2-Werten.

Es zeigt sich, daß der relative Güteverlust für die Verteilung 0.75 N + 0.25 N/U bei allen drei Tests groß ist, beim t-Test am stärksten mit über 80%. Auch für die anderen Verteilungen ist der Güteverlust des t-Tests weit größer als beim γ-getrimmten Test, abgesehen vielleicht von KN(0.05,3), einem Verteilungsmodell "in der Nähe" der Normalverteilung. Der t-Test ist also nicht β-robust bezüglich der hier gewählten Abweichungen von der Normalverteilung.

Tab. 10: Gütevergleich des t-Tests und $t_{\gamma g}$-Tests für H_0: $\mu = 0$ gegen H_1: $\mu = 0.5$, $\alpha = 0.05$

Verteilung	n	t	5%	10%	15%	25%
N	10	.424	.424	.394	.396	.326
	20	.696	.683	.665	.646	.586
	40	.927	.920	.911	.900	.864
KN(0.05,3)	10	.369	.380	.376	.375	.312
	20	.610	.632	.623	.608	.554
	40	.836	.887	.884	.875	.842
0.95 N + 0.05 N/U	10	.274	.271	.354	.356	.316
	20	.320	.544	.597	.595	.542
	40	.237	.779	.858	.855	.825
KN(0.1,10)	10	.246	.219	.315	.314	.293
	20	.316	.473	.535	.548	.507
	40	.368	.686	.799	.815	.793
0.90 N + 0.1 N/U	10	.192	.180	.308	.307	.290
	20	.208	.418	.519	.547	.515
	40	.161	.560	.780	.809	.786
0.75 N + 0.25 N/U	10	.120	.096	.199	.189	.206
	20	.110	.221	.317	.376	.389
	40	.123	.312	.514	.631	.662

Tab. 11: Relativer Güteverlust r_2 des t-Tests und $t_{\gamma g}$-Tests für $\gamma = 0.10, 0.25$ und $H_0: \mu = 0$ gegen $H_1: \mu = 0.5, \alpha = 0.05$

Verteilung	n	t	10%	25%
KN(0.05,3)	10	.130	.046	.043
	20	.124	.063	.055
	40	.098	.030	.025
0.95 N + 0.05 N/U	10	.354	.102	.031
	20	.540	.102	.075
	40	.744	.060	.045
KN(0.1,10)	10	.420	.201	.101
	20	.546	.195	.135
	40	.603	.123	.082
0.90 N + 0.1 N/U	10	.547	.218	.110
	20	.701	.220	.121
	40	.826	.144	.090
0.75 N + 0.25 N/U	10	.717	.495	.368
	20	.842	.523	.336
	40	.867	.436	.234

Yuen (1975) hat im Rahmen einer Simulationsstudie (10000 Läufe) die Güte des zweiseitigen t-Tests mit der des γ-getrimmten und des γ-winsorisierten t-Tests verglichen unter Zugrundelegung einer Normalverteilung und einer t-Verteilung mit $\nu = 2, 4$ und 8 FG. Dabei wurden die α-Quantile der Verteilungen von $t_{\gamma g}$ und $t_{\gamma w}$ approximativ über die t-Verteilung mit n-2g-1 FG bestimmt, siehe Abschnitt 2.5.4. In den Tabellen 12 und 13 sind Gütewerte β und finite relative Effizienzen (F.R.E.) des γ-getrimmten t-Tests - hier mit T_g bezeichnet - und des γ-winsorisierten t-Tests - hier mit W_g bezeichnet - relativ zum t-Test zusammengestellt. Dabei ist $g=[n\gamma]=1,2,3,5$, $\alpha=0.05$, $n=5,10,20$ und $\delta = \sqrt{n}\,|\mu_1 - \mu_0|/\sigma$, $\mu_1 \in H_1$ (für $\delta=0$ ist $\beta=\alpha$ zum Vergleich). Tabelle 12 liegt die Normalverteilung und Tabelle 13 die t-Verteilung mit $\nu=8,4$ und 2 FG in der Reihenfolge wachsender Tails zugrunde.

Der t-Test als gleichmäßig bester unverfälschter Test bei Annahme der Normalverteilung schneidet hier natürlich am besten ab, wenngleich der Unterschied zum $t_{\gamma g}$-Test nicht so stark ins Gewicht fällt wie beim $t_{\gamma w}$-Test. Offensichtlich wird der Effizienzverlust von $t_{\gamma g}$ und $t_{\gamma w}$ bei festem n und wachsendem Trimmanteil größer, was nicht überraschend ist.

Tab. 12: Gütewerte β und F.R.E.s des getrimmten und winsorisierten t-Tests zum t-Test unter Normalverteilung

			δ = 1		δ = 3		δ = 5	
n	Test	α	β	F.R.E.	β	F.R.E.	β	F.R.E.
5	t	0.050	0.121		0.614		0.955	
	T1	0.064	0.108	0.904	0.380	0.721	0.687	0.700
	W1	0.058	0.098	0.828	0.354	0.694	0.651	0.676
10	t	0.046	0.144		0.767		0.993	
	T1	0.053	0.138	0.960	0.711	0.905	0.985	0.893
	W1	0.047	0.128	0.874	0.693	0.879	0.983	0.881
	T2	0.057	0.130	0.894	0.625	0.785	0.952	0.753
	W2	0.051	0.119	0.775	0.597	0.749	0.944	0.731
20	t	0.051	0.159		0.813		0.998	
	T1	0.052	0.153	0.962	0.797	0.960	0.996	0.950
	W1	0.048	0.147	0.909	0.790	0.945	0.996	0.950
	T3	0.053	0.148	0.917	0.757	0.890	0.992	0.873
	W3	0.048	0.139	0.824	0.748	0.874	0.992	0.868
	T5	0.057	0.143	0.860	0.696	0.779	0.979	0.754
	W5	0.051	0.132	0.781	0.679	0.745	0.978	0.746

Für n=5 in Tabelle 13 hat der t-Test fast durchweg höhere Güte als die beiden Konkurrenten, wobei hier wie auch in allen anderen Fällen der $t_{\gamma g}$-Test besser abschneidet als der $t_{\gamma w}$-Test. Für größere Stichprobenumfänge und wachsende Tailstärke sind der $t_{\gamma g}$-Test und der $t_{\gamma w}$-Test dem t-Test bis auf wenige Ausnahmen überlegen, die relative Effizienz geht dann bis auf 3.01. Auch hier zeigt sich also - wenn wir noch die Gütewerte des t-Tests unter Normalverteilung aus Tabelle 12 zum Vergleich heranziehen - die mangelnde β-Robustheit des t-Tests bei Verteilungen mit starken Tails.

Vleugels (1984) hat in einer Simulationsstudie (50000 Läufe) neben der α-Robustheit auch die β-Robustheit des (einseitigen) t-Tests, des γ-getrimmten t-Tests und zudem des Wilcoxon-Tests W_n^+ für die skalenkontaminierte Normalverteilung, die Doppelexponential- und die Cauchy-Verteilung untersucht. In den Graphiken 10 bis 13 sind die (geschätzten) Gütefunktionen $\hat{\beta}(\theta)$, $0 \le \theta \le 2$, für den t-Test, den γ-getrimmten t-Test $t_{\gamma g}$ mit $g=[\gamma n] = 1, 2$ und den W_n^+-Test für n=20 und $\alpha = 0.05$ dargestellt. (Die Notation für die Verteilungen ist die gleiche wie beim Studium der α-Robustheit).

Tab. 13: Gütewerte β und F.R.E.s des getrimmten und winsorisierten t-Tests zum t-Test unter einer t-Verteilung mit ν FG

				δ = 1		δ = 3		δ = 5	
n	ν	Test	α	β	F.R.E.	β	F.R.E.	β	F.R.E.
5	8	t	0.046	0.110		0.549		0.892	
		T1	0.059	0.104	0.94	0.356	0.73	0.644	0.72
		W1	0.054	0.096	0.85	0.331	0.70	0.610	0.69
	4	t	0.040	0.092		0.484		0.809	
		T1	0.057	0.096	1.05	0.334	0.76	0.606	0.74
		W1	0.052	0.089	0.97	0.307	0.73	0.574	0.71
	2	t	0.031	0.073		0.356		0.636	
		T1	0.049	0.081	1.18	0.288	0.82	0.534	0.80
		W1	0.045	0.073	1.00	0.268	0.78	0.504	0.76
10	8	t	0.047	0.122		0.669		0.958	
		T1	0.050	0.124	1.02	0.648	0.97	0.955	0.99
		W1	0.047	0.116	0.91	0.630	0.94	0.948	0.96
		T2	0.053	0.123	1.01	0.585	0.87	0.920	0.86
		W2	0.049	0.112	0.85	0.558	0.82	0.908	0.81
	4	t	0.042	0.109		0.563		0.888	
		T1	0.043	0.112	1.03	0.582	1.05	0.912	1.14
		W1	0.042	0.108	0.99	0.569	1.02	0.904	1.09
		T2	0.048	0.111	1.02	0.538	0.95	0.881	0.98
		W2	0.044	0.101	0.91	0.517	0.90	0.868	0.94
	2	t	0.033	0.079		0.381		0.684	
		T1	0.035	0.088	1.27	0.468	1.40	0.801	1.72
		W1	0.035	0.086	1.21	0.465	1.38	0.788	1.61
		T2	0.042	0.095	1.47	0.469	1.41	0.805	1.75
		W2	0.039	0.090	1.33	0.450	1.29	0.788	1.61
20	8	t	0.048	0.136		0.700		0.978	
		T1	0.049	0.138	1.02	0.709	1.03	0.984	1.16
		W1	0.048	0.137	1.01	0.701	1.00	0.980	1.05
		T3	0.053	0.138	1.02	0.695	0.99	0.981	1.08
		W3	0.049	0.130	0.95	0.681	0.95	0.978	1.00
		T5	0.056	0.133	0.97	0.649	0.87	0.964	0.88
		W5	0.050	0.124	0.09	0.627	0.83	0.959	0.85
	4	t	0.044	0.110		0.592		0.912	
		T1	0.045	0.114	1.05	0.635	1.14	0.952	1.31
		W1	0.048	0.117	1.09	0.628	1.12	0.944	1.25
		T3	0.046	0.120	1.13	0.648	1.19	0.959	1.37
		W3	0.046	0.116	1.08	0.632	1.13	0.953	1.32
		T5	0.052	0.121	1.14	0.632	1.10	0.947	1.27
		W5	0.049	0.110	1.00	0.600	1.03	0.938	1.20
	2	t	0.037	0.077		0.362		0.663	
		T1	0.038	0.092	1.50	0.466	1.64	0.810	1.92
		W1	0.046	0.104	1.89	0.471	1.67	0.798	1.84
		T3	0.043	0.103	1.86	0.542	2.15	0.891	3.00
		W3	0.048	0.108	2.03	0.537	2.11	0.871	2.72
		T5	0.045	0.110	2.11	0.538	2.12	0.893	3.01
		W5	0.044	0.105	1.93	0.527	2.01	0.878	2.82

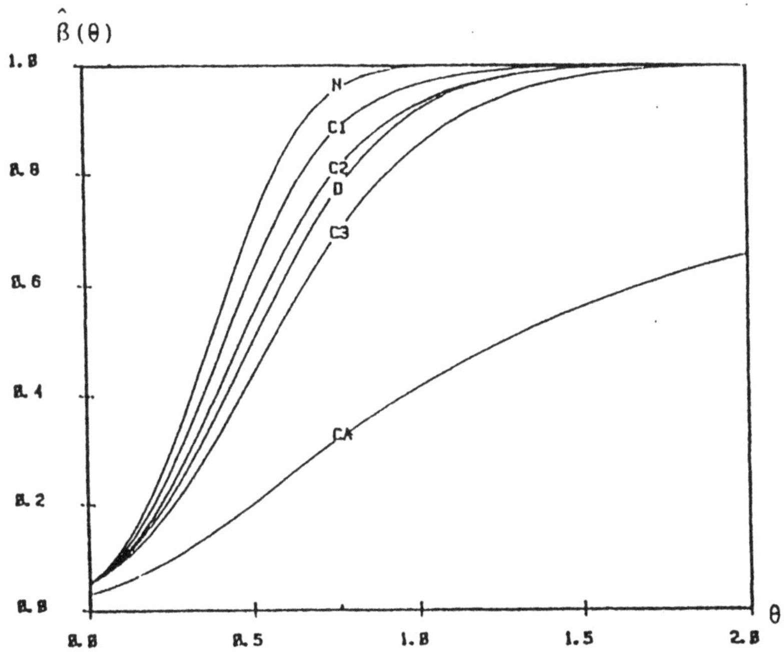

Abb. 10: Gütefunktionen des t-Tests für n=20, $\alpha = 0.05$

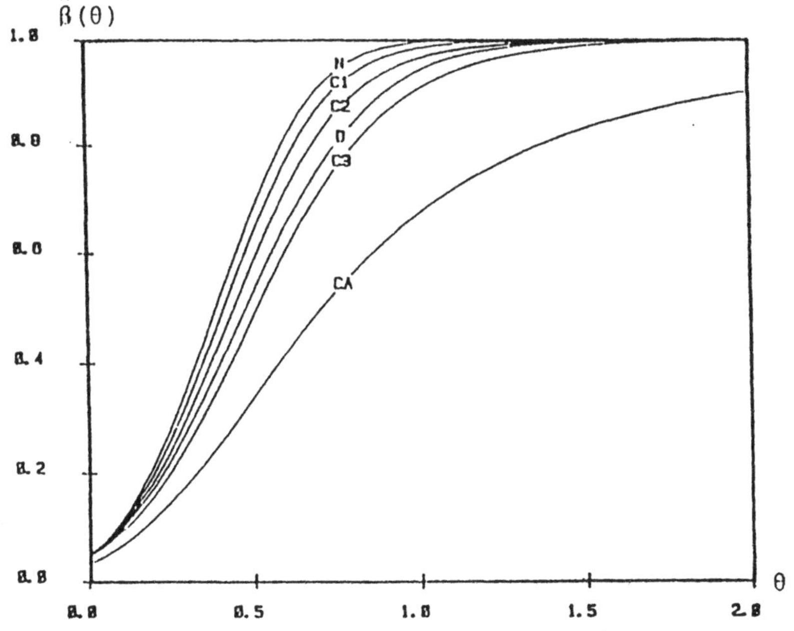

Abb. 11: Gütefunktionen des $t_{\gamma s}$-Tests für g=1, n=20, $\alpha = 0.05$

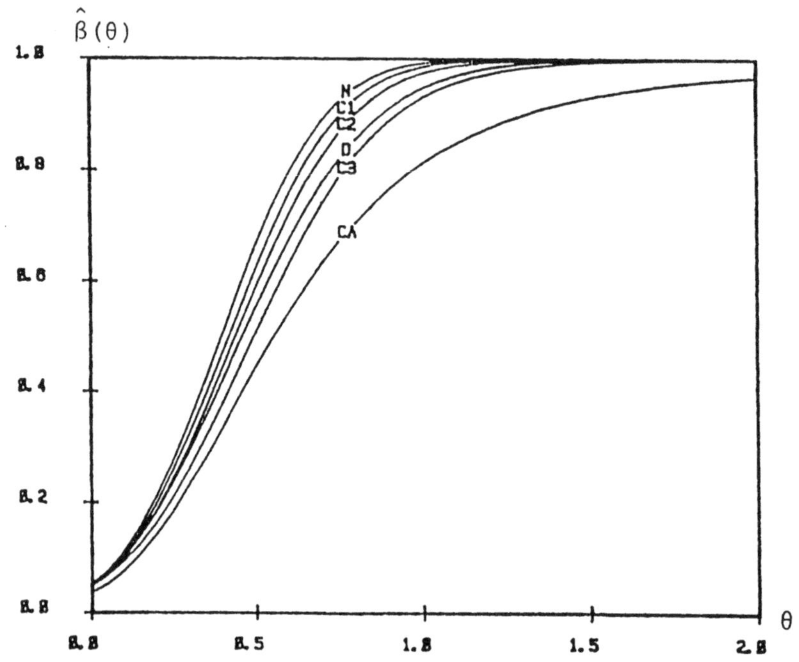

Abb. 12: Gütefunktionen des $t_{\gamma g}$ für g=2, n=20, $\alpha = 0.05$

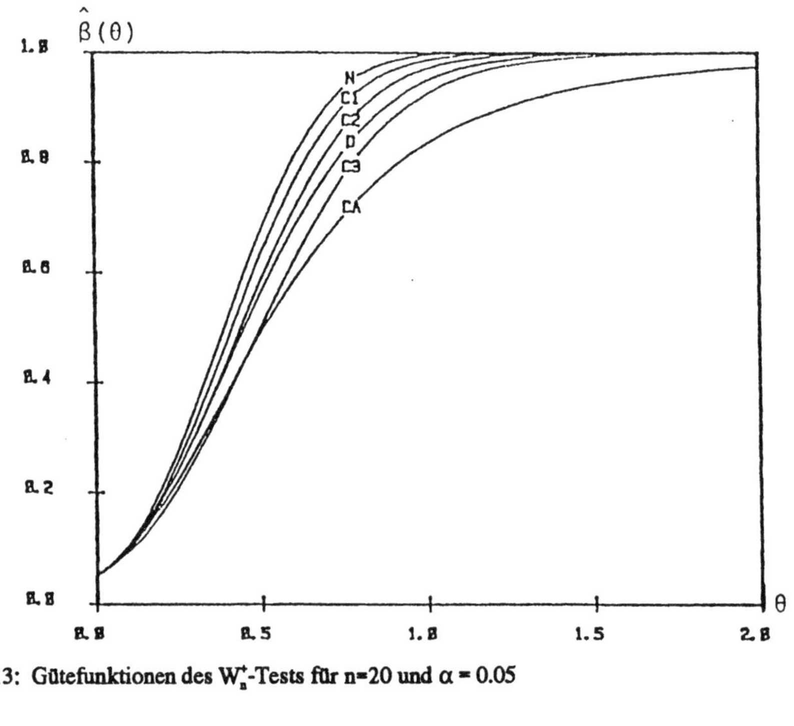

Abb. 13: Gütefunktionen des W_n^+-Tests für n=20 und $\alpha = 0.05$

Ein Vergleich der Graphiken ergibt bei allen vier Tests dieselbe "Rangfolge" der Gütefunktionen bezogen auf die sechs zugrundeliegenden Verteilungen, und zwar N, C1, C2, D, C3, CA; es zeigen sich jedoch wesentliche Unterschiede im Ausmaß der Distanzen zwischen den Gütekurven (β- Robustheit!). In diesem Sinne schneidet der t-Test am schlechtesten ab, besonders für die Cauchy-Verteilung, wohingegen hierfür der $t_{\gamma g}$-Test mit g=2 und insbesondere der W_n^+-Test weniger "auffällig" sind. Das wird besonders deutlich, wenn wir einen direkten Vergleich der Gütekurven der Tests bei vorgegebener Verteilung vornehmen. Das geschieht in den Graphiken 14 und 15 für die skalenkontaminierte Normalverteilung C3 und die Cauchy-Verteilung CA (n=20, $\alpha = 0.05$).

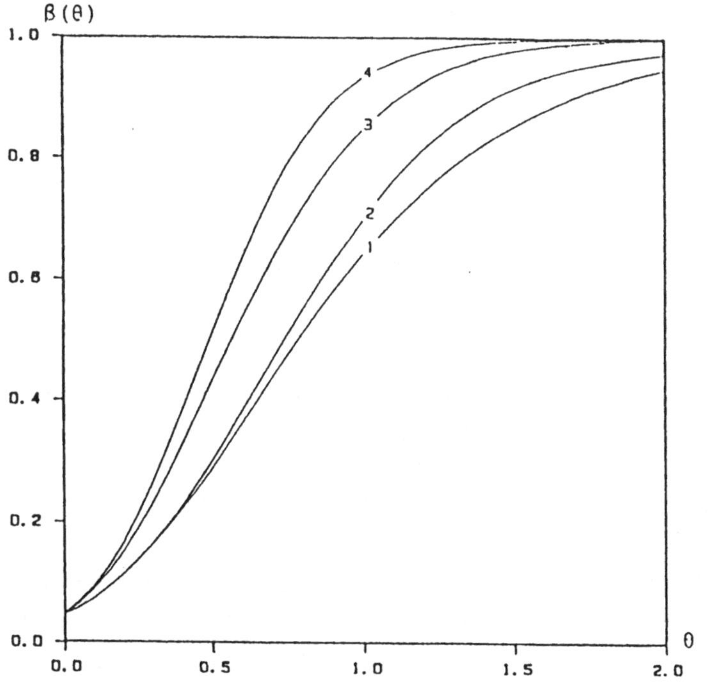

Abb. 14: Gütefunktion des t-Tests (1), des $t_{\gamma g}$-Test mit g=1 (2) und g=2 (3) und des W_n^+-Tests (4) für die C3-Verteilung

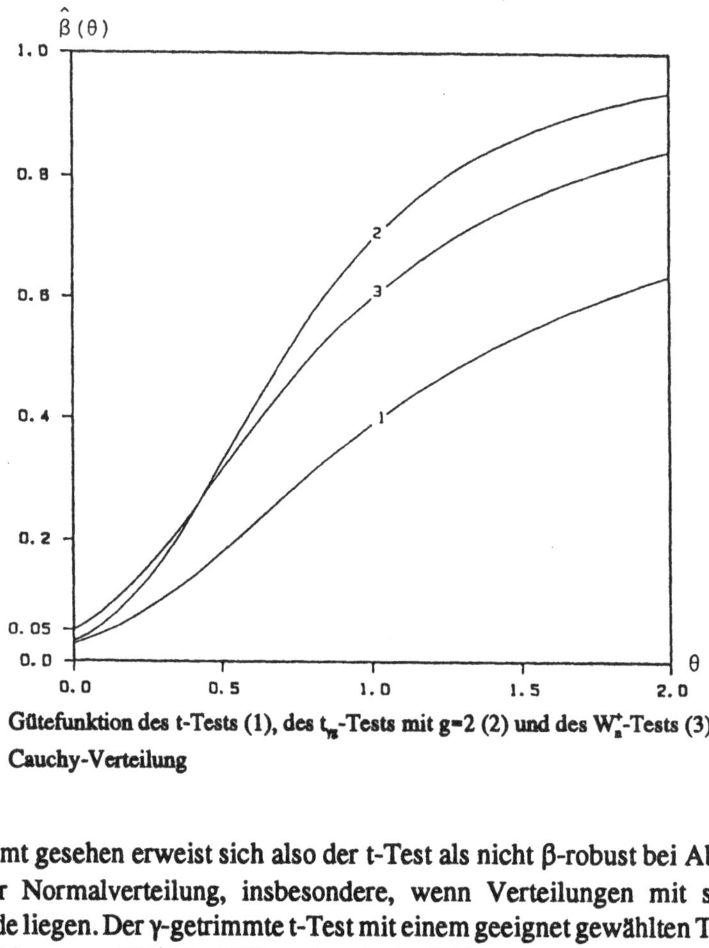

Abb. 15: Gütefunktion des t-Tests (1), des $t_{\gamma g}$-Tests mit g=2 (2) und des W_n^+-Tests (3) für die Cauchy-Verteilung

Insgesamt gesehen erweist sich also der t-Test als nicht β-robust bei Abweichungen von der Normalverteilung, insbesondere, wenn Verteilungen mit starken Tails zugrunde liegen. Der γ-getrimmte t-Test mit einem geeignet gewählten Trimmanteil γ (Empfehlung: γ = 10% bis 15%) und auch der Wilcoxon-Test sind z.T. deutlich dem t-Test überlegen.

Abschließend wollen wir zu den bisher erfolgten finiten Gütevergleichen noch den Vergleich einiger Tests über die Pitman-A.R.E. (siehe Abschnitt 2.4.1 und 2.4.2) vornehmen, zunächst zwischen dem t-Test und dem Wilcoxon-Test W_n^+, der sich ja in der finiten Gütestudie von Vleugels (1984) als meistens dem t-Test überlegen gezeigt hat; es folgt ein Vergleich zwischen dem Wilcoxon-Test und weiteren nichtparametrischen Tests aus Abschnitt 2.5.3.

In Tabelle 14 von Hettmansperger (1984, S.72) sind die A.R.E.-Werte des W_n^+-Tests zum t-Test unter Annahme der skalenkontaminierten Normalverteilung KN(ε, c) für c=3 und verschiedene ε angegeben.

Tab. 14: A.R.E.(W_n^+,t) für KN(ε,3)

ε	0	0.01	0.03	0.05	0.08	0.10	0.15
A.R.E(W_n^+,t)	0.955	1.009	1.108	1.196	1.301	1.373	1.497

Bei Vorliegen einer Normalverteilung (ε = 0) ist also die A.R.E. des W_n^+-Tests zum t-Test mit 95.5% sehr hoch, bei einer Kontamination von nur 1% (!) schon über 100% und erreicht für ε = 0.15 fast 150%. A.R.E.-Werte über 100% ergeben sich auch für andere Verteilungen mit stärkeren Tails als die der Normalverteilung, siehe Büning u. Trenkler (1978, S.282) und Tabelle 15. In ihr sind A.R.E.-Werte des W_n^+-Tests zum t-Test unter Annahme verschiedener Verteilungen angegeben, dazu A.R.E.s nichtparametrischer Konkurrenten zum W_n^+-Test aus Beispiel 9, entnommen Randles u. Wolfe (1979, S.340).

Tab. 15: A.R.E. für ausgewählte Tests und Verteilungen

Verteilung	(W_n^+, t)	(K_n^+, W_n^+)	(X_n^+, W_n^+)	(V_n^+, W_n^+)
Gleichverteilung	1.000	2.000	∞	0.333
Normal	0.955	0.927	1.047	0.667
Logistisch	1.096	0.781	0.955	0.750
Doppelexponential	1.500	0.500	0.847	1.333
Cauchy	-	0.264	0.708	1.333

Bei Verteilungen mit kurzen Tails erweist sich also der K_n^+-Test als bester, im mittleren bis starken Tail-Bereich der W_n^+-Test und bei sehr starken Tails der V_n^+-Test. Wegen der Regel A.R.E.(A,C)=A.R.E.(A,B) · A.R.E.(B,C) für Tests A, B, C läßt sich auch die A.R.E. aller anderen hier aufgeführten nichtparametrischen Tests zum t-Test sofort angeben.

2.5.6 Influenzfunktion von Rangtests

Im folgenden soll das in Abschnitt 2.4.3 dargestellte Konzept der Influenzfunktion auf lineare Rangstatistiken angewendet werden. Es seien $X_1, \dots, X_n$ unabhängige und identisch verteilte Zufallsvariablen mit $X_i \sim F(x - \theta)$, $\theta \in \mathbf{R}$. Statt L_n^+ betrachten wir die dazu äquivalente lineare Rangstatistik

$$L_n = \frac{1}{n} \sum_{i=1}^{n} g(R_i^+) \operatorname{sign} X_i \quad \text{mit sign } a = 1, 0, -1 \text{ für } a > 0, = 0, < 0.$$

(Der Faktor 1/n wird aus Gründen der gewünschten Konvergenz von L_n gegen ein Funktional L gewählt; zudem gilt für die so definierte Statistik L_n unter H_0: $E(L_n) = 0$)).
Der Zusammenhang zwischen L_n und L_n^+ sei am Beispiel des Wilcoxon-Tests demonstriert:

$$W_n^+ = \sum_{i=1}^{n} iV_i \text{ mit } V_i = 1 \text{ für } X_i > 0 \text{ und } V_i = 0 \text{ für } X_i \leq 0.$$

W_n^+ ist also die Summe der Ränge, die zu positiven X_i gehören. Sei W_n^- die Summe der Ränge, die zu negativen X_i gehören, dann ist $nW_n = W_n^+ - W_n^-$.

Es bezeichne wie bisher $\phi^+(u)$ die zu L_n gehörende Score-Funktion und $\phi^+(u,f)$ die zur Dichte f gehörende lokal optimale Score-Funktion. Hájek und Šidák (1967, S.220) haben gezeigt, daß L_n asymptotisch normalverteilt ist mit

$$E_\theta(L_n) \to \theta \int_0^1 \phi^+(u)\phi^+(u,f)\, du \quad \text{und}$$

$$nVAR_\theta(L_n) \to \int_0^1 (\phi^+(u))^2\, du\,.$$

Die Influenzfunktion einer Teststatistik T_n ist nach Abschnitt 2.4.3 wie folgt bestimmt:

$$IF_{Test}(x,T,F) = \frac{\frac{\partial}{\partial h}[T((1-h)F + h\delta_x)]_{h=0}}{k'(\theta)}$$

mit $F := F(x - \theta)$ und mit T als dem zu T_n gehörenden Funktional.
Um nun speziell die Influenzfunktion von L_n bzw. für das zugehörige Funktional L zu bestimmen, sind drei Fragen zu klären:

(a) $L_n \xrightarrow{P} L = ?$

(b) $\frac{\partial}{\partial h}[L((1-h)F+h\delta_x)]_{h=0} = ?$

(c) $k'(\theta) = ?$

Die Beantwortung der letzten Frage (c) gelingt sofort über das oben zitierte Ergebnis von Hájek und Šidák.

Es gilt mit $k_n(\theta) := E_\theta(L_n)$:

$$k_n(\theta) \underset{n\to\infty}{\rightarrow} k(\theta) = \theta \int_0^1 \phi^+(u) \cdot \phi^+(u,f)\, du \text{, d.h.}$$

$$k'(\theta) = \int_0^1 \phi^+(u) \cdot \phi^+(u,f)\, du \,.$$

Wie wir sehen, sind lineare Rangstatistiken i.a. nicht Fisher-konsistent ($k'(\theta) \neq 1$). Weiterhin gilt unter H_0: $\theta = 0$:

(a) $L_n \xrightarrow{P} L(G) = \int_{+\infty}^{-\infty} \phi^+(G(|x|) - G(-|x|)) \operatorname{sign} x \, dG(x)$,

(b) $\frac{\partial}{\partial h}[L((1-h)F+h\delta_x)]_{h=0} = \phi^+(2F(|x|)-1) \operatorname{sign} x$,

siehe Rousseeuw u. Ronchetti (1979). Der Beweis von (a) basiert auf der Darstellung von L_n als Funktion der empirischen Verteilungsfunktion G_n und auf der Konvergenz von G_n gegen die theoretische Verteilung G.

Der rechenaufwendige Beweis von (b) beinhaltet mehrmalige partielle Integration. Dabei wird das Integral $\int_{-\infty}^{+\infty} \ldots$ zerlegt in die Summe $\int_{-\infty}^{+\infty} \ldots = \int_{-\infty}^{0} \ldots + \int_{0}^{\infty} \ldots$ und dann die Symmetrie von F um $\theta = 0$ ausgenutzt: $F(x) - F(-x) = 2F(x) - 1$. Aus den Antworten zu den Fragen (a) - (c) ergibt sich sofort (siehe auch Hampel u.a. (1986, S.205)):

Satz 3: Unter H_0: $\theta = 0$ gilt:

$$IF_{Test}(x,L,F) = \frac{\phi^+(2F(|x|)-1)\operatorname{sign} x}{\int_0^1 \phi^+(u) \cdot \phi^+(u,f)\, du} \,.$$

IF_{Test} ist für die in Beispiel 9 angegebenen Rangtests zusammengestellt in

Beispiel 13:

(a) K_n-Test

$$IF_{Test}(x,K,F) = \begin{cases} 0 & \text{für } x < 0,\ F(x) \geq 1/4 \text{ bzw. für } x > 0,\ F(x) \leq 3/4 \\ \dfrac{2F(x) - 1/2}{4 \cdot \int_{-\infty}^{x_{0.25}} f^2(t)\,dt} & \text{für } F(x) < 1/4 \\ \dfrac{2F(x) - 3/2}{4 \cdot \int_{x_{0.75}}^{\infty} f^2(t)\,dt} & \text{für } F(x) > 3/4\,, \end{cases}$$

(b) X_n-Test

$$IF_{Test}(x,X,F) = \frac{\Phi^{-1}(F(x))}{-\int_{-\infty}^{\infty} \Phi^{-1}(F(t))f'(t)\,dt}\,,$$

(c) W_n-Test

$$IF_{Test}(x,W,F) = \frac{F(x) - 1/2}{\int_{-\infty}^{\infty} f^2(t)\,dt}\,,$$

(d) V_n-Test

$$IF_{Test}(x,V,F) = \frac{\operatorname{sign} x}{2f(0)}\quad.$$

∇

In den Graphiken 16 und 17 sind die Influenzfunktionen der obigen vier Tests für die Standardnormalverteilung Φ bzw. die Doppelexponentialverteilung D dargestellt (für die logistische Verteilung ergibt sich ein ähnliches Bild wie bei D).

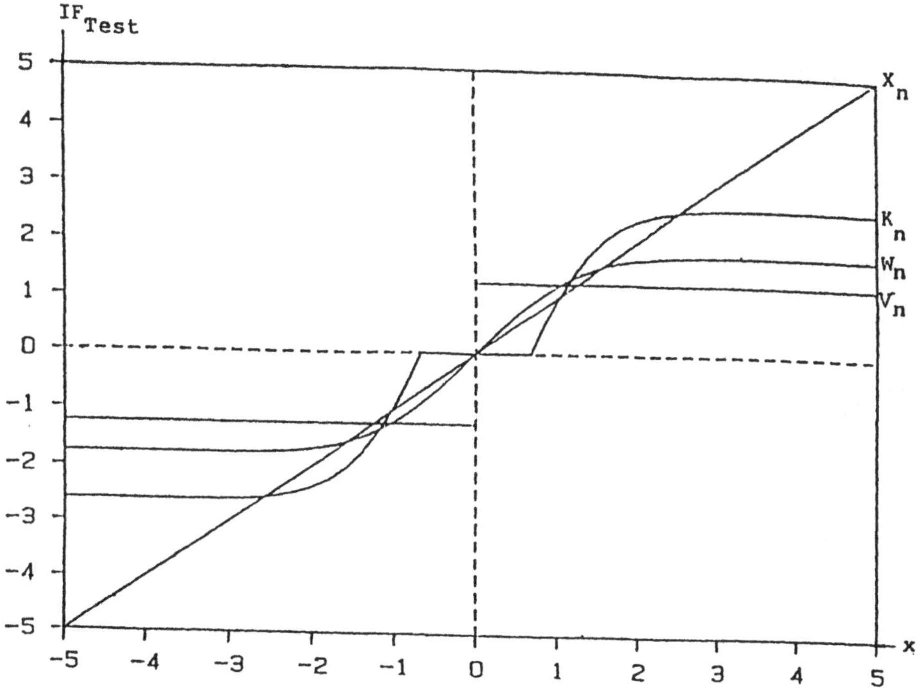

Abb.16: IF_{Test} unter $F = \Phi$

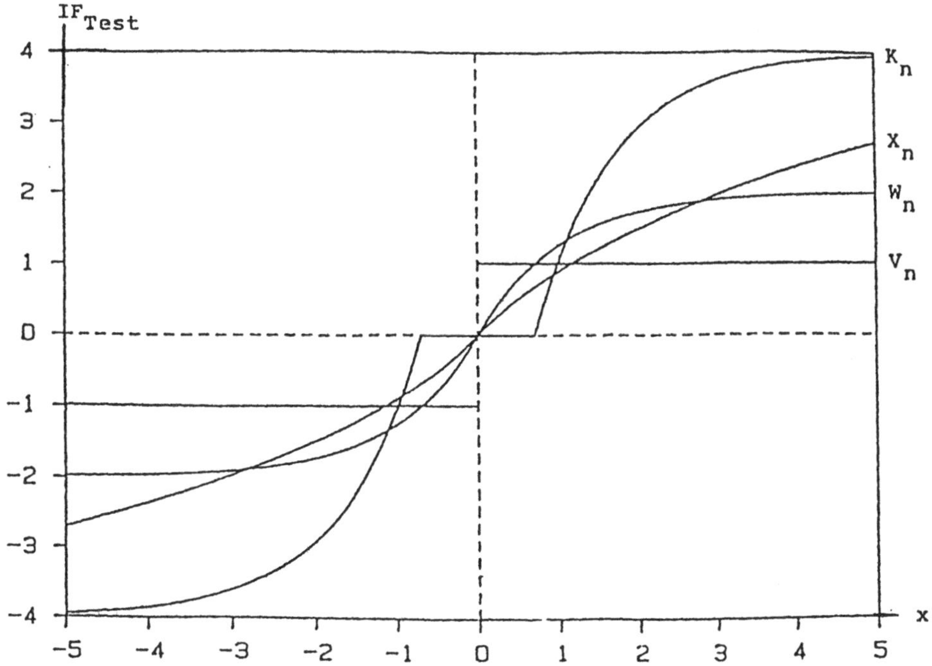

Abb. 17: IF_{Test} unter $F=D$

Wir wollen nun über IF_{Test} einen Stabilitätskoeffizienten einführen, der als spezielles Robustheitsmaß von Rangtests aufgefaßt werden kann. Dazu betrachten wir die gross-error-Sensitivität $\gamma_{Test}(L, F)$ und die Pitman-Efficacy $E(L,F)$ aus Abschnitt 2.4.3.

Es ist:

$$E(L,F) = \lim_{n \to \infty} (k_n'(\theta_0))^2/(n\sigma^2(\theta_0))$$

mit $k_n(\theta) = E_\theta(L_n)$ und $\sigma_n^2(\theta) = VAR_\theta(L_n)$.

Wegen

$$E_\theta(L_n) \to \theta \int_0^1 \phi^+(u)\phi^+(u,f)\, du$$

und

$$nVAR_\theta(L_n) \to \int_0^1 (\phi^+(u))^2 du$$

folgt:

$$E(L,F) = \frac{\left(\int_0^1 \phi^+(u) \cdot \phi^+(u,f)\, du\right)^2}{\int_0^1 (\phi^+(u))^2\, du}.$$

Noether (1955) hat gezeigt, daß für die asymptotische Güte β eines Rangtests gilt:

$$\beta = 1 - \Phi(z_{1-\alpha} - a\sqrt{E(L,F)}),$$

wobei Φ die Standardnormalverteilung ist, $z_{1-\alpha}$ ihr $(1-\alpha)$-Quantil und a eine positive Konstante in der Folge der Alternativen $\theta_n = \theta_0 + a/\sqrt{n}$, für die β berechnet wird.

Die gross-error-Sensitivität γ_{Test} von L in F ist definiert als:

$$\gamma_{Test}(L,F) = \sup_x |IF_{Test}(x,L,F)|.$$

Definition 8: $s(L,F) := \gamma_{Test}(L,F) \cdot \sqrt{E(L,F)}$ heißt Stabilitätskoeffizient von L in F.

Offensichtlich gilt $0 \leq s(L,F) \leq \infty$.

Satz 4: Bei *festem* L gilt: s ist konstant für alle F, d.h. s(L,F) = s(L).

Beweis: Es ist nach Satz 3

$$\gamma_{Test}(L,F) = \sup_x \frac{\phi^+(2F(|x|)-1)}{\int_0^1 \phi^+(u)\cdot\phi^+(u,f)\,du}, \text{ und wegen}$$

$$\sqrt{E(L,F)} = \frac{\int_0^1 \phi^+(u)\cdot\phi^+(u,f)\,du}{\left(\int_0^1 (\phi^+(u))^2\,du\right)^{\frac{1}{2}}} \text{ folgt:}$$

$$s(L,F) = \gamma_{Test}(L,F)\cdot\sqrt{E(L,F)} = \frac{1}{\left(\int_0^1 (\phi^+(u))^2\,du\right)^{\frac{1}{2}}}\cdot \sup_x(\phi^+(2F(|x|)-1))$$

$$= \frac{1}{\left(\int_0^1 (\phi^+(u))^2\,du\right)^{\frac{1}{2}}}\cdot\phi^+(1),$$

da ϕ^+ monoton wachsend ist. Das bedeutet : s(L,F) ist nur eine Funktion von ϕ^+, der zu L gehörenden Score-Funktion und damit s(L,F) = s(L).

Δ

Das heißt also, daß jede lineare Rangstatistik ihren eigenen Stabilitätskoeffizienten hat, der - wie sich zeigen wird - ein spezielles Robustheitsmaß für das Testniveau α und die Güte β ist.

In Tabelle 16 sind für den K_n-, X_n-, W_n- und den V_n-Test sowie für einige ausgewählte Verteilungen, die Standardnormalverteilung Φ, die skalenkontaminierte Normalverteilung KN(ε,3) mit ε = 0.01, 0.1 und 0.2, die Doppelexponentialverteilung D und die logistische Verteilung LG die Werte von γ_{Test}, $\sqrt{E}$ und s zusammengestellt.

Die angegebenen Werte verdeutlichen die Aussage des Satzes 4, daß - bei gegebener Rangstatistik - $\sqrt{E}$ umso kleiner ist, je größer γ_{Test} ist. Der Stabilitätskoeffizient s ist unbeschränkt, falls ϕ^+ und damit IF_{Test} unbeschränkt ist (z.B. der X_n-Test).

Tab. 16: γ_{Test}, $\sqrt{E}$ und s für ausgewählte Tests und Verteilungen

Verteilung			Test K_n	X_n	W_n	V_n
Φ		γ_{Test}	2.6053	∞	1.7725	1.2533
		$\sqrt{E}$	0.9402	1.0000	0.9772	0.7979
KN	ε=0.01		2.6536	∞	1.7922	1.2620
			0.9231	0.9821	0.9664	0.7924
	ε=0.1		3.1335	∞	1.9829	1.3430
			0.7817	0.8863	0.8735	0.7446
	ε=0.2		3.7811	∞	2.2257	1.4463
			0.6478	0.7635	0.7782	0.6914
D			4.0000	∞	2.0000	1.0000
			0.6124	0.7974	0.8660	1.0000
LG			4.8000	∞	3.0000	2.0000
			0.5103	0.5312	0.5774	0.5000
		s	$\sqrt{6}$	∞	$\sqrt{3}$	1

Ein Blick auf den Beweis von Satz 4 zeigt, daß s(L) dann und nur dann minimal ist, wenn $\int_0^1 (\phi^+(u))^2\,du$ maximal ist. Wegen der Monotonie von ϕ^+ gilt offensichtlich Min s(L)=1 für L=V und damit die schärfere Ungleichung $1 \leq s(L) \leq \infty$.
Wie bereits in Abschnitt 2.4.3 herausgestellt, mißt IF_{Test} den Einfluß einer Beobachtung x auf die Testentscheidung und nicht unmittelbar auf das Testniveau α und die Güte β. Ein solcher Zusammenhang von IF_{Test} mit α und β gelingt über ein Ergebnis von Rieder (1981), der unter Annahme eines gross-error-Modells mit einem Anteil ε einer *asymmetrischen* Verteilung H von groben Fehlern gezeigt hat, daß das maximale asymptotische Testniveau α und die minimale asymptotische Güte β bestimmt sind durch (hier in unserer Notation des Stabilitätskoeffizienten s(L)):

$$\alpha_{max} = 1 - \Phi(z_{1-\alpha} - \varepsilon \cdot s(L)) \text{ mit } \Phi(z_{1-\alpha}) = 1 - \alpha\,,$$

$$\beta_{min} = 1 - \Phi(z_{1-\alpha} + \varepsilon \cdot s(L) - aE(L,F))\,,$$

wobei a wie oben die positive Konstante in $\theta_n = \theta_0 + a/\sqrt{n}$ ist. Wir sehen, daß β_{min} aus der asymptotischen Güte β durch den additiven Term $\varepsilon \cdot s(L)$ resultiert, d.h. für festes ε gilt: je kleiner s(L), desto kleiner die Differenz zwischen β und β_{min}, und diese

Differenz ist somit minimal für L=V. In Tabelle 17 sind zum nominalen Testniveau $\alpha = 0.05$ für vier Anteile ε die Werte α_{max} (unabhängig von F) und für $F = \Phi$, D und LG sowie für a=0.5 und 3.0 die Werte β_{min} der vier ausgewählten Tests angegeben und dazu ihre Stabilitätskoeffizienten s aus Tabelle 16 angeführt:

Tab. 17: α_{max} und β_{min} für ausgewählte Tests und Verteilungen bei nominalem Testniveau $\alpha = 0.05$

			Verteilung						
			Φ		D		LG		
			β_{min}		β_{min}		β_{min}		
Test	ε	α_{max}	a=0.5	a=3.0	a=0.5	a=3.0	a=0.5	a=3.0	s
	0.0	0.0500	0.1200	0.8802	0.0903	0.5762	0.0826	0.4546	
K_n	0.01	0.0526	0.1152	0.8751	0.0864	0.5667	0.0787	0.4450	$\sqrt{6}$
	0.10	0.0808	0.0778	0.8239	0.0567	0.4790	0.0511	0.3598	
	0.20	0.1241	0.0480	0.7534	0.0337	0.3826	0.0301	0.2727	
	0.0								
X_n	0.01	1	0	0	0	0	0	0	∞
	0.10	1	0	0	0	0	0	0	
	0.20	1	0	0	0	0	0	0	
	0.0	0.0500	0.1238	0.9009	0.1128	0.8298	0.0876	0.5347	
W_n	0.01	0.0518	0.1203	0.8979	0.1095	0.8253	0.0850	0.5279	$\sqrt{3}$
	0.10	0.0705	0.0918	0.8673	0.0830	0.7823	0.0675	0.4658	
	0.20	0.0971	0.0665	0.8271	0.0596	0.7280	0.0443	0.3973	
	0.0	0.0500	0.1067	0.7731	0.1261	0.9123	0.0815	0.4424	1
V_n	0.01	0.0510	0.1048	0.7707	0.1240	0.9107	0.0800	0.4384	
	0.10	0.0612	0.0892	0.7419	0.1064	0.8953	0.0674	0.4033	
	0.20	0.0743	0.0741	0.7086	0.0893	0.8760	0.0554	0.3651	

Zu Tabelle 17 läßt sich folgendes anmerken:

(1) Bei symmetrischen Verteilungen halten Einstichproben-Rangtests das Testniveau α ein; in unserem Fall wird aber ein Anteil ε asymmetrischer grober Fehler unterstellt, d.h. $\alpha_{max} \neq \alpha$ für $\varepsilon > 0$.

(2) Im Sinne des β_{min}-Kriteriums erweist sich W_n als bester der vier Tests für $F = \Phi$ und LG, V_n als bester für F=D. Im Sinne des α_{max}-Kriteriums ist V_n der beste Test, während der X_n-Test hinsichtlich beider Kriterien der schlechteste ist: $\alpha_{max}=1$ und $\beta_{min}=0$ für alle $\varepsilon > 0$.

(3) Für jeden der drei Tests K_n, W_n und V_n gilt: Je kleiner s, desto geringer die Schwankungen von α_{max} und β_{min} bei einer Variation von ε, d.h. umso robuster ist der Test. Somit ist der V_n-Test der robusteste.

In diesem Kontext verdient eine Arbeit von Lambert (1981) besondere Erwähnung, die ein anderes Konzept der Influenzfunktion für Tests eingeführt hat, indem sie Hampels IF für Schätzer auf transformierte p-Werte P_n (beobachtete Signifikanzniveaus) anwendet, genauer: auf die sogenannte Bahadur-half-slope

$$c(\theta) = \lim_{n\to\infty} -\frac{1}{n}\log P_n, \theta \neq \theta_0,$$

die das exponentielle Verhältnis der Konvergenz von P_n gegen 0 angibt. Mit diesem Ansatz wird also der Einfluß einer Beobachtung x auf das *beobachtete* (zufällige) Signifikanzniveau gemessen. Hampel u.a. (1986, S.217) zeigen, daß die Lambertsche Influenzfunktion proportional (mit Faktor $c'(\theta)$) zu IF_{Test} ist, falls P_n nur über eine Teststatistik von den Daten abhängt.

2.5.7 Resümee und Ausblick

Die Robustheitsstudien in 2.5.5 haben gezeigt, daß der t-Test wenig α- und β-robust ist bei Abweichungen von der Normalverteilung, die durch Verteilungen mit starken Tails gekennzeichnet sind. Falls also auf Grund einer explorativen Datenanalyse Vorinformationen solcher Art erhältlich sind, empfiehlt sich statt des t-Tests die Anwendung eines robustifizierten Tests, der auch vor groben Fehlern (Meßfehlern, Übertragungsfehlern) zu schützen vermag. Nach den Ergebnissen in 2.5.5 wäre dabei dem γ-getrimmten t-Test der Vorzug zu geben, wobei der Trimmanteil γ als Faustregel bei 10% bis 15% fest gewählt oder auch adaptiv über die Daten bestimmt werden könnte. So hat Jaeckel (1971) den Trimmanteil γ von $\overline{X}_{\gamma g}$ so festgelegt, daß die geschätzte (aymptotische) Varianz von $\overline{X}_{\gamma g}$ minimiert wird.

Der Anwender statistischer Verfahren ist sicher nur in den seltensten Fällen in der glücklichen Lage, konkrete oder gar exakte Vorstellungen über das zugrundeliegende Verteilungsmodell zu entwickeln. Bei einem "Stand Null" an Vorinformationen liegt es nahe, einen nichtparametrischen Test auszuwählen, der nach den Ausführungen in 2.5.3 nur die Stetigkeit der (symmetrischen) Verteilungsfunktion F voraussetzt. Dabei bietet sich nach den Ergebnissen aus 2.5.5 vorrangig der Wilcoxon-Test an, der zudem sehr einfach anzuwenden ist, obwohl dies im Zeitalter des Computers eigentlich kein wesentliches Argument mehr für eine bevorzugte Anwendung sein sollte. Aber auch der Wilcoxon-Test ist, wie die Ergebnisse in 2.5.5 und 2.5.6 gezeigt haben, natürlich nicht in allen Verteilungssituationen der geeignetste Test. Mit der Auswahl eines "besten" nichtparametrischen Tests, angepaßt an die vorliegenden Daten, werden wir uns im 3. Kapitel näher beschäftigen.

Wie bereits in 2.5.4 angedeutet, können weitere robustifizierte Tests konstruiert werden, die auf robusten Schätzern basieren, so z.B. auf Tukeys Trimean oder dem Gastwirth-Schätzer für Verteilungen mit kurzen Tails, sowie auf den M-Schätzern als Konkurrenten zu den L-Schätzern.

Der Trimean und der Gastwirth-Schätzer werden induziert durch das Funktional

$$T(q,p) = qx_p + (1-2q)x_{0.5} + qx_{1-p}$$
$$\text{mit} \quad q=0.25,\ p=0.25 \text{ (Trimean)}$$
$$q=0.30,\ p=1/3 \text{ (Gastwirth)}$$

und $x_p = F^{-1}(p)$. Ersetzen wir x_p in T(q,p) durch einen Quantil-Schätzer $\hat{x}_p$, so erhalten wir den entsprechenden Trimean bzw. Gastwirth-Schätzer. Aufbauend auf diesen beiden Schätzern haben Patel u.a. (1988) robustifizierte Versionen des t-Tests angegeben und die α- und β-Robustheit dieser Tests im Vergleich zu den bereits in 2.5.4 aus dieser Arbeit zitierten Tests untersucht.

Ein M-Schätzer M_n für einen Lageparameter θ ist Lösung von

$$\sum_{i=1}^{n} \rho\left(\frac{X_i - M_n}{S_n}\right) \overset{!}{=} \text{Min}$$

mit konvexer Distanzfunktion ρ, deren Ableitung nach θ existieren soll, und einem (robusten) Skalenschätzer S_n, siehe Abschnitt 2.6.3. Obige Gleichung ist äquivalent zu

$$\sum_{i=1}^{n} \psi\left(\frac{X_i - M_n}{S_n}\right) = 0 \text{ mit } \psi = \rho'.$$

Beispiele solcher robuster M-Schätzer sind die von Hampel, Huber, Andrews und Tukey, siehe Hoaglin u.a. (1983, Kapitel 9) und die Princeton-Studie von Andrews u.a. (1972). Auf der Basis solcher M-Schätzer liegen bislang nur ganz wenige robustifizierte Versionen der t-Statistik vor, so von Gross (1976) und Du Mond u. Lenth (1987) zur Konstruktion robuster Konfidenzintervalle, sowie der Test von Kafadar (1982), dem Tukeys sogenannter *biweight*-Schätzer mit

$$\psi(u) = \begin{cases} u(1-u^2)^2 & \text{für } |u| \le 1 \\ 0 & \text{sonst} \end{cases}$$

zugrunde liegt. Dieser "biweight t-Test" wird in der Arbeit mit dem klassischen t-Test unter Annahme verschiedener Verteilungen verglichen.

Wir haben bislang bei den Robustheitsstudien nur die Verteilungsrobustheit, und zwar bei Abweichungen von der Normalverteilung, zum Gegenstand der Untersuchungen gemacht. Weitere Modellabweichungen sind:

(1) Die Zufallsvariablen sind abhängig. Diesbezügliche Studien für den t-Test sind bei Miller (1986, S.32 ff), Rao (1965, S.419 ff), Ali (1973), Cressie (1980) und Viano u. Oppenhein (1975) zu finden; für nichtparametrische Tests liegen dazu m.W. keine Ergebnisse vor.

(2) Die Verteilungsfunktion F ist asymmetrisch. Auch zu diesem Problem, dem wegen der i.d.R. asymmetrischen Datenwelt von der statistischen Praxis her gesehen besondere Bedeutung zukommt, gibt es nur wenige Studien. Das mag u.a. darin begründet sein, daß für asymmetrisches F es keinen natürlichen (eindeutigen) Lageparameter θ gibt wie im Fall der Symmetrie mit $\theta = E(X) = x_{0.5}$ (Median), dem Zentrum der Symmetrie. Zur Definition eines Lageparameters auch bei Asymmetrie der Verteilung siehe Bickel u. Lehmann (1975).

Benjamini (1983) untersucht die Verteilung der t-Statistik bei rechts- und linksschiefen Verteilungen, während Johnson (1978) eine modifizierte Version des t-Tests bei asymmetrischem F betrachtet. Vorschläge dazu kommen auch aus dem Bereich nichtparametrischer Tests; dabei sind die Gewichte $g(R_i^+)$ in der linearen Rangstatistik L_n^+ für rechts- und linksschiefe Verteilungen "oben" bzw. "unten" geeignet gewählt, siehe Randles u. Wolfe (1979, S.293). Robustifizierte Versionen des t-Tests über getrimmte oder winsorisierte Mittel liegen m.W. nicht vor. Dabei wären natürlich unterschiedliche Trimmanteile $\gamma_1, \gamma_2, \gamma_1 + \gamma_2 = \gamma$, am unteren und oberen Ende der geordneten Stichprobe zu berücksichtigen, und zwar in Abhängigkeit davon, ob eine rechts- oder linksschiefe Verteilung unterstellt wird.

(3) Die Verteilungsfunktion F ist unstetig. Dieses Problem ist modelltheoretisch mehr für nichtparametrische Tests relevant. Die Verteilung linearer Rangstatistiken bei unstetigem F haben z.B. Putter (1955), Vorlíčková (1972) und Conover (1973) untersucht.

Wie wir sehen, gibt es hinsichtlich der Robustheit von Einstichproben-Lagetests noch eine Reihe offener Fragen, die zu weiteren Arbeiten anregen mögen. So werden bei der Untersuchung der Verteilungsrobustheit fast durchgängig nur symmetrische Verteilungen mit stärkeren Tails als die der Normalverteilung betrachtet. Doch wie reagieren der t-Test und seine Konkurrenten auf Verteilungen mit kurzen Tails? Sie sind in der statistischen Praxis durchaus anzutreffen, siehe Hill u. Dixon (1982) und Stigler (1977). Oder wie robust sind diese Verfahren bei asymmetrischen Daten, eine Annahme, die für die Praxis wohl mehr Relevanz hat als die Symmetrie der Daten? Gerade in dieser Situation ist die Konstruktion neuer robuster Tests vonnöten. Bei der "Qual der Wahl" eines geeigneten Verfahrens bleibt allerdings dem Anwender letztlich wohl kaum ein anderer Ausweg, als vorab "einen Blick auf die Daten" zu werfen, um Informationen über das zugrundeliegende Modell zu gewinnen und sich somit also "datenadaptiv" zu verhalten.

2.6 Skalentests im Einstichproben-Problem

2.6.1 Modell und Hypothesen

Es seien $X_1, \ldots, X_n$ unabhängig und identisch verteilte Zufallsvariablen mit $X_i \sim F$, wobei F stetig ist mit zugehöriger Dichte f. Gehört F zu einer sogenannten Lage-Skalen-Familie von Verteilungen, d.h. existieren ein Parametervektor $\delta = (\theta, \tau)$, $\tau > 0, -\infty < \theta < +\infty$ und eine Verteilungsfunktion F_0 mit

$$F(x) = F_0\left(\frac{x-\theta}{\tau}\right),$$

so gilt für die zugehörigen Dichten f und f_0 von F bzw. F_0:

$$f(x) = \frac{1}{\tau} f_0\left(\frac{x-\theta}{\tau}\right).$$

Ist $\tau = 1$, so unterscheiden sich f und f_0 nur durch den Lageparameter θ, für $\tau < 1$ ist f im Vergleich zu f_0 "gestaucht", für $\tau > 1$ "gestreckt". Die Wahl eines Skalenparameters τ ist völlig willkürlich; jedes Vielfache $k\tau, k > 0$, ist ebenso ein Skalenparameter wie τ und bewirkt nur eine Änderung der Maßeinheit wie z.B. von Meter in Zentimeter (k=100). Setzen wir

$$F(x)=F_0\left(\frac{x-\theta}{k\tau}\right), k > 0 \text{ , so ist}$$

$$f(x)=\frac{1}{k\tau} f_0\left(\frac{x-\theta}{k\tau}\right),$$

d.h. die Dichte f ändert ihre Form. Das Konzept des Skalenparameters ist also recht vage; die Wahl eines bestimmten Parameters τ dient eigentlich nur zur Vereinfachung der funktionalen Form der "standardisierten" Dichte f_0.

Unter den Skalenparametern, häufig auch Variabilitätsparameter oder Dispersionsparameter genannt, spielt die Standardabweichung σ eine zentrale Rolle. Ist F bekannt, so läßt sich τ durch σ und σ durch τ ausdrücken, denn es gilt: $\tau = c\sigma, c > 0$, vorausgesetzt, daß σ existiert.

Beispiel 14:

(a) Normalverteilung:

$$f(x) = \frac{1}{\sqrt{2\pi}\,\tau} e^{-\frac{1}{2}\left(\frac{x-\theta}{\tau}\right)^2}.$$

Es ist $\tau = \sigma$, d.h. c=1.

(b) Doppelexponentialverteilung:

$$f(x) = \frac{1}{2\tau} e^{-\frac{|x-\theta|}{\tau}} .$$

Es ist $\tau = (1/\sqrt{2})\sigma$, d.h. $c = 1/\sqrt{2}$.

(c) Logistische Verteilung:

$$f(x) = \frac{e^{-\frac{x-\theta}{\tau}}/\tau}{\left(1 + e^{-\frac{x-\theta}{\tau}}\right)^2} .$$

Es ist $\tau = (\sqrt{3}/\pi)\sigma$, d.h. $c = \sqrt{3}/\pi$.

∇

Wenngleich τ offensichtlich stets etwas anderes mißt, so kann wegen $\tau = c\sigma$ das Problem des Schätzens und Testens von τ bei bekanntem F auf das von σ zurückgeführt werden; bei unbekanntem F allerdings ist nicht klar, was geschätzt oder getestet werden soll, da kein "natürlicher" Skalenparameter definiert ist. Aber selbst bei bekanntem F ist zu beachten, daß die Bedeutung oder Interpretation von σ nicht einheitlich ist, sondern jeweils vom speziellen Verteilungsmodell abhängt. Wird z.B. zur Interpretation von σ die Wahrscheinlichkeitsmasse P über dem Intervall $(\mu - c\sigma, \mu + c\sigma), \mu = E(X) = \theta, c =$ konstant, zugrunde gelegt, so ergeben sich für verschiedene Verteilungen unterschiedliche P-Werte, wie Tabelle 18 zeigt.

Tab. 18: $P(\mu - c\sigma \leq X \leq \mu + c\sigma)$ für ausgewählte Verteilungen

Verteilung	c=1	c=1.5	c=2	c=3
Gleichverteilung	0.5774	0.8660	1.0000	1.0000
Normal	0.6827	0.8664	0.9545	0.9974
Logistisch	0.7196	0.8765	0.9482	0.9913
Doppelexponential	0.7569	0.8801	0.9409	0.9856

Wir sehen sogar, daß die Rangfolge der Verteilungen bezüglich der P-Werte bei c=2 und 3 genau umgekehrt zu der bei c=1 und 1.5 ist.

Eine Möglichkeit der Normierung bestünde darin, alle diese Dichten so zu skalieren, daß sie an der Stelle x=0 den Wert $1/(\sqrt{2\pi})$, d.h. den Wert der Dichte der Standardnormalverteilung an dieser Stelle, annehmen. Daraus resultieren dann " normierte" Standardabweichungen für jede einzelne Verteilung.

Beispiel 15:

(a) Doppelexponentialverteilung:

$f(0) = 1/(2\tau)$, d.h. aus $2\tau = \sqrt{2\pi}$ folgt $\tau = \sqrt{2\pi}/2$ und
$\sigma = \sqrt{2}\,\tau = \sqrt{\pi} \approx 1.7725.$

(b) Logistische Verteilung:

$f(0) = 1/(4\tau)$, d.h. aus $4\tau = \sqrt{2\pi}$ folgt $\tau = \sqrt{2\pi}/4$ und
$\sigma = \pi\tau/\sqrt{3} = \sqrt{6\pi}\,\pi/12 \approx 1.1366.$

∇

Eine andere Möglichkeit ist durch die Wahl eines speziellen Multiplikators c_F für σ in Abhängigkeit von der Verteilungsfunktion F gegeben. Der Faktor c_F wird dabei so bestimmt, daß die Wahrscheinlichkeitsmasse über dem Intervall $(\mu - c_F\sigma, \mu + c_F\sigma)$ einen *festen* Wert $1 - \alpha$ annimmt. Bei symmetrischen Verteilungen ist dann $\mu + c_F\sigma$ das $(1 - \alpha/2)$-Quantil der Verteilungsfunktion F; speziell für $1 - \alpha = 0.95$ und die Normalverteilung N: $c_N = 1.9600$, die Gleichverteilung U: $c_U = 1.6455$, die logistische Verteilung LG: $c_{LG} = 2.0198$ und die Doppelexponentialverteilung D: $c_D = 2.1183$.

Die Schwierigkeit, die mit der Interpretation von τ bzw. σ verbunden ist, mag ein Grund dafür sein, daß bislang kaum Konkurrenten zum klassischen χ^2-Test auf Varianz einer Normalverteilung konstruiert worden sind, die unter Annahme anderer Verteilungsmodelle dann dem χ^2-Test überlegen sein könnten. Rangtests kommen ohnehin nicht infrage, da sie für das Einstichproben-Skalenproblem generell nicht existieren.

Ein weiterer Grund für die mangelnde Präsenz von Tests für dieses Problem liegt einfach darin, daß "reine" Skalen- bzw. Varianztests in der statistischen Praxis selten zu finden sind. Eine Anwendung ergibt sich in der Qualitätskontrolle beim Testen der Präzisionsarbeit einer Maschine, wobei die Varianz der zu untersuchenden Variablen (Länge, Durchmesser, Gewicht u.a.) einen bestimmten "Schwellenwert" nicht überschreiten soll. Meist jedoch ist der Skalenparameter ein sogenannter nuisance-Parameter in Lage- oder allgemeiner in Regressionsproblemen.

Im Hinblick darauf, daß wir im nächsten Abschnitt den χ^2-Test diskutieren und dann später seine Robustheitseigenschaften untersuchen wollen, soll das Hypothesenproblem hier über die Varianz formuliert werden, d.h. wir betrachten die Hypothesen:

$$H_0: \sigma^2 = \sigma_0^2 \text{ gegen } H_1: \sigma^2 > \sigma_0^2 \; (\sigma^2 < \sigma_0^2, \; \sigma^2 \neq \sigma_0^2).$$

Natürlich können auch andere Skalenparameter zur Definition der Hypothesen herangezogen werden (siehe z.B. beim Lemmer-Test in 2.6.3).

Abschließend wollen wir zur Illustration und zur weiteren Behandlung in Abschnitt 2.6.4 das Beispiel 16 anführen, das dem Buch von Bradley (1968, S.1) entnommen ist.

Das Histogramm basiert auf 2520 Beobachtungen (gemessene Zeit beim Drücken einer Taste); die glatte Kurve ist die Dichte einer Normalverteilung mit demselben Mittelwert und derselben Varianz wie beim Histogramm.

Beispiel 16:

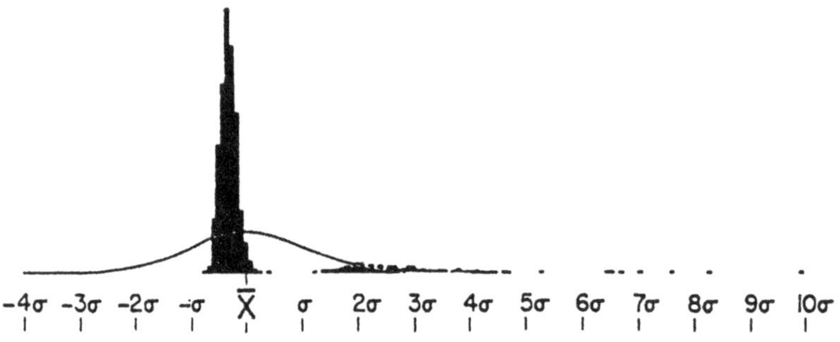

Abb. 18: Gemessene Zeit beim Drücken einer Taste

∇

Die Daten sind sicherlich nicht normalverteilt, eher könnte eine bimodale Dichtefunktion zugrunde liegen. Auf das Verhalten des χ^2-Tests bei Vorlage dieser Daten kommen wir in Abschnitt 2.6.4 zurück.

2.6.2 χ^2-Test

Wird als Verteilungsmodell die Normalverteilung unterstellt, $X_i \sim N(\mu, \sigma^2)$, $i=1,\ldots,n$, so ist bei unbekanntem μ der χ^2-Test gleichmäßig bester Test für die einseitigen Alternativen und gleichmäßig bester unverfälschter Test für die zweiseitige Alternative, siehe Roussas (1973, S.291). Die zugehörige Teststatistik lautet:

$$D = \frac{(n-1)\,S^2}{\sigma_0^2} \quad \text{mit } S^2 = \sum(X_i - \overline{X})^2/(n-1)\ .$$

D ist unter H_0 χ^2 verteilt mit n-1 FG. Das bedeutet

für H_1: $\sigma^2 > \sigma_0^2$: H_0 ablehnen, falls $D \geq \chi^2_{1-\alpha}(n-1)$

für H_1: $\sigma^2 < \sigma_0^2$: H_0 ablehnen, falls $D \leq \chi^2_{\alpha}(n-1)$

für H_1: $\sigma^2 \neq \sigma_0^2$: H_0 ablehnen, falls $D \leq d_1$ oder $D \geq d_2$, wobei d_1 und d_2 so bestimmt sind, daß unter Berücksichtigung der Nebenbedingung

$$\int_{d_1}^{d_2} f_{\chi^2(n-1)}(x)\,dx = 1-\alpha$$

die Länge des Intervalls $[d_1,d_2]$ minimiert wird. Optimale Konfidenzgrenzen d_1, d_2 sind für $0.001 \le \alpha \le 0.1, 2 \le n \le 29$, bei Tate u. Klett (1959) zu finden. Wenngleich die χ^2-Verteilung nicht symmetrisch ist, so werden dennoch in der Praxis häufig als kritische Werte $d_1 = \chi^2_{\alpha/2}(n-1)$ und $d_2 = \chi^2_{1-\alpha/2}(n-1)$ gewählt. Für großes n ist diese Approximation vertretbar.

Es gilt unabhängig von der zugrundeliegenden Verteilung F:

$$E(D) = (n-1)\sigma^2/\sigma_0^2, \text{ d.h. unter } H_0\text{: } E(D) = n-1.$$

Die Varianz von D hängt dagegen wesentlich von F ab. Es ist zunächst

$$VAR(S^2) = \frac{1}{n}\left(\mu_4 - \frac{n-3}{n-1}\sigma^4\right),$$

siehe Mood u.a. (1974, S.229), und damit

$$VAR(D) = \frac{(n-1)^2}{\sigma_0^4}\left(\frac{1}{n}\left(\mu_4 - \frac{n-3}{n-1}\sigma^4\right)\right)$$

$$= \frac{(n-1)^2}{\sigma_0^4}\left(\frac{1}{n}\sigma^4\left(\beta_2 - \frac{n-3}{n-1}\right)\right) = \frac{(n-1)^2}{n}\cdot\frac{\sigma^4}{\sigma_0^4}\left(\beta_2 - \frac{n-3}{n-1}\right),$$

worin $\beta_2 = \mu_4/\sigma^4$ die Kurtosis bedeutet. Ist F die Normalverteilung, so ist $\beta_2 = 3$ und damit unter H_0: $VAR(D) = 2(n-1)$. Die finite Güte des χ^2-Tests kann bei Annahme einer Normalverteilung leicht berechnet werden. So ist für H_1: $\sigma^2 > \sigma_0^2$ die Statistik

$$D_{\sigma^2} := \frac{(n-1)S^2}{\sigma^2}$$

χ^2-verteilt mit (n-1) FG. Für die Güte $\beta(\sigma^2)$ gilt dann:

$$\beta(\sigma^2) = P(D_{\sigma^2} \ge \frac{\sigma_0^2\chi^2_{1-\alpha}(n-1)}{\sigma^2}),$$

z.B. für $\sigma_0^2 = 4, \sigma^2 = 7, n = 15$ und $\alpha = 0.05$:

$$\beta(7) = P(D_{\sigma^2} \ge \frac{4\cdot 23.6848}{7}) = 0.4850.$$

Die asymptotische Verteilung von D unter H_0 ist wie folgt gegeben, siehe Scheffé (1959, S.336):

$$\frac{D-(n-1)}{\sqrt{2(n-1)}}=\left(\frac{n-1}{2}\right)^{\frac{1}{2}}\left(\frac{S^2}{\sigma_0^2}-1\right)\sim N\left(0,1+\frac{\beta_2-3}{2}\right),$$

vorausgesetzt, daß die ersten vier Momente von F existieren.

Die Statistik D ist also nach Standardisierung bei normalverteilten Zufallsvariablen ($\beta_2=3$) asymptotisch N(0,1)-verteilt; sie hat für $\beta_2 \neq 3$ zwar die "richtige" Gestalt, aber die "falsche" Varianz. Der χ^2-Test hält demnach - im Gegensatz zum t-Test - nicht einmal asymptotisch das Testniveau α ein. Darauf kommen wir noch näher in Abschnitt 2.6.4 zu sprechen.

Wir wollen nun den Einfluß einer extremen Beobachtung auf die D-Statistik mit Hilfe der Influenzfunktion bestimmen. Dazu betrachten wir statt der D-Statistik aus Gründen der Konvergenz gegen das entsprechende Funktional die zu D äquivalente Teststatistik $D^*=D/n$. Das zu D^* gehörende Funktional T lautet

$$T(G)=\int\left(\frac{x-\mu}{\sigma_0}\right)^2 dG(X),$$

siehe Beispiel 6 in 2.4.3. Für $F_\theta=\Phi_{\sigma^2}(x,\mu)$ gilt dann:

$$T(\Phi_{\sigma^2})=\frac{\sigma^2}{\sigma_0^2}=k(\sigma^2).$$

Es sei nun $F_h=(1-h)\Phi_{\sigma^2}+h\delta_x$, dann ist die Varianz $\sigma^2(F_h)$ einer Zufallsvariablen mit Verteilung F_h gegeben durch

$$\sigma^2(F_h)=(1-h)\sigma^2+h(1-h)(\mu-x)^2,$$

siehe 2.2 und 2.5.2. Wegen $k'(\sigma^2)=1/\sigma_0^2$ folgt dann unter H_0: $\sigma^2=\sigma_0^2$:

$$IF_{Test}(x,T,\Phi_{\sigma^2})=\sigma_0^2\lim_{h\downarrow 0}\frac{T(F_h)-T(\Phi_{\sigma^2})}{h}=(x-\mu)^2-\sigma_0^2,$$

d.h. IF_{Test} ist unbeschränkt, $\gamma_{Test}=\infty$. Da ein Ausreißer x mit dem Quadrat in IF_{Test} eingeht, ist also der χ^2-Test extrem empfindlich gegenüber Ausreißern.

2.6.3 Robustifizierte Tests

Unter Berücksichtigung des Ergebnisses für die Varianz von S^2 bei nichtnormalverteilten Daten hat Miller (1986, S.272) eine modifizierte Version des χ^2-Tests vorgeschlagen. Es ist (siehe 2.6.2):

$$VAR(S^2) = \frac{1}{n}\left(\mu_4 - \frac{n-3}{n-1}\sigma^4\right).$$

Sei $\gamma_2 = \beta_2 - 3$ mit $\beta_2 = \mu_4/\sigma^4$. Dann folgt:

$$VAR(S^2) = \frac{1}{n}\sigma^4\left(\gamma_2 + 3 - \frac{n-3}{n-1}\right) = \sigma^4\left(\frac{2}{n-1} + \frac{\gamma_2}{n}\right) \approx \frac{2\sigma^4}{n-1}\left(1 + \frac{1}{2}\gamma_2\right).$$

Bei normalverteilten Daten ist $\gamma_2 = 0$, d.h. $VAR(S^2) = 2\sigma^4/(n-1)$.
Sei

$$\hat{\gamma}_2 = \frac{n\sum_{i=1}^{n}(X_i - \overline{X})^4}{\left(\sum_{i=1}^{n}(X_i - \overline{X})^2\right)^2} - 3$$

eine Schätzung für γ_2 und $\hat{d} = \left(1 + \frac{1}{2}\hat{\gamma}_2\right)^{-1}$. Dann ist $\hat{D} = \hat{d}(n-1)S^2/\sigma_0^2$ approximativ χ^2-verteilt mit $\hat{d}(n-1)$ FG. Die Statistik $\hat{D}$ kann als robustifizierte Version von D bei nichtnormalverteilten Daten aufgefaßt werden. Es handelt sich hierbei um einen adaptiven Test, da der "Korrekturfaktor" $\hat{d}$ vorab über die Daten bestimmt wird.

Zur Konstruktion robustifizierter Versionen des χ^2-Tests können auch robuste Skalenschätzer herangezogen werden. Dabei bietet sich zunächst als zu D konkurrierende Statistik die mittlere absolute Abweichung von $\overline{X}$

$$T_1 = \frac{1}{n}\sum_{i=1}^{n}|X_i - \overline{X}| \quad \text{an.}$$

Es ist allerdings zu beachten, daß T_1 und S verschiedene Charakteristika einer Verteilung messen. Liegt z.B. eine Normalverteilung vor, so konvergiert S in Wahrscheinlichkeit gegen σ und T_1 gegen $\sqrt{2/\pi}\,\sigma$, siehe Huber (1981, S.2). Dort ist auch die asymptotische relative Effizienz von T_1 zu S unter Annahme einer skalenkontaminierten Normalverteilung $KN(\varepsilon,3)$ berechnet. Für $\varepsilon = 0$ ergibt sich der A.R.E.-Wert 0.876, für $\varepsilon = 0.002$ (!!) der Wert 1.016 und für $\varepsilon = 0.05$ der Wert 2.035, siehe dazu auch Tukey (1960). Das bedeutet also, daß T_1 unter $KN(\varepsilon, \sigma^2)$ z.T. deutlich der Standardabweichung S überlegen ist. Kritische Werte von T_1 unter Annahme der Normalverteilung sind bei Godwin u. Hartley (1945) zu finden.

Als nächstes betrachten wir die mittlere absolute Abweichung vom Median M:

$$T_2 = \frac{1}{n}\sum_{i=1}^{n} |X_i - M|.$$

Ist n=2m+1 und damit $M = X_{(m+1)}$, so gilt bei Annahme der Normalverteilung, daß

$$T_2^* = \frac{\left(\frac{\pi}{2}\right)^{1/2} T_2 - \sigma}{\left(\sigma^2 \frac{\pi-2}{4m}\right)^{1/2}}$$

gegen die N(0,1)-Verteilung konvergiert, siehe Lecoutre u. Tassi (1987, S.240).
Weitere mögliche Statistiken, auf denen Skalentests basieren können, sind:

$$T_3 = \frac{1}{n-2g}\sum_{i=g+1}^{n-g} (X_{(i)} - \overline{X}_{\gamma g})^2 \text{ (}\gamma\text{-getrimmte Varianz)},$$

wobei $\overline{X}_{\gamma g}$ das γ-getrimmte arithmetische Mittel ist mit $g = [\gamma n]$,

$$T_4 = \frac{1}{n-2g}\sum_{i=g+1}^{n-g} |X_{(i)} - \overline{X}_{\gamma g}|,$$

$$T_5 = \text{Median}(|X_i - M|),$$

die sogenannte Median-absolute-Abweichung (MAD), und

$$T_6 = Q_o - Q_u$$

mit Q_o und Q_u als oberem bzw. unterem Quartil der Stichprobe; T_6 ist der sogenannte Interquartilabstand. Die zugehörige theoretische Größe $I = x_{0.75} - x_{0.25}$ kann als Skalenparameter interpretiert werden und ist in der Lage-Skalen-Familie ein Vielfaches von σ, siehe Chu (1957).

Beispiel 17:

(a) Normalverteilung:

$$x_{1-\alpha} - x_\alpha = 2z_{1-\alpha}\sigma =: a_1\sigma \text{ mit } \Phi(z_{1-\alpha}) = 1-\alpha,$$

speziell: $\alpha = 0.25 \rightarrow a_1 = 1.348$,

(b) Logistische Verteilung:

$$x_{1-\alpha} - x_\alpha = 2\ln\left(\frac{1-\alpha}{\alpha}\right)\tau = 2\ln\left(\frac{1-\alpha}{\alpha}\right)\frac{\sqrt{3}}{\pi}\sigma =: a_2\sigma,$$

speziell: $\alpha = 0.25 \rightarrow a_2 = 1.211$,

(c) Doppelexponentialverteilung:

$$x_{1-\alpha} - x_\alpha = -2\ln(2\alpha)\cdot\tau = -2\ln(2\alpha)\cdot\frac{1}{\sqrt{2}}\sigma =: a_3\sigma\,,$$

speziell: $\alpha = 0.25 \rightarrow a_3 = 0.980$.

∇

Wenngleich - wie bereits erwähnt - für eine Verteilung kein natürlicher Skalenparameter existiert und auch nicht immer klar ist, was genau die verschiedenen Statistiken wie die vorgeschlagenen messen, zwei wichtige Eigenschaften jedoch sollte ein Skalenschätzer $\hat{\tau}, \hat{\tau} \geq 0$, haben, nämlich die Lage-Invarianz und die Skalen-Äquivarianz:

$$\hat{\tau}(x_1 + b, \ldots, x_n + b) = \hat{\tau}(x_1, \ldots, x_n) \text{ bzw. } \hat{\tau}(ax_1, \ldots, ax_n) = |a|\,\hat{\tau}(x_1, \ldots, x_n),\ a, b \in \mathbf{R},$$

d.h. zusammengefaßt:

$$\hat{\tau}(ax_1 + b, \ldots, ax_n + b) = |a|\,\hat{\tau}(x_1, \ldots, x_n).$$

Neben den oben genannten Statistiken für Tests auf einen Skalenparameter, speziell auf Varianz, sei noch ein Test von Lemmer (1978) vorgestellt, der ein gewisses Analogon zum Vorzeichentest V_n^+ für einen Lageparameter (siehe 2.5.3) darstellt und der auch als nichtparametrischer Test aufgefaßt werden kann, da kein spezielles Verteilungsmodell unterstellt ist. Sei c eine Konstante mit $P(|X-\mu| > c) = p_0$, $\mu = E(X)$, dann kann c als Skalenparameter interpretiert werden. Ist F symmetrisch um μ, so gilt

$$2c = x_{1-p_0/2} - x_{p_0/2}\,,$$

und c läßt sich somit als Vielfaches von σ darstellen, falls σ existiert, siehe Beispiel 17.

Im folgenden sei speziell $p_0 = 0.10$, d.h. $2c = x_{0.95} - x_{0.05}$.
Zu testen sei

$$H_0\colon c = c_0 \quad \text{gegen} \quad H_1\colon c > c_0.$$

Als Teststatistiken werden vorgeschlagen:

$$L_1 = \frac{1}{n}\sum_{i=1}^{n} V_i \quad \text{mit} \quad V_i = \begin{cases} 1 & \text{für } |X_i - \mu| \geq c_0 \\ 0 & \text{sonst} \end{cases},$$

falls F symmetrisch um μ ist, μ bekannt, und

$$L_2 = \frac{1}{n}\sum_{i=1}^{n} V_i^* \quad \text{mit} \quad V_i^* = \begin{cases} 1 & \text{für } |X_i - \overline{X}| \geq c_0 \\ 0 & \text{sonst} \end{cases},$$

falls μ unbekannt ist. Folgende Alternativverteilung wird betrachtet:

$$F_\theta(x) = F_0\left(\frac{x}{1+\theta}\right),$$

worin F_0 die Verteilung unter H_0 ist und $\theta = \sigma_\theta/\sigma_0 - 1$, $\theta > 0$, mit σ_θ als Standardabweichung von F_θ.

Unter H_0 ist also $\theta = 0$. Sei $p_\theta = P(|X - \mu| \geq c_0 \mid F_\theta)$, dann ist nL_1 binomialverteilt mit Parametern n und p_θ, und die finite Güte des Tests basierend auf L_1 kann unmittelbar angegeben werden. Unter gewissen Bedingungen an F bzw. f läßt sich zeigen, daß $(L_2 - p_\theta)\sqrt{n}$ asymptotisch normalverteilt ist mit Erwartungswert 0 und einer Varianz, die von F_0 abhängt, siehe Lemmer (1978); L_2 ist also generell nicht asymptotisch verteilungsfrei.

2.6.4 Robustheitsstudien

Im folgenden sollen einige Ergebnisse von Robustheitsuntersuchungen für die oben beschriebenen Tests vorgestellt werden. Im Gegensatz zum t-Test auf Lageunterschiede und zum F-Test im Zweistichproben-Problem auf Skalenunterschiede, zu denen eine Fülle von Studien vorliegen, gibt es für das Einstichproben-Skalenproblem nur einige wenige solcher Robustheitsstudien.

(1) α-Robustheit

Nach den Ausführungen in Abschnitt 2.6.2 hält der χ^2-Test für nichtnormalverteilte Daten nicht einmal asymptotisch das Testniveau α ein, da $(D-(n-1))/\sqrt{2(n-1)}$ asymptotisch $N(0{,}1 + (\beta_2 - 3)/2)$-verteilt ist mit β_2 als Kurtosis. Die Auswirkung von $\beta_2 \neq 3$ auf das Testniveau wollen wir an einigen Beispielen demonstrieren.

Es sei $\sigma_F^2 = 1 + (\beta_2 - 3)/2$ und

$$D^* = (D-(n-1))/(\sqrt{2(n-1)}\,\sigma_F).$$

Wir wählen speziell $\alpha = 0.05$, d.h. $z_{1-\alpha} = 1.6448$ mit $\Phi(z_{1-\alpha}) = 0.95$.

Beispiel 18:

(a) Gleichverteilung U

$$\beta_2 = 1.8,\ \sigma_U^2 = 0.4,\ \sigma_U \approx 0.6325 \Rightarrow \alpha^* = P\left(D^* \geq \frac{1.6448}{0.6325}\right) = 0.0047,$$

(b) Logistische Verteilung LG

$$\beta_2 = 4.2\,,\ \sigma_{LG}^2 = 1.6\,,\ \sigma_{LG} \approx 1.2650 \Rightarrow \alpha^* = P\left(D^* \geq \frac{1.6448}{1.2650}\right) = 0.0968\,,$$

(c) Doppelexponentialverteilung D

$$\beta_2 = 6.0\,,\ \sigma_D^2 = 2.5\,,\ \sigma_D \approx 1.5811 \Rightarrow \alpha^* = P\left(D^* \geq \frac{1.6448}{1.5811}\right) = 0.1491\,.$$

∇

Wir sehen also an diesen Beispielen, daß der χ^2-Test (asymptotisch) wenig α-robust ist bei Abweichungen von der Normalverteilung, bei Verteilungen mit starken Tails ausgesprochen antikonservativ ist ($\alpha^* > \alpha$) und bei solchen mit kurzen Tails konservativ.

Bradley (1968, S.30, 32) hat das aktuelle Testniveau des χ^2-Tests für die in Abbildung 19 dargestellte nichtnormalverteilte Grundgesamtheit berechnet, die er zur Approximation der Daten aus Beispiel 16 konstruiert hat. Die glatte Kurve ist die Dichte der Normalverteilung mit demselben Mittelwert und derselben Varianz wie beim Histogramm.

In Abbildung 20 sind für verschiedene α und N (= n) die Quotienten α/ρ und ρ/α des links- und rechtsseitigen χ^2-Tests eingetragen (ρ bezeichnet hier das aktuelle Testniveau).

Offensichtlich zeigt sich auch in diesem finiten Fall, daß der χ^2-Test nicht α-robust ist; so erhalten wir z.B. für N=16 und $\alpha = 0.05$ ungefähr $\alpha/\rho = 0.15$, d.h. $\rho \approx 0.33$ für den linkseinseitigen χ^2-Test.

In der im vorangegangenen Abschnitt vorgestellten Arbeit von Lemmer (1978) wird im Rahmen einer Simulationsstudie der χ^2-Test mit den beiden dort eingeführten Tests, dem L_1- und L_2-Test, (neben weiteren Tests) verglichen, und zwar unter Annahme einer Normalverteilung, einer Doppelexponentialverteilung und einer χ^2-Verteilung mit $\nu = 4, 6, 8$ FG, sowie für $n = 12, 24$ und $\alpha = 0.05$. Es zeigt sich, daß der L_2-Test recht α-robust ist, abgesehen vielleicht von der extrem schiefen $\chi^2(4)$-Verteilung, der χ^2-Test hingegen deutlich das vorgesehene α überschreitet. So ist z.B. für die Doppelexponentialverteilung das aktuelle Niveau $\alpha^* = 0.111$ für n=12 und $\alpha^* = 0.127$ für n=24; zum Vergleich das asymptotische $\alpha^* = 0.1491$, siehe Beispiel 18(c). Die in dieser Arbeit auch simulierten Gütewerte für obige Tests sind allerdings wegen der sehr verschiedenen aktuellen Testniveaus nicht direkt vergleichbar.

Beispiel 19:

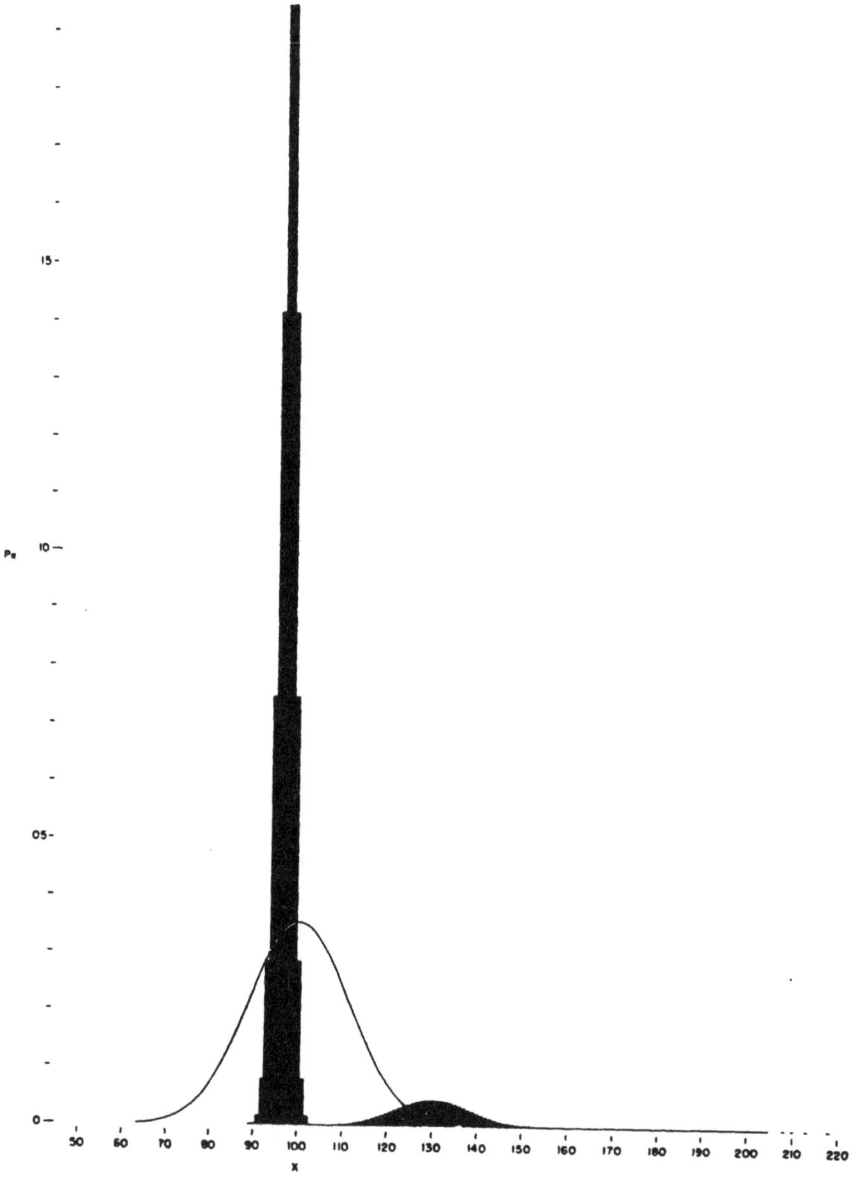

Abb. 19: Nichtnormalverteilte Grundgesamtheit

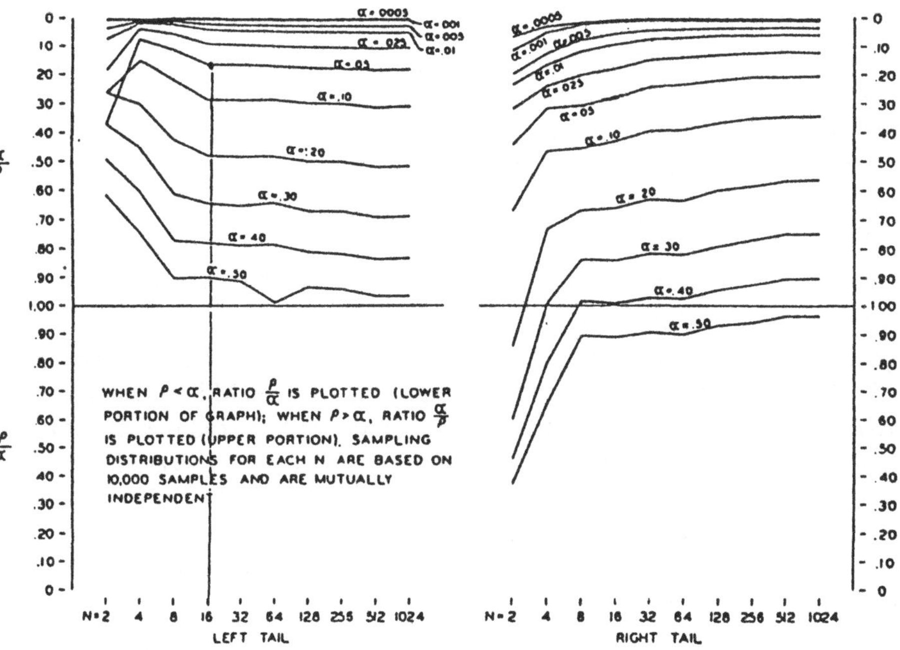

Abb. 20: **Quotienten α/ρ bzw. ρ/α aus nominalem und aktuellem ρ des χ^2-Tests für die Daten aus Beispiel 19**

Erwähnt sei noch die bereits beim t-Test zitierte Arbeit von Pearson u. Please (1975), die die α-Robustheit des χ^2-Tests unter Annahme von Pearson-Typ-Verteilungen, klassifiziert nach Maßen der Schiefe β_1 und der Kurtosis β_2, untersucht haben. Auch hier zeigt sich, daß der χ^2-Test wenig α-robust ist.

(2) β-Robustheit

Für den Lemmer-Test L_1 aus 2.6.3 läßt sich zeigen, daß seine asymptotisch relative Effizienz (A.R.E.) zum χ^2-Test bestimmt ist durch:

$$\text{A.R.E.}(L_1, \chi^2) = \frac{c_0^2 f_0^2(\mu - c_0)(\beta_2 - 1)}{p_0(1 - p_0)},$$

siehe Lemmer (1978). Darin bedeuten f_0 die Dichte von F_0 mit Erwartungswert μ, β_2 die Kurtosis von F_0 und speziell $p_0 = 0.10$, d.h. $2c_0 = x_{0.95} - x_{0.05}$.

Es ergeben sich für die Normalverteilung, die logistische Verteilung und die Doppelexponentialverteilung A.R.E.-Werte von 0.640, 0.696 bzw. 0.736, wobei die beiden letzten im Vergleich mit den A.R.E.-Werten des Vorzeichen-Tests zum t-Test (0.822 bzw. 2.000) deutlich kleiner sind, siehe 2.5.5.

Leonard (1990) hat eine Reihe von Skalentests im Rahmen einer Simulationsstudie (8000 Läufe) miteinander verglichen; darunter sind der χ^2-Test und Tests aus Abschnitt 2.6.3. Als Verteilungsmodelle sind die Normalverteilung, die Gleichverteilung U, die logistische Verteilung LG, die Doppelexponentialverteilung D und die skalenkontaminierte Normalverteilung KN(ε, c) mit $\varepsilon = 0.05, 0.1$ und $c = 2, 3, 5$ ausgewählt, dazu Stichprobenumfänge $n = 10, 15, 20, 50$ und Testniveaus $\alpha = 0.05, 0.1$. Die Hypothesen lauten:

$$H_0: \sigma^2 = 1 \text{ gegen } H_1: \sigma^2 > 1 \text{, speziell: } \sigma^2 = 1.5, 2, 3 .$$

Die kritischen Werte der Teststatistiken D, $T_1, \dots, T_6$ sind unter Annahme einer jeden der oben genannten Verteilungen bestimmt, die von $\hat{D}$ - der Empfehlung von Miller folgend- über die χ^2-Verteilung mit angepaßten FG und die der Lemmer-Statistik L_1 (exakt) über die Binomialverteilung. Es zeigt sich, daß der Miller-Test stark *anti-konservativ* ist; das aktuelle Testniveau α^* ist oft doppelt so groß wie das nominale α. Eine gute Approximation der kritischen Werte von $\hat{D}$ über die χ^2-Verteilung scheint bei diesem Test erst für $n \geq 100$ gegeben zu sein. Der Lemmer-Test hingegen, der auf einer diskreten Statistik basiert, erweist sich als meist sehr *konservativ*. Damit ein Gütevergleich dieses Tests mit den anderen Tests sinnvoll ist, müßte also hier vorab randomisiert werden, um das Niveau α "voll auszuschöpfen".

In den Tabellen 19 bis 22 sind einige Ergebnisse aus der Gütestudie von Leonard (ohne Berücksichtigung der Tests von Miller und Lemmer aus den oben genannten Gründen) wiedergegeben. Die Teststatistiken T_3 und T_4 sind hier mit T_{3g} bzw. T_{4g} bezeichnet, wobei g die Anzahl der getrimmten Beobachtungen ist, g=1,2,3. Als Stichprobenumfänge werden n=20 und 50, als Testniveau $\alpha = 0.05$ und als Alternativen $\sigma^2 = 1.5$ und 2 gewählt.

Wie die Tabellen 19, 20, 21 und 22 zeigen, schneidet der χ^2-Test bei nichtnormalverteilten Daten fast durchweg schlechter ab als seine Konkurrenten, mit Ausnahme bei der Gleichverteilung als einer Verteilung mit sehr kurzen Tails. Unter der skalenkontaminierten Normalverteilung, die ein Modell in der "Nähe der Normalverteilung" beschreibt, erweisen sich die getrimmten Versionen T_3 und T_4 bei geeigneter Wahl der Trimmanteile als z.T. deutlich dem χ^2-Test überlegen, und das umso mehr, je stärker die Tails sind (wachsendes ε und c). Das gilt im Fall $c \geq 3$ selbst für die Statistiken T_5 und T_6, bei denen ja "viel Information" aus den Daten verloren geht. Unter den klassischen Verteilungen, der logistischen und der Doppelexponentialverteilung, gehen die Tests basierend auf T_1 und T_2 als Sieger hervor. Obige Aussagen gelten mehr oder weniger unabhängig von der Wahl von n, σ^2 und α, wie es auch im Ergebnis der Studie von Leonard zum Ausdruck kommt.

Tab. 19: Gütevergleich ausgewählter Tests und Verteilungen für n=20 und $\sigma^2 = 1.5$

		KN(ε, c)								
		ε = 0.05			ε = 0.10					
Test	N	c=2	c=3	c=5	c=2	c=3	c=5	LG	D	U
χ^2	0.3981	0.2944	0.1666	0.1134	0.2817	0.1738	0.1405	0.2875	0.2119	0.6609
T_1	0.3585	0.3409	0.2623	0.1544	0.3142	0.2324	0.1628	0.3021	0.2438	0.5051
T_2	0.3678	0.3295	0.2679	0.1679	0.2904	0.2388	0.1616	0.2981	0.2421	0.5108
T_{31}	0.3496	0.3282	0.2921	0.1909	0.2841	0.2166	0.1111	0.2834	0.2220	0.5383
T_{32}	0.3099	0.3048	0.2961	0.2720	0.2752	0.2736	0.2075	0.2651	0.2214	0.4261
T_{33}	0.2604	0.2583	0.2733	0.2514	0.2411	0.2605	0.2311	0.2495	0.2100	0.3394
T_{41}	0.3145	0.3205	0.2936	0.2380	0.2831	0.2603	0.1699	0.2735	0.2293	0.4114
T_{42}	0.2691	0.2869	0.2835	0.2605	0.2567	0.2589	0.2219	0.2509	0.2175	0.3459
T_{43}	0.2400	0.2516	0.2573	0.2301	0.2331	0.2329	0.2256	0.2255	0.1834	0.2916
T_5	0.2253	0.2224	0.2146	0.2155	0.2120	0.2070	0.2199	0.2074	0.1691	0.2875
T_6	0.2336	0.2306	0.2288	0.2326	0.2271	0.2276	0.2153	0.2214	0.1818	0.3059

Tab. 20: Gütevergleich ausgewählter Tests und Verteilungen für n=20 und $\sigma^2 = 2$

		KN(ε, c)								
		ε = 0.05			ε = 0.10					
Test	N	c=2	c=3	c=5	c=2	c=3	c=5	LG	D	U
χ^2	0.7271	0.6024	0.3218	0.1763	0.5104	0.3111	0.2336	0.5750	0.4278	0.9369
T_1	0.6806	0.6404	0.5210	0.2849	0.5678	0.4613	0.2895	0.5926	0.4889	0.8376
T_2	0.6900	0.6271	0.5325	0.3139	0.5613	0.4698	0.2985	0.5898	0.4871	0.8356
T_{31}	0.6598	0.6209	0.5758	0.4313	0.5847	0.4584	0.1879	0.5629	0.4418	0.8520
T_{32}	0.5929	0.5770	0.5561	0.5363	0.5518	0.5308	0.4298	0.5271	0.4371	0.7396
T_{33}	0.5180	0.4995	0.5101	0.4981	0.4813	0.4948	0.4599	0.4834	0.4050	0.6275
T_{41}	0.6079	0.5921	0.5616	0.4951	0.5674	0.5159	0.3420	0.5421	0.4544	0.7336
T_{42}	0.5364	0.5382	0.5255	0.5066	0.5184	0.5028	0.4440	0.4929	0.4331	0.6418
T_{43}	0.4786	0.4739	0.4661	0.4528	0.4718	0.4508	0.4400	0.4421	0.3653	0.5518
T_5	0.4288	0.4314	0.4074	0.4129	0.4091	0.4029	0.4160	0.3980	0.3199	0.5306
T_6	0.4470	0.4598	0.4398	0.4460	0.4354	0.4386	0.4289	0.4299	0.3423	0.5686

Tab. 21: Gütevergleich ausgewählter Tests und Verteilungen für n=50 und $\sigma^2 = 1.5$

		KN(ε, c)								
		ε = 0.05			ε = 0.10					
Test	N	c=2	c=3	c=5	c=2	c=3	c=5	LG	D	U
χ^2	0.6763	0.5349	0.2511	0.1735	0.5545	0.2840	0.2118	0.4886	0.3728	0.9296
T_1	0.6323	0.5933	0.4543	0.2894	0.5634	0.4255	0.2893	0.5271	0.4168	0.8013
T_2	0.6318	0.6008	0.4605	0.3123	0.5596	0.4274	0.3054	0.5269	0.4221	0.8103
T_{31}	0.6344	0.6051	0.4483	0.1878	0.5234	0.3581	0.1959	0.5145	0.3993	0.8880
T_{32}	0.6083	0.5738	0.5314	0.4270	0.4809	0.4350	0.2121	0.5164	0.4109	0.8456
T_{33}	0.5649	0.5741	0.5414	0.4856	0.5004	0.4701	0.3370	0.4959	0.4039	0.8068
T_{41}	0.5714	0.5646	0.5168	0.3858	0.5019	0.4559	0.2995	0.5061	0.4148	0.7595
T_{42}	0.5416	0.5465	0.5166	0.4601	0.5114	0.4705	0.3559	0.4781	0.4056	0.7069
T_{43}	0.5223	0.5066	0.5009	0.4616	0.4738	0.4695	0.4218	0.4644	0.3804	0.6604
T_5	0.3483	0.3786	0.3766	0.3599	0.3701	0.3528	0.3511	0.3590	0.2735	0.4659
T_6	0.3650	0.3800	0.3719	0.3755	0.3711	0.3559	0.3601	0.3531	0.2878	0.4804

Tab. 22: Gütevergleich ausgewählter Tests und Verteilungen für n=50 und $\sigma^2 = 2$

		KN(ε, c)								
		ε = 0.05			ε = 0.10					
Test	N	c=2	c=3	c=5	c=2	c=3	c=5	LG	D	U
χ^2	0.9600	0.8974	0.5671	0.3090	0.8714	0.5755	0.3845	0.8639	0.7308	0.9993
T_1	0.9444	0.9174	0.8444	0.6013	0.9099	0.7976	0.5610	0.8925	0.7873	0.9913
T_2	0.9441	0.9205	0.8498	0.6380	0.9104	0.8004	0.5881	0.8921	0.7879	0.9926
T_{31}	0.9473	0.9258	0.8580	0.4626	0.8714	0.7398	0.3480	0.8795	0.7595	0.9975
T_{32}	0.9328	0.9104	0.9007	0.8349	0.8687	0.8278	0.4631	0.8794	0.7633	0.9933
T_{33}	0.9135	0.9041	0.8983	0.8638	0.8727	0.8521	0.7244	0.8610	0.7523	0.9885
T_{41}	0.9170	0.9031	0.8855	0.7860	0.8943	0.8373	0.6260	0.8730	0.7774	0.9844
T_{42}	0.8984	0.8903	0.8803	0.8420	0.8887	0.8460	0.7275	0.8529	0.7620	0.9735
T_{43}	0.8831	0.8633	0.8663	0.8384	0.8615	0.8404	0.7963	0.8353	0.7313	0.9588
T_5	0.6894	0.6996	0.6966	0.6941	0.6889	0.6766	0.6713	0.6820	0.5626	0.8138
T_6	0.7026	0.7038	0.6908	0.6985	0.6963	0.6856	0.6834	0.6728	0.5794	0.8210

2.6.5 Resümee und Ausblick

Nach den Robustheitsstudien im vorangegangenen Abschnitt bleibt festzustellen, daß der χ^2-Test nur mit größter Vorsicht anzuwenden ist. Falls auch nur der "Verdacht" auf nichtnormalverteilte Daten besteht, sollte auf jeden Fall einem anderen Skalentest der Vorzug gegeben werden.

Als robustifizierte Alternative zum χ^2-Test drängt sich zunächst der Test von Miller (1986) auf, der den χ^2-Test mit Hilfe des "adaptiven" Faktors $\hat{d}$ gegenüber Abweichungen von der Normalverteilung "stabilisiert" und für den kritische Werte (approximativ) über die χ^2-Verteilung bestimmt sind. Wie jedoch oben ausgeführt, ist der Miller-Test für kleine Stichprobenumfänge extrem antikonservativ; er kommt somit erst für große Stichproben infrage. Auch die beiden Tests basierend auf T_1 und T_2 bieten sich als Ersatz für den χ^2-Test an, zumal für T_1 und T_2 unter Annahme der Normalverteilung finite bzw. asymptotische kritische Werte vorliegen. Aber hier, wie auch bei den anderen auf $T_3, \ldots, T_6$ basierenden Tests, wird das ganze Problem deutlich, daß die kritischen Werte dieser Statistiken ja gerade unter nichtnormalverteilten Daten (sonst könnte ja gleich der χ^2-Test angewandt werden) zumindest approximativ-finit oder asymptotisch-bekannt sein müßten, so wie es z.B. für die γ-getrimmte t-Statistik der Fall ist, deren kritische Werte für kleines n approximativ über die t-Verteilung und für großes n über die Normalverteilung bestimmt werden können.

Weitere robuste Skalentest sind der Test von Levene (1960), von Box (1953) und der sogenannte Jackknife-Test von Miller (1968). Der Levene-Test mit mehreren möglichen Varianten basiert darauf, die Variablen X_i in der t-Statistik für einen Test auf einen Lageparameter θ durch die Variablen $X_i' = g(|X_i - \overline{X}|)$ zu ersetzen, wobei die Funktion g geeignet zu wählen ist, z.B. $X_i' = |X_i - \overline{X}|$ oder $X_i' = (X_i - \overline{X})^2$. Durch diesen "Trick" wird aus einem Lagetest ein Skalentest.

Auf einer solcher Methode, ein Skalenproblem in ein Lageproblem zu überführen, basiert auch der Box-Test, dessen Teststatistik von der Form der t-Statistik im Lageproblem ist. Der Anwendung des Box-Tests geht vorab eine *zufällige* Einteilung der Stichprobe in k Unterstichproben mit jeweils m Elementen ($n = k \cdot m$) voraus. Dieser Test ist ausführlich bei Manoukian (1986b, S.156 f) beschrieben.

Dem Jackknife-Test liegt das Prinzip des "Jackknifing" zur Bias-Reduzierung eines Parameter-Schätzers zugrunde: Aus einer vorgegebenen Stichprobe $x_1, \ldots, x_n$ werden nach sukzessiver Elimination von jeweils *einer* Beobachtung (eine Verallgemeinerung ist nach vorangehender Einteilung der Daten in k Gruppen möglich) aus den verbleibenden n-1 Beobachtungen die insgesamt n Werte der betrachteten Statistik berechnet und daraus dann zusammen mit dem "Ausgangsschätzer" für alle n Daten ein "neuer" Schätzer konstruiert. Für den Fall, daß der Ausgangschätzer nicht erwartungstreu ist, wird mit diesem Prinzip ein bias-reduzierender Schätzer gewonnen. Für den Jackknife-Test auf Varianz σ^2 bedeutet das im einzelnen, siehe Manoukian (1986a,S.98):

Sei zunächst $\theta = \ln \sigma^2$; durch diese Transformation wird das Skalenproblem in ein Lageproblem überführt. Weiterhin sei:

$$S^2 = \frac{1}{n-1} \sum_{i=1}^{n} (X_i - \overline{X})^2 ,$$

$$\overline{X}_{(i)} = \frac{1}{n-1} \sum_{\substack{j=1 \\ j \neq i}}^{n} X_j ,$$

$$S^2_{(i)} = \frac{1}{n-2} \sum_{\substack{j=1 \\ j \neq i}}^{n} (X_j - \overline{X}_{(i)})^2 ,$$

$$\hat{\theta}_{(i)} = n \ln S^2 - (n-1) \ln S^2_{(i)} ,$$

$$\hat{\theta} = n \ln S^2 - \frac{n-1}{n} \sum_{i=1}^{n} \ln S^2_{(i)} .$$

Dann gilt für $1 < \beta_2 < \infty$: Die Statistik

$$J = \frac{\sqrt{n}(\hat{\theta} - \theta)}{\left(\frac{1}{n-1} \sum_{i=1}^{n} (\hat{\theta}_{(i)} - \hat{\theta})^2 \right)^{\frac{1}{2}}}$$

ist asymptotisch N(0,1)-verteilt, so daß die Anwendung des Jackknife-Tests für große n möglich ist.

Die A.R.E. dieses Tests zum χ^2-Test ist bei normalverteilten Daten gleich 1. Bei kleinen Stichproben erweist sich der J-Test als recht *konservativ*, wenn die kritischen Werte über die Normalverteilung bestimmt werden, wie Leonard (1990) in seiner Studie gezeigt hat. Zudem erfordert seine praktische Durchführung einen nicht unerheblichen Rechenaufwand; insgesamt sind immerhin (n+1) Stichprobenvarianzen zu berechnen. Aber wie schon in Abschnitt 2.5.7 vermerkt, sollte der "große" Rechenaufwand im Zeitalter des Computers kein Hindernis mehr für die Anwendung eines statistischen Verfahrens sein.

Erwähnt sei hier noch die Arbeit von Shoemaker u. Hettmansperger (1982), in der ein spezieller Skalenparameter, die sogenannte "midvariance" eingeführt und dafür ein passender Test angegeben wird, und die von Welsh u. Morrison (1990), in der robuste L-Schätzer untersucht werden, auf denen aufbauend robuste Skalentests konstruiert werden können.

Wir haben bislang die Robustheit von Skalentests nur aus dem Blickwinkel von Abweichungen von der Normalverteilung betrachtet. Im Gegensatz zu den Lagetests, zu denen auch Robustheitsstudien bei anderen Modellabweichungen vorliegen (siehe Abschnitt 2.5.7), gibt es m.W. keine einzige solche Untersuchung für den χ^2-Test oder einen der anderen Skalentests. So könnte auch der Frage nachgegangen werden, wie robust diese Tests bei abhängigen Daten sind, welche (realistische) Abhängigkeitsstruktur auch immer unterstellt wird. Aber hier wird man - ähnlich wie bei den Lagetests - kaum analytische Ergebnisse präsentieren können, sondern auf Simulationsstudien "ausweichen" müssen.

2.7 Lagetests im Zweistichproben-Problem

2.7.1 Modell und Hypothesen

Das Zweistichproben-Problem für Lagealternativen kann wie folgt beschrieben werden: Es seien $X_1, \dots, X_m$ und $Y_1, \dots, Y_n$ unabhängige Zufallsvariablen mit $X_i \sim F(z), i = 1, \dots, m$, und $Y_j \sim F(z - \theta), j = 1, \dots, n$, $\theta \in \mathbf{R}$, wobei F stetig mit zugehöriger Dichte f sei. Zu testen ist die Hypothese:

$$H_0: \theta = 0 \text{ gegen } H_1: \theta < 0 \,(\theta > 0, \theta \neq 0) \,.$$

Unter H_0 haben also die Zufallsvariablen X_i und Y_j dieselbe Verteilung; unter H_1 unterscheiden sie sich nur durch einen Lageparameter θ, siehe dazu die Beispiele 6 und 7 in Abschnitt 1.3.

Ein allgemeineres Modell, das Lage-und Skalenunterschiede einschließt, läßt sich durch $F\left(\frac{z-\theta}{\tau}\right)$ mit $\tau \neq 1$ beschreiben. Darauf werden wir in Abschnitt 2.7.6 näher eingehen.

2.7.2 t-Test

Wird unterstellt, daß die Daten normalverteilt sind, so ist der klassische t-Test gleichmäßig bester unverfälschter Test für die ein- und zweiseitigen Hypothesen, siehe Roussas (1973, S.296). Es werde also angenommen:

$$X_i \sim N(\mu_X, \sigma_X^2), i = 1, \dots, m, \text{ und}$$

$$Y_j \sim N(\mu_Y, \sigma_Y^2), j = 1, \dots, n, \text{ sowie}$$

$\sigma_X^2 = \sigma_Y^2 = \sigma^2$ unbekannt (der wenig praxisrelevante Fall bekannter Varianz wird hier nicht behandelt).

Das Testproblem lautet:

$$H_0: \mu_X = \mu_Y \text{ gegen } H_1: \mu_X > \mu_Y \;\; (\mu_X < \mu_Y, \mu_X \neq \mu_Y)$$

und entspricht also den in 2.7.1 formulierten Hypothesen mit $\theta = \mu_Y - \mu_X$. Die Annahme $\sigma_X^2 = \sigma_Y^2$ stellt sicher, daß sich die X_i und Y_j allenfalls in ihren Erwartungswerten unterscheiden. Das für die statistische Praxis wichtige sogenannte Behrens-Fisher-Problem mit $\sigma_X^2 \neq \sigma_Y^2$ und dazu ausgewählte Tests werden wir in 2.7.6 behandeln. Die zum t-Test gehörende Teststatistik hat die Form:

$$t = \frac{\overline{X} - \overline{Y}}{\left(\frac{(m-1)S_X^2 + (n-1)S_Y^2}{m+n-2}\left(\frac{1}{m} + \frac{1}{n}\right)\right)^{1/2}},$$

worin $\overline{X}$ und $\overline{Y}$ die arithmetischen Mittel und S_X^2 und S_Y^2 die Stichprobenvarianzen der X- bzw. Y -Variablen bedeuten. Der Ausdruck

$$S^2 = \frac{(m-1)S_X^2 + (n-1)S_Y^2}{m+n-2}$$

wird auch *gepoolte* Stichprobenvarianz der X- und Y- Variablen genannt.

Die Statistik t ist unter H_0 t-verteilt mit $\nu = m+n-2$ FG, $t \sim t(m+n-2)$. Das bedeutet für die Entscheidungsregel: H_0 zum Niveau α ablehnen, falls gilt:

$$t \geq t_{1-\alpha}(m+n-2), t \leq -t_{1-\alpha}(m+n-2) \text{ bzw. } |t| \geq t_{1-\alpha/2}(m+n-2),$$

je nachdem, ob unter H_1 gilt: $\mu_X > \mu_Y, \mu_X < \mu_Y$ bzw. $\mu_X \neq \mu_Y$.

Unter Annahme der Normalverteilung kann die Güte des t-Tests über die nichtzentrale t-Verteilung bestimmt werden, siehe Randles u. Wolfe (1979, S.117) und Lehmann (1959, S.172 f). Im Falle nichtnormalverteilter Daten kann analog zum t-Test für das Einstichproben-Problem gezeigt werden, daß die t-Statistik unter der Nullhypothese der Gleichheit der Erwartungswerte (bei gleichen Varianzen) asymptotisch N(0,1)-verteilt ist. Das bedeutet also, daß die t-Statistik *asymptotisch* verteilungsfrei ist und damit der zugehörige Test *asymptotisch* das Testniveau α einhält, welche Verteilung auch immer den Daten zugrunde gelegt wird. Doch wie sieht das für den t-Test im *finiten* Fall aus? Zur exakten (analytischen) Herleitung der Verteilung von t bei nichtnormalverteilten Daten liegen keine Ergebnisse vor (abgesehen vielleicht von Trivialfällen); als Ausweg bieten sich dann wieder Approximationen über Reihenentwicklungen (siehe z.B. Pearson (1929, 1931), Geary (1947), Gayen (1950), Gronow (1953) und Srivastava (1958)) oder Simulationsstudien an. Von den letzteren werden wir einige im Zusammenhang mit Robustheitsuntersuchungen im Abschnitt 2.7.5 vorstellen. Aus den oben zitierten Arbeiten von Geary und Gayen wird folgendes ersichtlich:

Sind sowohl die beiden Kurtosisparameter als auch die beiden Schiefeparameter der Verteilungen der X- und Y-Variablen ungefähr gleich, so haben die Kurtosisparameter nur geringen Einfluß auf die t-Statistik, unabhängig von den Stichprobenumfängen m,n; sind außerdem die Stichprobenumfänge ungefähr gleich, so verschwindet angenähert die Schiefe der Verteilung von t. Das bedeutet also, daß im Falle gleicher Stichprobenumfänge der t-Test im Zweistichproben-Problem robuster ist als der im Einstichproben-Problem, siehe dazu auch Miller (1986, S.41 ff).

Wie beim t-Test im Einstichproben-Problem (siehe 2.5.2) ausgeführt und am Beispiel demonstriert, kann auch hier im Zweistichproben-Problem eine einzige extreme Beobachtung unter den x- oder y- Werten eine Entscheidung gegen H_0 bewirken, es kann aber auch sein, daß eine extreme Beobachtung *nie* zur Ablehnung von H_0 führt. Das hängt entscheidend von der gepoolten Varianz S^2 ab, da die t-Statistik wegen

$$t = \frac{\overline{X} - \overline{Y}}{S\left(\frac{1}{m} + \frac{1}{n}\right)^{1/2}}$$

in Einheiten des Kehrwertes von S gemessen wird.

Beispiel 19:

Es sei

$$x_1 = x_2 = \ldots = x_m = c = y_1 = y_2 = \ldots = y_{n-1}, y_n = y \neq c.$$

Dann ist:

$$\overline{x} = c, s_x^2 = 0,\ \overline{y} = \frac{(n-1)c+y}{n},\ s_y^2 = \frac{(c-y)^2}{n},\ \text{d.h.}$$

$$s^2 = \frac{(n-1)(c-y)^2}{n(m+n-2)} \text{ und damit}$$

$$s = \left(\frac{n-1}{n(m+n-2)}\right)^{1/2} |c-y| .$$

Für die t-Teststatistik ergibt sich dann nach einfachen Umformungen:

$$t = \frac{c-y}{|c-y|} \frac{(m(m+n-2))^{1/2}}{((n-1)(n+m))^{1/2}} \text{ und damit}$$

$$|t| = \frac{(m(m+n-2))^{1/2}}{((n-1)(n+m))^{1/2}} .$$

Der Betrag der Teststatistik t ist also kleiner als 1 für $n > m$ (d.h. der zweiseitige Test führt für $\alpha \leq 0.20$ nie zur Ablehnung von H_0), er ist ungefähr gleich 1 für große m,n mit $m \approx n$ und kann beliebig groß sein, wenn m entsprechend größer als n ist, und zwar ergibt sich für $m = an$, $a > 1$, und große m,n:

$$|t| \approx \sqrt{a} .$$

∇

2.7.3 Nichtparametrische Tests

Es sei $W_{(1)}, \ldots, W_{(N)}$ die kombinierte, geordnete Statistik von $X_1, \ldots, X_m, Y_1, \ldots, Y_n$ mit $N=m+n$. Wir betrachten die folgende lineare Rangstatistik

$$L_N = \sum_{i=1}^{N} g(i)V_i$$

mit Gewichten $g(i) \in \mathbf{R}$ und den Indikatorvariablen

$$V_i = \begin{cases} 1, \text{ falls } W_{(i)} \text{ eine X-Variable} \\ 0, \text{ falls } W_{(i)} \text{ eine Y-Variable ist, } i=1,\ldots,N. \end{cases}$$

Wie im Einstichproben-Problem für L_n^+ werde unterstellt, es existiere eine auf (0,1) definierte, quadratisch integrierbare, monoton wachsende Scorefunktion ϕ_L, so daß für die Gewichte g(i) gilt:

$$\lim_{N \to \infty} \int_0^1 (g(1 + [uN]) - \phi_L(u))^2 du = 0.$$

Im Beispiel 20 sind eine Reihe von Rangtests zusammengestellt, die - wie wir noch sehen werden - für bestimmte Verteilungen "optimal" sind.

Beispiel 20:

(a) Wilcoxon-Test W_N:

$$g_W(i) = i,$$

(b) v.d. Waerden-Test X_N:

$$g_X(i) = \Phi^{-1}\left(\frac{i}{N+1}\right),$$

worin Φ die Standardnormalverteilung ist,

(c) Terry-Hoeffding-Test T_N:

$$g_T(i) = E(Z_{(i)}),$$

worin $Z_{(i)}$ die i-te geordnete Statistik standardnormalverteilter Zufallsvariablen ist,

(d) Gastwirth-Test G_N:

$$g_G(i) = \begin{cases} i-(N+1)/4 & \text{für } i \le (N+1)/4 \\ 0 & \text{für } (N+1)/4 < i < 3(N+1)/4 \\ i-3(N+1)/4 & \text{für } i \ge 3(N+1)/4, \end{cases}$$

(e) Median-Test M_N:

$$g_M(i) = \begin{cases} 1 & \text{für} \quad i > (N+1)/2 \\ 0 & \text{für} \quad i \leq (N+1)/2, \end{cases}$$

(f) Hogg-Fisher-Randles-Test H_N:

$$g_H(i) = \begin{cases} i - (N+1)/2 & \text{für} \quad i \leq (N+1)/2 \\ 0 & \text{für} \quad i > (N+1)/2\,. \end{cases}$$

∇

Es sei erwähnt, daß statt des Wilcoxon-Tests (a) häufig der dazu äquivalente Mann-Whitney-Test betrachtet wird, dessen zugehörige Teststatistik U_N durch

$$U_N = \frac{1}{m+n}\left(W_N - \frac{m(m+1)}{2}\right)$$

gegeben ist.

Die lineare Rangstatistik L_N ist unter H_0 verteilungsfrei, denn es gilt unabhängig von der stetigen Verteilungsfunktion F:

$$P(L_N = l \mid \theta = 0) = \frac{a(l)}{\binom{N}{m}},$$

wobei $a(l)$ die Anzahl der Tupel $(v_1, \dots, v_N)$ angibt, für die $L_N = l$ ist. Somit ist die Verteilung von L_N unter H_0 gegeben durch

$$F_{L_N}(x) = \sum_{l \leq x} P(L_N = l \mid \theta = 0).$$

Die Entscheidungsregel lautet dann: $H_0 : \theta = 0$ zum Niveau α ablehnen, falls

$$L_N \geq l_{1-\alpha}, L_N \leq l_\alpha \text{ bzw. } L_N \leq l_{\alpha/2} \text{ oder } L_N \geq l_{1-\alpha/2}$$

ist, je nachdem, ob unter $H_1 : \theta < 0, \theta > 0$ bzw. $\theta \neq 0$ ist.

Weiterhin gilt unter H_0 (siehe Büning u. Trenkler (1978, S.142))

$$E(L_N) = \frac{m}{n}\sum_{i=1}^{N} g(i) \quad \text{und}$$

$$VAR(L_N) = \frac{mn}{N^2(N-1)}\left[N\sum_{i=1}^{N}(g(i))^2 - \left(\sum_{i=1}^{N} g(i)\right)^2\right].$$

Es läßt sich zeigen, daß L_N sowohl unter H_0 als auch unter H_1 (bei Erfülltsein gewisser Regularitätsbedingungen) asymptotisch normalverteilt ist, siehe Hájek u. Šidák (1967, S.215). Die Herleitung der exakten Verteilung von L_N unter H_1 zwecks Güteberechnungen ist schon für kleine Stichprobenumfänge sehr rechenaufwendig, siehe z.B. Hettmansperger (1984, S.142 f).

Exakte Gütewerte liegen wie im Einstichproben-Problem nur für einige wenige ausgewählte Tests und Verteilungen vor, so z.B. bei Milton (1970) für den Wilcoxon-Test, den Terry-Hoeffding-Test und den Median-Test unter der Normalverteilung, bei Haynam u. Govindarajulu (1966) für den Wilcoxon-Test unter der Exponential- und Gleichverteilung und bei Ramsey (1971) für den Wilcoxon-Test, den Terry-Hoeffding-Test und den Median-Test unter der Doppelexponentialverteilung. Pagenkopf (1977) hat die Gütefunktionen einer Reihe von Tests unter verschiedenen Verteilungen graphisch dargestellt.

Wie im Einstichproben-Problem liegt es nahe, den lokal besten Rangtest unter allen Rangtests für das Zweistichproben-Lageproblem bei Annahme einer bestimmten Verteilungsfunktion F (bzw. Dichte f) auszuzeichnen. Es läßt sich zeigen, daß die Gewichte dieses lokal optimalen Rangtests unter gewissen Regularitätsbedingungen bestimmt sind durch

$$g_L(i,f) = E\left[-\frac{f'(F^{-1}(U_{(i)}))}{f(F^{-1}(U_{(i)}))}\right],$$

worin $U_{(i)}, \ldots, U_{(N)}$ die geordnete Statistik von N über (0,1) gleichverteilten Zufallsvariablen ist, siehe Randles u. Wolfe (1979, S.297 f). Die Gewichte $g_L(i,f)$ sind asymptotisch äquivalent (im Sinne gleicher A.R.E. der zugehörigen Tests) zu den Gewichten

$$\tilde{g}_L(i,f) = -\frac{f'\left(F^{-1}\left(\frac{i}{N+1}\right)\right)}{f\left(F^{-1}\left(\frac{i}{N+1}\right)\right)},$$

und die dazu gehörende Score-Funktion lautet:

$$\phi_L(u,f) = -\frac{f'(F^{-1}(u))}{f(F^{-1}(u))}.$$

Im Beispiel 21 sind für einige ausgewählte Verteilungen die lokal optimalen Rangtests angegeben; diese entsprechen jenen im Einstichproben-Problem, wo die Berechnung der Gewichte an einigen Beispielen durchgeführt wurde.

Beispiel 21:

Lokal optimale Rangtests bei

(a) Normalverteilung: Terry-Hoeffding-Test,

(b) Logistischer Verteilung: Wilcoxon-Test,

(c) Doppelexponentialverteilung: Median-Test.

∇

Der Terry-Hoeffding-Test bzw. der dazu asymptotisch äquivalente v.d. Waerden-Test sind also bei Verteilungen mit mittleren Tails vorzuziehen, der Wilcoxon-Test bei solchen mit starken Tails und der Median-Test bei Verteilungen mit sehr starken Tails. Die im Beispiel 20 unter (d) und (f) angeführten Tests von Gastwirth bzw. Hogg-Fisher-Randles eignen sich besonders für Verteilungen mit kurzen Tails (wie die Gleichverteilung) bzw. für rechtsschiefe Verteilungen (wie die Exponentialverteilung), siehe Abschnitt 2.7.5.

2.7.4 Robustifizierte Tests

Zur Konstruktion robustifizierter Tests betrachten wir die in Abschnitt 2.5.4 eingeführten γ-getrimmten und γ-winsorisierten Mittel und die winsorisierte Summe der Abweichungsquadrate. Es seien

$$\overline{X}_{\gamma_1 g} = \frac{1}{m-2g_1} \sum_{i=g_1+1}^{m-g_1} X_{(i)} \quad \text{mit } g_1 = [\gamma_1 m] \text{ und}$$

$$\overline{Y}_{\gamma_2 g} = \frac{1}{n-2g_2} \sum_{j=g_2+1}^{n-g_2} Y_{(j)} \quad \text{mit } g_2 = [\gamma_2 n] \text{ das}$$

γ_1-getrimmte Mittel der X-Variablen bzw. γ_2-getrimmte Mittel der Y-Variablen,

$$\overline{X}_{\gamma_1 w} = \frac{1}{m}\left[g_1 X_{(g_1+1)} + g_1 X_{(m-g_1)} + \sum_{i=g_1+1}^{m-g_1} X_{(i)} \right] \text{ und}$$

$$\overline{Y}_{\gamma_2 w} = \frac{1}{n}\left[g_2 Y_{(g_2+1)} + g_2 Y_{(n-g_2)} + \sum_{j=g_2+1}^{n-g_2} Y_{(j)} \right] \text{ das}$$

γ_1-winsorisierte Mittel der X-Variablen bzw. γ_2-winsorisierte Mittel der Y-Variablen, sowie

$$SSD_w(X) = g_1\left(X_{(g_1+1)} - \overline{X}_{\gamma_1 w}\right)^2 + g_1\left(X_{(m-g_1)} - \overline{X}_{\gamma_1 w}\right)^2 + \sum_{i=g_1+1}^{m-g_1}\left(X_{(i)} - \overline{X}_{\gamma_1 w}\right)^2 \text{ und}$$

$$SSD_w(Y) = g_2\left(Y_{(g_2+1)} - \overline{Y}_{\gamma_2 w}\right)^2 + g_2\left(Y_{(n-g_2)} - \overline{Y}_{\gamma_2 w}\right)^2 + \sum_{j=g_2+1}^{n-g_2}\left(Y_{(j)} - \overline{Y}_{\gamma_2 w}\right)^2$$

die winsorisierten Summen der Abweichungsquadrate für die X- bzw. Y-Variablen. Dann ist die (γ_1, γ_2)-getrimmte t-Statistik definiert als:

$$t_{\gamma_1\gamma_2 g} = \frac{\overline{X}_{\gamma_1 g} - \overline{Y}_{\gamma_2 g}}{\left(\frac{SSD_W(X) + SSD_W(Y)}{h_1 + h_2 - 2}\left(\frac{1}{h_1} + \frac{1}{h_2}\right)\right)^{1/2}}$$

mit $h_1 = m-2g_1, h_2 = n-2g_2$. Ein Spezialfall ist m=n und $\gamma_1 = \gamma_2$, d.h. $g_1 = g_2 = g$ und $h_1 = h_2 = h$.

Die finite Verteilung von $t_{\gamma_1\gamma_2 g}$ unter H_0 kann bei Annahme normalverteilter Daten gut durch eine t-Verteilung mit $\nu = h_1 + h_2 - 2$ FG approximiert werden. Für obigen Spezialfall kann analog zur γ-getrimmten t-Statistik im Einstichproben-Problem gezeigt werden, daß $t_{\gamma_1\gamma_2 g}$ asymptotisch N(0,1)-verteilt ist, falls g/n einen endlichen Grenzwert hat, siehe dazu Yuen u. Dixon (1973).

Die Herleitung der exakten Verteilung von $t_{\gamma_1\gamma_2 g}$ unter H_0 oder H_1 ist selbst bei Annahme einer Normalverteilung wegen der komplexen Struktur der Teststatistik analytisch wohl nicht möglich, zumindest liegen dazu m.W. bislang keine Ergebnisse vor. Vleugels (1984) hat für den Spezialfall m=n, $g_1 = g_2 = g$ $(1-\alpha)$-Quantile der Verteilung von $t_{\gamma_1\gamma_2 g}$ unter Annahme der Normalverteilung simuliert, und zwar für α=0.05, 0.025, 0.01 und 0.005, m=n=8 (1) 22 und g=1,2. Diese Werte sind in den Tabellen 23 und 24 zusammengestellt, dazu zum Vergleich die Quantile der t-Verteilung mit 2(h-1) FG, h=n-2g.

Wie die Tabellen 23 und 24 zeigen, ist die Übereinstimmung zwischen den simulierten und den approximierten Quantilen der Verteilung von $t_{\gamma_1\gamma_2 g}$ durchaus zufriedenstellend, teilweise sogar ausgezeichnet, gerade für größere Stichprobenumfänge, siehe dazu auch Yuen u. Dixon (1973).

Eine weitere robustifizierte Version des t-Tests ist der (γ_1, γ_2)-winsorisierte t-Test, der sich vom (γ_1, γ_2)-getrimmten t-Test nur durch den Zähler unterscheidet, in dem die getrimmten Mittel der x- und y- Beobachtungen durch die winsorisierten Mittel ersetzt sind.

Die Teststatistik lautet also:

$$t_{\gamma_1\gamma_2 w} = \frac{\overline{X}_{\gamma_1 w} - \overline{Y}_{\gamma_2 w}}{\left(\frac{SSD_w(X) + SSD_w(Y)}{h_1 + h_2 - 2}\left(\frac{1}{m} + \frac{1}{n}\right)\right)^{1/2}} \cdot$$

Tab. 23: $(1-\alpha)$-Quantile der Verteilung von $t_{\gamma_1\gamma_2 g}$ für $g = 1, \gamma_1 = \gamma_2$ und der t-Verteilung mit 2(n-3) FG

	$\alpha = 0.05$		$\alpha = 0.025$		$\alpha = 0.01$		$\alpha = 0.005$	
n	g=1	t	g=1	t	g=1	t	g=1	t
8	1.818	1.812	2.253	2.228	2.825	2.764	3.263	3.169
9	1.791	1.782	2.190	2.179	2.706	2.681	3.089	3.055
10	1.759	1.761	2.152	2.145	2.643	2.624	3.009	2.977
11	1.743	1.746	2.124	2.120	2.597	2.583	2.944	2.921
12	1.735	1.734	2.109	2.101	2.566	2.552	2.900	2.878
13	1.727	1.725	2.092	2.086	2.536	2.528	2.868	2.845
14	1.720	1.717	2.078	2.074	2.512	2.508	2.836	2.819
15	1.712	1.711	2.061	2.064	2.492	2.492	2.814	2.797
16	1.704	1.706	2.057	2.056	2.486	2.479	2.792	2.779
17	1.695	1.701	2.049	2.048	2.476	2.467	2.777	2.763
18	1.692	1.697	2.041	2.042	2.463	2.457	2.752	2.750
19	1.690	1.694	2.035	2.037	2.451	2.449	2.730	2.738
20	1.688	1.691	2.031	2.032	2.441	2.441	2.729	2.728
21	1.686	1.688	2.027	2.028	2.435	2.434	2.719	2.719
22	1.685	1.686	2.024	2.024	2.426	2.429	2.709	2.712

Tab. 24: $(1-\alpha)$-Quantile der Verteilung von $t_{\gamma_1\gamma_2 g}$ für $g = 2, \gamma_1 = \gamma_2$ und der t-Verteilung mit 2(n-5) FG

	$\alpha = 0.05$		$\alpha = 0.025$		$\alpha = 0.01$		$\alpha = 0.005$	
n	g=2	t	g=2	t	g=2	t	g=2	t
8	2.025	1.943	2.586	2.447	3.390	3.143	4.060	3.707
9	1.911	1.860	2.401	2.306	3.053	2.896	3.582	3.355
10	1.839	1.812	2.284	2.228	2.854	2.764	3.309	3.169
11	1.801	1.782	2.217	2.179	2.743	2.681	3.137	3.055
12	1.772	1.761	2.165	2.145	2.661	2.624	3.031	2.977
13	1.753	1.746	2.133	2.120	2.613	2.583	2.970	2.921
14	1.741	1.734	2.113	2.101	2.588	2.552	2.918	2.878
15	1.729	1.725	2.095	2.086	2.549	2.528	2.869	2.845
16	1.717	1.717	2.076	2.074	2.521	2.508	2.827	2.819
17	1.714	1.711	2.067	2.064	2.502	2.492	2.812	2.797
18	1.708	1.706	2.064	2.056	2.482	2.479	2.790	2.779
19	1.703	1.701	2.055	2.048	2.477	2.467	2.773	2.763
20	1.699	1.697	2.044	2.042	2.467	2.457	2.764	2.750
21	1.695	1.694	2.039	2.037	2.457	2.449	2.750	2.738
22	1.694	1.691	2.037	2.032	2.450	2.441	2.741	2.728

Sie wurde von Yuen Fung u. Rahman (1980) vorgeschlagen. Es kann gezeigt werden, daß die Varianz des Zählers von $t_{\gamma_1\gamma_2 w}$ ungefähr gleich dem Erwartungswert des Nennerquadrats ist (bei der t-Statistik gilt ein solcher Zusammenhang exakt, siehe dazu Abschnitt 2.5.4). Obige Autoren belegen durch eine Simulationsstudie, daß die Verteilung von $t_{\gamma_1\gamma_2 w}$ unter H_0 bei normalverteilten Daten gut durch eine t-Verteilung mit $\nu = h_1+h_2-2$ FG approximiert werden kann. Weitere robustifizierte Versionen der t-Statistik erhalten wir, wenn wir Zähler und Nenner von t durch andere robuste Lage- bzw. Skalenschätzer ersetzen, wie z.B. durch die Lageschätzer in 2.5.7 und die Skalenschätzer in 2.6.3. Wir gehen auf den Spezialfall der M-Schätzer in Abschnitt 2.7.7 noch kurz ein.

Abschließend betrachten wir noch zwei Beispiele.

Beispiel 22:

Gegeben seien die Daten aus Beispiel 6 in Abschnitt 1.3. Die Boxplots der x- bzw. y-Werte haben die in Abbildung 21 dargestellte Form.

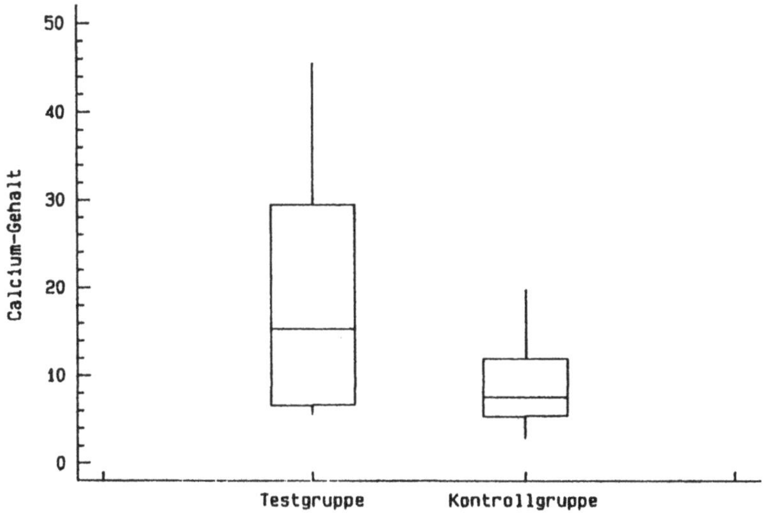

Abb. 21: Boxplots der x- und y-Werte aus Beispiel 6 in 1.3

Offensichtlich streuen die x-Beobachtungen stärker als die y-Beobachtungen ($s_x^2 = 185.94$ und $s_y^2 = 23.20$), so daß hier weder der t-Test oder der getrimmte t-Test auf Gleichheit der Mittelwerte noch einer der in 2.7.3 vorgestellten Rangtests auf Gleichheit der Verteilungen infrage kommen. Wir werden dieses Datenbeispiel am Ende des nächsten Abschnitts wieder aufgreifen.

∇

Beispiel 23:

Gegeben seien die Daten aus Beispiel 7 in Abschnitt 1.3. Da diese nur ordinales Meßniveau haben, scheidet ein parametrischer Test aus. Wie Abbildung 22 mit den Boxplots der x- bzw. y-Werte zeigt, können wir hier (annähernd) von der Gleichheit der Varianzen der X- und Y-Variablen ausgehen ($s_x^2 = 16.18$ und $s_y^2 = 18.42$).

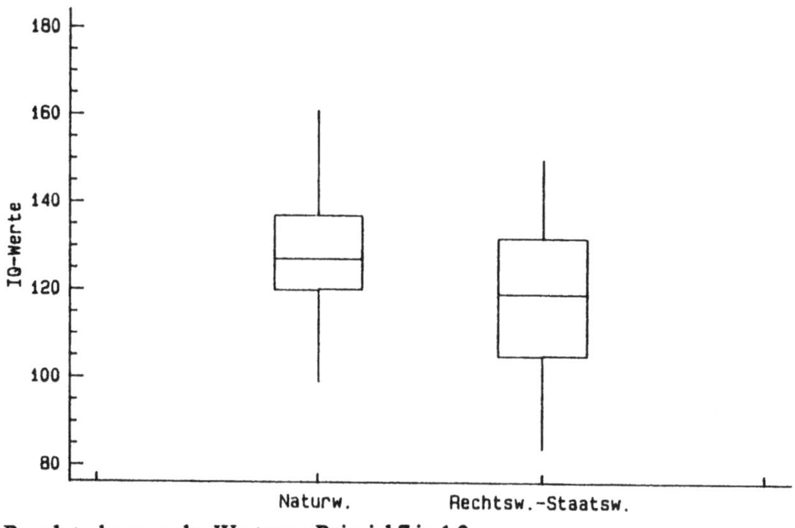

Abb. 22: Boxplots der x- und y-Werte aus Beispiel 7 in 1.3

In diesem Fall kann also einer der Rangtests aus 2.7.3 angewendet werden. Doch welcher? Wir wählen zum Vergleich den Median-Test und den Wilcoxon-Test aus und erhalten: $M_N = 12$ und $W_N = 530.5$. Unter $H_0: \theta = 0$ ist M_N hypergeometrisch-verteilt (siehe z.B. Daniel (1978, S.77f)), d.h.

$$P_{H_0}(M_N = 12) = \frac{\binom{21}{12}\binom{22}{9}}{\binom{43}{21}} = 0.139 \ .$$

Der M_N-Test führt also für $\alpha = 0.10$ nicht zur Ablehnung von H_0; der W_N-Test hingegen lehnt H_0 auf diesem Testniveau ab, denn es ist $w_{0.90} = 516$.

Welche Entscheidung soll nun gefällt werden: H_0 ablehnen oder nicht ablehnen? Oder anders gefragt: Welcher der beiden Tests ist für obiges Problem der geeignetere? Auf diese Frage werden wir in Abschnitt 3.5 eine Antwort geben.

∇

2.7.5 Robustheitsstudien

In diesem Abschnitt sollen einige Robustheitsstudien der konkurrierenden Tests aus den vorangegangenen Abschnitten vorgestellt und diskutiert werden, getrennt nach den Kriterien der α- und β-Robustheit.

(1) α-Robustheit

In der bereits in 2.7.2 erwähnten Arbeit von Gayen (1950) wird am Beispiel m=n=7 und $\alpha = 0.025$ demonstriert, daß der t-Test α-robust ist bei Abweichungen von der Normalverteilung, die durch verschiedene Wahl der Schiefe β_1 und der Kurtosis β_2 beschrieben werden, und zwar für $0 \leq \beta_1 \leq 2.0$ und $1 \leq \beta_2 \leq 5$; das aktuelle Testniveau α^* schwankt zwischen 0.0230 und 0.0270. Dieser geringe Einfluß der Nichtnormalität auf das Testniveau mag eine Vermutung von Pearson (1931) bestätigen, daß für kleine (gleiche) Stichprobenumfänge (wie $n+m < 20$) die Anwendung der α-Quantile der t-Verteilung zur Testentscheidung auch bei nichtnormalverteilten Daten gerechtfertigt ist. Unterstützung für diese Aussage bekommen Gayen und Pearson durch eine groß angelegte Simulationsstudie (100000 Läufe) von Posten (1978), der unter Zugrundelegung von 87 Pearson-Typ-Verteilungen, klassifiziert nach $\beta_1 = 0.0(0.4)2.0$ und $\beta_2 = 1.4(0.4)7.8$, die α-Robustheit des ein- und zweiseitigen t-Tests für m=n=5(5)30 und $\alpha = 0.05$ untersucht hat. Das aktuelle Testniveau α^* liegt beim einseitigen t-Test - bis auf einige wenige "Ausreißer" für $\beta_1 = 1.6$ und 2.0 - zwischen 0.0470 und 0.0508; d.h. die relative Abweichung des aktuellen Testniveaus α^* vom nominalen α, in 2.4.2 definiert als α-Robustheitsmaß $r_1(\alpha, \alpha^*)$, beträgt nahezu ausschließlich höchstens 6%.

Beim zweiseitigen t-Test gilt die α-Robustheit nicht ganz in dem Maße wie beim einseitigen Test; der zweiseitige Test ist fast durchweg (leicht) konservativ ($\alpha^* < \alpha$). Diese Ergebnisse zeigen nach Auffassung von Posten (1978) "*that the equal-sample size two-sample t-test is quite robust with respect to departures from normality, perhaps even more so than most people realize*". Diese α-Robustheit des t-Tests bei gleichen Stichprobenumfängen und unter Annahme von Pearson-Typ-Verteilungen wird auch durch die Arbeit von Pearson u. Please (1975) bestätigt. Doch wie reagiert der t-Test für $m \neq n$ und bei anderen Verteilungsmodellen (Supermodellen, die die Normalverteilung einschließen)?

Betrachten wir zunächst das allgemeine Modell der kontaminierten Normalverteilung für das Zweistichproben-Problem:

$$X_i \sim (1 - \varepsilon_X)N(\mu_{1,X}, \sigma^2_{1,X}) + \varepsilon_X N(\mu_{2,X}, \sigma^2_{2,X}), i=1,\dots,m ,$$

$$Y_j \sim (1 - \varepsilon_Y)N(\mu_{1,Y}, \sigma^2_{1,Y}) + \varepsilon_Y N(\mu_{2,Y}, \sigma^2_{2,Y}), j=1,\dots,n .$$

Es gilt:

$$\mu_X = E(X_i) = (1-\varepsilon_X)\mu_{1,X} + \varepsilon_X\mu_{2,X}\ ,$$

$$\mu_Y = E(Y_j) = (1-\varepsilon_Y)\mu_{1,Y} + \varepsilon_Y\mu_{2,Y}\ ,$$

$$\sigma_X^2 = Var(X_i) = (1-\varepsilon_X)\sigma_{1,X}^2 + \varepsilon_X\sigma_{2,X}^2 + \varepsilon_X(1-\varepsilon_X)(\mu_{1,X}-\mu_{2,X})^2\ ,$$

$$\sigma_Y^2 = Var(Y_j) = (1-\varepsilon_Y)\sigma_{1,Y}^2 + \varepsilon_Y\sigma_{2,Y}^2 + \varepsilon_Y(1-\varepsilon_Y)(\mu_{1,Y}-\mu_{2,Y})^2\ .$$

Die Zufallsvariablen X_i und Y_j haben dieselbe Verteilung, falls $\varepsilon_X = \varepsilon_Y$, $\mu_{k,X} = \mu_{k,Y}$ und $\sigma_{k,X}^2 = \sigma_{k,Y}^2$ ist für k=1,2.

Das hier beschriebene allgemeine Modell der kontaminierten Normalverteilung ist wegen der Vielzahl der auftretenden Parameter sehr komplex. Für die Durchführung von Simulationsstudien liegt somit eine Beschränkung auf bestimmte Parameterkonstellationen nahe. Lee u. D'Agostino (1976) unterstellen zunächst generell:

$$\sigma_{1,X} = \sigma_{2,X} = \sigma_{1,Y} = \sigma_{2,Y} = \sigma$$

(d.h. nur Lagekontamination, siehe Abschnitt 2.2), und es sei:

$$\Delta_1 : \frac{\mu_{2,X}-\mu_{1,X}}{\sigma} \qquad (\mu_{2,X} > \mu_{1,X})\ ,$$

$$\Delta_4 : \frac{\mu_{2,Y}-\mu_{1,Y}}{\sigma} \qquad (\mu_{2,Y} > \mu_{1,Y})\ .$$

Folgende Fälle werden betrachtet:

Fall I :

$$\varepsilon_X = \varepsilon_Y = 0.5 \text{ und } \Delta_1 = \Delta_4\ .$$

In diesem Fall gilt $\sigma_X^2 = \sigma_Y^2$. Unter $H_0 : \mu_X = \mu_Y$ haben die X_i und Y_j dieselbe Verteilung; speziell für $\Delta_1 = \Delta_4 = 0$ liegt die Normalverteilung mit $\sigma_X^2 = \sigma_Y^2 = \sigma^2$ vor.

Fall II:

$$\varepsilon_X = 0.1,\ \varepsilon_Y = 0,$$

d.h. nur die Verteilung der X-Variablen ist kontaminiert, $H_0 : \mu_{1,X} = \mu_{1,Y} (= \mu_Y)$.

Auf den Fall II werden wir in Abschnitt 2.7.6 zurückkommen, weil für $\Delta_1 \neq 0$ die Varianzen σ_X^2 und σ_Y^2 verschieden sind. In Tabelle 25 sind für Fall I mit $\Delta_1 = \Delta_4 = \Delta = 0, 0.5, 1, 2, 3$ und 4 und für verschiedene (m,n)- Kombinationen die aktuellen Testniveaus α^* des t-Tests bei nominalem Testniveau $\alpha = 0.05$ aus den

Tabellen von Lee u. D'Agostino (1976) zusammengestellt. Die kritischen Bereiche des (zweiseitigen) t-Tests sind dabei stets über die $(1-\alpha/2)$-Quantile der t-Verteilung mit m+n-2 FG festgelegt.

Tab. 25: Aktuelle Testniveaus α^* des t-Tests bei kontaminierter Normalverteilung ($\alpha = 0.05$)

(m,n)	$\Delta = 0$	0.5	1	2	3	4
(5,5)	0.0491	0.0512	0.0501	0.0519	0.0546	0.0544
(10,10)	0.0510	0.0481	0.0525	0.0531	0.0540	0.0471
(3,12)	0.0468	0.0490	0.0468	0.0496	0.0471	0.0463
(5,10)	0.0535	0.0530	0.0488	0.0484	0.0483	0.0534

Wie wir sehen, ist der t-Test auch bei diesem Verteilungsmodell und für ungleiche Stichprobenumfänge α-robust; die relative Abweichung $r_1(\alpha, \alpha^*)$ beträgt höchstens 9% und liegt fast durchweg unter 6%. So ist also auch hier wie bei der obigen Studie von Posten (1978) sogar das "strenge" α-Robustheitskriterium von Bradley mit $r_1(\alpha, \alpha^*) \leq 0.10$ erfüllt, siehe dazu Abschnitt 2.4.2.

Vleugels (1984) hat die α-Robustheit des t-Tests für gleiche Stichprobenumfänge (m=n) im Vergleich zu der des (γ_1, γ_2)-getrimmten t-Tests im Rahmen einer Simulationsstudie (50000 Läufe) untersucht und dabei als Verteilungsmodelle die Normalverteilung N, die skalenkontaminierte Normalverteilung KN(ε, c), die Doppelexponentialverteilung D und die Cauchy-Verteilung CA gewählt. Bei der von ihm betrachteten skalenkontaminierten Normalverteilung handelt es sich um folgenden Spezialfall:

$$\varepsilon_X = \varepsilon_Y = \varepsilon,\ \mu_{1,X} = \mu_{1,Y},\ \sigma_{1,X} = \sigma_{1,Y} = \sigma \text{ und } \sigma_{2,X} = \sigma_{2,Y} = c\sigma \text{ mit } c = 3.$$

Es bezeichne wie in Abschnitt 2.5.5:

$$C_1 = KN(0.05,3),\ C_2 = KN(0.10,3),\ C_3 = KN(0.20,3).$$

Zu testen ist die Hypothese:

$$H_0 : \theta = 0 \text{ gegen } H_1 : \theta > 0 \text{ mit } \theta = \mu_{2,Y} - \mu_{2,X}.$$

Für den (γ_1, γ_2)-getrimmten t-Test wird g=1 und 2 gewählt mit $g = [\gamma n]$, wobei $\gamma := \gamma_1 = \gamma_2$ ist, und m = n = 10, 15, 20, d.h. die Trimmanteile γ liegen zwischen 5% und 20%.

Tabelle 26 enthält für obige Verteilungen und die angegebenen Tests die aktuellen Testniveaus α^* bei nominalem $\alpha = 0.05$ und 0.01 ; dazu die Testniveaus des (randomisierten) Wilcoxon-Tests W_N zur Überprüfung der Präzision der Simulation, denn als verteilungsfreier Test hält der Wilcoxon-Test stets das Testniveau α ein. Die kritischen Bereiche des t-Tests und der getrimmten t-Tests sind durch die $(1-\alpha)$-Quantile der t-Verteilung mit $\nu = m+n-2$ FG bzw. $\nu = 2(h-1), h = n-2g$, festgelegt, siehe Abschnitt 2.7.4.

Tab. 26: Aktuelle Testniveaus des t-Tests und des (γ_1, γ_2)-getrimmten t-Tests

					(γ_1, γ_2)-getrimmter t-Test								
		t-Test			g=1			g=2			W_N		
Verteilung	α	n=10	n=15	n=20	n=10	n=15	n=20	n=10	n=15	n=20	n=10	n=15	n=20
N	.05	.0496	.0497	.0499	.0511	.0505	.0493	.0507	.0509	.0500	.0507	.0496	.0502
	.01	.0104	.0098	.0101	.0106	.0101	.0105	.0104	.0094	.0102	.0107	.0102	.0104
C 1	.05	.0502	.0508	.0510	.0499	.0495	.0507	.0505	.0499	.0514	.0512	.0505	.0517
	.01	.0087	.0094	.0094	.0092	.0095	.0097	.0097	.0101	.0100	.0096	.0098	.0102
C 2	.05	.0490	.0498	.0492	.0499	.0501	.0493	.0509	.0511	.0499	.0511	.0511	.0501
	.01	.0080	.0086	.0093	.0092	.0099	.0097	.0092	.0103	.0109	.0095	.0104	.0108
C 3	.05	.0479	.0490	.0489	.0473	.0476	.0476	.0485	.0483	.0479	.0498	.0498	.0495
	.01	.0070	.0080	.0090	.0079	.0081	.0084	.0088	.0084	.0089	.0093	.0101	.0101
D	.05	.0488	.0493	.0502	.0485	.0483	.0491	.0464	.0477	.0486	.0494	.0494	.0501
	.01	.0090	.0089	.0093	.0081	.0083	.0093	.0075	.0084	.0093	.0101	.0099	.0102
CA	.05	.0289	.0318	.0314	.0348	.0360	.0356	.0367	.0388	.0389	.0509	.0514	.0499
	.01	.0028	.0028	.0025	.0037	.0039	.0036	.0051	.0051	.0051	.0098	.0104	.0109

Offensichtlich bestätigen obige Werte die α-Robustheit des t-Tests für Verteilungen mit nicht zu starken Tails, während bei der Cauchy-Verteilung als einer Verteilung mit sehr starken Tails die Abweichung zwischen α und α^* sehr groß ist; hier nimmt $r_1(\alpha, \alpha^*)$ für $\alpha = 0.05$ einen maximalen Wert von 42,2% und für $\alpha = 0.01$ sogar einen solchen von 72% an. Dies gilt - wenn auch nicht in gleich starkem Maße - ebenso für die beiden getrimmten Versionen des t-Tests; alle drei Tests sind unter dieser Verteilung konservativ. Insgesamt gesehen schneiden die getrimmten Tests besser ab als der t-Test. Hinsichtlich weiterer Arbeiten zur α-Robustheit des t-Tests und seiner Konkurrenten unter Annahme einer kontaminierten Normalverteilung sei auf Neave u. Granger (1968) und Marrero (1985) verwiesen. Zusammenfassend kann gesagt werden, daß der t-Test im Zweistichproben-Problem mit $\sigma_X^2 = \sigma_Y^2$ zumindest für m=n und für Verteilungen mit nicht zu starken Tails α-robuster ist als der t-Test im Einstichproben-Problem; für m ≠ n und Verteilungen mit kurzen Tails sind weitere Studien angebracht. Die getrimmten Versionen des t-Tests sind allerdings bei Annahme von Verteilungen mit stärkeren Tails als die der Normalverteilung (verständlicherweise) dem t-Test vorzuziehen. Legt man jedoch nur das Kriterium der α-Robustheit zugrunde, so kommt stets nur ein nichtparametrischer (verteilungsfreier) Test infrage. Welcher jedoch aus der Vielzahl der zur Verfügung stehenden Tests? Auf diese Frage werden wir am Ende dieses Abschnitts beim Vergleich nichtparametrischer Tests und insbesondere in Kapitel 3 über ein adaptives Konzept eine Antwort zu geben versuchen.

(2) β-Robustheit

Posten (1982) hat die Güte des t-Tests mit der des Wilcoxon-Tests verglichen und dabei dieselben Verteilungen und Stichprobenumfänge m=n zugrunde gelegt wie in seiner bereits zitierten Arbeit (1978) zur α-Robustheit des t-Tests: 87 Verteilungen vom Pearson-Typ, klassifiziert nach der Schiefe β_1 und der Kurtosis β_2, und Stichprobenumfänge m=n=5(5)30. Für den Lageparameter $\Delta = (\mu_X - \mu_Y)/\sigma$ mit $\sigma = \sigma_X = \sigma_Y$ werden zwei Werte $\Delta_{0.50}$ und $\Delta_{0.90}$ so gewählt, daß der t-Test für diese Werte die Güte 0.50 bzw. 0.90 bei Annahme einer Normalverteilung hat; die Differenzen der Gütewerte des t-Tests und des Wilcoxon-Tests für $\Delta_{0.50}$ und $\Delta_{0.90}$ unter diesen Pearson-Verteilungen sind dann tabelliert. Es zeigt sich, daß der Wilcoxon-Test in den weitaus meisten Fällen dem t-Test überlegen ist, und das immer deutlicher mit wachsendem β_1 und β_2 . So resümiert Posten:" *The result of this study would, to a large degree, appear to support the nonparametric recommendation to use the Wilcoxon test as a general solution for the two-sample location problem*".

Dieses Ergebnis von Posten wird durch eine Simulationsstudie von Marrero (1985) bestätigt, der den t-Test mit dem Wilcoxon-Test unter folgendem Modell der skalenkontaminierten Normalverteilung verglichen hat:

$$X_i \sim (1-\varepsilon)N(0,1) + \varepsilon N(0,c^2),\ i = 1,\dots,m,$$

$$Y_j \sim (1-\varepsilon)N(\Delta,1) + \varepsilon N(\Delta,c^2),\ j = 1,\dots,n \text{ mit}$$

$$\Delta = \mu_{1,Y} = \mu_{2,Y} \text{ und } c^2 = \sigma_{2,X}^2 = \sigma_{2,Y}^2 .$$

Als Testproblem wird betrachtet:

$$H_0 : \Delta = 0 \text{ gegen } H_1 : \Delta > 0.$$

In Tabelle 27 sind für $\alpha = 0.05$, $\Delta = 0.1,0.2,0.5,1$, $c = 2,3,4$, $\varepsilon = 0.05,0.15,0.30$ und für $m=n=20,40,100,1000$ auszugsweise Gütewerte (in %) des t- und W_N -Tests aus den Tabellen von Marrero zusammengestellt.

Tab. 27: Gütewerte des t-Tests und des Wilcoxon-Tests bei kontaminierter Normalverteilung (in %)

			$\Delta = 0.1$		0.2		0.5		1.0	
n	c	ε	t	W_N	t	W_N	t	W_N	t	W_N
20	2	0.05	5	5	10	9	30	30	83	83
		0.15	10	9	17	15	46	44	90	88
		0.30	5	4	8	8	19	20	60	66
	3	0.05	6	6	7	7	26	28	76	82
		0.15	12	12	17	15	38	38	78	85
		0.30	5	6	6	6	13	17	41	56
	5	0.05	5	7	7	8	21	27	59	76
		0.15	11	10	15	15	30	40	61	81
		0.30	4	5	6	8	8	13	21	45
40	2	0.05	7	6	14	13	54	53	98	99
		0.15	4	6	9	10	39	45	94	96
		0.30	7	7	10	10	38	43	89	93
	3	0.05	6	7	12	13	48	54	95	97
		0.15	4	6	7	10	30	41	87	95
		0.30	4	6	8	10	24	33	66	83
	5	0.05	7	9	10	14	33	50	85	98
		0.15	5	6	6	10	21	39	57	91
		0.30								
100	2	0.05	10	9	27	28	92	92	100	100
		0.15	12	9	26	23	88	88	100	100
		0.30	8	8	16	19	72	76	100	100
	3	0.05	8	8	20	23	85	91	100	100
		0.15	9	9	22	24	73	83	100	100
		0.30	7	7	14	15	47	67	97	100
	5	0.05	8	11	16	26	68	89	100	100
		0.15	5	6	12	18	44	81	92	100
		0.30	6	8	7	13	23	56	68	99
1000	2	0.05	56	56	99	99	100	100	100	100
		0.15	51	54	96	97	100	100	100	100
		0.30	39	44	90	94	100	100	100	100
	3	0.05	48	55	97	99	100	100	100	100
		0.15	40	50	89	98	100	100	100	100
		0.30	23	35	66	88	100	100	100	100
	5	0.05	34	56	86	98	100	100	100	100
		0.15	20	45	60	94	100	100	100	100
		0.30	12	27	33	78	97	100	100	100

Offensichtlich ist der t-Test dem W_N-Test gerade für großes n (n=1000) z.T. deutlich unterlegen, und das umso stärker, je größer c oder ε gewählt werden. Das mag überraschen, könnte doch nach dem zentralen Grenzwertsatz davon ausgegangen werden, daß für große Stichprobenumfänge die Daten angenähert normalverteilt sind, wofür dann der t-Test optimal wäre. Es ist also "gefährlich", selbst für einen Stichprobenumfang n=1000 "blind" Normalverteilung der Daten zu unterstellen.

Yuen u. Dixon (1973) haben im Rahmen einer Simulationsstudie (10000 Läufe) den t-Test mit seiner robustifizierten Version $t_{\gamma_1\gamma_2 g}$ unter Annahme einer Normalverteilung und einer skalenkontaminierten Normalverteilung verglichen, und zwar speziell für

$$X_i \sim 0.8N(\mu_X, \sigma^2) + 0.2N(\mu_X, c^2\sigma^2),\ i = 1, \ldots, m,$$

$$Y_j \sim 0.8N(\mu_Y, \sigma^2) + 0.2N(\mu_Y, c^2\sigma^2),\ j = 1, \ldots, n.$$

Das Testproblem lautet :

$$H_0: \mu_X = \mu_Y \text{ gegen } H_1: \mu_X \neq \mu_Y .$$

Für die γ_1, γ_2-getrimmte t-Statistik wird gewählt: $\gamma_1 = \gamma_2 = \gamma$, $g = [\gamma n] = 1, \ldots, 5$ in Abhängigkeit von m=n= 5,7,10,20; g=0 entspricht dem t-Test. Die Tabellen 28 und 29 enthalten Gütewerte β des t-Tests und des $t_{\gamma_1\gamma_2 g}$-Tests sowie finite relative Effizienzen (F.R.E.) des $t_{\gamma_1\gamma_2 g}$-Tests zum t-Test für $\alpha = 0.05$ und $\delta = \left(\frac{n}{2}\right)^{1/2} |\mu_Y - \mu_X| / \sigma = 1,3,5$ (H_0: $\delta = 0$), und zwar zunächst bei Normalverteilung und dann bei skalenkontaminierter Normalverteilung. Die kritischen Werte sind jeweils durch die Quantile der t-Verteilung festgelegt, siehe 2.7.4 und Yuen u. Dixon (1973).

Bei Annahme einer Normalverteilung schneiden die getrimmten t-Tests generell relativ schlecht ab gegenüber dem t-Test; das gilt insbesondere bei "ungeeigneter" Wahl des Trimmanteils. Für Trimmanteile γ zwischen 5% und 10% liegen die F.R.E.'s jedoch meist deutlich über 90%. Die F.R.E. kann nach Auffassung der Autoren gut durch $(1 - 2g/3n) \cdot 100\%$ approximiert werden.

Unter dem Modell der skalenkontaminierten Normalverteilung sind die aktuellen Testniveaus α^* z.T. sehr verschieden und meist kleiner als das nominale Testniveau $\alpha = 0.05$ (insbesondere beim t-Test); insoweit ist also ein Gütevergleich der Tests nicht unmittelbar möglich. Dennoch läßt sich tendenziell sagen, daß zwar die Gütewerte aller betrachteten Tests mit wachsendem c abnehmen, daß aber abgesehen von c=3 und n=5 die F.R.E.'s der getrimmten t-Tests zum t-Test stets über 100% liegen, was mit zunehmendem c und n immer deutlicher wird (oft über 300% !).

Tab. 28: Gütewerte des t-Tests und des (γ_1,γ_2)-getrimmten t-Tests sowie F.R.E.-Werte unter Annahme der Normalverteilung (in %)

			$\delta = 1$		$\delta = 3$		$\delta = 5$	
n	g	α	β	F.R.E.	β	F.R.E.	β	F.R.E.
5	0	5.0	14.5		74.7		99.2	
	1	5.0	11.1	70.5	52.1	70.6	89.4	70.8
7	0	5.0	15.2		78.6		99.6	
	1	5.2	14.1	90.6	71.0	86.4	98.5	85.7
10	0	5.0	15.8		80.9		99.7	
	1	5.0	15.0	93.7	77.3	92.4	99.4	91.1
	2	5.2	14.3	87.9	71.6	82.2	98.6	80.0
20	0	5.0	16.4		83.2		99.8	
	1	5.0	16.1	97.5	82.1	97.2	99.8	100.0
	2	5.0	15.8	95.0	80.6	93.7	99.7	93.8
	3	5.0	15.4	91.8	78.7	87.3	99.5	87.8
	4	5.1	15.0	88.5	76.5	85.5	99.3	83.4
	5	5.1	14.6	85.0	73.9	80.2	99.0	78.8

Unter Berücksichtigung beider Tabellen bietet sich bei den hier unterstellten Modellen ein (γ_1,γ_2)-getrimmter t-Test mit $\gamma_1 = \gamma_2 = \gamma$ zwischen 10% und 15% an. Das entspricht auch der Empfehlung der Princeton-Studie von Andrews u.a. (1972) für das γ-getrimmte Mittel zur Schätzung eines Lageparameters, siehe Abschnitte 2.5.4 und 2.5.7.

Der im Abschnitt 2.7.4 angegebene (γ_1,γ_2) -winsorisierte t-Test als weitere robustifizierte Version des t-Tests bringt keinen "Gütegewinn" gegenüber dem (γ_1,γ_2)-getrimmten t-Test; das hat eine Arbeit von Yuen Fung u. Rahman (1980) gezeigt.

In der auf S. 117 zitierten Arbeit von Vleugels (1984) wird neben der α-Robustheit auch die β-Robustheit des t-Tests, des (γ_1,γ_2)-getrimmten t-Tests und des Wilcoxon-Tests im Rahmen einer Simulationssstudie (50000 Läufe) untersucht (die folgenden Bezeichnungen sind wie bei der α-Robustheit gewählt).

In den Abbildungen 23 bis 26 sind die (geschätzten) Gütefunktionen $\hat{\beta}(\theta), 0 \leq \theta \leq 2$, für den t-Test, den (γ_1,γ_2)-getrimmten t-Test mit g=1 und 2 und den Wilcoxon-Test für m=n=20 und α = 0.05 dargestellt.

Tab. 29: Gütewerte des t-Tests und des (γ_1,γ_2)-getrimmten t-Tests sowie F.R.E.-Werte unter Annahme einer kontaminierten Normalverteilung (in %)

				δ = 1		δ = 3		δ = 5	
c	n	g	α^*	β	F.R.E.	β	F.R.E.	β	F.R.E.
3	5	0	3.6	8.5		44.6		79.4	
		1	4.7	8.8	105	40.3	85	78.2	93
	10	0	4.2	9.5		46.7		83.3	
		1	4.5	10.8	125	57.4	139	92.8	163
		2	5.2	11.4	137	57.1	138	93.6	169
	20	0	4.6	9.7		47.1		85.6	
		1	4.4	10.6	119	56.3	133	92.7	153
		3	4.8	11.8	145	62.4	155	96.3	180
		5	5.2	11.8	145	60.1	147	95.4	173
5	5	0	2.2	5.1		28.8		57.8	
		1	4.6	8.4	175	37.3	148	74.7	179
	10	0	3.2	6.4		28.6		57.3	
		1	3.6	8.6	175	48.3	227	84.2	225
		2	5.0	10.7	252	53.4	261	91.3	283
	20	0	4.4	6.9		26.2		55.8	
		1	3.4	7.5	126	39.5	178	75.8	176
		3	4.6	10.7	272	56.9	285	93.5	291
		5	5.2	11.2	300	56.5	283	93.7	292
7	5	0	1.4	3.3		19.8		43.2	
		1	4.4	8.2	255	36.4	249	73.5	298
	10	0	2.5	4.6		19.4		40.2	
		1	2.9	7.1	199	41.4	331	75.8	306
		2	4.9	10.4	468	51.6	455	90.0	481
	20	0	4.1	5.6		17.1		37.0	
		1	2.6	5.5	99	28.5	214	59.2	194
		3	4.3	9.9	450	53.8	494	91.5	482
		5	5.0	10.9	504	54.9	516	92.8	504

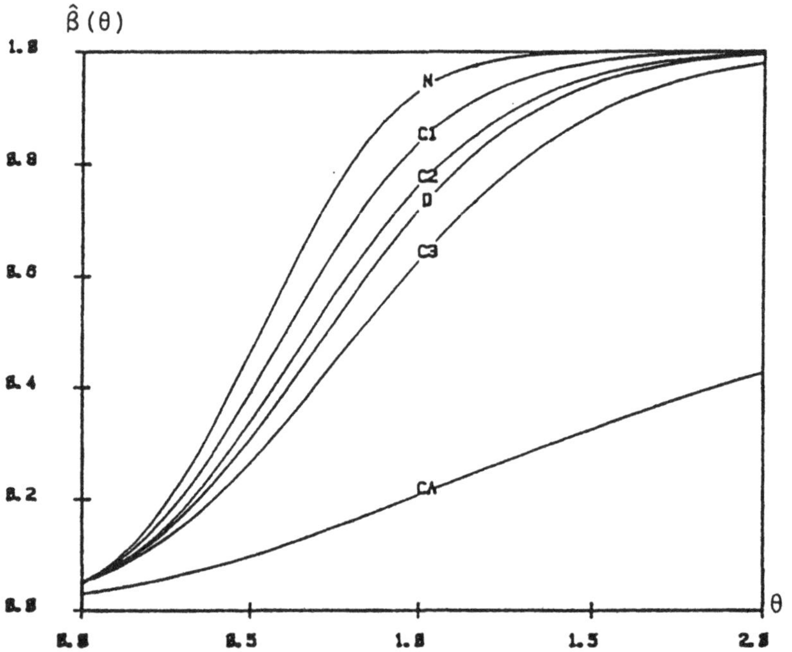

Abb. 23: Gütefunktionen des t-Tests für verschiedene Verteilungen und m=n=20, $\alpha = 0.05$

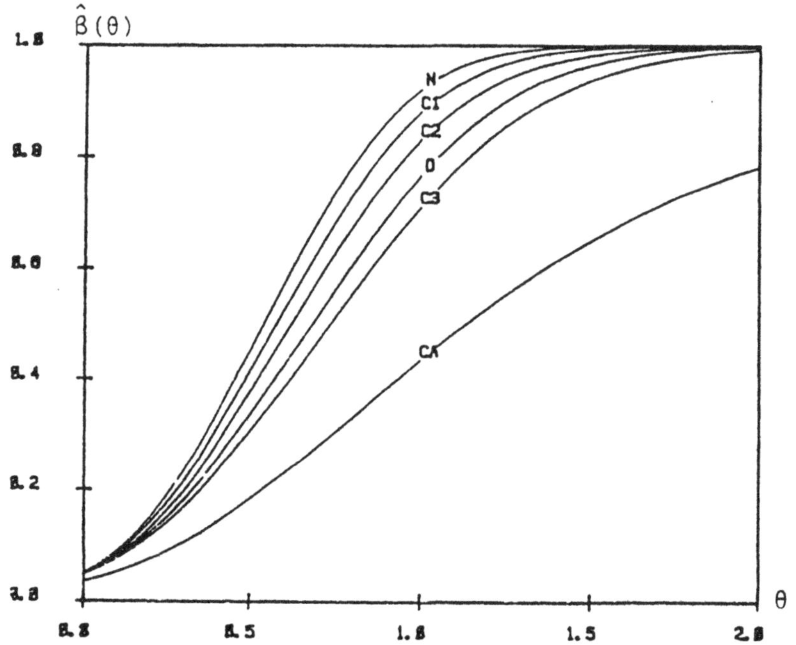

Abb. 24: Gütefunktionen des $t_{\gamma_1\gamma_2 g}$-Tests (g=1) für verschiedene Verteilungen und m=n=20, $\alpha = 0.05$

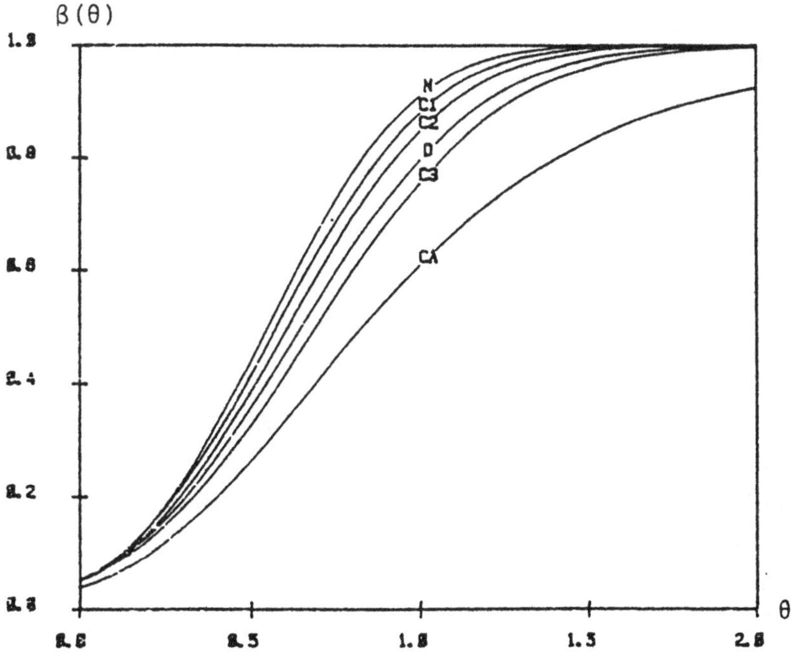

Abb. 25: Gütefunktionen des $t_{\gamma_1\gamma_2}$-Tests (g=2) für verschiedene Verteilungen und m=n=20, α = 0.05

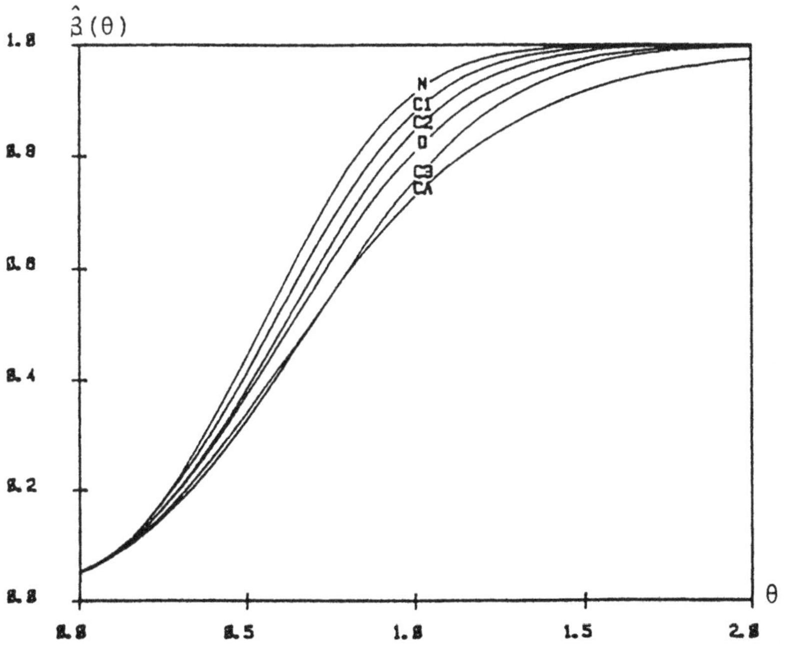

Abb. 26: Gütefunktionen des W_N-Tests für verschiedene Verteilungen und m=n=20, α = 0.05

Ein Vergleich der Graphiken ergibt wie im Einstichproben-Lageproblem dieselbe "Rangfolge" der Gütefunktionen bezüglich der sechs unterstellten Verteilungen. Es zeigen sich aber auch hier beträchtliche Unterschiede der einzelnen Tests im Ausmaß der Distanzen zwischen den Gütefunktionen. In diesem Sinne schneidet der t-Test am schlechtesten, der Wilcoxon-Test am besten ab, insbesondere hinsichtlich der Cauchy-Verteilung. Die Überlegenheit des Wilcoxon-Tests gegenüber dem t-Test (und zumeist auch gegenüber seinen getrimmten Versionen) wird in einem direkten Vergleich über die F.R.E. deutlich, wie Tabelle 30 zu entnehmen ist (m=n).

Aus den Ergebnissen der oben vorgestellten Arbeiten wird ersichtlich, daß der t-Test den angegebenen Konkurrenten bei Abweichungen von der Normalverteilung an Effizienz z.T. deutlich unterlegen ist, gerade für Verteilungen mit starken Tails. Als Alternative zum W_N-Test käme bei gleichen Stichprobenumfängen noch der (γ_1,γ_2)-getrimmte t-Test mit $\gamma_1 = \gamma_2 = \gamma = 10\%$ infrage. Für weitere Gütestudien des t-Tests im Vergleich zu einigen nichtparametrischen Konkurrenten bei kontaminierter Normalverteilung sei auf Neave u. Granger (1968) und Afifi u. Kim (1972) verwiesen.

Wir wollen noch einen Vergleich einiger der hier betrachteten Tests über die Pitman-A.R.E. (siehe Abschnitt 2.4.2) vornehmen. Für einen solchen Vergleich zwischen dem W_N-Test und dem t-Test bei skalenkontaminierter Normalverteilung gilt dasselbe Ergebnis wie zwischen dem W_n^+-Test und t-Test im Einstichproben-Problem (siehe Abschnitt 2.5.5), da die A.R.E. des Wilcoxon-Tests zum t-Test im Ein- wie im Zweistichproben-Problem durch die allgemeine Form

$$\text{A.R.E.}(W_N, t) = \text{A.R.E.}(W_n^+, t) = 12\sigma^2\Big[\int_{-\infty}^{+\infty} f^2(x)dx\Big]^2$$

gegeben ist, in der f die Dichte der stetigen Verteilungsfunktion F bedeutet, siehe Büning u. Trenkler (1978, S. 279). Schon bei $\varepsilon = 1\,\%$ Kontamination erweist sich der W_N-Test gegenüber dem t-Test als überlegen, was mit wachsendem ε immer "dramatischer" wird.

Doch wie stehen die einzelnen in Abschnitt 2.7.3 vorgestellten nichtparametrischen Tests im Vergleich zueinander? Beim Kriterium der α-Robustheit hatten wir festgehalten, daß diesbezüglich stets ein nichtparametrischer Test dem t-Test vorzuziehen sei, weil der erstere stets das Niveau α einhält, doch es bliebe die "Qual der Wahl" unter den zahlreichen nichtparametrischen Tests, die zur Verfügung stehen. Diese Qual soll ein wenig gemildert werden durch Tabelle 31, in der A.R.E.-Werte von vier nichtparametrischen Tests zum W_N-Test und dazu vorab von drei nichtparametrischen Tests zum t-Test zusammengestellt sind (zur Bezeichnung der nichtparametrischen Tests siehe 2.7.3). Die Spalten 4 bis 7 sind Randles u. Wolfe (1979, S. 313) entnommen.

Tab. 30: F.R.E. des $t_{\gamma_1\gamma_2 g}$-Tests zum t-Test und zum Wilcoxon-Test für $\alpha = 0.05$

Verteilung	g	Test	n	$\theta = .2$	.4	.6	.8	1
N	1	t	10	0.9503	0.9460	0.9483	0.9405	0.9389
			20	0.9762	0.9682	0.9743	0.9747	0.9760
		W_N	10	1.0055	0.9920	0.9961	0.9939	0.9898
			20	1.0147	1.0159	1.0242	1.0257	1.0247
	2	t	10	0.8680	0.8583	0.8678	0.8650	0.8614
			20	0.9428	0.9383	0.9411	0.9439	0.9373
		W_N	10	0.8926	0.8934	0.8988	0.9027	0.8968
			20	0.9711	0.9744	0.9843	0.9911	0.9857
C 1	1	t	10	1.0096	1.0125	1.0195	1.0122	1.0253
			20	1.1036	1.1080	1.1170	1.1284	1.1473
		W_N	10	1.0007	1.0082	0.9942	0.9931	1.0032
			20	1.0121	1.0020	1.0112	1.0089	1.0074
	2	t	10	0.9085	0.9069	0.9263	0.9305	0.9274
			20	1.0554	1.0801	1.0944	1.1173	1.1334
		W_N	10	0.8725	0.8881	0.9025	0.9065	0.9064
			20	0.9836	0.9978	0.9930	0.9937	1.0059
C 2	1	t	10	1.0845	1.0762	1.0706	1.0884	1.1047
			20	1.1722	1.1546	1.1790	1.1934	1.2240
		W_N	10	0.9789	0.9880	0.9976	1.0034	1.0142
			20	0.9529	0.9475	0.9586	0.9635	0.9581
	2	t	10	1.0062	0.9957	0.9932	1.0065	1.0171
			20	1.1873	1.1652	1.1979	1.2207	1.2477
		W_N	10	0.9410	0.9423	0.9437	0.9409	0.9465
			20	0.9877	0.9947	0.9973	1.0067	1.0096
C 3	1	t	10	1.0510	1.1192	1.1534	1.1850	1.2029
			20	1.1637	1.2314	1.2628	1.2838	1.2936
		W_N	10	0.8747	0.9273	0.9716	0.9933	1.0027
			20	0.8148	0.8677	0.8724	0.8752	0.8640
	2	t	10	1.0346	1.0645	1.0981	1.1325	1.1793
			20	1.2198	1.3030	1.3289	1.3670	1.3962
		W_N	10	0.8687	0.9129	0.9423	0.9609	0.9656
			20	0.9671	0.9783	0.9846	0.9837	0.9887
D	1	t	10	1.0456	1.1139	1.1324	1.1544	1.1686
			20	1.1330	1.1562	1.1636	1.1581	1.1570
		W_N	10	0.9732	0.9641	0.9689	0.9770	0.9872
			20	0.8724	0.8559	0.8480	0.8755	0.8820
	2	t	10	1.0790	1.1313	1.1527	1.1615	1.1711
			20	1.1929	1.2481	1.2637	1.2640	1.2570
		W_N	10	0.9860	0.9886	0.9966	1.0306	1.0434
			20	0.9163	0.9188	0.9283	0.9511	0.9617

Tab. 31: A.R.E.-Werte einiger Tests bei ausgewählten Verteilungen

Verteilung	(W_N,t)	(T_N,t)	(M_N,t)	(G_N,W_N)	(T_N,W_N)	(M_N,W_N)	(H_N,W_N)
Gleichverteilung	1.000	∞	0.333	2.000	∞	0.333	0.800
Normal	0.955	1.000	0.637	0.927	1.047	0.667	0.800
Logistisch	1.097	1.047	0.823	0.781	0.955	0.750	0.800
Doppelexponential	1.500	1.273	2.000	0.500	0.847	1.333	0.800
Cauchy				0.264	0.708	1.333	0.800
Exponential	3.000	∞	1.000	2.000	∞	0.333	1.800
untere Grenze (über alle F)	0.864	1.000	0				
obere Grenze (über alle F)	∞	∞	∞				

Es zeigt sich, daß für die hier betrachteten Verteilungen der T_N- und der W_N-Test im Vergleich zum t-Test hervorragend abschneiden, was insbesondere bei der Doppelexponentialverteilung (starke Tails) und der rechtsschiefen Exponentialverteilung zutrifft. Unter den Rangtests zeichnet sich über alle Verteilungen der W_N-Test aus, der aber in speziellen Situationen, wie die der Gleichverteilung und der Exponentialverteilung, deutlich dem T_N-Test bzw. H_N-Test unterlegen ist. Da in der Regel keine a priori Information über die Verteilungsfunktion F vorliegt, sollte bei der Entscheidung zwischen einem Rangtest und dem t-Test nach dem "safety-first-Prinzip" stets einem Rangtest der Vorzug gegeben werden; welchem, das kann für den Fall von Vorkenntnissen über die Tailstärke der zugrundeliegenden Verteilung mit Hilfe der Theorie lokal optimaler Rangtests und der A.R.E.-Werte entschieden werden: G_N-Test bei kurzen Tails, T_N-Test bei mittleren Tails, W_N-Test bei mittleren bis starken Tails, M_N-Test bei sehr starken Tails und der H_N-Test bei rechtsschiefen Verteilungen (bei linksschiefen Verteilungen wird die H_N-Statistik entsprechend modifiziert). Liegen keine Informationen über den Verteilungstyp und seine Tailstärke vor, so bietet sich entweder der W_N-Test als "Allround-Test" an (seine Effizienz zum t-Test fällt nicht unter 86,4% !!) oder vielleicht besser noch ein adaptiver Test, der vorab Informationen über die Stärke der Tails und der (möglichen) Asymmetrie von F aus den Daten holt (siehe Kapitel 3).

Zum Abschluß dieses Abschnitts seien noch einige Anmerkungen zur Influenzfunktion der Rangtests gemacht. Wie bereits in 2.4.3 näher ausgeführt, kann das zunächst für das Einstichproben-Problem eingeführte Konzept der Influenzfunktion auch auf das Zweistichproben-Problem übertragen werden. Unter Ausnutzung einer Symmetrieforderung an die Influenzfunktionen der x- und y-Stichprobe gelingt für symmetrisches F sogar eine Reduktion auf den Einstichproben-Fall, d.h. alle Ergebnisse über IF_{Test} von Rangtests im Einstichproben-Fall (siehe Abschnit 2.5.6) können auf "ähnliche" Rangtests für den Zweistichproben-Fall übertragen werden; dabei bedeutet "ähnlich" im Sinne von Hampel u.a. (1986, S.207 f), daß für die zugehörigen Scorefunktionen ϕ^+ bzw. ϕ_L gilt:

$$\phi^+(u) = \phi_L\left(\frac{1}{2} + \frac{1}{2}u\right).$$

So sind z.B. folgende Rangtests des Ein- und Zweistichproben-Problems ähnlich:

Vorzeichen-Test V_n^+ und Median-Test M_N,

Wilcoxons W_n^+ und W_N,

v.d. Waerdens X_n^+ und X_N sowie

Terry-Hoeffdings T_n^+ und T_N.

Die Tests V_n^+ und W_n^+ und damit auch M_N und W_N haben beschränkte Influenzfunktionen ($\gamma_{Test} < \infty$), die anderen angeführten Tests hingegen nicht, siehe auch Rousseeuw u. Ronchetti (1979).

Hinsichtlich weiterer Definitionen von Influenzfunktionen für Tests im Zweistichproben-Problem sei auf das bereits in 2.5.6 erwähnte Konzept von Lambert (1981) mit der Bahadur-half-slope c als Funktional hingewiesen und auf das von Eplett (1980) für Rangtests im Zweistichproben-Problem mit deren asymptotischer Güte β als Funktional, siehe auch Hampel u.a. (1986, S. 218 f).

2.7.6 Tests bei ungleichen Varianzen

(1) Vorbemerkungen

Eine der Modellannahmen bei der Anwendung des t-Tests ist die Gleichheit der Varianzen der X- und Y- Variablen, d.h. $\sigma_X^2 = \sigma_Y^2$. Wie jedoch reagiert der t-Test bei Abweichungen von dieser Homogenitätsannahme, d.h. wie robust ist der Test für $\sigma_X^2 \neq \sigma_Y^2$? Diese Frage ist gerade für die statistische Praxis von großer Bedeutung, ist doch eine solche restriktive Annahme der Gleichheit der Varianzen nur in Ausnahmefällen (angenähert) erfüllt. Betrachten wir dazu das Beispiel 6 in Abschnitt 1.3. Für die Beobachtungen in der Testgruppe (X) ergibt sich : $s_X^2 = 185.94$ und für die in der Kontrollgruppe (Y): $s_Y^2 = 23.20$. Die Anwendung des t-Tests auf dieses Beispiel ist also äußerst problematisch, wenn sich dieser Test als wenig α-robust unter Heterogenität der Varianzen erweist. Die t-Statistik

$$t = \frac{\overline{X} - \overline{Y}}{\left(\frac{(m-1)S_X^2 + (n-1)S_Y^2}{m+n-2}\left(\frac{1}{m} + \frac{1}{n}\right)\right)^{1/2}}$$

ist nämlich für ungleiche Varianzen nicht t-verteilt, wie die folgende Überlegung zeigt: Es ist

$$\mathrm{VAR}(\overline{X} - \overline{Y}) = \frac{\sigma_X^2}{m} + \frac{\sigma_Y^2}{n} \quad \text{und}$$

$$E\left(\frac{(m-1)S_X^2 + (n-1)S_Y^2}{m+n-2}\left(\frac{1}{m} + \frac{1}{n}\right)\right) = \frac{(m-1)\sigma_X^2 + (n-1)\sigma_Y^2}{m+n-2}\left(\frac{1}{m} + \frac{1}{n}\right),$$

und es gilt:

$$\frac{(m-1)\sigma_X^2 + (n-1)\sigma_Y^2}{m+n-2}\left(\frac{1}{m} + \frac{1}{n}\right) = \frac{\sigma_X^2}{m} + \frac{\sigma_Y^2}{n}$$

nur für $\sigma_X^2 = \sigma_Y^2$ oder m=n, d.h. nur in diesen Fällen ist die Varianz des Zählers von t gleich dem Erwartungswert des Quadrats des Nenners von t, eine Eigenschaft, die für eine t-verteilte Teststatistik gilt.

Im Falle von $\sigma_X^2 \neq \sigma_Y^2$ - in der Literatur auch als Behrens-Fisher-Problem bekannt - gibt es (auch unter Annahme der Normalverteilung) keinen gleichmäßig besten unverfälschten Test wie den t-Test für $\sigma_X^2 = \sigma_Y^2$. So liegt es nahe, entweder stets am t-Test festzuhalten, falls er robust ist bei Abweichungen von der Homogenitätsannahme oder ansonsten nach robustifizierten Versionen Ausschau zu halten. Nichtparametrische Tests, die das Niveau α für alle stetigen Verteilungen F einhalten, setzen auch voraus, daß sich die X- und Y- Variablen allenfalls hinsichtlich der Lage unterscheiden, und nicht bezüglich der Variabilität (Varianz), siehe Abschnitt 2.7.1. Betrachten wir dazu folgendes Beispiel von der Größe nach geordneten x- und y-Beobachtungen: xxx yyyyyyxxx (m=n=6). Der Wert der Wilcoxon-Statistik W_N ist gleich 39. Wegen der Ungleichheit der Varianzen der X- und Y- Variablen können hier mögliche Lageunterschiede nicht aufgedeckt werden, weil unter H_0 gerade $E(W_N) = 39$ ist.

Eine Möglichkeit, das Problem ungleicher Varianzen zu beseitigen, besteht darin, die Daten geeignet zu transformieren, siehe z.B. Miller (1986, S.58 f). Darauf wollen wir hier aber nicht näher eingehen.

Ein Modell, das neben einem Unterschied der Lage auch einen solchen der Variabilität einschließt, läßt sich wie folgt beschreiben (vergleiche 2.7.1):

$$X_i \sim F\left(\frac{z-\theta_X}{\tau_X}\right), i = 1,\dots,m,$$

$$Y_j \sim F\left(\frac{z-\theta_Y}{\tau_Y}\right), j = 1,\dots,n, \theta_X, \theta_Y \in \mathbf{R}, \tau_X, \tau_Y > 0 .$$

Setzen wir o.B.d.A. $\theta_X = 0, \tau_X = 1$, so unterscheiden sich die X_i und Y_j durch einen Lageparameter θ_Y und einen Skalenparameter τ_Y (Im "reinen" Skalenmodell wäre auch $\theta_Y = 0$, siehe Abschnitt 2.8), und es gilt dann $\sigma_Y^2 = \tau_Y^2\sigma_X^2$, d.h. für $\tau_Y \neq 1$ ist die Homogenitätsannahme der Gleichheit der Varianzen nicht erfüllt. Die Frage, die sich somit wie beim t-Test sofort aufdrängt, lautet: Wie robust sind nichtparametrische Lagetests bei ungleicher Variabilität der X- und Y- Variablen, d.h. für $\tau_X \neq \tau_Y$ bzw. $\tau_Y \neq 1$, falls $\tau_X = 1$ gesetzt ist. Hier ist also ein Beispiel dafür gegeben, daß sich Robustheitsfragen auch für nichtparametrische Verfahren stellen und nicht nur für parametrische, siehe dazu Abschnitt 1.2.

Wie bereits betont wurde, ist das Problem ungleicher Varianzen bzw. verschiedener Variabilität gerade im Hinblick auf die dann vorzunehmende Auswahl eines geeigneten Verfahrens von großer Wichtigkeit für die statistische Praxis. Brown (1982) meint sogar: "*It is fair to say that the topic of robustness of statistical tests against unequal variances is the single most robustness topic for practical statistics.*" Bevor wir uns nach robustifizierten Tests, parametrischen wie nichtparametrischen, umsehen, sei noch folgendes vermerkt: Die Untersuchung der Robustheit des t-Tests bei ungleichen Varianzen σ_X^2 und σ_Y^2 sollte auch den Fall der Abweichung vom Modell der Normalverteilung einschließen, d.h. also insgesamt Antwort auf die Frage geben: Wie robust ist der t-Test bei Abweichungen von der Normalverteilung und bei ungleichen Varianzen ? Darauf werden wir bei der Diskussion von Robustheitsstudien eingehen, wobei der Fall gleicher oder ungleicher Stichprobenumfänge m,n ebenfalls Berücksichtigung finden wird. Da für m=n (auch bei $\sigma_X^2 \neq \sigma_Y^2$) die Varianz des Zählers von t gleich dem Erwartungswert des Quadrats des Nenners von t ist, liegt die Vermutung nahe, daß der t-Test bei gleichen Stichprobenumfängen hinsichtlich des Testniveaus α weniger sensitiv auf ungleiche Varianzen reagiert als bei ungleichen Stichprobenumfängen. Um es vorweg zu sagen, diese Vermutung wird bestätigt, siehe dazu auch 2.7.2.

Im folgenden wollen wir jeweils eine Alternative zu dem parametrischen t-Test, dem nichtparametrischen Wilcoxon-Test W_N und dem (γ_1, γ_2)-getrimmten t-Test für das Modell ungleicher Varianzen vorstellen.

(2) Tests bei $\sigma_X^2 \neq \sigma_Y^2$

(a) Welch -Test

Für das Problem ungleicher Varianzen bei Annahme der Normalverteilung liegen im Bereich der parametrischen Tests einige Lösungsvorschläge vor, die aber nicht immer zufriedenstellend bzw. praktikabel sind, siehe z.B. Behrens (1929) und Fisher (1939) sowie Barnard (1984). Beim Vorschlag der ersten beiden Autoren, der auf dem Konzept der Fiduzialverteilung basiert (siehe auch Welch (1937)), ist das aktuelle Testniveau α^* meist kleiner als das nominale α, während Barnard zur Bestimmung exakter p-Werte der t-Statistik von möglichen (bekannten) Varianzquotienten ausgeht. Als der in der Literatur meist diskutierte Lösungsvorschlag kann der von Welch (1937) angesehen werden, der eine robustifizierte Version des t-Tests bei ungleichen Varianzen darstellt.

Die Teststatistik V von Welch lautet:

$$V = \frac{\overline{X} - \overline{Y}}{\left(\frac{S_X^2}{m} + \frac{S_Y^2}{n}\right)^{1/2}} .$$

Für m=n gilt V=t. Die exakte Verteilung von V hängt vom unbekannten Varianzquotienten σ_X^2/σ_Y^2 ab. Bei Annahme der Normalverteilung kann nach Welch (1937) die Verteilung von V unter $H_0: \mu_X = \mu_Y$ gut durch eine t-Verteilung mit geschätzter Anzahl von

$$\nu = \frac{\left(\frac{S_X^2}{m} + \frac{S_Y^2}{n}\right)^2}{\frac{S_X^4}{m^2(m-1)} + \frac{S_Y^4}{n^2(n-1)}}$$

Freiheitsgraden approximiert werden.

Die Güte dieser Approximation - gemessen über das aktuelle Testniveau α^* - wurde von Wang (1971) untersucht, und zwar für nominale Testniveaus $\alpha = 0.01, 0.05, 0.1$ und für verschiedene (gleiche und ungleiche) Stichprobenumfänge m,n und Varianzquotienten σ_X^2/σ_Y^2. Es zeigt sich, daß bis auf zwei Fälle die maximale Differenz $|\alpha - \alpha^*|$ bei 0.001 liegt und daß sie mit wachsenden Stichprobenumfängen abnimmt. Somit können also ohne nennenswerten Verlust an Genauigkeit Tabellen der t-Verteilung bei Anwendung des Welch-Tests benutzt werden. Die Anzahl ν der FG (als Zufallsvariable) ist in der Regel keine ganze Zahl. Im Zeitalter des Computers dürfte es allerdings kein Problem sein, Quantile der t-Verteilung auch für nicht-ganzzahliges ν zu bestimmen, ganz abgesehen davon, daß es für die statistische Praxis völlig ausreicht, Quantile der t-Verteilung für den Fall $\nu \notin N$ durch lineare Interpolation zwischen Tabellenwerten für $[\nu]$ und $[\nu] + 1$ zu bestimmen oder besser noch (um auf der "sicheren Seite" zu bleiben) über $[\nu]$ festzulegen. Eine weitere einfache, praktische Empfehlung geht auf Scheffé (1970) zurück, der $\nu = \min(m-1, n-1)$ setzt.

Eine gewisse "Rechtfertigung" für einen solchen Vorschlag bringen Mickey u. Brown (1966), die beweisen, daß die Verteilung von V für alle Werte des Varianzquotienten σ_X^2/σ_Y^2 durch t-Verteilungen mit $\nu_1 = (m+n-2)$ FG und $\nu_2 = \min(m-1, n-1)$ FG begrenzt ist.

Es gibt noch weitere parametrische Alternativen zum t-Test bei ungleichen Varianzen. Welch (1937) selbst schlug eine Modifiktation V^* von V vor, die "*may be less dependent on* σ_X^2/σ_Y^2 *even than V*". Die Statistik hat die Form

$$V^* = \frac{\overline{X} - \overline{Y}}{\left(\frac{(m-1)S_X^2}{m(m-3)} + \frac{(n-1)S_Y^2}{n(n-3)}\right)^{1/2}}$$

und ist von Fenstad (1983) näher untersucht worden; wir kommen darauf zurück. Andere Konkurrenten zum t- bzw. V-Test sind der Likelihood-Ratio-Test, der Wald-Test und der sogenannte Score-Test. Diese Tests werden von Best u. Rayner (1987) untereinander und mit dem Welch-Test verglichen. Es zeigt sich, daß die drei Tests ähnliche Güteeigenschaften wie der Welch-Test haben, so daß in obiger Arbeit dem bekannteren Welch-Test der Vorzug gegeben wird.

(b) Modifizierter Wilcoxon-Test

Studien nichtparametrischer Tests für das Behrens-Fisher-Problem sind in der Literatur nur sehr spärlich zu finden. Sen (1962) schlägt eine "studentisierte" Version der Wilcoxon-Statistik vor, die asymptotisch verteilungsfrei ist. Diese Teststatistik wird von Yuen Fung (1979) aufgegriffen und für kleine und mittlere Stichprobenumfänge auch im Vergleich zu einigen Konkurrenten untersucht. Dabei wird das unter (1) angegebene Modell unterstellt:

$$X_i \sim F\left(\frac{z-\theta_X}{\tau_X}\right), i = 1, \dots, m,$$

$$Y_j \sim F\left(\frac{z-\theta_Y}{\tau_Y}\right), j = 1, \dots, n\ .$$

Zu testen sei:

$$H_0: \theta_X = \theta_Y \text{ gegen } H_1: \theta_X \neq \theta_Y\ .$$

Es sei W_N die Wilcoxon-Statistik und $U_N = \frac{1}{m \cdot n}\left(W_N - \frac{m(m+1)}{2}\right)$ die dazu äquivalente Mann-Whitney-Statistik, siehe Abschnitt 2.7.3. Es gilt:

$$\frac{U_N - 0.5}{((m+n+1)/12mn)^{1/2}}$$

ist asymptotisch N(0,1)-verteilt. Zur Konstruktion eines modifizierten Wilcoxon-Tests sei

$$D_X^2 = \frac{1}{m-1}\left[\sum_{i=1}^{m}((R_i - i)/n)^2 - mU_N^2\right],$$

$$D_Y^2 = \frac{1}{n-1}\left[\sum_{j=1}^{n}((S_j - j)/m)^2 - n(1 - U_N)^2\right],$$

worin R_i der Rang von X_i und S_j der Rang von Y_j in der kombinierten, geordneten Stichprobe sind; weiterhin sei

$$D_U^2 = \frac{D_X^2}{m} + \frac{D_Y^2}{n}.$$

Sen (1962) hat gezeigt, daß unter H_0 die studentisierte Wilcoxon-Statistik $\tilde{U}_N = (U_N - 0.5)/D_U$ asymptotisch N(0,1)-verteilt ist, falls F symmetrisch ist. Yuen Fung (1979) schlägt in Anlehnung an die Empfehlung von Welch (1937) vor, für kleine und mittlere Stichprobenumfänge die Verteilung von $\tilde{U}_N$ durch die t-Verteilung mit der unter (a) angegebenen Anzahl ν von Freiheitsgraden zu approximieren, wobei in dem Ausdruck für ν die Stichprobenvarianzen S_X^2 und S_Y^2 entsprechend durch D_X^2 bzw. D_Y^2 zu ersetzen sind.

Fligner u. Policello (1981) betrachten für das Behrens-Fisher-Problem eine andere Modifikation der Wilcoxon-Statistik, die viel Ähnlichkeit mit der Welch-Statistik hat. Darüberhinaus modifizieren sie eine Reihe weiterer nichtparametrischer Tests auf Gleichheit der Mediane für den Fall, daß die Verteilungen F und G der X- bzw. Y-Variablen nicht dieselbe Gestalt haben.

(c) Modifizierter (γ_1, γ_2)-getrimmter t-Test

Yuen (1974) betrachtet für das Problem ungleicher Varianzen eine robustifizierte Version der (γ_1, γ_2)-getrimmten t-Statistik aus Abschnitt 2.7.4.

Die Teststatistik lautet

$$t^*_{\gamma_1\gamma_2 g} = \frac{\overline{X}_{\gamma_1 g} - \overline{Y}_{\gamma_2 g}}{\left(\frac{S^2_w(X)}{h_1} + \frac{S^2_w(Y)}{h_2}\right)^{1/2}}\text{ , wobei}$$

$$S^2_w(X) = SSD_w(X)/(h_1 - 1) \text{ und}$$

$$S^2_w(Y) = SSD_w(Y)/(h_2 - 1)$$

die winsorisierten Stichprobenvarianzen bedeuten und $h_1 = m\text{-}2g_1, h_2 = n\text{-}2g_2$ mit $g_1 = [\gamma_1 m]$ und $g_2 = [\gamma_2 n]$ ist. Die Statistik $t^*_{\gamma_1\gamma_2 g}$ kann als "getrimmte Welch-Statistik" aufgefaßt werden. Auf Grund von Ergebnissen aus einer Simulationsstudie schlägt Yuen vor, die Verteilung von $t^*_{\gamma_1\gamma_2 g}$ durch eine t-Verteilung mit der unter (a) angegebenen Anzahl ν von Freiheitsgraden zu approximieren; dabei werden in der Formel für ν die Stichprobenvarianzen S^2_X, S^2_Y durch die winsorisierten Varianzen $S^2_w(X)$ bzw. $S^2_w(Y)$ ersetzt und m,n durch h_1 bzw. h_2. Dieser Test von Yuen hat also zwei Ziele, zum einen vor Ausreißern und zum anderen vor ungleichen Varianzen zu "schützen".

(3) Robustheitsstudien

Im folgenden sollen nun der t-Test und der Wilcoxon-Test unter Einbeziehung ihrer robustifizierten Versionen für das Behrens-Fisher-Problem miteinander verglichen werden. Exakte Vergleiche über das Testniveau α oder die Güte β liegen m.W. nicht vor, dafür aber einige Simulationsstudien, auf die wir hier ausschnittsweise eingehen wollen.

Posten u.a. (1982) untersuchen die α-Robustheit des zweiseitigen t-Tests unter Annahme der Normalverteilung bei ungleichen Varianzen für gleiche und ungleiche Stichprobenumfänge im Bereich $5 \leq m, n \leq 50$ und für $\alpha = 0.01$ und 0.05. Sie kommen zu dem Ergebnis, daß der t-Test für m=n äußerst α-robust ist *"probably more so than most statisticians realize"*, daß jedoch dieser hohe Grad der Robustheit mit wachsender Differenz zwischen m und n schnell abnimmt. Untersuchungen von Wetherill (1960), van der Vaart (1961) und Pratt (1964) zeigen, daß der Wilcoxon-Test empfindlich auf Heterogenität der Varianzen reagiert. Diese Sensitivität ist unter Annahme der Normalverteilung und für gleiche Stichprobenumfänge beim Wilcoxon-Test stärker zu beobachten als beim t-Test, wie die Arbeiten von van der Vaart (1961), Boneau (1962) und Glazer (1963) belegen.

Fenstad (1983) vergleicht den Welch-Test V mit der Modifikation V^* von V, siehe 2(a), allerdings nur für m=5, n=15, $\alpha = 0.05$; dabei werden $\sigma_X^2/\sigma_Y^2 = 1/4,1,4$ und für einen Gütevergleich $\delta = 0(1)5$ gewählt mit

$$\delta = (\mu_X - \mu_Y)/\sqrt{\sigma_X^2/m + \sigma_Y^2/n} \ .$$

Es zeigt sich, daß der V^*-Test α-robuster als der V-Test ist und auch höhere Güte aufweist, wobei jedoch ein solcher Gütevergleich wegen des größeren aktuellen Testniveaus α^* beim V^*-Test problematisch ist. So bleibt zu prüfen, ob Fenstads Statement " *it is difficult to understand why this test (V*) has been ignored in the literature* " auch bei größer angelegten Studien dieses Tests und seiner Konkurrenten aufrechtzuerhalten ist.

In der bereits zitierten Arbeit von Best u. Rayner (1987) werden der t-Test und der V-Test hinsichtlich des aktuellen Testniveaus α^* für $\sigma_X^2 \neq \sigma_Y^2$, (m,n)=(5,15) und bezüglich der Güte β für $\sigma_X^2 = \sigma_Y^2$ und verschiedene (m,n) Kombinationen unter Annahme der Normalverteilung miteinander verglichen. Der V-Test hält für $\sigma_X^2/\sigma_Y^2 = 1/16,1/4,1,4,16$ gut das nominale Testniveau $\alpha = 0.05$ ein $(0.050 \leq \alpha^* \leq 0.056)$, was für den t-Test keineswegs gesagt werden kann $(0.004 \leq \alpha^* \leq 0.256)$. Selbst für $\sigma_X^2 = \sigma_Y^2 = \sigma^2$ kann der V-Test beim Gütevergleich mit dem optimalen t-Test "voll mithalten", was Tabelle 32 zu entnehmen ist; darin bedeutet $\delta = \frac{\mu_X - \mu_Y}{\sigma(1/m + 1/n)^{1/2}}$.

Tab. 32: Güte des t-Tests und des V-Tests unter Normalverteilung mit $\sigma_X^2 = \sigma_Y^2$ ($\alpha = 0.05$)

δ	Test	(m,n)=(4,8)	(5,15)	(6,12)	(6,6)	(8,12)	(10,20)
1	t	0.15	0.16	0.16	0.15	0.16	0.16
	V	0.16	0.15	0.16	0.15	0.16	0.17
2	t	0.44	0.47	0.47	0.44	0.47	0.49
	V	0.41	0.41	0.46	0.44	0.48	0.48
3	t	0.77	0.81	0.80	0.77	0.81	0.83
	V	0.69	0.71	0.77	0.76	0.82	0.81
4	t	0.95	0.97	0.96	0.95	0.97	0.97
	V	0.89	0.91	0.94	0.93	0.96	0.96

Die Gütewerte des t- und des V-Tests liegen für die größeren (m,n)-Kombinationen nahe beieinander. Das ist in Übereinstimmung mit der Tatsache, daß die Pitman-A.R.E. des t-Tests zum V-Test gleich 1 ist. Als Ergebnis ihrer Studie empfehlen die Autoren, für $\nu > 5$ stets dem V-Test den Vorzug gegenüber dem t-Test zu geben.

Die These, daß der t-Test auf Heterogenität der Varianzen empfindlicher reagiert als der V-Test wird bereits durch eine Arbeit von Gronow (1953) unterstützt, der zudem feststellt, daß der Effekt der Ungleichheit der Varianzen sowohl für den t-Test als auch für den V-Test dadurch minimiert werden kann, daß aus der Grundgesamtheit mit größerer Varianz eine Stichprobe größeren Umfangs (als der der anderen Stichprobe) gewählt wird.

Wie jedoch verhalten sich der t-Test und der V-Test bei ungleichen Varianzen *und* nichtnormalverteilten Daten? Gronow (1953) kommt zu dem Ergebnis, daß der Effekt der Nichtnormalität auf V größer ist als auf t (für $m \neq n$), und er resümiert "*if the population may be non-normal as well as have unequal variances, the advantage pointed out by Welch of using V rather than t when comparing the means of small unequal samples is no longer so clear-out*". Bhattacharjee (1968) bestätigt das Ergebnis von Gronow bei nichtnormalverteilten Daten und fügt hinzu, daß bei zusätzlicher Ungleichheit der Varianzen der t-Test und V-Test unter gewissen Umständen "*misleading results*" geben. Sein Vorschlag besteht darin, *gleiche* Stichprobenumfänge zu wählen.

In der bereits in Abschnitt 2.7.5 vorgestellten Arbeit von Lee u. D'Agostino (1976) werden der t-Test, der V-Test und der Wilcoxon-Test bei lagekontaminierter Normalverteilung und ungleichen Varianzen hinsichtlich des aktuellen Testniveaus α^* miteinander verglichen (die nachstehenden Bezeichnungen sind wie in 2.7.5). Das Testproblem lautet für Fall I ($\varepsilon_X = \varepsilon_Y = 0.5$):

$$H_0: \mu_X = \mu_Y \text{ gegen } H_1: \mu_X \neq \mu_Y$$

und für Fall II ($\varepsilon_X = 0.1, \varepsilon_Y = 0$):

$$H_0: \mu_{1,X} = \mu_{1,Y} \ .$$

Die kritischen Werte der t-Statistik und der V-Statistik sind in der Simulationsstudie über das $(1 - \alpha/2)$-Quantil der t-Verteilung mit $\nu = m+n-2$ FG bzw. $\nu = \min(m-1,n-1)$ FG festgelegt, siehe 2(a).

Der Wilcoxon-Test hält als verteilungsfreier Test unter der Hypothese gleicher Verteilungen der X- und Y- Variablen (d.h. $\Delta_1 = \Delta_4$) exakt das Niveau α ein, und zwar ist hier gewählt:

$\alpha_1 = 0.0318$ für m=n=5,
$\alpha_2 = 0.0432$ für m=n=10 und
$\alpha_3 = 0.0400$ für m=5, n=10 oder m=10, n=5,

damit $\alpha_i \leq \alpha = 0.05$ ist, i=1,2,3. Für einen solchen nichtrandomisierten Wilcoxon-Test gilt dann bei Wahl dieser α_i: $\alpha_i \cdot \binom{m+n}{n} \in \mathbb{N}$, siehe auch Abschnitt 2.7.3. Im Fall $\Delta_1 = \Delta_4$ in Tabelle 33 können die simulierten Testniveaus von W_N zur Prüfung der "Qualität der Simulationsstudie" dienen. Tabelle 33 bezieht sich auf den Fall I und Tabelle 34 auf den Fall II.

Tab. 33: Aktuelle Testniveaus α^* des t-Tests (1.Zeile), des V-Tests (2.Zeile) und des W_N-Tests (3.Zeile) bei kontaminierter Normalverteilung mit $\varepsilon_X = \varepsilon_Y = 0.5$ ($\alpha = 0.05$)

	m=n=10						m=5, n=10					
Δ_4	$\Delta_1 = 0$	0.5	1	2	3	4	0	0.5	1	2	3	4
0	.0510	.0500	.0531	.0562	.0594	.0621	.0535	.0526	.0584	.0837	.1198	.1409
	.0376	.0386	.0388	.0436	.0474	.0489	.0231	.0214	.0225	.0312	.0486	.0635
	.0445	.0435	.0464	.0486	.0601	.0718	.0427	.0425	.0451	.0563	.0765	.0859
0.5		.0481	.0496	.0495				.0530	.0612	.0801		
		.0345	.0388	.0369				.0232	.0251	.0314		
		.0415	.0445	.0438				.0437	.0477	.0564		
1			.0525	.0538	.0573	.0603			.0488	.0698	.1065	.1294
			.0375	.0408	.0435	.0463			.0213	.0287	.0463	.0487
			.0429	.0459	.0544	.0662			.0396	.0525	.0743	.0823
2				.0531	.0532	.0539				.0484	.0799	.1025
				.0393	.0404	.0406				.0226	.0369	.0531
				.0429	.0487	.0540				.0382	.0602	.0748
3					.0540	.0523					.0483	.0752
					.0413	.0398					.0263	.0422
					.0446	.0462					.0390	.0594
4						.0471						.0534
						.0365						.0318
						.0418						.0406

Tab. 34: Aktuelle Testniveaus α^* des t-Tests (1.Zeile), des V-Tests (2.Zeile) und des W_N-Tests (3.Zeile) bei kontaminierter Normalverteilung mit $\varepsilon_X = 0.1, \varepsilon_Y = 0$ ($\alpha = 0.05$)

Δ_1	(m,n)=(5,5)	(10,10)	(5,10)	(10,5)
0.5	.0545	.0525	.0512	.0489
	.0261	.0405	.0208	.0211
	.0342	.0470	.0425	.0417
1	.0514	.0546	.0513	.0520
	.0245	.0402	.0228	.0220
	.0328	.0461	.0435	.0482
1.5	.0553	.0588	.0648	.0422
	.0277	.0430	.0244	.0193
	.0358	.0491	.0491	.0378
2	.0499	.0650	.0680	.0443
	.0237	.0487	.0219	.0231
	.0320	.0539	.0576	.0416
2.5	.0551	.0695	.0751	.0421
	.0258	.0521	.0223	.0219
	.0372	.0560	.0520	.0377

Bei der Interpretation der Ergebnisse in Tabelle 33 verdienen folgende Fälle besondere Beachtung:

1. $\Delta_1 = \Delta_4$: Identische Verteilung für X und Y,
2. $\Delta_1 = \Delta_4 = 0$: Normalverteilung für X und Y,
3. $\Delta_1 \neq 0, \Delta_4 = 0$: Normalverteilung für Y, keine Normalverteilung für X, $\sigma_X^2 \neq \sigma_Y^2$,
4. $\Delta_1 \neq \Delta_4, \Delta_4 \neq 0$: keine Normalverteilung für X und Y, $\sigma_X^2 \neq \sigma_Y^2$.

Auffällig ist, daß der V-Test selbst für den 1.Fall sehr konservativ ist, insbesondere für $m \neq n$; $r_1(\alpha, \alpha^*)$ nimmt hier Werte bis zu 57% an. Der t-Test hingegen erweist sich als α-robust; $r_1(\alpha, \alpha^*)$ beträgt hier höchstens 8%. Die α-Robustheit des t-Tests gilt auch noch für den 3.Fall mit $0 < \Delta_1 < 2$ (die Verteilung der X- Variablen ist unimodal) und m=n=10. Ansonsten ist der t-Test wenig α-robust und dabei meist antikonservativ. So ist für m=5, n=10 und $\Delta_4 = 0, \Delta_1 = 4$, d.h. $\sigma_X^2/\sigma_Y^2 = 5$, das aktuelle Testniveau $\alpha^* = 0.1409$.

Der Wilcoxon-Test schneidet im allgemeinen besser ab als der t-Test, wenngleich auch er sich im 3. Fall für $\Delta_1 > 2$ und allgemein im 4. Fall als zumeist antikonservativ erweist. Bemerkenswert ist, daß alle drei Tests stärker auf die Ungleichheit der Varianzen als auf Abweichungen von der Normalverteilung bei gleichen Varianzen (1. Fall mit $\Delta_1 = \Delta_4 \neq 0$) reagieren. Auch der Einfluß ungleicher Stichprobenumfänge wird deutlich.

Tabelle 34 zeigt, daß auch hier der V-Test in der Tendenz ausgesprochen konservativ ist, der t-Test meist antikonservativ, während der Wilcoxon-Test sich meist moderat konservativ verhält. Er schneidet insgesamt am besten ab. Im Falle ungleicher Stichprobenumfänge sollten generell beim t- und W_N-Test mehr Beobachtungen aus der Grundgesamtheit mit möglicher Kontamination der Verteilung ausgewählt werden.

Yuen (1974) vergleicht aktuelles Testniveau und Güte des V-Tests und des modifizierten (γ_1, γ_2)- getrimmten t-Tests unter einer Reihe von Verteilungen mit kurzen, mittleren und starken Tails und für gleiche und ungleiche Stichprobenumfänge. Der (γ_1, γ_2)- getrimmte t-Test erweist sich gerade bei Verteilungen mit starken Tails als dem V-Test überlegen, sowohl hinsichtlich der α-Robustheit als auch der Güte β .

In einer weiteren Arbeit untersucht Yuen Fung (1979) den modifizierten (studentisierten) Wilcoxon-Test $\tilde{U}_N$ im Vergleich zum W_N-Test, V-Test und zum modifizierten (γ_1, γ_2)- getrimmten t-Test. In Tabelle 35 sind zunächst unter Annahme der Normalverteilung die aktuellen Testniveaus α^* des W_N-Tests und des $\tilde{U}_N$-Tests angegeben; bei $\tilde{U}_N$ zum einen über Approximation durch die Normalverteilung (AN) und zum anderen durch die t-Verteilung (At), siehe 2(c).

Offensichtlich ist der W_N-Test sehr sensitiv bei Heterogenität der Varianzen, insbesondere für $m \neq n$. Der $\tilde{U}_N$-Test schneidet bei Approximation der Verteilung von $\tilde{U}_N$ durch die t-Verteilung bedeutend besser ab. Für die folgenden (getrennten) Gütevergleiche von $\tilde{U}_N$ mit V und $\tilde{U}_N$ mit $t^*_{\gamma_1\gamma_2 g}$ sind daher beim $\tilde{U}_N$-Test die kritischen Werte über die Quantile der t-Verteilung bestimmt. Tabelle 36 bringt einen Gütevergleich des $\tilde{U}_N$-Tests mit dem V-Test unter Annahme der Normalverteilung mit $\mu_Y = 0$ und verschiedenen μ_X für einige (m,n)- und (σ_X, σ_Y)-Kombinationen ($\alpha = 0.05$).

Wie erwartet, hat der $\tilde{U}_N$-Test unter Annahme der Normalverteilung geringere Güte als der V-Test. Da dieser Nachteil aber keineswegs ins Auge sticht, sollte grundsätzlich (schon beim "Verdacht" auf Nichtnormalität) der $\tilde{U}_N$-Test dem V-Test vorgezogen werden, da er generell das Niveau α besser einhält.

Tab. 35: Aktuelle Testniveaus α^* des W_N- und $\ddot{U}_N$-Tests bei Normalverteilung (in %)

						$\ddot{U}_N$					
				W_N			AN			At	
(m,n)	σ_X	σ_Y	0.10	0.05	0.01	0.10	0.05	0.01	0.10	0.05	0.01
(10,10)	1	1	13.6	6.2	0.9	14.5	8.8	3.2	12.9	6.8	1.8
	2	1	12.0	6.7	1.6	12.8	8.0	3.5	10.3	6.3	2.0
	5	1	13.1	7.9	1.9	11.9	8.0	3.0	9.8	4.2	1.5
	10	1	14.7	9.2	2.1	13.0	8.4	2.8	10.6	3.2	2.0
(20,20)	1	1	11.4	6.2	1.5	10.0	6.3	1.5	11.4	6.8	2.3
	2	1	9.8	5.8	0.8	11.7	5.2	0.7	8.5	5.3	0.9
	5	1	13.2	8.3	2.0	11.9	7.0	2.1	9.5	6.1	1.7
	10	1	14.8	7.6	1.8	10.1	4.2	1.4	8.5	3.6	0.6
(30,30)	1	1	9.1	4.7	0.5	9.7	5.1	1.2	10.9	5.0	0.9
	2	1	11.2	6.1	0.8	10.7	6.1	1.2	9.7	5.5	0.9
	5	1	13.7	6.8	1.8	10.4	5.5	1.2	9.2	5.0	0.8
	10	1	14.8	8.4	2.3	9.7	6.1	1.5	9.0	5.3	0.8
(10,30)	1	1	11.0	5.5	0.9	13.6	7.5	2.6	11.0	5.9	1.6
	3	1	23.6	12.9	4.4	14.0	8.6	3.8	10.9	5.6	2.1
	0.3	1	5.1	2.1	0.2	11.6	6.5	2.1	10.8	5.7	1.7
(20,30)	1	1	10.5	6.0	1.2	11.4	6.2	2.1	10.4	5.9	1.7
	3	1	15.7	9.0	2.6	11.3	6.1	2.6	9.9	5,1	2.1
	0.3	1	9.4	4.5	0.8	10.3	5.7	1.8	9.8	4.8	1.4
(20,30)	1	1	10.3	6.0	1.2	11.3	6.7	1.7	10.3	5.7	1.3
	3	1	18.5	11.6	3.4	10.4	6.6	2.5	9.1	5.2	1.5
	0.3	1	6.9	2.9	0.2	12.5	6.6	1.8	12.0	6.2	1.5

Tab. 36: Gütevergleich des $\ddot{U}_N$-Tests mit dem V-Test unter Normalverteilung (in %)

(m,n)	(σ_X, σ_Y)	μ_X	$\ddot{U}_N$	V
(30,30)	(1,1)	0	5.0	6.3
		0.25	15.0	14.7
		0.5	43.6	45.7
		0.75	78.1	78.6
		1.0	96.1	96.6
	(0.3,1)	0	4.8	5.8
		0.25	23.1	26.4
		0.5	62.7	72.2
		0.75	92.6	96.3
		1.0	99.6	100.0
	(3,1)	0	6.6	5.4
		0.5	12.3	13.0
		1.0	35.2	40.2
		1.5	61.1	68.6
		2.0	86.9	91.1

Fortsetzung nächste Seite

Tab. 36: Fortsetzung

(m,n)	(σ_X, σ_Y)	μ_X	$\tilde{U}_N$	V
(20,50)	(0.3,1)	0	6.2	6.4
		0.25	29.3	33.7
		0.5	79.1	87.0
		0.75	98.8	99.6
		1.0	99.9	100.0
	(3,1)	0	5.2	5.6
		0.5	11.2	10.9
		1.0	24.2	26.6
		1.5	49.8	58.3
		2.0	72.3	80.0

In Tabelle 37 wird der $\tilde{U}_N$-Test mit dem $t^*_{\gamma_1\gamma_2 g}$-Test unter Annahme einer Cauchy-Verteilung CA(M,τ) verglichen, wobei M der Median und τ ein Skalenparameter sind. Für die X-Variablen gelte: M_X =0(1)6, $\tau_X = 4$ und für die Y-Variablen $M_Y = 0$ und $\tau_Y = 1$. Die Statistik $t^*_{\gamma_1\gamma_2 g}$ sei mit t^*_{kl} bezeichnet, wobei $k = [\gamma_1 m]$ und $l = [\gamma_2 n]$ gesetzt sind.

Tab. 37: Gütevergleich des $\tilde{U}_N$-Tests mit dem $t^*_{\gamma_1\gamma_2 g}$-Test unter Cauchy-Verteilung (in %)

(m,n)	Test	$M_X = 0$	1	2	3	4	5	6
(20,20)	$\tilde{U}_N$	5.6	11.8	22.6	43.8	60.5	74.2	85.1
	t^*_{12}	3.2	4.3	10.1	21.3	32.6	44.3	55.1
	t^*_{22}	3.8	7.0	13.0	32.7	46.3	60.2	73.2
	t^*_{33}	3.5	8.6	17.3	38.4	56.5	71.0	82.5
	t^*_{44}	4.6	8.5	22.1	44.0	64.2	76.2	88.1
	t^*_{55}	4.5	8.0	23.4	48.0	66,8	80.6	89.9
(10,30)	$\tilde{U}_N$	4.8	9.0	13.1	21.6	36.9	47.4	54.8
	t^*_{13}	5.7	8.0	11.1	18.4	29.8	39.4	50.0
	t^*_{26}	2.1	6.2	10.2	20.8	34.4	44.1	58.0
(30,10)	$\tilde{U}_N$	3.5	11.5	25.9	45.7	64.4	79.9	85.7
	t^*_{31}	3.1	7.0	17.1	35.9	57.0	70.2	79.0
	t^*_{62}	3.5	10.8	28.5	53.6	73.7	87.8	93.5

Der $t^*_{\gamma_1\gamma_2 g}$-Test schneidet bei "optimaler" Wahl der Anzahl der getrimmten Beobachtungen besser ab als der $\tilde{U}_N$-Test. Doch wie ist diese Wahl konkret in der Praxis vorzunehmen ? Da darüber in der Regel keine eindeutigen Richtlinien vorliegen und der $\tilde{U}_N$-Test als asymptotisch verteilungsfreier Test auch generell besser das Niveau α einhält, sollte bei Verteilungen mit starken Tails dem $\tilde{U}_N$-Test gegenüber dem $t^*_{\gamma_1\gamma_2 g}$-Test der Vorzug gegeben werden. Hinsichtlich weiterer Untersuchungen zur Robustheit von Lagetests bei ungleichen Varianzen sei auf Davenport u. Webster (1975), Fligner u. Policello (1981) und Brown (1982) verwiesen.

2.7.7 Resümee und Ausblick

Die Untersuchungen in den beiden letzten Abschnitten haben deutlich gemacht, daß die Frage nach der Robustheit des klassischen t-Tests ganz wesentlich von drei Faktoren beeinflußt wird, und zwar von

1. der zugrundeliegenden Verteilung,
2. den Varianzen, wobei $\sigma_X^2 = \sigma_Y^2$ oder $\sigma_X^2 \neq \sigma_Y^2$ ist,
3. den Stichprobenumfängen, wobei m=n oder m $\neq$ n ist.

Als Resümee dieser Studien mögen folgende Empfehlungen für den Anwender nützlich sein:

Kann von normalverteilten Daten *und* $\sigma_X^2 = \sigma_Y^2$ ausgegangen werden, so ist natürlich der t-Test das optimale Verfahren. Er ist auch noch seinen Konkurrenten im Fall $\sigma_X^2 \neq \sigma_Y^2$ vorzuziehen, falls m=n ist, andernfalls sollte der V-Test angewendet werden.

Im Falle nichtnormalverteilter Daten *und* $\sigma_X^2 = \sigma_Y^2$ spricht alles für den W_N-Test, bei symmetrischen Verteilungen mit sehr starken Tails auch einiges für den $t_{\gamma_1\gamma_2 g}$-Test, wobei die Trimmanteile $\gamma_1 = \gamma_2$ ca. 15% betragen sollten. Gilt $\sigma_X^2 \neq \sigma_Y^2$, so verdienen der modifizierte Wilcoxon-Test $\tilde{U}_N$ oder der modifizierte getrimmte Test $t^*_{\gamma_1\gamma_2 g}$ den Vorzug.

Wie jedoch in der konkreten Datensituation zu entscheiden ist, ob Normalverteilung und/oder Homogenität der Varianzen vorliegt, das mag einer explorativen Datenanalyse vorbehalten bleiben. Häufig werden auch in der statistischen Praxis Pretests durchgeführt, das bedeutet hier einen Anpassungstest (z.B. χ^2-Test) auf Normalverteilung bzw. den F-Test (unter Annahme wiederum der Normalverteilung) auf Gleichheit der Varianzen. Führen die Daten nicht zur Ablehnung der Hypothese der Normalverteilung der X- und Y- Variablen sowie der Gleichheit der Varianzen, so wird der (bedingte) t-Test angewendet. Eine solche Vorgehensweise ist natürlich sehr problematisch, weil über das Gesamtniveau α dieser mehrstufigen Testprozedur keine

Aussage gemacht werden kann. Bestehen also nach einer explorativen Datenanalyse berechtigte Zweifel am Modell der Normalverteilung, so sollte dem Wilcoxon-Test oder besser noch seiner modifizierten Version der Vorzug gegeben werden, um auch vor ungleichen Varianzen "geschützt" zu sein. In diesem Sinne bietet sich also für die Daten aus Beispiel 6 in Abschnitt 1.3 wegen $s_x^2 = 185.94$ und $s_y^2 = 23.20$ der $\tilde{U}_N$-Test an, dessen Anwendung wir nun an diesem Datensatz demonstrieren wollen.

Beispiel 24:

Gegeben seien die Daten aus Beispiel 6 in 1.3. Das Testproblem lautet:

$$H_0: \theta = 0 \text{ gegen } H_1: \theta < 0 \text{ mit } \theta = \mu_Y - \mu_X.$$

Es ergibt sich:

$$W_N = \sum_{i=1}^{N} iV_i = \sum_{i=1}^{m} R(X_i) = 372,$$

$$U_N = 0.7444,\ D_X^2 = 0.0911,\ D_Y^2 = 0.0387,\ D_U^2 = 0.0076$$

und damit:

$$\tilde{U}_N = 2.7962\ .$$

Es ist $\nu = 29.4564$, d.h. $[\nu] = 29$.

Wegen $\tilde{U}_N > t_{0.95}(29) = 1.699$ wird H_0 auf dem Testniveau $\alpha = 0.05$ (auch noch für $\alpha = 0.01$) abgelehnt.

∇

Als nichtparametrische Alternativen zum W_N-Test kommen natürlich auch Tests aus Beispiel 20 infrage. Die Auswahl eines "besten" nichtparametrischen Tests kann adaptiv an die vorliegenden Daten erfolgen, siehe 3.Kapitel.

Wie bereits im Einstichproben-Lageproblem näher ausgeführt, können weitere robustifizierte Tests basierend auf robusten Lageschätzern konstruiert werden, so z.B. Tests, denen M-Schätzer bei simultaner robuster Skalenschätzung zugrunde liegen. Solche M-Tests werden in der Arbeit von Yuen Fung u.a. (1985) untersucht mit dem Ergebnis, daß durch diese Tests bei Verteilungen mit sehr starken Tails noch ein nennenswerter Gütegewinn gegenüber dem W_N-Test zu erzielen ist.

Wichtiger noch als die Jagd nach weiteren robustifizierten Tests ist m.E. die Frage nach der Robustheit der vorliegenden Verfahren bei Verteilungen mit kurzen Tails und - vor allem - bei asymmetrischen Verteilungen; dies gerade im Hinblick auf die statistische Praxis, weil die Datenwelt i.d.R. nicht symmetrisch ist. Doch welcher Lageparameter ist vorab bei asymmetrischen Verteilungen auszuzeichnen? Hier bietet sich als Nullhypothese die Gleichheit der Mediane an, welche Gestalt auch immer die (stetigen) Verteilungsfunktionen der X- bzw. Y- Variablen haben mögen. Wie verhalten sich dann die nichtparametrischen Tests und die getrimmten Tests bei geeigneter Wahl der (verschiedenen) Trimmanteile γ_1 und γ_2? Zu diesem für den Anwender so wichtigen Problem und auch bezüglich der Robustheit von Tests bei Verteilungen mit kurzen Tails liegen nur ganz wenige Ergebnisse vor, siehe z.B. Fligner u. Policello (1981) und Yuen Fung (1979). Letztere Arbeit gibt Anlaß zu der Hoffnung, daß der modifizierte Wilcoxon-Test auch bei asymmetrischen Verteilungen recht robust ist.

Nicht weiter diskutiert werden soll hier die Frage nach der Robustheit von Lagetests bei verschiedenen Formen der Abhängigkeit der Daten *in* der x- bzw. y- Stichprobe oder *zwischen* den beiden Stichproben. Dazu sei auf Miller (1986, S.63), Serfling (1968) und Hollander u.a. (1974) verwiesen.

2.8 Skalentests im Zweistichproben-Problem

2.8.1 Modell und Hypothesen

Wir betrachten folgendes Skalenmodell im Zweistichproben-Problem:

Es seien $X_1, \dots, X_m$ und $Y_1, \dots, Y_n$ unabhängige Zufallsvariablen mit $X_i \sim F((z-\theta_X)/\tau_X)$, $i=1,\dots,m$, und $Y_j \sim F((z-\theta_Y)/\tau_Y)$, $j=1,\dots,n$, $\theta_X, \theta_Y \in \mathbb{R}$, $\tau_X, \tau_Y > 0$, wobei F stetig mit zugehöriger Dichte f sei; θ_X, θ_Y sind Lageparameter (speziell die Mediane) und τ_X, τ_Y Skalenparameter (speziell die Standardabweichungen) der X- bzw.Y- Variablen. In diesem Modell sind also die Zufallsvariablen $(X_i - \theta_X)/\tau_X$ und $(Y_j - \theta_Y)/\tau_Y$ identisch verteilt.

Zu testen sei:

$$H_0: \tau_X = \tau_Y \text{ gegen } H_1: \tau_X > \tau_Y (\tau_X < \tau_Y, \tau_X \neq \tau_Y) ,$$

wobei die "nuisance-Parameter" θ_X, θ_Y unbekannt seien (der wenig praxisrelevante Fall bekannter Lageparameter soll hier nicht behandelt werden). Unter der zusätzlichen Annahme $\theta_X = \theta_Y$ bedeutet H_0 einen Test auf Gleichheit der Verteilungen der X- und Y- Variablen.

2.8.2 F -Test

Unter Annahme der Normalverteilung ist der F-Test auf Gleichheit der Varianzen der X- und Y- Variablen gleichmäßig bester unverfälschter Test für die einseitigen Alternativen, siehe Lehmann (1959, S.168 f) und Roussas (1973, S.294 f). Es werde also angenommen:

$$X_i \sim N(\mu_X, \sigma_X^2), i=1,\dots,m, Y_j \sim N(\mu_Y, \sigma_Y^2), j=1,\dots,n,$$

worin die Parameter μ_X, μ_Y unbekannt sind und verschieden sein können. Zu testen sei:

$$H_0: \sigma_X^2 = \sigma_Y^2 \text{ gegen } H_1: \sigma_X^2 > \sigma_Y^2 (\sigma_X^2 < \sigma_Y^2, \sigma_X^2 \neq \sigma_Y^2)$$

oder mit $\lambda := \sigma_Y^2/\sigma_X^2$:

$$H_0: \lambda = 1 \text{ gegen } H_1: \lambda < 1 (\lambda > 1, \lambda \neq 1) .$$

Die zum F-Test gehörende Teststatistik F_N hat die Form:

$$F_N = \frac{S_Y^2}{S_X^2} \text{ mit } S_X^2 = \sum_{i=1}^{m} (X_i - \overline{X})^2/(m-1) \text{ und } S_Y^2 = \sum_{j=1}^{n} (Y_j - \overline{Y})^2/(n-1) .$$

F_N ist unter H_0 F- verteilt mit (n-1,m-1) FG, $F_N \sim F(n-1,m-1)$. Das bedeutet für die Entscheidungsregel: H_0 zum Niveau α ablehnen, falls gilt:

$$F_N \le F_\alpha(n-1,m-1), F_N \ge F_{1-\alpha}(n-1,m-1) \text{ bzw.}$$

$$F_N \le F_{\alpha/2}(n-1,m-1) \text{ oder } F_N \ge F_{1-\alpha/2}(n-1,m-1),$$

je nachdem, ob unter H_1 gilt: $\lambda < 1, \lambda > 1$ oder $\lambda \neq 1$. Es sei erwähnt, daß der so formulierte F-Test für die *zweiseitige* Hypothese bei *ungleichen* Stichprobenumfängen m, n nicht unverfälscht ist, siehe Brown (1939) und Pitman (1939), und auch bei gleichen Stichprobenumfängen wegen der Asymmetrie der F- Verteilung nicht gleichmäßig bester unverfälschter Test ist. Für einen solchen Test sind die kritischen Werte einer modifizierten F_N-Statistik über die Quantile der Beta- Verteilung bestimmt, siehe Roussas (1973, S.295). Bei großen Stichprobenumfängen m, n mag die Wahl der $F_{\alpha/2}$ - und $F_{1-\alpha/2}$- Quantile der F- Verteilung als kritische Werte vertretbar sein. Die Situation ist hier ähnlich der beim χ^2- Test auf Varianz im Einstichproben-Problem, siehe Abschnitt 2.6.2.

Der F-Test findet in der Praxis häufig Anwendung als sogenannter Pretest zur Überprüfung der Homogenitätsannahme der Varianzen *vor* Anwendung des t-Tests auf Lageunterschiede. Eine solche Vorgehensweise beschreibt Box (1953) mit den treffenden Worten " *To make the preliminary test on variances is rather like putting to sea in a rowing boat to find out whether conditions are sufficiently calm for an ocean liner to leave port.* " Daß diese Formulierung wirklich treffend ist, werden die Robustheitsstudien zum F-Test zeigen. Zur Effektivität des F-Tests als Pretest siehe auch Markowski, C. u. Markowski, E. (1990).

Unter Annahme der Normalverteilung kann die finite Güte des F-Tests sofort angegeben werden. Es gilt: $\hat{F}_N := \frac{1}{\lambda} F_N \sim F(n-1,m-1)$, d.h. die Güte β des F-Tests hängt nur von λ ab. Wir erhalten z.B. für $H_1 : \lambda < 1$:

$$\beta(\lambda) = P\left(\hat{F}_N \le \frac{1}{\lambda} F_\alpha(n-1,m-1)\right) .$$

Sei speziell $\alpha = 0.05$, m=25, n=20 und $\lambda = 1/2$, dann ist zunächst $F_{0.05}(19,24) = 0.4730$ und somit

$$\beta(1/2) = P(\hat{F}_N \le 0.9460) = 0.4565 .$$

Welche Verteilung hat nun die F_N-Statistik bei nichtnormalverteilten Daten? Sei $F_N^* = \sqrt{mn/(m+n)}(F_N - \lambda)/(\sqrt{2}\lambda)$; dann gilt für die asymptotische Verteilung von F_N^*: $F_N^* \sim N(0, 1 + (\beta_2 - 3)/2)$, vorausgesetzt, daß die ersten vier Momente der zugrundeliegenden Verteilung existieren, siehe Cramér (1963, S.366). Das bedeutet, F_N^* ist bei

Annahme der Normalverteilung ($\beta_2 = 3$) unter H_0 und H_1 asymptotisch N(0,1)-verteilt; bei Annahme anderer Verteilungen hat F_N^* zwar die "richtige" Gestalt (Normalverteilung), aber die "falsche" Varianz. Der F-Test hält demnach - im Gegensatz zum t-Test - nicht einmal asymptotisch das Testniveau α ein. Wie stark die Abweichungen des (asymptotischen) aktuellen Testniveaus α^* von α bei Annahme verschiedener Verteilungen mit $\beta_2 \neq 3$ sein können, wurde bereits beim χ^2- Skalentest demonstriert, dessen zugehörige Teststatistik asymptotisch dieselbe "falsche" Varianz $1 + (\beta_2 - 3)/2$ hat wie die F_N^*- Statistik, siehe Abschnitt 2.6.2. Zur exakten (analytischen) Herleitung der Verteilung von F_N bei nichtnormalverteilten Daten liegen m. W. keine Ergebnisse vor; als Ausweg bieten sich dann wieder Simulationsstudien an, von denen wir einige im Zusammenhang mit Robustheitsuntersuchungen in Abschnitt 2.8.5. diskutieren werden.

Wie oben erwähnt, ist der zweiseitige F-Test bei ungleichen Stichprobenumfängen m, n verfälscht. In einer solchen Testsituation wird häufig der Bartlett-Test (1937) angewendet, der auch für $m \neq n$ unverfälscht ist, siehe Pitman (1939). Die Bartlett-Statistik ist definiert als

$$B = (S_X^2)^{a_1} (S_Y^2)^{a_2} / (a_1 S_X^2 + a_2 S_Y^2)$$

mit $a_1 = (m-1)/(m+n-2)$ und $a_2 = (n-1)/(m+n-2)$, siehe auch Keating u. Tripathi (1984). Die Statistik B ist also das Verhältnis des gewichteten *geometrischen* Mittels der Stichprobenvarianzen zu ihrem gewichteten *arithmetischen* Mittel. Die Verteilung von B unter H_0 ist von Glaser (1976, 1980), Chao u. Glaser (1978) und Dyer u. Keating (1980) untersucht worden. Ein Gütevergleich des F-Tests mit dem Bartlett-Test unter Annahme der Normalverteilung ist bei Keating u. Tripathi (1984) zu finden.

Wir wollen noch an einen speziellen Datenbeispiel den Einfluß einer extremen Beobachtung aus der x- oder y-Stichprobe auf die Statistik F_N demonstrieren.

Beispiel 25:

Es sei

$$x_1 = x_2 = \ldots = x_{m-1} = c_1, x_m = x \neq c_1$$

$$y_1 = y_2 = \ldots = y_{n-1} = c_2, y_n = y \neq c_2.$$

Dann ist:

$$F_N = \frac{S_Y^2}{S_X^2} = \frac{m}{n} \frac{(c_2 - y)^2}{(c_1 - x)^2} .$$

Offensichtlich kann bei festen m, n, c_1 und c_2 (speziell: m=n, $c_1 = c_2 = 0$) die Statistik F_N beliebig klein ($F_N \to 0$) und beliebig groß werden ($F_N \to \infty$), je nachdem, welcher der beiden Werte x oder y als Ausreißer dominiert.

∇

2.8.3 Nichtparametrische Tests

Ausgangspunkt sei das in 2.8.1 angegebene Modell, wobei θ_X und θ_Y die Mediane der X- bzw. Y-Variablen seien. Für die hier zu diskutierenden Rangtests nehmen wir an, daß $\theta_X = \theta_Y = \theta$ und F symmetrisch um θ ist. Es sei o.B.d.A. $\theta = 0$ und $\tau_X = 1$. Mit $\tau := \tau_Y$ ist das Modell somit wie folgt beschrieben:

$X_i \sim F(z), i=1,\ldots,m$ und

$Y_j \sim G(z)$ mit $G(z) = F(z/\tau), j=1,\ldots,n,$ und $F(0) = 1/2$.

Zu testen sei: $H_0: \tau = 1$ (d.h. F=G) gegen $H_1: \tau < 1 (\tau > 1, \tau \neq 1)$. Die Annahme gleicher Mediane ist für die Anwendung eines nichtparametrischen Tests auf Variabilitätsunterschiede von gleicher Wichtigkeit wie die Annahme gleicher Varianzen bei Rangtests für Lagealternativen, siehe Abschnitt 2.7.3. Dies soll die nachstehende Graphik mit zwei kombiniert geordneten Stichproben der x- und y-Beobachtungen veranschaulichen:

1. Stichprobe: xxx x x yyyyy
2. Stichprobe: xxx x x y y y y y .

In der 1. Stichprobe streuen die x-Werte stärker als die y-Werte ($\tau < 1$), in der 2. Stichprobe ist es umgekehrt ($\tau > 1$). Die Rangkonfiguration für die x- und y-Werte ist aber in beiden Stichproben dieselbe, so daß ein Rangtest auf Variabilität wegen des Lageunterschieds den Streuungsunterschied nicht aufdecken kann.

Die im folgenden zu behandelnden Rangtests sind geeignet für obiges Modell ausgewählt. Es sei darauf hingewiesen, daß diese Rangtests auch bei asymmetrischer Verteilung F angewendet werden können, solange $F(0) = 1/2$ gilt. Ein weiterer Typ von Variabilitätsalternativen basiert auf der Annahme $F(0) = 0$, d.h. F hat als Träger nur die positive reelle Achse. (F ist z. B. die Exponentialverteilung). In diesem Fall zieht ein Variabilitätsunterschied einen Lageunterschied nach sich, siehe dazu auch Duran (1976). Wir wollen im folgenden nur den zuerst geschilderten Fall behandeln und betrachten dazu die lineare Rangstatistik

$$L_N = \sum_{i=1}^{N} g(i)V_i \text{ mit } g(i) \in \mathbf{R}, N=m+n,$$

und den Indikatorvariablen

$$V_i = \begin{cases} 1, & \text{falls } W_{(i)} \text{ eine X-Variable} \\ 0, & \text{falls } W_{(i)} \text{ eine Y-Variable ist, } i=1,\dots,N, \end{cases}$$

worin $W_{(i)}, \dots, W_{(N)}$ die kombinierte, geordnete Stichprobe von $X_1, \dots, X_m, Y_1, \dots, Y_n$ ist. Wie bei den Rangtests auf Lageunterschiede unterstellen wir, daß sich die Gewichte g(i) durch eine "glatte" Funktion approximieren lassen, d.h. es existiere eine auf (0,1) definierte, quadratisch integrierbare Score-Funktion ϕ_S mit

$$\lim_{N\to\infty} \int_0^1 (g(1 + [uN]) - \phi_S(u))^2 du = 0 \ .$$

Die Score-Funktion ϕ_S sei gerade, d.h. $\phi_S(1-u) = \phi_S(u)$.

Im folgenden Beispiel sind eine Reihe von Rangtests zusammengestellt, von denen einige für bestimmte Verteilungen optimale Güteeigenschaften haben, wie wir sehen werden.

Beispiel 26:

(a) Siegel-Tukey-Test S_N:

$$g_S(1) = 1, g_S(N) = 2, g_S(N-1) = 3, g_S(2) = 4, g_S(3) = 5, g_S(N-2) = 6,$$

$$g_S(N-3) = 7, g_S(4) = 8, \dots,$$

(b) Gastwirth-Test G_N:

$$g_G(i) = \begin{cases} (N+1)/4 - i & \text{für } i \le (N+1)/4 \\ 0 & \text{für } (N+1)/4 < i < 3(N+1)/4 \\ i - 3(N+1)/4 & \text{für } i \ge 3(N+1)/4, \end{cases}$$

(c) Ansary- Bradley-Test A_N:

$$g_A(i) = (N+1)/2 - |\, i - (N+1)/2 \,|,$$

(d) Mood-Test D_N:

$$g_D(i) = (i - (N+1)/2)^2,$$

(e) Klotz-Test K_N:

$$g_K(i) = (\Phi^{-1}(i/(N+1)))^2,$$

worin Φ die Standardnormalverteilung ist,

(f) Capon-Test C_N:

$$g_C(i) = E(Z_{(i)}^2),$$

wobei $Z_{(i)}$ die i-te geordnete Statistik von N standardnormalverteilten Zufallsvariablen ist,

(g) Quartile-Test Q_N :

$$g_Q(i) = \begin{cases} 1 & \text{für } i < (N+1)/4 \text{ oder } i > 3(N+1)/4 \\ -1 & \text{sonst}. \end{cases}$$

∇

Die Tests von Siegel-Tukey, Klotz und Capon und der Quartile -Test sind die Analoga zu den Tests von Wilcoxon, v.d. Waerden, Terry -Hoeffding bzw. zum Median -Test für das Lageproblem. Der Siegel-Tukey-Test und der Ansary-Bradley-Test sowie der Klotz-Test und der Capon-Test sind asymptotisch äquivalent, d.h. haben gleiche A.R.E., siehe Randles u. Wolfe (1979, S.319). Eigenschaften dieser und weiterer nichtparametrischer Tests für das Skalenproblem bringt die übersichtsartige Arbeit von Duran (1976).

Die lineare Rangstatistik L_N ist unter $H_0: \tau = 1$ verteilungsfrei mit

$$E(L_N) = \frac{m}{N} \sum_{i=1}^{N} g(i) \text{ und}$$

$$VAR(L_N) = \frac{mn}{N^2(N-1)} \left[N \sum_{i=1}^{N} g^2(i) - \left(\sum_{i=1}^{N} g(i) \right)^2 \right],$$

so wie beim Lageproblem in Abschnitt 2.7.3; darüberhinaus ist L_N unter H_0 und H_1 (bei Erfülltsein gewisser Regularitätsbedingungen und nach Standardisierung) asymptotisch normalverteilt, siehe Randles u. Wolfe (1979, S.318). Über die finite Verteilung von L_N unter H_1 liegen nur vereinzelt Ergebnisse im Zusammenhang mit Gütevergleichen spezieller Skalentests bei ausgewählten Verteilungen vor, siehe z.B. Klotz (1962), Fligner u. Killeen (1976) und Gibbons u. Gastwirth (1970).

Wie bei den Lagetests im Ein- und Zweistichproben- Problem wollen wir noch den lokal optimalen Rangtest für Variabilitätsalternativen bei vorgegebener Verteilung F mit Dichte f angeben. Dazu setzen wir $\tau = e^{\theta}$ und erhalten unter gewissen Regularitätsbedingungen für die Gewichte des lokal optimalen Rangtests:

$$g_S(i,f) = E\left[-1 - F^{-1}(U_{(i)}) \cdot \frac{f'(F^{-1}(U_{(i)}))}{f(F^{-1}(U_{(i)}))} \right],$$

worin $U_{(1)}, \ldots, U_{(N)}$ die geordnete Statistik von N über (0,1) gleichverteilten Zufallsvariablen ist, siehe Hájek u. Šidák (1967, S.65).

Der Test mit diesen Gewichten ist asymptotisch äquivalent zu dem mit den Gewichten

$$\tilde{g}_S(i,f) = -1 - F^{-1}\left(\frac{i}{N+1}\right) \cdot \frac{f'\left(F^{-1}\left(\frac{i}{N+1}\right)\right)}{f\left(F^{-1}\left(\frac{i}{N+1}\right)\right)} ,$$

siehe Hájek u. Šidák (1967, S.158 u. 164), so daß die zugehörige optimale Score-Funktion ϕ_S lautet:

$$\phi_S(u,f) = -1 - F^{-1}(u) \cdot \frac{f'(F^{-1}(u))}{f(F^{-1}(u))} .$$

Bei bekannter Verteilung F bzw. Dichte f läßt sich also der lokal optimale Rangtest über ϕ_S angeben.

Beispiel 27:

(a) $F = \Phi$ (Standardnormalverteilung).

Wegen $-\frac{f'(\Phi^{-1}(u))}{f(\Phi^{-1}(u))} = \Phi^{-1}(u)$, siehe Beispiel 10, folgt:

$$\phi_S(u,f) = -1 + (\Phi^{-1}(u))^2;$$

das ist der Klotz-Test, siehe Beispiel 26(e).

(b) Quartil-Verteilung:

$$f(x) = \begin{cases} 1 & \text{für} \quad -1/4 < x < 1/4 \\ 1/(16x^2) & \text{sonst}. \end{cases}$$

Es ist

$$f'(x) = \begin{cases} 0 & \text{für} \quad -1/4 < x < 1/4 \\ -1/(8x^3) & \text{sonst}, \end{cases}$$

$$u = F(x) = \begin{cases} -1/(16x) & \text{für} \quad x \le -1/4 \\ x + 1/2 & \text{für} \quad -1/4 < x < 1/4 \\ 1 - 1/(16x) & \text{für} \quad x \ge 1/4, \end{cases}$$

d.h.

$$F^{-1}(u) = \begin{cases} -1/(16u) & \text{für} \quad 0 < u < 1/4 \\ u - 1/2 & \text{für} \quad 1/4 \le u \le 3/4 \\ 1/(16(1-u)) & \text{für} \quad 3/4 < u < 1. \end{cases}$$

Es folgt:

$$\phi_S(u,f) = \begin{cases} 1 & \text{für} \quad 0 < u < 1/4 \quad \text{oder} \quad 3/4 < u < 1 \\ -1 & \text{für} \quad 1/4 \le u \le 3/4; \end{cases}$$

das ist die Score-Funktion des Quartile-Tests aus Beispiel 26 (g).

(c) $$f(x) = \frac{1}{2}(1 + |x|)^{-2}, -\infty < x < +\infty .$$

Die zu f gehörende Verteilung ist ein Spezialfall (r=1) der sogenannten Mielke-Verteilung, siehe Mielke (1972). Als lokal optimalen Rangtest erhält man den Ansary-Bradley-Test bzw. den dazu asymptotisch äquivalenten Siegel-Tukey-Test, siehe Beispiel 26 (a),(c).

(d) Es sei F die t-Verteilung mit $\nu = 2$ FG. Der lokal optimale Rangtest ist der Mood-Test, siehe Beispiel 26 (d).

(e) Für die Cauchy-Verteilung ist der lokal optimale Rangtest bestimmt durch

$$\phi_S(u,f) = \cos 2\pi u .$$

∇

Für diese und weitere Beispiele sei auf Hájek u. Šidák (1967, S.16 und S.94 ff) verwiesen.

Zum Abschluß dieses Abschnitts wollen wir noch den gemeinsamen Aspekt der Herleitung der optimalen Score-Funktion ϕ_L im Lageproblem und ϕ_S im Skalenproblem aufzeigen:

Es beschreiben $L(x,\theta) = f(x-\theta)$ und $S(x,\theta) = e^{-\theta}f(e^{-\theta}x), \tau = e^{\theta}$, die Lage- bzw. Skalenalternativen, dann gilt:

$$\frac{L'(x,\theta)}{L(x,\theta)} = -\frac{f'(x-\theta)}{f(x-\theta)} \text{ und}$$

$$\frac{S'(x,\theta)}{S(x,\theta)} = -1 - x\frac{f'(e^{-\theta}x)}{f(e^{-\theta}x)} .$$

2.8.4 Robustifizierte Tests

Eine Reihe der robustifizierten Versionen des F-Tests basieren auf dem "Levene-Prinzip", das von folgender Transformation der Daten ausgeht, siehe Levene (1960):

$$X_i' := |X_i - \overline{X}|, i = 1,\dots,m, \text{ und } Y_j' := |Y_j - \overline{Y}|, j = 1,\dots,n .$$

Sei

$$\overline{X'} = \frac{1}{m}\sum_{i=1}^{m} X_i' \text{ und } \overline{Y'} = \frac{1}{n}\sum_{j=1}^{n} Y_j' ,$$

dann ist die Levene-Statistik definiert durch

$$L' = \frac{(\overline{X'} - \overline{Y'})^2}{S^{2'}\left(\frac{1}{m} + \frac{1}{n}\right)} \text{ mit der gepoolten Varianz}$$

$$S^{2'} = \left(\sum_{i=1}^{m}(X_i' - \overline{X'})^2 + \sum_{j=1}^{n}(Y_j' - \overline{Y'})^2\right)/(m+n-2) .$$

Die Statistik L' ist also das Quadrat der t-Statistik, angewandt auf die transformierten Daten X_i' und Y_j', $i = 1,\ldots,m$, $j=1,\ldots,n$. Die Zufallvariablen X_i' und Y_j' sind natürlich nicht normalverteilt und haben auch nicht die gleiche Varianz, jedoch soll mit der Anwendung der t-Statistik auf X_i' und Y_j' der Tatsache Rechnung getragen werden, daß der t-Test auf Gleichheit der Mittelwerte recht robust ist für Verteilungen in der "Nähe der Normalverteilung" und bei ungleichen Varianzen im Fall $m = n$. Mit diesem "Vorteil" handelt man sich allerdings einen "Nachteil" ein: Die X_i', $i=1,\ldots,m$, bzw. Y_j', $j=1,\ldots,n$, sind auch nicht unabhängig, wie es für die Ausgangsvariablen angenommen wurde. Die Korrelationen der transformierten Variablen sind jedoch von der Ordnung m^{-2} bzw. n^{-2}, so daß Anlaß zu der Hoffnung besteht, daß der Effekt der Abhängigkeit auf die t-Statistik nicht ins Gewicht fällt.

Kritische Werte der L'-Statistik können approximativ über die F-Verteilung mit $(1,m+n-2)$FG angegeben werden.

Miller (1968) hat gezeigt, daß die L'- Statistik generell nicht asymptotisch verteilungfrei ist, wohl aber, wenn die zugrundeliegende Verteilung symmetrisch ist oder bei ihr zumindest Median und Erwartungswert übereinstimmen. Einen stets asymptotisch verteilungsfreien Test erhält man, wenn in X_i' und Y_j' die arithmetischen Mittel $\overline{X}$ und $\overline{Y}$ durch die Stichprobenmediane M_X bzw. M_Y ersetzt werden.

Levene hat Varianten der L'- Statistik über andere Transformationen der Daten vorgeschlagen, z.B. über $X_i'^2$, $Y_j'^2$ oder $X_i'^{1/2}$, $Y_j'^{1/2}$, sowie $\ln X_i'$, $\ln Y_j'$; oder allgemeiner über $g(X_i')$, $g(Y_j')$, wobei g eine monoton wachsende Funktion auf $(0,\infty)$ ist.

Die größere Robustheit des Medians und des γ- getrimmten Mittels gegenüber dem arithmetischen Mittel bei Daten mit Ausreißern machen sich Brown u. Forsythe (1974b) zunutze, indem sie in X_i' und Y_j' die arithmetischen Mittel $\overline{X}$ und $\overline{Y}$ zum einen durch die Mediane M_X bzw. M_Y und zum anderen durch die 10%- getrimmten Mittelwerte $\overline{X}_{0.10_g}$ bzw. $\overline{Y}_{0.10_g}$ ersetzen; die so modifizierte L'- Statistik wird von ihnen mit W_{50} bzw. W_{10} bezeichnet.

Eine weitere Variante der Levene-Statistik ist der Jackknife-Test von Miller (1968), siehe dazu auch Abschnitt 2.6.5. Die zugehörige Teststatistik J erhält man, indem in der Statistik L' die X_i' durch

$$V_k = m \ln S_X^2 - (m-1)\ln S_{X(k)}^2 \, , k=1,\ldots,m, \text{ mit}$$

$$S_{X(k)}^2 = \frac{1}{m-2} \sum_{i \neq k} (X_i - \overline{X}_{(k)})^2 \text{ und}$$

$$\overline{X}_{(k)} = \frac{1}{m-1} \sum_{i \neq k} X_i$$

ersetzt werden und entsprechend die Y_j' durch

$$W_l = n \ln S_Y^2 - (n-1) \ln S_{Y(l)}^2 \, , l=1,\ldots,n, \text{ mit}$$

$$S_{Y(l)}^2 = \frac{1}{n-2} \sum_{j \neq l} (Y_j - \overline{Y}_{(l)})^2 \text{ und}$$

$$\overline{Y}_{(l)} = \frac{1}{n-1} \sum_{j \neq l} Y_j \, .$$

Die Statistik J ist unter H_0 approximativ F- verteilt mit (1, m + n - 2) FG, siehe dazu auch Manoukian (1986a, S.58 f).

Talwar u. Gentle (1977) wenden das Levene - Prinzip auf einen nichtparametrischen Test, den Mann-Whitney-Test an, der äquivalent zum Wilcoxon-Test ist, siehe Abschnitt 2.7.3. Die von Talwar u. Gentle betrachtete Statistik lautet:

$$\tilde{U}_{m,n} = \sum_{i=1}^{m} \sum_{j=1}^{n} D_{ij} \text{ mit}$$

$$D_{ij} = \begin{cases} 1 & \text{für } Y_j' < X_i' \\ 0 & \text{für } Y_j' > X_i' \end{cases} \text{, worin}$$

$$X_i' = | X_i - \overline{X} | \text{ und } Y_j' = | Y_j - \overline{Y} |$$

wie oben definiert sind. Eine von den Autoren untersuchte Variante besteht darin, in X_i' und Y_j' die arithmetischen Mittel $\overline{X}$ bzw. $\overline{Y}$ durch die 25% -getrimmten Mittel zu ersetzen.

Neben diesen auf dem Levene-Prinzip basierenden robustifizierten Versionen sei noch eine modifizierte χ^2- Statistik betrachtet, die eine Funktion der Kurtosis ist. Dieser Test wurde von Layard (1973) vorgeschlagen und basiert auf der Statistik:

$$\chi_K^2 = (m-1)(n-1)[\ln S_X^2 - \ln S_Y^2]^2/(\hat{\gamma}^2(m+n-2))$$

mit $\hat{\gamma}^2 = 2 + (1 - 2/(m+n)) \cdot (\beta_2 - 3)$, worin

$$\beta_2 = \frac{(m+n)\left[\sum_{i=1}^{m}(X_i - \overline{X})^4 + \sum_{j=1}^{n}(Y_j - \overline{Y})^4\right]}{\left[\sum_{i=1}^{m}(X_i - \overline{X})^2 + \sum_{j=1}^{n}(Y_j - \overline{Y})^2\right]^2}$$

als "gepoolte" Stichproben-Kurtosis eine Schätzung für die Kurtosis β_2 ist. Die Statistik χ^2_K ist unter H_0 asymptotisch χ^2- verteilt mit 1 FG.

2.8.5 Robustheitsstudien

Im folgenden sollen die in den vorangegangenen Abschnitten vorgestellten Tests miteinander verglichen werden, getrennt nach den Kriterien der α- und β- Robustheit.

(1) α-Robustheit

Box (1953) untersucht die Robustheit des F-Tests bei nichtnormalverteilten Daten, wobei die zugrundeliegenden Verteilungen über Schiefe und Kurtosis klassifiziert sind. Der F-Test erweist sich als ausgesprochen sensitiv bei solchen Abweichungen von der Normalverteilung. Nürnberg (1984) klassifiziert die unterstellten Verteilungen ebenfalls nach den Kriterien der Schiefe β_1 und Kurtosis β_2, und zwar wie folgt:

Es sei X eine N(0,1)-verteilte Zufallsvariable und $Y = a + bX + cX^2 + dX^3$; die Koeffizienten a, b, c, d werden dann so bestimmt, daß β_1, β_2 fest vorgegebene Werte annehmen. Im Rahmen einer Simulationsstudie (10000 Läufe) werden dann die aktuellen Testniveaus α^* mit den nominalen $\alpha = 0.05$ und 0.10 für den F-Test, die Tests von Layard (χ^2_K), Miller (J) und für zwei Tests von Levene (L' und $\tilde{L}$) verglichen, wobei $\tilde{L}$ auf den transformierten Daten $\tilde{X}_i = X_i'^2$, $\tilde{Y}_j = Y_j'^2$ basiert; es werden gleiche Stichprobenumfänge m = n = 6, 18, 42 betrachtet. Auszüge aus dem Tabellenwerk sind in Tabelle 38 zusammengestellt (der Fall $\beta_1 = 0$, $\beta_2 = 3$ bedeutet Normalverteilung).

Offensichtlich ist der klassische F-Test ausgesprochen sensitiv bei Abweichungen von der Normalverteilung, selbst unter Annahme einer symmetrischen Verteilung ($\beta_1 = 0$). Das α -Robustheitsmaß $r_1(\alpha, \alpha^*) = |\alpha - \alpha^*| / \alpha$ nimmt Werte bis zu 3.45 (!!) an für $\alpha = 0.05$ und bis zu 2.02 für $\alpha = 0.10$. Der modifizierte χ^2 - Test von Layard schneidet für n = 6 noch schlechter ab als der F-Test und ist erst für n = 42 ein echter Konkurrent zu den anderen Verfahren, von denen der Levene-Test $\tilde{L}$ insgesamt gesehen "die Nase vorn" hat.

Tab. 38: Aktuelle Testniveaus α^* einiger Tests bei Verteilungen, klassifiziert nach β_1 und β_2

		(β_1, β_2)									
		(0,3)		(0,4.5)		(1,4.5)		(0,6.75)		(1.5,6.75)	
Test	n $\alpha \cdot 100 =$	5	10	5	10	5	10	5	10	5	10
F_N	6	5.28	10.60	8.06	14.85	8.03	14.19	12.37	19.75	12.63	20.60
χ^2_K		9.11	16.30	10.01	12.42	10.28	18.14	12.86	21.65	13.97	23.23
J		5.05	9.03	5.35	9.90	5.45	9.97	6.84	12.43	7.10	12.36
L^*		7.33	13.60	6.85	13.75	8.52	15.33	7.62	14.81	11.61	19.72
$\mathcal{L}$		5.29	12.15	4.18	11.14	5.43	12.12	4.87	10.61	7.00	14.20
F_N	18	5.30	10.39	10.94	18.04	10.54	17.86	18.07	26.12	17.99	26.37
χ^2_K		6.31	12.27	6.49	12.74	6.99	13.87	7.58	14.59	8.77	15.42
J		5.31	9.86	6.36	11.59	6.66	12.60	8.21	14.12	8.54	14.54
L^*		5.63	11.45	5.51	11.08	7.64	14.34	6.11	11.94	10.23	17.30
$\mathcal{L}$		4.95	11.13	4.34	10.06	5.03	11.14	4.32	10.34	5.66	11.59
F_N	42	5.19	10.21	12.52	19.56	12.54	20.03	20.63	28.89	22.23	30.20
χ^2_K		5.74	11.15	5.36	11.30	6.53	12.43	5.93	11.60	6.79	13.39
J		5.39	10.00	5.97	11.14	6.88	12.17	7.27	12.61	7.94	14.35
L^*		5.55	10.83	5.06	10.24	8.14	14.51	5.58	11.06	10.32	17.41
$\mathcal{L}$		5.25	10.68	4.22	10.10	5.49	11.27	4.41	9.70	5.20	11.21

In einer Simulationsstudie von Brown u. Forsythe (1974b) werden die α- Robustheit des F-Tests, χ^2_K- Tests, J- Tests, L^*- Tests und der von den Autoren vorgeschlagenen W_{10}- und W_{50}-Tests bei Annahme einer Normalverteilung, t-Verteilung mit $\nu = 4$ FG und einer χ^2-Verteilung mit $\nu = 4$ FG für gleiche und ungleiche Stichprobenumfänge (m, n)= (10,10), (10,20), (20,40) und (40,40) untersucht. Bei vorgegebenem nominalen Testniveau $\alpha = 0.05$ schwankt das aktuelle Testniveau α^* des F-Tests unter der t- und χ^2- Verteilung zwischen 0.139 und 0.241, d.h. $1.78 \leq r_1(\alpha, \alpha^*) \leq 3.82$ (!!). Der χ^2_K- Test schneidet auch hier für kleine Stichprobenumfänge schlecht ab, ebenso der J-Test für $m \neq n$, während der L^*- Test nur bei der χ^2-Verteilung "aus dem Rahmen fällt". Insgesamt gesehen erweisen sich der W_{10}-Test und der W_{50}- Test als die robustesten, wobei der W_{50}- Test meist konservativ ist.

Die mangelnde α- Robustheit des F-Tests wird auch durch eine Simulationsstudie von Miller (1968) bestätigt, der insgesamt sechs Verteilungen (fünf symmetrische und eine asymmetrische) unterstellt. Der F-Test wird dabei verglichen u.a. mit dem J-Test und $\tilde{L}$- Test für $\alpha = 0.05$, 0.01 und m=n=10,25. Im Extremfall ist für $\alpha = 0.01$ das aktuelle Testniveau $\alpha^* = 0.126$ (!!); der $\tilde{L}$- Test erweist sich von den drei Tests als der beste.

Tiku u.a. (1986, S.146) untersuchen im Rahmen einer Simulationsstudie (1000 Läufe) für $\alpha = 0.10$ und m=n=40 die α- Robustheit von neun Tests, u.a. des F-Tests, L^*- Tests, W_{10}- und W_{50}- Tests, χ^2_K- Tests und J-Tests bei Zugrundelegung einer Reihe von symmetrischen Verteilungen für die standardisierten Zufallsvariablen $(X-\mu_X)/\sigma_X$ und $(Y-\mu_Y)/\sigma_Y$ mit unbekannten μ_X, μ_Y und $\mu_X \neq \mu_Y$. Es bezeichne N die Normalverteilung, LG die logistische Verteilung, D die Doppelexponentialverteilung, t (ν) die t-Verteilung mit ν FG und KN (0.10,2) die skalenkontaminierte Normalverteilung mit $\varepsilon = 0.10$ und c=2 . In Tabelle 39 sind die aktuellen Testniveaus α^* ausschnittsweise aus der Tabelle von Tiku u.a. zusammengestellt.

Tab. 39: Aktuelle Testniveaus α^* ausgewählter Tests bei verschiedenen Verteilungen ($\alpha = 0.10$)

Verteilung	F_N	L^*	W_{10}	W_{50}	χ^2_K	J
N	0.10	0.11	0.11	0.09	0.09	0.10
LG	0.17	0.09	0.08	0.09	0.09	0.10
D	0.25	0.09	0.10	0.09	0.10	0.11
t(6)	0.23	0.10	0.12	0.10	0.11	0.11
t(4)	0.31	0.09	0.07	0.08	0.09	0.12
KN(0.10,2)	0.51	0.10	0.10	0.09	0.09	0.13

Auch hier ist die Differenz zwischen aktuellem und nominalem Testniveau beim F-Test für nichtnormalverteilte Daten dramatisch, wohingegen die anderen Tests sich (teilweise ausgesprochen) robust verhalten.

In allen zitierten Studien kommt zum Ausdruck, daß der F-Test bei nichtnormalverteilten Daten sehr antikonservativ ist und in dieser Situation damit auf jeden Fall aus dem Rennen ist. So sagt Miller (1968) in seiner Simulationsstudie "*the standard normal theory F test was included ... to illustrate how terribly non-robust it is and consequentially to drive one more nail into its coffin*".

Levene (1960) hat die in 2.8.4. angegebenen vier Varianten der t-Teststatistik mit den verschiedenen Datentransformationen untersucht und festgestellt, daß der L^*- Test und der $\tilde{L}$- Test besser abschneiden als die beiden anderen Tests. Talwar u. Gentle (1977) zeigen im Rahmen einer Simulationsstudie, daß der von ihnen modifizierte Mann-Whitney-Test keinen Vergleich mit den konkurrierenden Verfahren scheuen muß.

Vergleichen wir die Ergebnisse bei den hier betrachteten Tests, so ist zwischen kleinen und größeren Stichprobenumfängen (zusätzlich: m=n oder m ≠ n), zwischen Symmetrie und Asymmetrie der zugrundeliegenden Verteilung und nicht zuletzt zwischen großem und kleinem nominalen Testniveau zu unterscheiden. Daran orientiert sich die Bevorzugung eines bestimmten Tests gegenüber seinen Konkurrenten. Insgesamt gesehen bieten sich hinsichtlich des Kriteriums der α- Robustheit von den robustifizierten Versionen des F-Tests der W_{10}-Test oder der W_{50}-Test von Brown u. Forsythe oder der L^*- und $\tilde{L}$-Test von Levene an. Vorzuziehen sind nach diesem Kriterium jedoch die in Abschnitt 2.8.3 verteilungsfreien Rangtests, die stets das Niveau α einhalten, wenngleich nicht vergessen werden sollte, daß bei ihrer Anwendung Symmetrie der Verteilung *und* Gleichheit der Mediane unterstellt wird, im Gegensatz zu den robustifizierten Versionen.

(2) β-Robustheit

In der bereits zitierten Simulationsstudie von Brown u. Forsythe (1974b) werden die Güte des F-Tests, J-Tests, χ^2_K-Tests, L^*-Tests, W_{10}-Tests und W_{50}-Tests unter Zugrundelegung einer Normalverteilung, t-Verteilung mit 4 FG und χ^2-Verteilung mit 4 FG miteinander verglichen, eingeschränkt auf den Fall, daß für α = 5% das aktuelle Testniveau α^* nicht größer als 7% ist, weil sonst ein Gütevergleich nicht sinnvoll ist. Danach kommt der F-Test für einen solchen Vergleich nur bei Annahme der Normalverteilung infrage. Tabelle 40 ist obiger Arbeit entnommen.

Tab. 40: Gütevergleich ausgewählter Tests unter drei verschiedenen Verteilungen (in %), α = 0.05

m,n	$\sigma_X^2:\sigma_Y^2$	F_N	J	χ^2_K	L^*	W_{10}	W_{50}
				Normalverteilung			
40,40	1:1	6.3	5.8	6.5	6.4	6.1	5.1
	2:1	57.5	54.2	56.3	51.1	50.8	48.4
	4:1	98.2	98.1	98.2	97.1	96.9	96.7
10,10	1:1	5.4	4.6	6.3	5.5	4.9	2.9
	2:1	16.7	13.9	19.5	15.8	14.7	9.8
	4:1	51.3	42.1	51.1	44.3	41.4	31.7
20,40	1:1	5.8	5.7	6.2	5.8	5.2	4.5
	2:1	43.4	41.3	37.8	38.8	37.5	32.9
	4:1	92.0	89.4	88.4	88.5	88.0	85.7
	1:2	36.6	38.0	42.9	33.2	32.9	31.1
	1:4	92.0	90.5	93.3	86.3	85.3	83.9
10,20	1:1	4.8	5.2	6.6	5.7	5.2	4.0
	2:1	24.3	19.7	17.7	21.5	20.4	15.7
	4:1	71.7	63.0	59.8	62.2	59.8	52.7
	1:2	16.1	18.4	24.3	15.8	14.8	12.1
	1:4	57.0	57.4	66.0	49.9	48.6	43.0

Fortsetzung nächste Seite

Tab. 40: Fortsetzung

m,n	$\sigma_X^2:\sigma_Y^2$	F_N	J	χ_K^2	L^*	W_{10}	W_{50}
				t(4)			
40,40	1:1	24.1	6.3	4.8	5.0	4.8	4.4
	2:1		33.7	31.2	36.4	34.9	33.2
	4:1		74.3	79.3	87.2	86.4	85.8
10,10	1:1	15.9	6.8	8.4	5.9	5.3	3.5
	2:1		13.2		12.2	10.3	7.1
	4:1		31.9		32.1	28.6	22.4
20,40	1:1	21.9	8.2	6.0	5.0	4.7	4.4
	2:1			19.4	27.5	25.7	22.9
	4:1			60.9	75.9	74.2	71.3
	1:2			25.6	21.4	21.1	20.2
	1:4			70.1	66.9	65.2	63.3
10,20	1:1	16.7	9.0	7.7	6.5	5.2	3.6
	2:1				18.4	15.9	12.4
	4:1				50.3	47.2	42.0
	1:2				10.9	10.0	7.8
	1:4				33.5	30.6	26.7
				$\chi^2(4)$			
40,40	1:1	18.4	7.5	6.0	9.7	6.6	3.6
	2:1			35.2		42.1	34.8
	4:1			86.8		92.6	88.4
10,10	1:1	13.9	7.9	11.2	12.9	9.9	5.6
	2:1						10.3
	4:1						23.8
20,40	1:1	18.7	7.9	7.2	10.9	7.3	4.7
	2:1						24.4
	4:1						71.1
	1:2						22.2
	1:4						65.1
10,20	1:1	15.4	9.6	9.9	11.8	8.7	5.2
	2:1						14.8
	4:1						40.1
	1:2						9.3
	1:4						28.1

Bei allem Vorbehalt gegen einen Gütevergleich bei unterschiedlichem α^* der einzelnen Tests kann jedoch tendenziell konstatiert werden, daß der L^*-Test und der W_{10}-Test bei symmetrischen Verteilungen mit starken Tails und der W_{50}-Test bei asymmetrischen Verteilungen den anderen Tests vorzuziehen sind.

Tiku u.a. (1986, S.146) vergleichen im Rahmen einer Simulationsstudie (1000 Läufe) insgesamt neun Tests unter einer Reihe von symmetrischen Verteilungen für $\alpha = 0.10$ und $m=n=40$ miteinander. Tabelle 41 gibt ausschnittsweise Ergebnisse ihrer Studie wieder, wobei die Bezeichnungen für die einzelnen Verteilungen wie bei der α-Robustheit gewählt sind. Für den F-Test sind, wie in der Studie von Brown u. Forsythe, Gütewerte nur unter der Normalverteilung tabelliert, weil bei den anderen Verteilungen das aktuelle Testniveau α^* das nominale $\alpha = 0.10$ weit überschreitet.

Offensichtlich schneiden der L^*-Test, W_{10}- und W_{50}-Test (in dieser Reihenfolge) auch bei den hier ausgewählten symmetrischen Verteilungen am besten ab.

Tab. 41: Gütevergleich ausgewählter Tests unter sechs verschiedenen Verteilungen ($\alpha = 0.10$)

Verteilung	σ_X^2/σ_Y^2	F_N	L^*	W_{10}	W_{50}	χ_K^2	J
N	2	0.65	0.50	0.49	0.47	0.54	0.50
	4	1.00	0.98	0.98	0.98	0.99	0.99
LG	2		0.43	0.43	0.41	0.43	0.42
	4		0.96	0.96	0.95	0.95	0.91
D	2		0.33	0.32	0.30	0.33	0.30
	4		0.87	0.86	0.85	0.83	0.78
t(6)	2		0.42	0.40	0.38	0.40	0.40
	4		0.93	0.92	0.91	0.89	0.87
t(4)	2		0.32	0.31	0.29	0.31	0.33
	4		0.86	0.85	0.84	0.79	0.75
KN(0.10,2)	2		0.32	0.28	0.27	0.26	0.29
	4		0.76	0.75	0.75	0.57	0.53

Wir wollen an dieser Stelle anhand zweier Beispiele die Auswahl geeigneter Tests demonstrieren und uns dabei obige Robustheitsergebnisse zunutze machen.

Beispiel 28:

Gegeben seien die Daten aus Beispiel 8 in Abschnitt 1.3. Zu testen sei:

$$H_0: \lambda = 1 \text{ gegen } H_1: \lambda < 1 \text{ mit } \lambda = \sigma_Y^2/\sigma_X^2 .$$

Die Boxplots der x- bzw. y-Beobachtungen haben die in Abbildung 27 dargestellte Form:

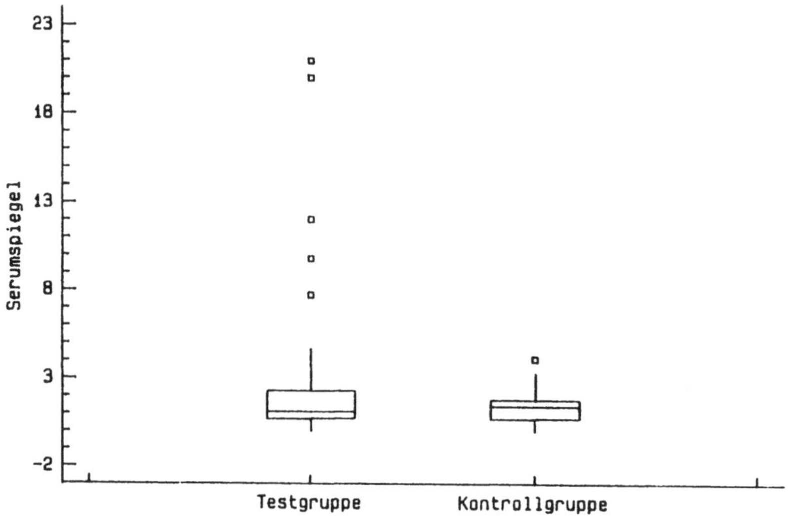

Abb. 27: Boxplots der x- und y-Werte aus Beispiel 8 in 1.3

Bei der X-Variablen treten fünf extreme Beobachtungen (Ausreißer?), bei der Y-Variablen eine extreme Beobachtung auf. Zudem ist die X-Variable offensichtlich nicht symmetrisch verteilt, so daß hier weder der F-Test noch einer der in 2.8.3 vorgestellten Rangtests infrage kommen. Wir wählen den W_{50}-Test aus, weil er - wie oben herausgestellt - bei asymmetrischen Verteilungen den anderen robustifizierten Tests vorgezogen werden sollte; zudem ist dieser Test asymptotisch verteilungsfrei, siehe 2.8.4. Es ergibt sich:

$$W_{0.50} = 2.825 < F_{0.95}(1,92) = 3.944 \ ,$$

d.h. H_0 wird auf dem Niveau $\alpha = 0.05$ nicht abgelehnt.

∇

Beispiel 29:

Gegeben seien die Daten aus Beispiel 9 in Abschnitt 1.3. Zu testen sei:

$$H_0: \lambda = 1 \text{ gegen } H_1: \lambda > 1 \text{ mit } \lambda = VAR_D(\overline{Z})/VAR_D(\tilde{Z}) \ .$$

Wie bereits in 1.3 erwähnt, können wir hier (angenähert) von normalverteilten Daten ausgehen. Die Boxplots der $\overline{z}$ bzw. $\tilde{z}$-Werte haben die in Abbildung 28 dargestellte Form:

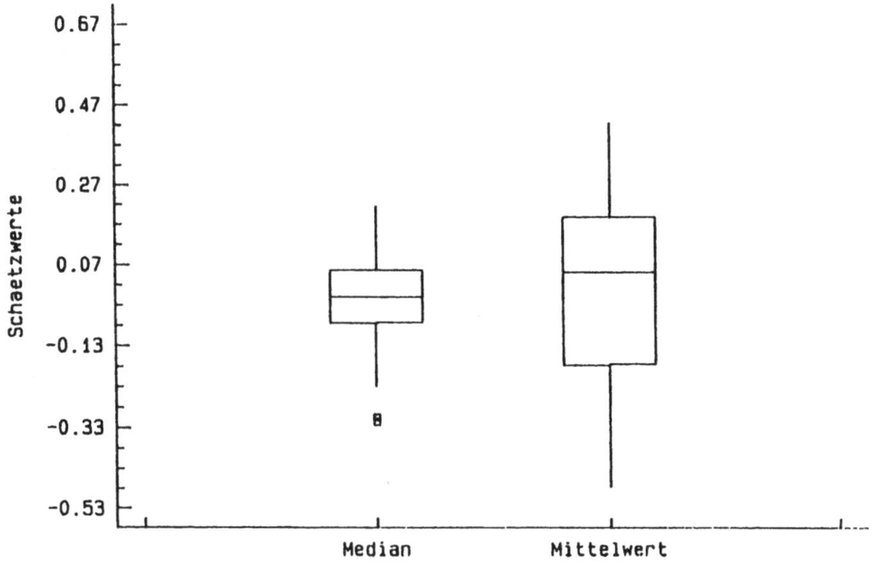

Abb. 28: Boxplots der $\bar{z}$ und $\tilde{z}$-Werte aus Beispiel 9 in 1.3

Für den F_N-Test ergibt sich:

$$F_N = \frac{0.0575}{0.0184} = 3.125 > F_{0.95}(23,23) = 2.01 \ ,$$

d.h. H_0 wird auf dem Niveau $\alpha = 0.05$ abgelehnt.

Falls wir lediglich Symmetrie der Daten unterstellen, sollte wegen der mangelnden Robustheit des F_N-Tests bei Abweichungen von der Normalverteilung dem L^*-Test oder einem der Rangtests der Vorzug gegeben werden. Der Leser prüfe, daß auch der L^*-Test und die beiden Rangtests von Siegel-Tukey und Mood die Nullhypothese für $\alpha = 0.05$ ablehnen.

∇

Unter Berücksichtigung der Stabilität des Testniveaus α und der Güte β bei nicht-normalverteilten Daten verdienen also der W_{10}- und W_{50}-Test von Brown u. Forsythe und der L^*-Test von Levene (sowie der $\tilde{L}$-Test) unter den hier angeführten robustifizierten Versionen des F- Tests am meisten Beachtung. Doch wie fällt ein Vergleich obiger Tests mit den konkurrierenden Rangtests aus Abschnitt 2.8.3 aus ? Leider existieren m.W. dazu bislang keine Untersuchungen, abgesehen vielleicht von der bereits zitierten Studie von Talwar u. Gentle (1977), die ihren modifizierten Mann-Whitney-Test $\tilde{U}_{m,n}$ mit dem W_{25}-Test, einer Variante der Brown u. Forsythe-Tests, vergleichen; bei dem W_{25}-Test werden in der Levene-Statistik L^* die arithmetischen Mittel $\overline{X}$ und $\overline{Y}$ durch die 25 %-getrimmten Mittel ersetzt. Es zeigt sich, daß bei Annahme von Verteilungen mit starken Tails, wie z.B. bei der t-Verteilung mit

$\nu = 2$ oder 4 FG und der Cauchy-Verteilung, der $\tilde{U}_{m,n}$-Test (z.T. deutlich) besser abschneidet als der W_{25}-Test. Zudem weisen die Autoren nach, daß die A.R.E. des $\tilde{U}_{m,n}$-Tests zum L'-Test bei Normalverteilung gleich 0.694, bei Gleichverteilung gleich 1.000 und bei Doppelexponentialverteilung gleich 1.500 ist. Wir wollen noch einige weitere A.R.E.-Ergebnisse anführen, zunächst die A.R.E. einiger Rangtests zum F-Test für einige ausgewählte Verteilungen, siehe Büning u. Trenkler (1978, S.282); die Bezeichnungen der Rangtests sind wie in 2.8.3 gewählt.

Tab. 42: A.R.E.-Werte einiger Rangtests zum F-Test für ausgewählte Verteilungen

Test	Normal	Gleich-verteilung	Logistisch	Doppelexp.	untere Grenze	obere Grenze
$S_N(A_N)$	0.608	0.600	0.838	0.940	0	∞
$K_N(C_N)$	1.000	∞	1.118	1.215	0	∞
D_N	0.760	0.744	0.988	1.080	0	∞

Wie wir sehen, ist die Effizienz der Rangtests für Skalenalternativen im Vergleich zum parametrischen F-Test nicht so hoch wie die der Rangtests für Lagealternativen im Vergleich zum t-Test, siehe Abschnitt 2.7.5.

Was ergibt nun ein A.R.E.-Vergleich der in Beispiel 26 angeführten Rangstests untereinander? Rünstler (1987) hat für diese Tests die A.R.E. zum jeweils lokal optimalen Rangtests bei Zugrundelegung von insgesamt 51 Verteilungen berechnet, von denen Tabelle 43 einen Ausschnitt darstellt; dabei ist die Mielke-Verteilung mit r=1 bestimmt durch die Dichte in Beispiel 27(c) und die R-S-T-Verteilung, R-S-T(λ), durch den Parameter λ mit $\lambda = \lambda_3 = \lambda_4$, wobei $\lambda_1 = 0$ und $\lambda_2 = \text{sign}(\lambda)$ gesetzt sind.

Der S_N-Test schneidet für Verteilungen mit sehr starken Tails wie bei der Mielke-, Cauchy- und R-S-T(-1)-Verteilung am besten ab, der D_N-Test für Verteilungen mit starken Tails, der K_N-Test für solche mit mittleren bis starken Tails und der G_N-Test bei der skalenkontaminierten Normalverteilung. Wir werden uns diese Ergebnisse im 3. Kapitel zunutze machen. Es sei noch darauf hingewiesen, daß mit Hilfe von Tabelle 43 auch alle angeführten Rangtests bezüglich jeder der angegebenen Verteilungen untereinander verglichen werden können, denn bezeichnen T_1 und T_2 zwei beliebige Rangtests und LR den lokal optimalen Rangtest, dann gilt:

$$\begin{aligned} \text{A.R.E.}(T_1, T_2) &= \text{A.R.E.}(T_1, \text{LR}) \cdot \text{A.R.E.}(\text{LR}, T_2) \\ &= \text{A.R.E.}(T_1, \text{LR}) / \text{A.R.E.}(T_2, \text{LR}) \, . \end{aligned}$$

Tab. 43: A.R.E.-Werte von Rangtests jeweils zum lokal optimalen Rangtest für ausgewählte Verteilungen

Verteilung	$S_N(A_N)$	G_N	D_N	$K_N(C_N)$	Q_N
Normal	0.6079	0.7832	0.7600	*1.0000*	0.3675
Logistisch	0.7323	0.8820	0.8742	0.9773	0.4748
Doppelexp.	0.7500	0.8541	0.8681	0.9767	0.4805
Mielke(r=1)	*1.0000*	0.8000	0.9375	0.5972	0.7500
Cauchy	0.9855	0.7884	0.9239	0.5508	0.8106
t(2)	0.9375	0.9492	*1.0000*	0.7600	0.7031
t(5)	0.7974	0.9349	0.9330	0.9285	0.5333
t(10)	0.7152	0.8796	0.8648	0.9771	0.4558
R-S-T(-1)	0.9903	0.7667	0.9149	0.5512	0.7964
R-S-T(-0.5)	0.9619	0.9200	0.9958	0.7394	0.7313
R-S-T(-0.1)	0.8069	0.9272	0.9336	0.9364	0.5456
R-S-T(0.1)	0.6371	0.8038	0.7852	0.9984	0.3936
R-S-T(0.4)	0.1898	0.2747	0.2594	0.5865	0.0980
KN(0.02,2)	0.6534	0.8351	0.8113	0.9750	0.3996
KN(0.02,5)	0.6644	0.8340	0.8114	0.7996	0.4175
KN(0.05,2)	0.6913	0.8732	0.8410	0.9546	0.4296
KN(0.05,5)	0.6914	0.8342	0.8164	0.6995	0.4590
KN(0.10,2)	0.7294	0.9049	0.8842	0.9395	0.4642
KN(0.10,5)	0.7001	0.7906	0.7857	0.6161	0.5055

Zum Abschluß dieses Abschnitts seien noch einige Bemerkungen zur Influenzfunktion der Rangtests aus 2.8.3 gemacht. Dazu betrachten wir wie in Abschnitt 2.5.6 aus Gründen der Konvergenz gegen ein Funktional statt der linearen Rangstatistik L_N die dazu äquivalente Statistik

$$\tilde{L}_N = \frac{1}{m}\sum_{i=1}^{m} g(R_i) ,$$

wobei R_i der Rang von X_i in der kombinierten, geordneten Stichprobe ist, $1 \le R_i \le N$. Die zu den Gewichten gehörende Score-Funktion ϕ_S sei gerade, d.h.

$$\phi_S(1-u) = \phi_S(u), 0 < u < 1 ,$$

und monoton wachsend für $u \ge 1/2$. Wie bereits in Abschnitt 2.4.3 näher ausgeführt und in 2.7.5 am Beispiel von Rangtests für das Zweistichproben-Lageproblem veranschaulicht, kann unter $H_0: F = G (\tau = 1)$ die Influenzfunktion $IF_{Test}(x,y,T,F)$ für die x- und y- Stichprobe über eine Symmetrieforderung an das zweidimensionale Funktional T auf die Influenzfunktion einer der beiden Stichproben, z.B. auf $IF_{Test,1}(x,T,F)$ der x-Stichprobe, zurückgeführt werden. Für die hier betrachteten Rangtests auf Skalenunterschiede ergibt sich dann unter $H_0: F = G$:

$$\mathrm{IF}_{\mathrm{Test},1}(x,T,F) = \frac{\phi_S(F(x))}{\int_0^1 \phi_S(u) \cdot \phi_S(u,f)du} ,$$

siehe Hampel u.a. (1986, S.208) und zum Vergleich Satz 3 in Abschnitt 2.5.6. Da der Nenner eine Konstante ist, ist die Influenzfunktion beschränkt, falls ϕ_S beschränkt ist, so wie bei den Tests von Siegel-Tukey, Ansary-Bradley, Gastwirth und Mood und beim Quartile-Test, dagegen nicht bei den Tests von Klotz und Capon, für die $\gamma_{\mathrm{Test},1} = \infty$ ist. Sei $F = \Phi$ die Standardnormalverteilung, dann ist der Zähler von $\mathrm{IF}_{\mathrm{Test},1}$ beim Klotz-Test mit der Score-Funktion

$$\phi_S^K(u) = (\Phi^{-1}(u))^2 - 1$$

gegeben durch $x^2 - 1$. Das ist gerade die Influenzfunktion des F-Tests für die x-Stichprobe mit $S_X^2 = \frac{1}{m} \sum_{i=1}^{m} (X_i - \overline{X})^2$; siehe dazu die Statistik D^* und ihre Influenzfunktion für $\mu = 0$ und $\sigma_0^2 = 1$ in Abschnitt 2.6.2.

Beispiel 30:

Betrachten wir den Quartile-Test Q_N mit

$$\phi_S^Q(u) = \begin{cases} 1 & \text{für } u < 1/4 \text{ oder } u > 3/4 \\ -1 & \text{für } 1/4 \le u \le 3/4 \end{cases}$$

als ein Beispiel für einen Rangtest mit einer beschränkten Influenzfunktion.
Es ist für $F = \Phi$:

$$\phi_S^Q(\Phi(x)) = \begin{cases} 1 & \text{für } x < \Phi^{-1}(1/4) \text{ oder } x > \Phi^{-1}(3/4) \\ -1 & \text{für } \Phi^{-1}(1/4) \le x \le \Phi^{-1}(3/4) \end{cases}$$

$$= \mathrm{sign}(|x| - \Phi^{-1}(3/4))$$

wegen

$$\Phi^{-1}(1/4) = -\Phi^{-1}(3/4) \text{ und}$$

$$\int_0^1 \phi_S^Q(u) \cdot ((\Phi^{-1}(u))^2 - 1)du = 4\Phi^{-1}(3/4)f(\Phi^{-1}(3/4)) ,$$

worin f die Dichte von Φ ist.

Somit folgt:

$$IF_{Test,1}(x,Q,\Phi) = \frac{\text{sign}(|x| - \Phi^{-1}(3/4))}{4\Phi^{-1}(3/4)f(\Phi^{-1}(3/4))}$$

und damit

$$\gamma_{Test,1} = \frac{1}{4\Phi^{-1}(3/4)f(\Phi^{-1}(3/4))} = 1.167.$$

2.8.6 Resümee und Ausblick

Wie wir im vorangegangenen Abschnitt gesehen haben, ist der F-Test im Hinblick auf das α-Robustheitskriterium im höchsten Maße empfindlich gegenüber Abweichungen von der Normalverteilung. Die Differenz zwischen dem aktuellen Testniveau α^* und dem nominalen α ist so erheblich, daß ein Gütevergleich des F-Tests mit anderen Tests zum Niveau α nicht sinnvoll ist; auch geht bei diesem Test eine extreme Beobachtung x (Ausreißer) mit dem Quadrat in die zugehörige Influenzfunktion ein. Besteht also auch nur der Verdacht, daß die vorliegenden Daten nicht normalverteilt sind, so sollte die Parole "Hände weg vom F-Test" beherzigt werden. Doch welche Alternativen bieten sich dann an? Ist die zugrundeliegende Verteilung symmetrisch und kann Gleichheit der Mediane der X - und Y -Variablen unterstellt werden, so liegt die Anwendung eines Rangtests nahe, da diese Tests verteilungsfrei sind. Falls diese (restriktive) Annahme der Symmetrie *und* der Gleichheit der Mediane in der konkreten Datensituation als nicht gerechtfertigt erscheint (und das wird in der Regel der Fall sein), so sollte einem Test nach dem Levene-Prinzip der Vorzug gegeben werden. Der L^*- bzw. $\tilde{L}$-Test und der W_{10}- bzw. W_{50}-Test schneiden im Vergleich zu den hier betrachteten Konkurrenten von der Theorie her am besten ab.

Es gibt noch eine Reihe von Testverfahren, die mit den oben genannten in echter Konkurrenz stehen und deren kritische Werte approximativ bekannt sind. Dazu zählen die Tests von Box (1953) und Moses (1963), die beide auf dem folgenden Prinzip basieren: Die x- und y-Stichprobe mit Umfang m bzw. n werden *zufällig* in Unterstichproben jeweils vom Umfang k aufgeteilt. Ist m oder n kein ganzzahliges Vielfaches von k, so werden die verbleibenden Beobachtungen gestrichen oder der letzten Unterstichprobe zugeordnet. Seien $[m/k]=m_1$ und $[n/k]=n_1$ die Anzahlen der x- bzw. y-Unterstichproben und $S^2_{X_i}, i=1,\ldots,m_1$, bzw. $S^2_{Y_j}, j=1,\ldots,n_1$, ihre Varianzen. Die Box-Statistik ist nun dadurch definiert, daß in die t-Statistik für das Lageproblem (oder in das Quadrat der t-Statistik) analog dem Levene-Prinzip die transformierten Varianzen $V_{X_i} = \ln S^2_{X_i}$ und $V_{Y_j} = \ln S^2_{Y_j}, i=1,\ldots,m_1, j=1,\ldots,n_1$, an Stelle der X- bzw. Y-Variablen eingesetzt werden. Diese Box-Statistik hat natürlich nicht exakt eine t-Verteilung mit (m_1+n_1-2) FG (bzw. eine F-Verteilung mit $(1,m_1+n_1-2)$ FG), weil die V_{X_i} und V_{Y_j} nicht exakt normalverteilt sind; jedoch besteht wegen der Robustheit des t-Tests für Verteilungen "in der Nähe der Normalverteilung" Anlaß zur Hoffnung, daß obige Verteilungsaussagen approximativ gültig sind. Beim Moses-Test wird das Levene-Prinzip nicht wie beim Box-Test auf die t-Statistik, sondern auf den Rangsummentest W_N von Wilcoxon oder den dazu äquivalenten Mann-Whitney-Test für die obigen S_X^2 - und S_Y^2 - Variablen oder auch für die ln-transformierten V_X- und V_Y-Variablen angewendet.

Im ersten Fall wird der Moses -Test auch als "rank-like-Test" bezeichnet, da er zwar nicht wie ein Rangtest exakt verteilungsfrei, wohl aber asymptotisch verteilungsfrei ist; zudem ist dieser Test im Gegensatz zu den Rangtests nicht invariant gegenüber streng monotonen Transformationen. Hinsichtlich einer ausführlichen Diskussion des Moses-Tests mit A.R.E.-Ergebnissen sei auf Shorack (1969) verwiesen. Die Tests von Box und Moses haben sich in der statistischen Praxis nicht durchgesetzt. Der Hauptgrund dafür liegt sicherlich in der "Willkür" der Wahl von k (und damit von m_1 und n_1) und der vorab vorzunehmenden zufälligen Aufteilung der Ausgangsstichproben auf Unterstichproben, womit natürlich auch ein Informationsverlust einhergeht. Weitere Tests sind der Permutationstest von Box u. Andersen (1955), seine modifizierte A.P.F.-Version von Shorack (1969) und die Rangtests von Mielke (1972), in denen die Gewichte g(i) durch $g(i) = (i/N)^r, r > 0$, definiert sind. Speziell für r=2 erhält man den "Rangquadratsummen-Test", siehe dazu auch Duran u. Mielke (1968). Übersichtliche Darstellungen der verschiedenen Skalentests sind bei Duran (1976), Conover u.a. (1981), Miller (1968) und Tiku (1986, S.141 ff) zu finden.

Die bisherigen Ausführungen haben deutlich gemacht, daß Statistiken nach dem Levene-Prinzip durch Einsetzen transformierter Daten, z.B. von der Form $g(X_i') = X_i'^p, g(Y_j') = Y_j'^p$, in die t-Statistik gute α- Robustheitseigenschaften haben und auch beim Gütevergleich mit konkurrierenden Tests hervorragend abschneiden. In der konkreten Datensituation stellt sich jedoch vorab das Problem der Auswahl einer *ganz bestimmten* Levene-Statistik; dies gerade auch im Hinblick auf potentielle Asymmetrie der Daten. Loh (1987) hat einen ersten Schritt in Richtung eines adaptiven Ansatzes getan, indem er den Exponenten p in $X_i'^p$ bzw. $Y_j'^p$ aus den Daten zur Stabilisierung der Gruppenvarianzen schätzt. Er spricht von "data-based transformation" bei dieser Anwendung des Levene-Prinzips. Die Konstruktion weiterer Statistiken nach dem Levene-Prinzip wäre möglich, indem die arithmetischen Mittel $\overline{X}$ und $\overline{Y}$ in $X_i' = |X_i - \overline{X}|$ bzw. $Y_j' = |Y_j - \overline{Y}|$ durch andere robuste Lageschätzer, wie M- oder R-Schätzer ersetzt werden; letztlich bedeutet das Levene-Prinzip ja nichts anderes, als die Suche nach einem robusten Skalentest durch die nach einem robusten Lagetest zu umgehen.

Interessant wäre auch ein Vergleich der verteilungsfreien Rangtests mit den Levene-Tests bei Annahme symmetrischer Verteilungen und gleicher Mediane; dazu liegen m.W. bislang keine Arbeiten vor. Doch für die statistische Praxis wichtiger ist sicherlich die Auswahl eines geeigneten (adaptiven) Tests, der weder die Annahme der Symmetrie der Daten noch die Gleichheit der Mediane erfordert.

Abschließend soll noch kurz auf ein Problem eingegangen werden, das bereits in Abschnitt 2.8.2 bei der Anwendung des F-Tests als Pretest angedeutet wurde. In der statistischen Praxis und nicht selten auch in statistischen Lehrbüchern wird vor der Anwendung des t-Tests auf Gleichheit der Erwartungswerte zweier Normalverteilungen empfohlen, zunächst einen Anpassungstest (z.B. den χ^2- Test) auf Normalverteilung für jede der beiden Stichproben durchzuführen und danach - falls die Beobachtungen nicht zur Ablehnung der Hypothese führen - den F-Test auf Gleichheit der Varianzen. Falls auch diese Homogenitätshypothese nicht abgelehnt wird, kann dann "ohne Bedenken" der t-Test angewandt werden. Eine solche Vorgehensweise ist aus mehreren Gründen äußerst problematisch:

- keine Unabhängigkeit der Testentscheidungen auf den einzelnen Stufen bei der Bestimmung des Gesamtniveaus α (der t-Test ist ein bedingter Test!),
- Willkür in der Wahl eines von vielen Anpassungstests, die zu gegensätzlichen Entscheidungen (Ablehnung-Nichtablehnung von H_0) führen können,
- drastische Nichtrobustheit des F-Tests.

Darüberhinaus wird nicht klar, was zu tun ist, wenn auf der ersten oder zweiten Stufe die Hypothese der Normalverteilung bzw. die der Gleichheit der Varianzen abgelehnt wird; ganz zu schweigen von der Ignoranz der "statistischen Philosophie", daß eine Hypothese nicht verifiziert, sondern nur falsifiziert werden kann.

2.9 Weitere Probleme

2.9.1 Vorbemerkungen

In den Abschnitten 2.7 und 2.8 haben wir die Robustheit von Lage- bzw. Skalentests im Zweistichproben-Problem untersucht. In den folgenden Abschnitten 2.9.2 und 2.9.3 wollen wir nun Robustheitsstudien solcher Tests auf das c-Stichprobenproblem (c>2) ausdehnen und darüber hinaus im Abschnitt 2.9.4 einige Bemerkungen zur Robustheit von Verfahren in der Regressions- und Zeitreihenanalyse machen.

Sollen mehr als zwei Stichproben im Hinblick auf Lage- oder Skalenunterschiede miteinander verglichen werden, dann ist dazu ein Test erforderlich, der diese Unterschiede simultan aufzudecken vermag (globaler Test). Führt ein solcher globaler Test zur Ablehnung der Nullhypothese gleicher Lage- bzw. Skalenparameter, dann mag es wünschenswert sein festzustellen, zwischen welchen der c Stichproben signifikante Unterschiede auftreten. Hier schließen sich dann sogenannte multiple Tests an, siehe dazu allgemein Miller (1966) und Gabriel (1969) sowie speziell Scheffé (1959, Kap.3) und Miller (1986, S.71 ff). Auf solche multiplen Vergleiche werden wir hier aber nicht näher eingehen.

Modell, Hypothesen und Teststatistiken im c-Stichproben-Problem für Lage- bzw. Skalenunterschiede werden analog zum Zweistichproben-Problem formuliert. Aus diesem Grunde wollen wir uns auf eine kürzere Darstellung beschränken und die drei Gruppen von Tests, parametrische, nichtparametrische und robustifizierte, und ebenso die α- und die β-Robustheit dieser Tests nicht mehr - wie in den vorangegangenen Abschnitten - getrennt behandeln.

2.9.2 Lagetests im c-Stichproben-Problem

(1) Modell und Hypothesen

Es seien $X_{i1}, \dots, X_{in_i}$, $i=1,\dots,c$, unabhängige Zufallsvariablen mit $X_{ik} \sim F(x-\theta_i)$, $\theta_i \in \mathbf{R}$, $k=1,\dots,n_i$, wobei F stetig mit zugehöriger Dichte f sei. Zu testen ist H_0: $\theta_1 = \dots = \theta_c =: \theta$ gegen H_1: $\theta_i \neq \theta_j$ für mindestens ein Paar (i,j) mit $i \neq j$. Unter H_0 sind also alle X_{ik} identisch verteilt, und sie unterscheiden sich unter H_1 nur durch ihre Lage und nicht durch ihre Varianz oder gar durch den Typ der Verteilung; o.B.d.A. können wir $\theta = 0$ in der Nullhypothese setzen.

(2) Tests

Der klassische parametrische Test für obige Hypothesen ist der F-Test, falls Normalverteilung der Daten unterstellt wird. Es sei also:

$$X_{ik} \sim N(\mu_i, \sigma_i^2) \quad \text{mit } \sigma_i^2 = \sigma^2 \text{ für } i=1,\dots,c .$$

Dann lauten die Hypothesen:

$H_0\colon \mu_1 = \dots = \mu_c = \mu$ gegen $H_1\colon \mu_i \neq \mu_j$ für mindestens ein Paar (i,j) mit $i \neq j$.

Unter diesem parametrischen Modell, das auch als Varianzanalyse-Modell (ANOVA) der Einfachklassifikation bezeichnet wird, existiert für c>2 kein gleichmäßig bester unverfälschter Test, siehe z.B. Lehmann (1959, S.272). Der Likelihood-Ratio-Ansatz führt zum F-Test, der auf folgender Statistik basiert:

$$F_c = \frac{(N-c)\sum_{i=1}^{c} n_i(\overline{X}_i - \overline{X})^2}{(c-1)\sum_{i=1}^{c}\sum_{k=1}^{n_i}(X_{ik} - \overline{X}_i)^2}$$

$$\text{mit} \quad N = \sum_{i=1}^{c} n_i\,, \; \overline{X}_i = \frac{1}{n_i}\sum_{k=1}^{n_i} X_{ik}\,, \; \overline{X} = \frac{1}{N}\sum_{i=1}^{c}\sum_{k=1}^{n_i} X_{ik}\,.$$

Die Statistik F_c ist unter H_0 F-verteilt mit (c-1,N-c) FG, $F_c \sim F(c-1,N-c)$; das bedeutet für die Entscheidungsregel: H_0 zum Niveau α ablehnen, falls $F_c \geq F_{1-\alpha}(c-1,N-c)$ gilt. Der Leser beachte, daß das Hypothesen-Problem *zweiseitig*, die Entscheidungsregel hingegen *einseitig* ist, da die Statistik F_c nicht die "Richtung der Lageunterschiede" aufzudecken vermag.

Unter der Annahme der Normalverteilung kann die (exakte) Güte des F-Tests über die nichtzentrale F-Verteilung mit Nichtzentralitätsparameter $\delta = \sum_{i=1}^{c} n_i(\mu_i - \overline{\mu})^2/\sigma^2$ bestimmt werden, wobei $\overline{\mu} = \sum_{i=1}^{c} n_i\mu_i/N$ ist, siehe Lehmann (1959, S.268,272,313).

Über die exakte Verteilung von F_c bei nichtnormalverteilten Daten liegen m.W. keine Ergebnisse vor. Zur asymptotischen Verteilung von F_c läßt sich folgendes sagen: Da nach dem zentralen Grenzwertsatz mit $n_i \to \infty$, i=1,...,c, die Zufallsvariable $(\overline{X}_i - \mu_i)\sqrt{n_i}/\sigma$ asymptotisch N(0,1)-verteilt ist und da für $S_i^2 = \frac{1}{n_i-1}\sum_{k=1}^{n_i}(X_{ik} - \overline{X}_i)^2$ der Quotient S_i^2/σ^2 in Wahrscheinlichkeit gegen 1 strebt, konvergiert die Verteilung von F_c gegen die nichtzentrale χ^2-Verteilung, $\chi^2(c-1,\delta)$, welche Verteilung mit *endlicher* Varianz auch immer unterstellt wird, siehe dazu auch Tiku u.a. (1986, S.4). Unter H_0 ist somit F_c asymptotisch χ^2-verteilt mit c-1 FG. Das bedeutet also, daß der F-Test *asymptotisch* α- und β-robust ist bezüglich Abweichungen von der Normalverteilung, und dies umso mehr, je größer die Anzahl c der Gruppen ist, weil auch die Summe der Quadrate im Zähler von F_c mit wachsendem c immer mehr "geglättet" wird.

Unter dem allgemeinen Lagemodell aus Abschnitt 2.9.1 bietet sich als nichtparametrisches Pendant zum F-Test der Test von Kruskal-Wallis an, der eine Verallgemeinerung des Wilcoxon-Tests für das Zweistichproben-Problem darstellt. Die Teststatistik KW von Kruskal-Wallis lautet:

$$KW = \frac{12}{N(N+1)} \sum_{i=1}^{c} \frac{1}{n_i} \left(R_i - \frac{n_i(N+1)}{2} \right)^2 ,$$

wobei $R_i = \sum_{k=1}^{n_i} R_{ik}$ die Rangsumme in der i-ten Stichprobe ist mit R_{ik} als Rang von X_{ik} in der (über alle c Stichproben) kombinierten, geordneten Stichprobe. Der KW-Test ist unter H_0 verteilungsfrei, d.h. er hält für alle stetigen Verteilungsfunktionen F stets das Niveau α ein. Die finite Verteilung von KW ist leicht zu bestimmen, siehe Büning u. Trenkler (1978, S.203); exakte Güteberechnungen des KW-Tests liegen m.W. nicht vor. Die KW-Statistik ist unter H_0 asymptotisch χ^2-verteilt mit c-1 FG, falls gilt $\lim_{N\to\infty} n_i/N = g_i$, $0 < g_i < 1$, für alle i=1,...,c. Unter gewissen Regularitätsbedingungen kann gezeigt werden, daß die Statistik KW unter H_1 asymptotisch eine nichtzentrale χ^2-Verteilung mit c-1 FG hat, wobei der Nichtzentralitätsparameter δ von θ_i, g_i und F abhängt, siehe Puri (1972). Die asymptotische relative Effizienz (A.R.E.) des KW-Tests zum F-Test entspricht der des Wilcoxon-Tests zum t-Test; sie ist bei Annahme einer Normalverteilung gleich $3/\pi$, bei einer Gleichverteilung gleich 1 und fällt nicht unter 0.864, siehe Büning u. Trenkler (1978, S.282). Weitere nichtparametrische Tests in Erweiterung der Zweistichproben-Tests von v.d.Waerden, Terry-Hoeffding u.a. sind bei Puri (1972) zu finden.

Als robustifizierte Versionen des F-Test wollen wir hier vier Tests betrachten, den V_c-Test von Welch (1951) und seine getrimmte Version V_{cg}, sowie den F_c^* von Brown u. Forsythe (1974a) und seine getrimmte Version F_{cg}^*. Der V_c-Test und F_c^*-Test sind konzipiert für den Fall der Heterogenität der Varianzen bei normalverteilten Daten und die beiden getrimmten Versionen, die von Lee u. Yuen Fung (1983) stammen, für den Fall von Verteilungen mit stärkeren Tails als die der Normalverteilung. Die zu den vier Tests gehörenden Teststatistiken sind wie folgt definiert:

(a)

$$V_c = \frac{\sum_{i=1}^{c} a_i(\bar{X}_i - \tilde{X})^2/(c-1)}{1 + [2(c-2)/(c^2-1)] \sum_{i=1}^{c} (1 - a_i/a)^2/(n_i - 1)}$$

mit $a_i = n_i/S_i^2$,

$$S_i^2 = \frac{1}{n_i - 1}\sum_{k=1}^{n_i}(X_{ik} - \overline{X}_i)^2,$$

$$a = \sum_{i=1}^{c} a_i \quad \text{und}$$

$$\tilde{X} = \sum_{i=1}^{c} a_i\overline{X}_i/a.$$

Unter Annahme der Normalverteilung und gleicher Varianzen ist V_c approximativ F-verteilt mit (c-1, f) FG, wobei f bestimmt ist durch

$$1/f = [3/(c^2 - 1)] \sum_{i=1}^{c}(1 - a_i/a)^2/(n_i - 1).$$

(b)

$$V_{cg} = \frac{\sum_{i=1}^{c} b_i(\overline{X}_{i\gamma g} - \tilde{X}_{\gamma g})^2/(c-1)}{1 + [2(c-2)/(c^2-1)] \sum_{i=1}^{c}(1 - b_i/b)^2/(n_i - 1)}$$

mit $b_i = h_i/S_{iw}^2$,

$$h_i = (1 - 2\gamma)n_i, \; 0 \le \gamma \le 0.25,$$

$$S_{iw}^2 = SSD_{iw}/(h_i - 1),$$

$$b = \sum_{i=1}^{c} b_i \quad \text{und}$$

$$\tilde{X}_{\gamma g} = \sum_{i=1}^{c} b_i\overline{X}_{i\gamma g}/b,$$

wobei $\overline{X}_{i\gamma g}$ und SSD_{iw} das γ-getrimmte Mittel bzw. die γ-winsorisierte Summe der Abweichungsquadrate in der i-ten Stichprobe sind, siehe Abschnitt 2.5.4. Im Fall $\gamma=0$ gilt $V_{cg}=V_c$. Lee u. Yuen Fung (1983) haben gezeigt, daß unter gewissen Regularitätsbedingungen $(c-1)V_{cg}$ gegen die nichtzentrale χ^2-Verteilung mit c-1 FG konvergiert, falls $n_i \to \infty$ und $\lim_{N\to\infty} n_i/N \neq 0$ gilt für alle i=1,...,c.

(c)

$$F_c^* = \frac{\sum_{i=1}^{c} n_i(\overline{X}_i - \overline{X})^2}{\sum_{i=1}^{c} (1 - n_i/N)S_i^2},$$

worin S_i^2 die Streuung in der i-ten Stichprobe bedeutet. Die Statistik F_c^* ist unter H_0 approximativ F-verteilt mit $(c-1,f^*)$ FG, wobei f^* bestimmt ist durch:

$$1/f^* = \sum_{i=1}^{c} d_i^2/(n_i - 1),$$

worin $d_i = (1 - n_i/N)S_i^2 / [\sum_{j=1}^{c}(1 - n_j/N)S_j^2]$ ist.

(d)

$$F_{c\gamma}^* = \frac{\sum_{i=1}^{c} h_i(\overline{X}_{i\gamma g} - \overline{X}_{\gamma g})^2}{\sum_{i=1}^{c} (1 - h_i/H)S_{iw}^2},$$

worin $H = \sum_{i=1}^{c} h_i = (1 - 2\gamma)N$ ist und $\overline{X}_{\gamma g}$ das γ-getrimmte Mittel aller N Beobachtungen, h_i ist wie in (b) definiert. Im Fall γ=0 ist $F_{c\gamma}^* = F_c^*$.

Der F_c^*-Test benutzt wie der F-Test n_i als Gewichte, wohingegen beim V_c-Test die Gewichte n_i/S_i^2 gewählt sind, entsprechend bei den getrimmten Versionen. Auf Gewichten n_i/S_i^2 basiert eine weitere Variante des F-Tests, der Test von James (1951), der aber dem V_c-Test und F_c^*-Test unterlegen ist, siehe Brown u. Forsythe (1974a).

(3) Robustheitsstudien

Es gibt eine Reihe von Untersuchungen zur α-Robustheit des F-Tests bei Abweichungen von der Normalverteilung und/oder bei ungleichen Varianzen, siehe z.B. Pearson (1931), Gayen (1950), Scheffé (1959) und Kendall u. Stuart (1973). Hier zeigt sich, daß der F-Test bemerkenswert α-robust ist bei nichtnormalverteilten Daten und auch nur moderat empfindlich reagiert bei Heterogenität der Varianzen, falls die Umfänge in den c Stichproben gleich groß sind (n_i=n für alle i=1,...,c).

Zur Güte des F-Tests bei Nichtnormalität und/oder ungleichen Varianzen liegen auch einige Arbeiten vor, so z.B. die von David u. Johnson (1951), Hornsnell (1953) und Srivastava (1959). Es stellt sich heraus, daß der Einfluß von Verteilungen in der "Nähe der Normalverteilung" auf die Güte des F-Tests zumindest im Falle gleicher Stichprobenumfänge (n_i=n) gering ist und mit wachsendem n verschwindet; hingegen übt die Heterogenität der Varianzen selbst bei normalverteilten Daten einen stärkeren Einfluß auf die Güte des F-Tests aus. Diese α- und β-Robustheit des F-Tests bei Nichtnormalität, aber gleichen Varianzen steht im Einklang mit dem asymptotischen Ergebnis in (2).

Donaldson (1968) untersucht im Rahmen einer Simulationsstudie die α- und β-Robustheit des F-Tests für zwei asymmetrische Verteilungen, die Exponential- und Lognormalverteilung, sowohl unter Homogenität als auch unter Heterogenität der Varianzen, und zwar für c=4,8, n_i=4,6,16,32 und α=0.01, 0.05, 0.10; die kritischen Werte sind dabei über die $F_{1-\alpha}$-Quantile unter Normalverteilung festgelegt. Der F-Test erweist sich dabei als moderat α-robust und ist durchweg konservativ, wobei die Differenz zwischen aktuellem und nominalem Testniveau am größten unter der Lognormalverteilung ist, die von den betrachteten Verteilungen die höchste Schiefe und Kurtosis hat. Im Fall gleicher Varianzen hat der F-Test unter den beiden asymmetrischen Verteilungen höhere Güte als unter der Normalverteilung, insbesondere bei kleinen Stichprobenumfängen. Bei Heterogenität der Varianzen ist die Situation nicht so klar wie im obigen Fall; in der Nähe der Nullhypothese ist die Güte des F-Tests unter der Normalverteilung meist höher als unter den beiden anderen Verteilungen, wohingegen bei größerer Distanz von H_0 der F-Test unter der Lognormalverteilung höhere Güte hat als unter der Normal- und Exponentialverteilung. In dieser Arbeit wird auch die Korrelation zwischen dem Zähler und dem Nenner der F_c-Statistik untersucht. Bei nichtnormalverteilten Daten sind Zähler und Nenner von F_c weder χ^2-verteilt noch unabhängig, so daß der Effekt der Nichtnormalität auf den F-Test sowohl in den Abweichungen der Zähler- und Nennerverteilungen von der χ^2-Verteilung als auch in der Korrelation zwischen Zähler und Nenner von F_c zum Ausdruck kommt.

Wir wollen im folgenden noch einige weitere Arbeiten zur Robustheit des F-Tests und der in (2) aufgeführten Konkurrenten vorstellen. Rust (1981) vergleicht im Rahmen einer Simulationsstudie (2000 Läufe) u.a. den F-Test mit dem Welch-Test V_c und dem Kruskal-Wallis-Test KW unter Normalverteilung N und skalenkontaminierter Normalverteilung KN(0.10,5). In Tabelle 44 sind aus dieser Arbeit aktuelle Testniveaus (bei nominalem $\alpha = 0.10$) für c=3,4 und verschiedene n_i- und σ_i-Kombinationen zusammengestellt; es schließt sich Tabelle 45 mit Gütewerten unter Annahme gleicher Varianzen an.

Wie aus Tabelle 44 ersichtlich, reagieren der F-Test und der KW-Test sehr empfindlich auf Heterogenität der Varianzen. Die Tests sind hier fast durchweg antikonservativ; das α-Robustheitsmaß $r_1(\alpha, \alpha^*) = | \alpha - \alpha^* | / \alpha$ nimmt beim F-Test Werte bis zu 0.79 an. Der V_c-Test hält hingegen unter der Normalverteilung gut das vorgegebene α ein, unter der skalenkontaminierten Normalverteilung ist er z.T. recht konservativ.

Tab. 44: Aktuelle Testniveaus α^* für ausgewählte Tests mit α=0.10 unter N und KN(0.10,5) (in %)

				N			KN	
c	$(n_1,...,n_c)$	$(\sigma_2/\sigma_1, ..., \sigma_c/\sigma_1)$	F_c	V_c	KW	F_c	V_c	KW
3	(13,10,7)	(1,1)	10.6	10.7	11.2	10.1	7.3	10.5
		(1,3)	20.3	10.8	15.1	17.3	6.6	13.3
		(3,5)	20.6	9.9	17.0	19.9	8.4	12.4
		(5,5)	16.0	10.2	17.9	15.3	7.6	17.5
3	(10,10,10)	(1,1)	9.5	9.8	8.9	9.3	8.4	10.5
		(1,3)	12.4	10.2	11.5	10.3	8.2	12.7
		(3,5)	11.7	10.2	12.1	9.1	8.0	12.5
		(5,5)	12.0	10.6	13.2	9.8	7.8	11.5
4	(13,11,9,7)	(1,1,1)	10.1	10.5	10.3	9.4	7.0	10.4
		(1,3,3)	16.9	9.9	12.6	16.9	7.8	15.6
		(3,5,1)	15.8	10.0	12.7	12.4	6.4	11.6
		(5,3,3)	12.3	11.0	12.7	12.9	8.2	13.9

Tab. 45: Gütewerte für ausgewählte Tests mit α=0.10 unter N und KN(0.10,5) (in %)

				N			KN	
c	$(n_1,...,n_c)$	$(\frac{\theta_2-\theta_1}{\sigma}, ..., \frac{\theta_c-\theta_1}{\sigma})$	F_c	V_c	KW	F_c	V_c	KW
3	(13,10,7)	(0,0.5)	27.5	26.0	25.4	31.5	35.2	43.6
		(0,1.0)	62.3	59.3	58.4	70.2	74.6	86.6
		(0.5,1.0)	57.2	55.5	54.9	65.7	70.3	84.7
3	(10,10,10)	(0,0.5)	28.6	27.5	26.9	35.2	37.4	47.4
		(0,1.0)	71.0	69.6	69.4	75.5	78.0	94.2
		(0.5,1.0)	58.3	56.3	56.0	68.1	72.8	87.3
4	(13,11,9,7)	(0,1.0,0)	67.1	62.0	63.5	72.9	75.5	91.3
		(0.5,0,1.0)	58.3	56.1	56.4	66.8	77.0	87.9
		(0.5,1.0,0.5)	59.1	54.3	55.4	63.9	72.1	86.1

Tabelle 45 zeigt, daß der F-Test unter Normalverteilung die höchste Güte hat, während hier der V_c-Test und KW-Test ungefähr gleichauf liegen. Unter der skalenkontaminierten Normalverteilung schneidet der KW-Test deutlich am besten ab, und der V_c-Test liegt noch vor dem F-Test. In der Arbeit von Rust wird auch eine Variante des KW-Tests betrachtet, die bei ungleichen Varianzen deutlich besser das Niveau α einhält als der KW-Test und die dem KW-Test (bei gleichen Varianzen) kaum in der Güte unterlegen ist.

Brown u. Forsythe (1974a) haben den von ihnen vorgeschlagenen F_c^*-Test, siehe (2), mit dem F-Test und V_c-Test unter der Normalverteilung verglichen, und zwar für c=4,6,10, gleiche und ungleiche Stichprobenumfänge und Varianzen und für α=0.01,0.05,0.10. Auch hier zeigt sich die mangelnde α-Robustheit des F-Tests bei ungleichen Varianzen und Stichprobenumfängen; der F_c^*-Test und der V_c-Test schneiden in diesem Fall besser ab. Die Güte des F_c^*-Tests und V_c-Tests ist bei gleichen Varianzen kaum geringer als die des F-Tests, während bei ungleichen Varianzen, für die der F-Test generell nicht infrage kommt, der V_c-Test dem F_c^*-Test vorzuziehen ist, falls zu großen bzw. kleinen Erwartungswerten μ_i kleine bzw. große Varianzen σ_i^2 gehören, und der F_c^*-Test dem V_c-Test im anderen Fall.

In einer Simulationsstudie (5000 Läufe) von Lee u. Yuen Fung (1983) wird zunächst die α-Robustheit der von ihnen konzipierten getrimmten Versionen V_{cg} und F_{cg}^* des Welch-Tests V_c bzw. des Brown-Forsythe-Tests F_c^* neben anderen Tests unter der Normalverteilung untersucht, und zwar für c=3,4, gleiche und ungleiche n_i bzw. σ_i^2 und α=0.01, 0.05, 0.10; die gewählten Trimmanteile betragen γ=0, 0.5, 0.10, 0.15, 0.20 und 0.25. Es zeigt sich, daß der V_{cg}-Test für $0 \leq \gamma \leq 0.15$ und der F_{cg}^*-Test generell bemerkenswert α-robust sind. In einer weiteren Studie wird von den Autoren ein Gütevergleich der vier Tests V_c, F_c^*, V_{cg} und F_{cg}^* neben anderen unter verschiedenen Verteilungen vorgenommen, und zwar unter der Normalverteilung N, der skalen-kontaminierten Normalverteilung KN(0.10,5) und KN(0.10,10), der sogenannten Slash-Verteilung N/U als Kontamination: 0.25N + 0.75N/U (siehe Abschnitt 2.5.5) und der Cauchy-Verteilung. Bei Verteilungsfunktionen F, für die keine zweiten Momente existieren, ist σ als Lösung von $F(\sigma) = 0.8413 = \Phi(1)$ definiert, wobei Φ die Standardnormalverteilung ist. Tabelle 46 mit c=4, n_1=10, n_2=n_3=15, n_4=20 und α=0.05 ist ausschnittsweise obiger Arbeit von Lee u. Yuen Fung entnommen; dabei ist der Trimmanteil γ in V_{cg} und F_{cg}^* jeweils für die entsprechenden Verteilungen "optimal" aus den γ-Werten 0 (0.05) 0.25 ausgewählt.

Der V_c-Test und F_c^*-Test sind offensichtlich bei Verteilungen mit starken Tails (z.T. sehr) konservativ; das α-Robustheitsmaß $r_1(\alpha, \alpha^*) = |\alpha - \alpha^*| / \alpha$ nimmt hier Werte bis zu 0.82 (V_c bei der Cauchy-Verteilung) an.

Tab. 46: Aktuelle Testniveaus und Gütewerte ausgewählter Tests unter verschiedenen Verteilungen (in %), α=0.05

σ_i	μ_i	V_c	F_c^*	γ	V_{cg}	γ	F_{cg}^*
			N				
1,1,1,1	0,0,0,0	4.7	4.8	0	4.7	0	4.8
	1,0,0,0	60.5	63.5	0	60.5	0	63.5
	0,0,0,0.7	48.2	51.3	0	48.2	0	51.3
	0.5,0,0,0.5	30.1	32.0	0	30.1	0	32.0
1,2,2,3	0,0,0,0	5.0	5.6	0	5.0	0	5.6
	1,0,0,0	39.0	16.0	0	39.0	0	16.0
	0,0,0,1	18.4	28.0	0	18.4	0	28.0
	1,0,0,1	37.1	28.3	0	37.1	0	28.3
3,2,2,1	0,0,0,0	5.0	5.6	0	5.0	0	5.6
	1,0,0,0	11.6	16.6	0	11.6	0	16.6
	0,0,0,1	44.6	21.2	0	44.6	0	21.2
	1,0,0,1	41.5	24.3	0	41.5	0	24.3
			KN(0.10,5)				
1,1,1,1	0,0,0,0	3.2	3.3	0.15	4.5	0.15	4.5
	1,0,0,0	74.9	67.3	0.15	89.3	0.15	92.7
	0,0,0,0.7	63.8	55.9	0.15	86.1	0.15	87.2
	0.5,0,0,0.5	45.9	35.9	0.15	62.9	0.15	63.1
1,2,2,3	0,0,0,0	2.8	4.1	0.15	4.4	0.15	5.6
	1,0,0,0	56.3	19.4	0.15	75.4	0.15	35.4
	0,0,0,1	24.2	31.0	0.1	34.7	0.15	49.8
	1,0,0,1	55.0	35.0	0.15	73.1	0.15	58.2
3,2,2,1	0,0,0,0	2.9	3.3	0.15	4.9	0.15	5.0
	1,0,0,0	18.1	20.9	0.15	22.4	0.15	30.3
	0,0,0,1	63.2	30.3	0.15	83.2	0.15	50.4
	1,0,0,1	59.7	33.5	0.15	79.3	0.15	52.5
			KN(0.10,10)				
1,1,1,1	0,0,0,0	1.6	2.3	0.15	4.0	0.2	4.2
	0.3,0,0,0	22.3	9.2	0.15	39.9	0.2	40.1
	0,0,0,0.3	23.7	14.8	0.15	59.3	0.2	59.9
	0.3,0,0,0.3	31.2	18.1	0.15	67.2	0.2	65.0
1,2,2,3	0,0,0,0	1.6	2.4	0.15	4.3	0.2	5.2
	0.5,0,0,0	29.2	7.0	0.15	60.8	0.2	26.3
	0,0,0,0.5	10.8	12.8	0.15	28.4	0.2	41.2
	0.5,0,0,0.5	28.4	13.0	0.15	58.3	0.2	44.7
3,2,2,1	0,0,0,0	2.1	2.3	0.15	4.7	0.2	5.3
	0.5,0,0,0	10.4	7.4	0.15	16.7	0.2	23.3
	0,0,0,0.5	29.3	11.1	0.15	70.0	0.2	36.1
	0.5,0,0,0.5	28.2	12.1	0.15	65.6	0.2	39.3

Fortsetzung nächste Seite

Tab. 46: Fortsetzung

σ_i	μ_i	V_c	F_c^*	γ	V_{cg}	γ	F_{cg}^*
			0.25 N + 0.75 N/U				
1,1,1,1	0,0,0,0	2.6	1.9	0.15	4.4	0.2	4.7
	1,0,0,0	36.5	16.9	0.1	52.3	0.15	53.5
	0,0,0,0.7	22.2	13.4	0.15	42.0	0.15	42.8
	0.5,0,0,0.5	14.0	8.0	0.15	25.4	0.2	26.1
1,2,2,3	0,0,0,0	2.7	2.4	0.15	4.8	0.2	5.1
	1,0,0,0	20.2	5.0	0.15	33.2	0.2	13.2
	0,0,0,1	7.7	8.4	0.15	14.2	0.15	22.6
	1,0,0,1	18.1	7.9	0.15	31.0	0.15	23.7
3,2,2,1	0,0,0,0	2.6	1.9	0.15	5.0	0.2	5.5
	1,0,0,0	6.3	4.7	0.15	9.7	0.2	13.7
	0,0,0,1	19.5	6.4	0.15	38.3	0.2	18.7
	1,0,0,1	19.1	8.0	0.15	35.0	0.25	20.6
			Cauchy				
1,1,1,1	0,0,0,0	1.5	1.3	0.15	2.1	0.25	3.1
	1,0,0,0	18.2	5.4	0.15	50.2	0.25	57.2
	0,0,0,0.7	9.0	4.8	0.15	41.1	0.25	45.8
	0.5,0,0,0.5	6.1	3.5	0.15	23.0	0.25	26.0
1,2,2,3	0,0,0,0	0.9	1.6	0.15	2.0	0.25	3.5
	1,0,0,0	9.2	2.8	0.15	30.7	0.25	15.0
	0,0,0,1	3.6	3.7	0.15	12.9	0.25	24.3
	1,0,0,1	8.4	3.2	0.15	29.9	0.25	27.9
3,2,2,1	0,0,0,0	1.3	1.3	0.15	2.1	0.25	3.3
	1,0,0,0	3.8	2.1	0.15	8.6	0.25	13.1
	0,0,0,1	8.1	2.8	0.15	35.1	0.25	17.7
	1,0,0,1	8.0	3.2	0.15	33.0	0.25	21.3

Auch die Güte dieser Tests ist im Vergleich zu den beiden getrimmten Versionen V_{cg} und F_{cg}^* deutlich niedriger, was mit wachsender Stärke der Tails immer auffälliger wird. Das gilt insbesondere für den F_c^*-Test. Was ergibt nun ein Vergleich zwischen dem V_{cg}-Test und dem F_{cg}^*-Test? Bei Homogenität der Varianzen ist der F_{cg}^*-Test dem V_{cg}-Test (leicht) überlegen. Das gilt auch noch bei ungleichen Varianzen, wenn zu größerem μ_i auch größere σ_i gehören; ansonsten schneidet der V_{cg}-Test (meist deutlich) besser ab als der F_{cg}^*-Test. Bei allem Vorbehalt gegenüber der Aussagekraft einer solchen Gütestudie mit einer einzigen Stichprobenkombination und mit unterschiedlichen aktuellen Testniveaus $\alpha^*<\alpha$ zeichnet sich in der Tendenz jedoch ab, daß bei Verteilungen mit starken Tails eine der beiden getrimmten Versionen V_{cg} oder F_{cg}^*

mit γ=15% oder 20% den Konkurrenten F_c, V_c und F_c^* vorzuziehen ist. Inwieweit dies auch gegenüber dem Kruskal-Wallis-Test (oder seiner von Rust (1981) eingeführten Variante bei ungleichen Varianzen) gilt, das muß einer weiteren Studie vorbehalten bleiben. Bei Verteilungen mit mittleren Tails und ungleichen Varianzen verdienen der V_c-Test und F_c^*-Test eine bevorzugte Anwendung. Nur für den Fall der Homogenität der Varianzen und bei Verteilungen in der "Nähe der Normalverteilung" mag auch der F-Test ein ernstzunehmender Konkurrent zu den anderen hier genannten Verfahren sein.

Weitere Studien zur Robustheit von ANOVA-Tests sind bei Ito (1980), Boehnke (1983), Wilcox u.a. (1986) und Tan u. Tabatabai (1985, 1986) zu finden. In der Arbeit von Tan u. Tabatabai (1985) wird ein neuer Test vorgeschlagen, der auf einer Verbindung von Hubers M-Schätzer und dem Brown-Forsythe-Test F_c^* basiert. Hinsichtlich der in 2.9.1 angesprochenen multiplen Vergleiche bei ANOVA-Tests sei auf Miller (1986, S.718 ff), Dijkstra (1984) und die dort dazu angegebene Literatur verwiesen und zur Robustheit des F-Tests bei Zweifachklassifikation auf Miller (1986, Kap.4).

2.9.3 Skalentests im c-Stichproben-Problem

(1) Modell und Hypothesen

Es seien $X_{i1}, \ldots, X_{in_i}$, i=1,...,c, unabhängige Zufallsvariablen mit $X_{ik} \sim F((x-\theta_i)/\tau_i)$, $k=1,\ldots,n_i$, $\theta_i \in \mathbf{R}$, $\tau_i > 0$, wobei F stetig mit zugehöriger Dichte f sei. Die Zufallsvariablen $(X_{ik}-\theta_i)/\tau_i$ sind also identisch verteilt. Zu testen ist:

$$H_0: \tau_1 = \ldots = \tau_c =: \tau \quad \text{gegen} \quad H_1: \tau_i \neq \tau_j \text{ für mindestens ein Paar (i,j) mit } i \neq j.$$

Unter der zusätzlichen Annahme $\theta_1 = \ldots = \theta_c$ bedeutet also H_0 einen Test auf Gleichheit der Verteilungen der X_i-Variablen.

(2) Tests

Unter der Annahme der Normalverteilung liegt dann folgendes Hypothesenproblem vor:

$$H_0: \sigma_1 = \ldots = \sigma_c =: \sigma \quad \text{gegen} \quad H_1: \sigma_i \neq \sigma_j \text{ für mindestens ein Paar (i,j) mit } i \neq j;$$

die Erwartungswerte $\mu_1,\ldots,\mu_c$ sind dabei unbekannt und können verschieden sein. Unter diesem Modell existiert kein gleichmäßig bester unverfälschter Test, siehe Lehmann (1959, S.273). Der Likelihood-Ratio-Test, konzipiert von Neyman u. Pearson (1931), basiert auf folgender Statistik:

$$L_1 = \left[\prod_{i=1}^{c} (S_i^2)^{n_i}\right]^{1/N} / S^2, \quad \text{wobei}$$

$$S_i^2 = \frac{1}{n_i} \sum_{k=1}^{n_i} (X_{ik} - \overline{X}_i)^2 \quad \text{und}$$

$$S^2 = \sum_{i=1}^{c} n_i S_i^2 / N \quad \text{sind mit} \quad N = \sum_{i=1}^{c} n_i .$$

Die Statistik $L_2 = -N \ln L_1$ ist unter H_0 approximativ χ^2-verteilt mit c-1 FG.

Eine Modifikation dieses Tests mit dem Ziel der Biaselimination und einer Verbesserung der Approximation durch die χ^2-Verteilung wurde von Bartlett (1937) vorgeschlagen. Die zugehörige Teststatistik lautet:

$$B = \frac{\nu \ln S^2 - \sum_{i=1}^{c} \nu_i \ln S_i^2}{1 + \left(\sum_{i=1}^{c} \frac{1}{\nu_i} - \frac{1}{\nu}\right) / (3(c-1))}$$

mit $\nu_i = n_i - 1$ und $\nu = \sum_{i=1}^{c} \nu_i$; dabei sind entsprechend in S_i^2 und S^2 die n_i durch ν_i und N durch ν ersetzt. Der Nenner von B kann als Korrekturfaktor zur besseren Approximation der Verteilung von B durch die χ^2-Verteilung bei kleineren Stichproben aufgefaßt werden; mit $n_i \to \infty$ strebt der Nenner gegen 1. Die Entscheidungsregel lautet: H_0 ablehnen, falls $B \geq \chi^2_{1-\alpha}(c-1)$ gilt. Hinsichtlich einer ausführlichen Darstellung des L_1-Tests und B-Tests sei auf Bishop u. Nair (1939) verwiesen. Exakte und approximative kritische Werte der B-Statistik für gleiche und ungleiche Stichprobenumfänge sind bei Glaser (1976) bzw. Cyr u. Manoukian (1982) zu finden.

Der Bartlett-Test ist der wohl am meisten angewandte Test auf Homogenität der Varianzen, wenngleich bekannt ist, daß er sehr empfindlich auf Abweichungen von der Normalverteilung reagiert, selbst bei Verteilungen in der "Nähe der Normalverteilung", weil in die Verteilung von B unter H_0 die Kurtosis $\beta_2 = \mu_4/\sigma^4$ eingeht. Es gilt unter H_0 für eine beliebige Verteilung F: Die Statistik B ist asymptotisch wie $(1+(\beta_2-3)/2)\ \chi^2(c-1)$-verteilt, siehe Box (1953). Das bedeutet: Ist $\beta_2>3$ und wird B als approximativ $\chi^2(c-1)$-verteilt (wie unter der Normalverteilung) angenommen, dann gibt es *zu viele* signifikante Ergebnisse, ist $\beta_2<3$, dann erhalten wir *zu wenige*. Diese Verzerrung des Testniveaus nimmt mit wachsendem c zu.

Diese mangelnde Robustheit des Bartlett-Tests bei Abweichungen von der Normalverteilung hat eine wahre Flut neuer Tests ausgelöst. Die wohl umfassendste Studie über Tests auf Homogenität der Varianzen stammt von Conover u.a. (1981). In ihr werden 56 Tests in 91 Stichprobensituationen miteinander verglichen. Diese Tests lassen sich im Sinne der Autoren in vier Gruppen einteilen:

1. Tests, die auf der Normalverteilung basieren, z.B. die erwähnten Tests von Neyman-Pearson und Bartlett sowie die Tests von Cochran und Hartley.
2. Tests, die auf einer a priori-Schätzung der Kurtosis β_2 basieren, z.B. der modifizierte Bartlett-Test und der Layard-Test; sie können als robustifizierte Versionen der Tests unter 1. aufgefaßt werden.
3. Tests, die durch "Datentransformation" aus dem F-Test auf Gleichheit der Mittelwerte abgeleitet werden, z.B. der Levene-Test und der Jackknife-Test von Miller.
4. Nichtparametrische Tests, z.B. die für c Stichproben verallgemeinerten Tests von Mood, Siegel-Tukey und Ansary-Bradley, siehe Abschnitt 2.8.3.

Bei den Teststatistiken, in denen in die Abweichungsquadrate das arithmetische Mittel $\overline{X}_i$ der i-ten Stichprobe eingeht, schlagen Conover u.a. vor, $\overline{X}_i$ durch den robusten Median M_i der i-ten Stichprobe zu ersetzen. Auch solche Modifikationen werden in der umfangreichen Simulationsstudie (mit allerdings nur 1000 Läufen) untersucht, auf die wir vorab kurz eingehen wollen. Zur α- und β-Robustheit der 56 Tests werden insgesamt vier Stichprobenkombinationen (mit gleichen und ungleichen n_i) und vier Varianzkombinationen unter H_1 bei Zugrundelegung schiefer Verteilungen und einer Verteilung mit starken Tails (Doppelexponentialverteilung) betrachtet. Es zeigt sich, daß bei solchen Abweichungen von der Normalverteilung fast alle Tests das vorgegebene $\alpha=0.05$ drastisch übersteigen (oft um mehr als das Zehnfache, was dann einen Gütevergleich völlig sinnlos macht), wobei der Levene-Test mit der oben angegebenen Modifikation, $\overline{X}_i$ durch M_i zu ersetzen, eine der wenigen rühmlichen Ausnahmen bildet. Dieser modifizierte Levene-Test schneidet insgesamt am besten ab.

Wir haben das Levene-Prinzip zur Konstruktion robuster Tests, durch Transformation der Daten ein Skalenproblem in ein Lageproblem umzuwandeln, bereits im Ein- und Zweistichproben-Skalenproblem kennengelernt. Im folgenden wollen wir den Levene-Test und zwei weitere Skalentests näher vorstellen, für die dann später Tabellen zur α- und β-Robustheit ausgewählt werden. Auf die Angabe nichtparametrischer Tests (Rangtests) wird hier verzichtet; zum einen, weil die für die Anwendung dieser Tests erforderliche Modellannahme gleicher Lageparameter ($\theta_1 = ... = \theta_c$) restriktiv und wenig praxisrelevant ist, und zum anderen, weil diese Tests unter Einschluß ihrer robustifizierten Modifikationen in der Studie von Conover u.a. "durch die Bank" schlecht abgeschnitten haben.

Die modifizierte Levene-Statistik L_c' basiert auf der Einführung der Pseudovariablen

$$X_{ik}' = | X_{ik} - M_i | , \; i = 1, \dots , c , \; k = 1, \dots , n_i ,$$

wobei M_i der Median der i-ten Stichprobe ist. Diese Variablen X_{ik}' werden in die ANOVA-Statistik F_c aus 2.9.2 eingesetzt. Die daraus resultierende Teststatistik L_c' ist unter H_0 approximativ F-verteilt mit (c-1,N-c) FG. Eine Variante dieses Levene-Tests stammt von Brown u. Forsythe (1974b), die M_i durch das 10%-getrimmte Mittel der i-ten Stichprobe ersetzen.

Der Jackknife-Test J_c von Miller (1968) geht von folgenden Pseudovariablen aus (siehe 2.6.5 und 2.8.4):

$$V_{ij} = n_i \ln S_i^2 - (n_i - 1) \ln S_{i(j)}^2 \quad \text{mit}$$

$$S_i^2 = \frac{1}{n_i - 1} \sum_{k=1}^{n_i} (X_{ik} - \overline{X}_i)^2 ,$$

$$S_{i(j)}^2 = \frac{1}{n_i - 2} \sum_{k \neq j} (X_{ik} - \overline{X}_{i(j)})^2 , \quad \text{wobei}$$

$$\overline{X}_{i(j)} = \frac{1}{n_i - 1} \sum_{k \neq j} X_{ik} \quad \text{ist.}$$

Diese Variablen V_{ij} werden in die ANOVA-Statistik F_c eingesetzt. Die daraus resultierende Statistik J_c ist unter H_0 approximativ F-verteilt mit (c-1,N-c) FG. Miller zeigt, daß dieser Test asymptotisch α-robust ist.

Der Test χ_c^2 von Layard (1973) basiert auf einer modifizierten χ^2-Statistik, in der vorab die Kurtosis β_2 geschätzt wird, und zwar durch

$$\hat{\beta}_2 = \frac{N \sum_{i=1}^{c} \sum_{k=1}^{n_i} (X_{ik} - \overline{X}_i)^4}{\left(\sum_{i=1}^{c} \sum_{k=1}^{n_i} (X_{ik} - \overline{X}_i)^2 \right)^2} \quad \text{mit} \quad \sum_{i=1}^{c} n_i = N .$$

Die Teststatistik χ_c^2 lautet dann:

$$\chi_c^2 = \sum_{i=1}^{c} (n_i - 1) \left(\ln S_i^2 - \left(\sum_{i=1}^{c} (n_i - 1) \ln S_i^2 \right) / (N - c) \right)^2 / \left(2 + \left(1 - \frac{c}{N} \right) (\hat{\beta}_2 - 3) \right) ,$$

und χ_c^2 ist unter H_0 asymptotisch χ^2-verteilt mit c-1 FG.

Für die im folgenden angegebenen Robustheitsstudien legen wir insgesamt vier Tests für einen Vergleich zugrunde, den Bartlett-Test B als Repräsentant aus der 1. Gruppe der von Conover u.a. (1981) betrachteten Tests, den Layard-Test χ_c^2 aus der 2.Gruppe sowie den modifizierten Levene-Test L_c' und Millers Jackknife-Test J_c aus der 3.Gruppe.

(3) Robustheitsstudien

Geng u.a. (1979) vergleichen im Rahmen einer Simulationsstudie (1000 Läufe) u.a. obige vier Tests unter vier Verteilungsmodellen miteinander, der Normalverteilung, der Gleichverteilung, der symmetrischen und der asymmetrischen Doppelexponentialverteilung, und zwar für $c=3$ und 10 mit verschiedenen n_i- und σ_i-Kombinationen bei einem Testniveau $\alpha=0.05$. In Tabelle 47 sind für $c=3$ die aktuellen Testniveaus α^* und Gütewerte β ausschnittsweise aus der Tabelle von Geng u.a. zusammengestellt.

Ein Blick auf Tabelle 47 zeigt, daß unter Annahme der Normalverteilung der Bartlett-Test B - wie zu erwarten - am besten das Testniveau α einhält und dazu die größte Güte hat, gefolgt vom Layard-Test χ_c^2; der modifizierte Levene-Test L_c' schneidet hier bezüglich der Güte recht schlecht ab. Bei Annahme einer Gleichverteilung als einer Verteilung mit kurzen Tails sind der B- und der χ_c^2-Test im Gegensatz zu den beiden anderen Tests sehr konservativ, wenngleich der B-Test auch hier höhere Güte als seine Konkurrenten hat. Unter der symmetrischen und asymmetrischen Doppelexponentialverteilung sind der B- und der χ_c^2-Test stark antikonservativ; das α-Robustheitsmaß $r_1(\alpha, \alpha^*) = |\alpha - \alpha^*| / \alpha$ nimmt für den B-Test Werte bis zu 6.02 (!!) an. Ein Gütevergleich dieser beiden Tests mit dem J_c- und L_c'-Test verbietet sich infolgedessen hier. Der L_c'-Test hält als einziger Test gut das Niveau $\alpha=0.05$ ein. Ähnliche Aussagen wie für den hier betrachteten Fall $c=3$ gelten auch für $c=10$; der B-Test erweist sich für die beiden Doppelexponentialverteilungen sogar als noch stärker antikonservativ. Eine weitere Studie über das aktuelle Testniveau α^* im Fall $c=3$ bei gleichen Stichprobenumfängen führt zu dem Ergebnis, daß der Miller-Test J_c für $n_i=n\geq 25$ den anderen Tests für nichtnormalverteilte Daten überlegen ist.

Layard (1973) betrachtet den Fall $c=4$ und $n_i=n=10, 25$ und vergleicht mit Hilfe einer Simulation (500 Läufe) den von ihm vorgeschlagenen χ_c^2-Test unter anderem mit dem Bartlett-Test B und dem Miller-Test J_c, und zwar unter Gleichverteilung, Normalverteilung und (symmetrischer) Doppelexponentialverteilung. Seine Simulationsergebnisse für $\alpha=0.05$, $n=25$ und für verschiedenen σ_i-Kombinationen werden in Tabelle 48 präsentiert.

Tab. 47: Aktuelle Testniveaus und Gütewerte ausgewählter Tests unter verschiedenen Verteilungen (in %), $\alpha=0.05$

	$n_1=n_2=n_3=6$			$n_1=n_2=n_3=10$			$n_1=4$, $n_2=8$, $n_3=16$		
$\sigma_1:\sigma_2:\sigma_3=$	1:1:1	1:1:6	1:6:12	1:1:1	1:1:6	1:6:12	1:1:1	1:1:6	1:6:12
				Normalverteilung					
B	5.1	47.0	60.2	4.6	78.2	89.6	5.4	72.7	52.3
χ^2_c	3.8	36.2	55.0	2.1	64.7	83.6	4.9	69.1	60.7
J_c	5.3	29.4	44.8	3.8	61.0	79.4	6.8	55.5	49.6
L'_c	4.7	26.3	23.2	2.5	60.3	58.2	4.7	45.3	24.0
				Gleichverteilung					
B	2.2	48.8	58.1	0.8	83.6	40.6	0.9	73.6	95.8
χ^2_c	2.0	28.1	44.7	0.4	62.7	50.1	1.6	65.6	91.2
J_c	3.7	34.2	48.9	2.5	85.2	58.6	4.8	69.6	97.1
L'_c	4.6	33.9	30.5	3.5	69.0	38.1	3.5	67.3	72.6
				Doppelexponentialverteilung (symmetrisch)					
B	16.8	51.4	62.0	20.9	73.2	86.9	16.0	72.5	60.3
χ^2_c	15.0	45.6	57.9	14.5	64.3	80.4	14.5	72.5	66.7
J_c	7.7	23.5	33.1	7.8	40.0	57.3	9.4	40.4	35.8
L'_c	4.7	16.9	16.5	3.2	36.3	37.8	3.6	20.0	7.6
				Doppelexponentialverteilung (asymmetrisch)					
B	31.9	56.9	67.7	35.1	72.1	84.4	28.8	73.3	66.6
χ^2_c	27.5	52.7	64.3	27.5	65.7	79.7	27.0	74.7	72.0
J_c	9.1	22.4	29.7	9.7	35.1	46.5	10.6	36.8	33.2
L'_c	5.4	14.1	15.1	3.7	26.9	27.6	4.5	13.0	6.7

Tab. 48: Aktuelle Testniveaus und Gütewerte ausgewählter Tests unter verschiedenen Verteilungen (in %), $\alpha=0.05$, $n_i=n=25$

$\sigma_1:\sigma_2:\sigma_3:\sigma_4=$	1:1:1:1	1:1:2:2	1:2:3:4	1:1:4:4
		Gleichverteilung		
B	0.2	30.4	88.8	100
χ^2_c	5.0	80.6	99.0	100
J_c	3.0	81.0	99.0	100
		Normalverteilung		
B	4.8	41.4	87.0	98.2
χ^2_c	6.2	40.4	85.8	97.8
J_c	4.0	37.4	84.6	97.8
		Doppelexponentialverteilung		
B	33.6	63.8	84.0	96.2
χ^2_c	4.6	24.6	46.4	73.0
J_c	6.6	26.6	50.2	72.6

Wie in der Studie von Geng u.a. (1979) zeigt sich auch hier, daß der Bartlett-Test unter einer Gleichverteilung sehr konservativ und unter einer Doppelexponentialverteilung stark antikonservativ reagiert. Die beiden anderen Tests hingegen halten unter allen drei Verteilungen recht gut das Niveau ein; sie unterscheiden sich auch kaum hinsichtlich der Güte. Ein Gütevergleich dieser Tests mit dem Bartlett-Test ist unter der Gleichverteilung und der Doppelexponentialverteilung wegen der sehr verschiedenen aktuellen Testniveaus nicht sinnvoll, sondern nur unter der Normalverteilung, bei der (hier allerdings nur knapp) der B-Test wie in der Studie von Geng u.a. "die Nase vorn hat".

Insgesamt gesehen kann konstatiert werden, daß unter dem Modell der Normalverteilung der Bartlett-Test erste Wahl ist, daß aber schon beim "Verdacht auf nicht-normalverteilte Daten" jedem der hier betrachteten Konkurrenten der Vorzug zu geben ist. Im Hinblick auf die α-Robustheit bietet sich auf der Basis der erwähnten Studien der modifizierte Levene-Test an, als Alternative noch der Miller-Test. Der Layard-Test kommt erst für größere Stichprobenumfänge ins Spiel, da er für kleine Stichproben wenig α-robust ist unter Verteilungen mit kurzen oder starken Tails.

Weitere Hinweise und Untersuchungen zum c-Stichproben-Skalenproblem stammen von Hall (1972), Gartside (1972), Keselman u.a. (1979), Rivest (1986), Loh (1987) und Welsh u. Morrison (1990). Tests für multiple Vergleiche sind bei Duncan (1955), David (1956) und Levy (1975) zu finden. Erwähnenswert ist hier auch eine Arbeit von Boos (1986), der vier Rangtests, jeweils einen für Lage-, Skalen-, Schiefe- und Kurtosis-Alternativen, in einer (4xc)-Tabelle zu einem Omnibus-Test - GLOBE genannt - verbindet.

2.9.4 Ergänzungen

Wir haben bislang Tests und Studien zu ihrer Robustheit im Ein-, Zwei-, und c-Stichprobenproblem für Lage- und Skalenalternativen kennengelernt. Das ist aber nur ein bescheidener Ausschnitt aus der Vielzahl der Probleme, für die robuste Verfahren entwickelt und untersucht worden sind. Es gibt wohl kaum ein Gebiet der Statistik, in das nicht mittlerweile Robustheitsstudien Einzug gehalten haben. Selbstverständlich kann und will ein Lehrbuch wie dieses nicht auf Vollständigkeit bedacht sein; Ziel ist es vielmehr, grundlegende Fragen der Robustheit an einigen ausgewählten Problemen wie den oben genannten aufzuwerfen und Antworten darauf zu geben versuchen.

In diesem Abschnitt sollen nur noch zwei Gebiete angesprochen werden, zunächst etwas ausführlicher die Regressionsanalyse und dann noch kurz die Zeitreihenanalyse. Das klassische lineare Regressionsmodell kann wie folgt beschrieben werden:

Es sei $y = X\beta + \varepsilon$, worin y ein (n,1)-Vektor von abhängigen Variablen, X eine (n,k)-Beobachtungsmatrix mit Rang(X)=k, k≤n, β ein unbekannter (k,1)-Parametervektor und ε ein (n,1)-Vektor von unabhängig und identisch verteilten Zufallsfehlern ε_i mit $\varepsilon_i \sim N(0,\sigma^2)$ sind, i=1,...,n. Bekanntlich ist der Kleinst-Quadrate-Schätzer (KQS) unter diesen Annahmen als Lösung der Gleichung

$$(1) \quad SS = \sum_{i=1}^{n} (y_i - x_i'\beta)^2 \stackrel{!}{=} \text{Min},$$

worin x_i' die i-te Zeile von X ist, bester erwartungstreuer Schätzer für β. Das gilt auch für den Fall nichtnormalverteilter Zufallsfehler, wenn nur die Klasse der linearen Schätzer betrachtet wird (Gauß-Markoff-Theorem). Normalität der Fehler und Linearität der Schätzer bedeuten jedoch starke Einschränkungen, ganz zu schweigen von der Homogenitätsannahme für die Fehlervarianzen. Der KQS verliert schnell seine Optimalitätseigenschaft, wenn Verteilungen mit stärkeren Tails als die der Normalverteilung oder Heterogenität der Varianzen unterstellt werden, siehe z.B. Andrews u.a. (1972, Kapitel 7) und Huber (1973). Bereits ein einziger Ausreißer kann den KQS stark beeinflussen; dies ist umso gravierender, als Ausreißer im allgemeinen Regressionsproblem viel schwieriger zu diagnostizieren sind als im Einstichproben-Lageproblem. So liegt es nahe, nach robusten Alternativen zum KQS Ausschau zu halten. Hier sind es im wesentlichen drei Gruppen von Schätzern, die in Robustheitsstudien der letzten Jahre im Vordergrund stehen, die M-Schätzer (verallgemeinerte Maximum-Likelihood-Schätzer nach Huber (1964)), die R-Schätzer (als Rangstatistiken) und die L-Schätzer (als Linearkombinationen geordneter Statistiken).

M-Schätzer für β sind Lösungen des Minimierungsproblems

$$(2) \quad SM = \sum_{i=1}^{n} \rho(y_i - x_i'\beta) \stackrel{!}{=} \text{Min},$$

worin ρ irgendeine "Distanzfunktion" ist, siehe Abschnitt 2.5.7; ρ ist i.d.R. konvex, weil dann das (eindeutige) lokale Minimum mit dem globalen zusammenfällt. Die Lösungen des Min-Problems sind im allgemeinen nicht skaleninvariant, wohl jedoch speziell die sogenannten L_p-Schätzer, die als Lösungen bei Wahl von $\rho(t) = |t|^p$, $p \geq 1$, definiert sind; der Fall p=2 liefert den KQS. Hinsichtlich der Eigenschaften und der Berechnung von L_p-Schätzern sei auf Graßhoff (1990) und Gonin u. Money (1989) verwiesen; hier sind auch Konfidenzintervalle über L_p-Schätzer angegeben. Beispiele für M-Schätzer mit beschränkter Ableitung der Distanzfunktion ρ sind der Huber-, Hampel-, Andrews- und Bickel-Schätzer, siehe z.B. Andrews u.a. (1972).

R-Schätzer für β sind Lösungen von

$$(3) \quad SR = \sum_{i=1}^{n} a(R(y_i - x_i'\beta))(y_i - x_i'\beta) \stackrel{!}{=} \text{Min},$$

worin a(·) eine monotone Scorefunktion mit $\sum_{i=1}^{n} a(i) = 0$ ist und R(·) den Rang bezeichnet, siehe Jaeckel (1972) und Hettmansperger (1984, Kap.5). Es sei erwähnt, daß ein R-Schätzer nicht das Absolutglied einer Regression zu schätzen vermag; das gelingt durch Anwendung eines Lageschätzers auf die Residuen.

Huber (1973, 1981) hat gezeigt, daß unter schwachen Regularitätsbedingungen sowohl die M- als auch die R-Schätzer asymptotisch normalverteilt sind mit Erwartungswert β und der Kovarianzmatrix *proportional* zu $(X'X)^{-1}$ (beim KQS ist diese bekanntlich gleich $\sigma^2(X'X)^{-1}$).

Die bereits in Abschnitt 2.5.4 für das Einstichproben-Lageproblem angegebenen L-Schätzer sind von Bickel (1973) auf das Regressionsproblem ausgedehnt worden. Koenker u. Bassett (1978) übertragen das Konzept der Quantile auf das Regressionsmodell wie folgt:

Sei

$$\rho_\alpha(t) = \begin{cases} \alpha t & \text{für } t \geq 0 \\ (\alpha - 1)t & \text{für } t < 0 \end{cases} \quad \text{mit } 0 < \alpha < 1 .$$

Ein Regressionsquantil $\hat{\beta}(\alpha)$ ist dann jeder Vektor, der Lösung ist von

$$\sum_{i=1}^{n} \rho_\alpha(y_i - x_i'\beta) \overset{!}{=} \text{Min} .$$

Für α=0.5 ergibt sich der Median-Schätzer. Über solche Regressionsquantile können nun L-Schätzer als *getrimmte* KQS definiert werden, siehe dazu auch Heiler (1980). Ruppert u. Carroll (1980) haben gezeigt, daß diese getrimmten KQS unter gewissen Regularitätsbedingungen an die Regressoren asymptotisch normalverteilt sind. Die Autoren schlagen zudem eine weitere Trimmversion zur Schätzung von β vor.

Jeder der hier angegebenen Schätzer hat gegenüber seinen Konkurrenten Vor- und Nachteile hinsichtlich Robustheit, Effizienz, Anwendbarkeit und numerischer Einfachheit; keiner ist verständlicherweise den anderen generell an Robustheit überlegen. Alle diese Schätzer lassen "One-Step-Versionen" zu: Vorabauswahl eines (guten) Start-Schätzers und dann Anwendung der Newton-Methode zur Lösung von (1), (2) bzw. (3).

Zur robusten Regressionsschätzung liegt mittlerweile eine umfangreiche Literatur vor; aus der Vielzahl seien zu den bereits angegebenen Publikationen noch die von Huber (1981, Kap.7), Rousseeuw u. Leroy (1987), Miller (1986, Kap.5), Koenker (1982) und Draper (1988) genannt. Trotz dieser Fülle an Literatur zur Theorie robuster Regressionsschätzer und ihrer algorithmischen Behandlung haben sich diese Schätzer in der statistischen Praxis noch nicht durchgesetzt. Das mag zum einen an dem Aufwand für ihre numerische Bestimmung liegen (zudem sind die Schätzer i.d.R.

nicht in geschlossener Form angebbar) und zum anderen an dem Vertrauen auf den klassischen Kleinst-Quadrate-Schätzer, der wie erwähnt, bester erwartungstreuer Schätzer unter Normalverteilung und bester erwartungstreuer in der Klasse der linearen Schätzer unter allen Verteilungen ist. Das erste Argument sollte wegen der vorhandenen Programmpakete zur Berechnung der M-, R- und L-Schätzer eigentlich keine Rolle mehr spielen, und die Linearität im zweiten Argument schränkt die infrage kommenden Schätzer zu sehr ein, wie die Robustheitsstudien der nichtlinearen M-, R- und L-Schätzer beim Vergleich mit dem KQS zeigen.

Wir haben bislang in diesem Abschnitt das Schätzproblem mit der dazu umfangreichen Literatur näher beschrieben, weil auf der Grundlage der angegebenen Schätzer und ihrer asymptotischen Verteilungseigenschaften prinzipiell Tests für die allgemeine lineare Hypothese konstruiert werden können, die da lautet:

$$H_0: A\beta = c\,,\ \sigma^2 > 0 \text{ beliebig}, \quad \text{gegen} \quad H_1: A\beta \neq c\,,$$

worin A eine gegebene (s,k)-Matrix mit Rang(A)=s, s≤k, ist und c ein (s,1)-Vektor von Konstanten. Zu testen ist also die Hypothese H_0, daß die Komponenten von β insgesamt s linear unabhängigen Restriktionen genügen. Ein wichtiger Spezialfall ist s=k; dann ist A regulär, und H_0 ist gleichbedeutend mit H_0: $\beta=\beta_0$, wobei $\beta_0=A^{-1}c$ ist.

Das oben angegebene Modell $y = X\beta + \varepsilon$ sei als *volles* Modell und das Modell mit der Nebenbedingung $A\beta=c$ unter H_0 als *reduziertes* Modell bezeichnet. Der klassische F-Test für obige allgemeine Hypothese, hergeleitet nach dem Likelihood-Ratio-Prinzip, basiert auf der Statistik (siehe Schrader u. McKean (1977)):

$$F = \frac{(SS(red) - SS(voll))/s}{\hat{\sigma}^2}\,, \quad \text{worin}$$

$$\hat{\sigma}^2 = SS(voll)/(n-k) \quad \text{ist.}$$

Dabei bezeichnen SS(voll) den minimalen Wert von SS in Gleichung (1) (Summe der Residuenquadrate unter dem vollen Modell) und SS(red) den minimalen Wert von SS in Gleichung (1) unter der Nebenbedingung $A\beta=c$ (Summe der Residuenquadrate im reduzierten Modell). Der F-Test ist zwar als gute Approximation eines Permutationstests (siehe Scheffé (1959, S.313)) recht α-robust, verliert aber drastisch an Güte bei Verteilungen der Zufallsfehler mit stärkeren Tails als die der Normalverteilung, siehe Schrader u. Hettmansperger (1980). Zwei Alternativen zum F-Test, der F_M-Test und der F_R-Test, die entsprechend der F-Statistik auf den über M-Schätzer und R-Schätzer erhaltenen Residuen im vollen bzw. reduzierten Modell basieren, stammen von Schrader u. McKean (1977). Die Autoren kommen zu dem Ergebnis, daß der F_M-Test und der F_R-Test in guter Übereinstimmung sind "*on nearly normal data but can gain appreciably in power on nonnormal data*"; zum F_M-Test siehe auch Schrader u. Hettmansperger (1980).

Die Literatur zu robustifizierten Versionen des F-Tests im Regressionsproblem ist im Gegensatz zu der über robuste Schätzer dürftig. Erwähnenswert sind weiterhin die Arbeiten von Ronchetti (1982a, 1982b, 1984), die im wesentlichen im Buch von Hampel u.a. (1986, Kap.7) beschrieben sind. Der von Ronchetti vorgeschlagene τ-Test basiert auf dem Konzept eines modifizierten M-Schätzers im vollen und reduzierten Modell und schließt den F_M-Test von Schrader u. McKean ein. Als weitere Arbeiten zur Robustheit von Regressionstests sind noch die von Andrews (1974), Talwar u. Gentle (1978), Birch u. Myers (1982), Sen (1982) und Hettmansperger (1987) zu nennen.

Wir haben bislang bei der Diskussion der Robustheit im Regressionsproblem nur den Aspekt der Abweichung von der Normalverteilung für die Zufallsfehler betrachtet und nicht den der Abweichungen von anderen restriktiven Annahmen des Modells, wie von der Homogenität der Varianzen und der Unabhängigkeit der Zufallsfehler. Abweichungen von diesen Annahmen können weit ernstere Konsequenzen haben als die von der Normalverteilung, siehe Scheffé (1959, Kap.10.4 und 10.5). Ruppert u. Carroll (1982) untersuchen den Einfluß der Heterogenität der Varianzen auf die Parameterschätzung für β, während Portnoy (1977, 1979) robuste M-Schätzer bei abhängigen Daten, und zwar für eine spezielle Form eines symmetrischen Moving-Average-Prozesses der Ordnung 2k+1, herleitet.

Im Testbereich liegen unter diesen beiden Modellabweichungen m.W. bislang keine detaillierten Robustheitsstudien vor, weder für den klassischen F-Test noch für mögliche robustifizierte Versionen dieses Tests. Insbesondere der Frage nach der Robustheit von Verfahren bei *abhängigen* Daten, wie sie sich in der Zeitreihenanalyse stellt, ist bislang nicht genügend Beachtung geschenkt worden. Das mag gute Gründe haben, wie z.B. den, daß es zu viele infrage kommende Formen der Abhängigkeit gibt und somit der Auswahl einer bestimmten Form eine starke Willkür anhaftet, oder daß - aus theoretischer Sicht - Grenzwertsätze nur schwierig (wenn überhaupt) herzuleiten sind. Zur Robustheit von Schätzern in ARMA-Modellen verdienen u.a. folgende Arbeiten Erwähnung: Martin (1979, 1980, 1981), Olivares u. Heiler (1989) mit einem ausführlichen Literaturverzeichnis und Martin u. Yohai (1986), die Hampels Konzept der Influenzfunktion auf Zeitreihen übertragen, siehe dazu auch Hampel u.a. (1986, Kap.8.3). Last but not least sei das Buch von Franke u.a. (1984) über "Robust and Nonlinear Time Series Analysis" genannt.

Zum Schluß dieses Abschnitts sei noch eine Anmerkung gemacht: Die Güte der Schätzer und Tests für die Parameter im klassischen linearen Regressionsmodell hängt ganz wesentlich von den Modellannahmen der Linearität, der Normalverteilung, der Unabhängigkeit und der Homogenität der Varianzen der Zufallsfehler ab. Inwieweit alle diese restriktiven Annahmen erfüllt sind, das muß einer anschließenden Analyse der Residuen des angepaßten Modells vorbehalten bleiben. Regressionsanalyse ohne Residualanalyse ist keine Regressionsanalyse! Das gilt natürlich auch für die ANOVA in Abschnitt 2.9.2. Draper (1988) beklagt, daß eine solche Residualanalyse mit den bekanntesten statistischen Programmpaketen bis in die jüngste Zeit nicht möglich war, und daß es auch heute noch Programmpakete gibt, die eine Residualanalyse nicht enthalten. Die Benutzung solcher Programmpakete verführt zwangsläufig zu einer "blinden" Anwendung der Verfahren, ohne Modell-Bewußtsein und ohne kritische Distanz zu den erhaltenen Ergebnissen.

2.10 Multivariate Versionen des Trimmens

2.10.1 Vorbemerkungen

In Abschnitt 2.5.4 haben wir für den univariaten Fall das γ-getrimmte Mittel $\bar{x}_\gamma$ kennengelernt. Zur Berechnung von $\bar{x}_\gamma$ werden die Beobachtungen $x_1, \ldots, x_n$ zunächst der Größe nach geordnet, $x_{(1)} \le x_{(2)} \le \ldots \le x_{(n)}$, dann die g-kleinsten und g-größten Beobachtungen eliminiert, $g = [\gamma \cdot n]$, und schließlich wird von den restlichen n-2g Beobachtungen der Mittelwert gebildet, d.h.

$$\bar{x}_\gamma = \frac{1}{n-2g} \sum_{i=g+1}^{n-g} x_{(i)} .$$

Die Statistik $\bar{X}_\gamma$ ist ein robuster Schätzer für den Erwartungswert μ einer Zufallsvariablen, die eine Verteilung mit stärkeren Tails als die der Normalverteilung hat. Das haben zahlreiche Robustheitsstudien, insbesondere die bereits mehrfach zitierte Princeton-Studie von Andrews u.a. (1972) auf eindrucksvolle Weise bestätigt. Auch der auf $\bar{X}_\gamma$ basierende getrimmte t-Test $t_{\gamma g}$ hat diese guten Robustheitseigenschaften, wie im Abschnitt 2.5.5 gezeigt.

Liegt nun ein Datensatz mit p-dimensionalen Beobachtungen $\mathbf{x}_1, \ldots, \mathbf{x}_n$ vor, $p \ge 2$, so müßten zur Definition eines getrimmten Mittels in Analogie zum univariaten Fall die Beobachtungen $\mathbf{x}_1, \ldots, \mathbf{x}_n$ zunächst geordnet werden, denn *Trimmen setzt Ordnen voraus.*

Aber hier beginnt schon das Problem: Im Gegensatz zum $\mathbf{R}^1$ gibt es im $\mathbf{R}^p$, $p \ge 2$ keine eindeutige (natürliche) Ordnung mehr. Lewis geht in seinem Diskussionsbeitrag zu einer Arbeit von Barnett (1976), in der vier Ordnungsprinzipien für multivariate Daten beschrieben werden, sogar so weit zu sagen:" *One cannot really order multivariate data.*"

Bevor wir auf die vier Konzepte von Barnett näher eingehen, sei ein Datenbeispiel angeführt, das dem Buch von Hartung u. Elpelt (1984, S.258) entnommen ist und das wir in diesem Abschnitt wiederholt zu Demonstrationszwecken heranziehen werden:

Beispiel 31:

Über ein Jahr hinweg wurde bei n=15 Gaststätten in Dortmund in den Quartalen Q_1, Q_2, Q_3 und Q_4 der Pils-Absatz (in hl, Daten gerundet) einer bestimmten Marke ermittelt:

Tab. 49: Pils-Absatz von n=15 Gaststätten in p=4 Quartalen

	Gaststätte Nr.														
	1	2	3	4	5	6	7	8	9	10	11	12	13	14	15
Q_1	75.3	57.0	16.0	61.2	71.0	11.3	79.0	97.6	89.5	57.0	113.5	78.0	151.0	111.0	55.3
Q_2	68.0	58.0	21.6	67.2	80.8	15.5	53.0	85.7	84.0	54.0	101.2	68.0	149.0	142.0	61.0
Q_3	51.5	51.0	12.8	43.3	60.0	19.3	41.3	80.1	68.9	44.0	143.9	84.0	161.0	143.1	38.0
Q_4	72.8	50.0	16.0	65.5	89.0	6.0	87.0	102.4	96.3	63.5	119.4	79.0	159.0	160.1	63.0

∇

In Abbildung 29 sind die Daten für das 1. und 2. Quartal dargestellt. Diesen zweidimensionalen Datensatz werden wir im Verlauf des Abschnitts mehrfach zur graphischen Illustration verwenden.

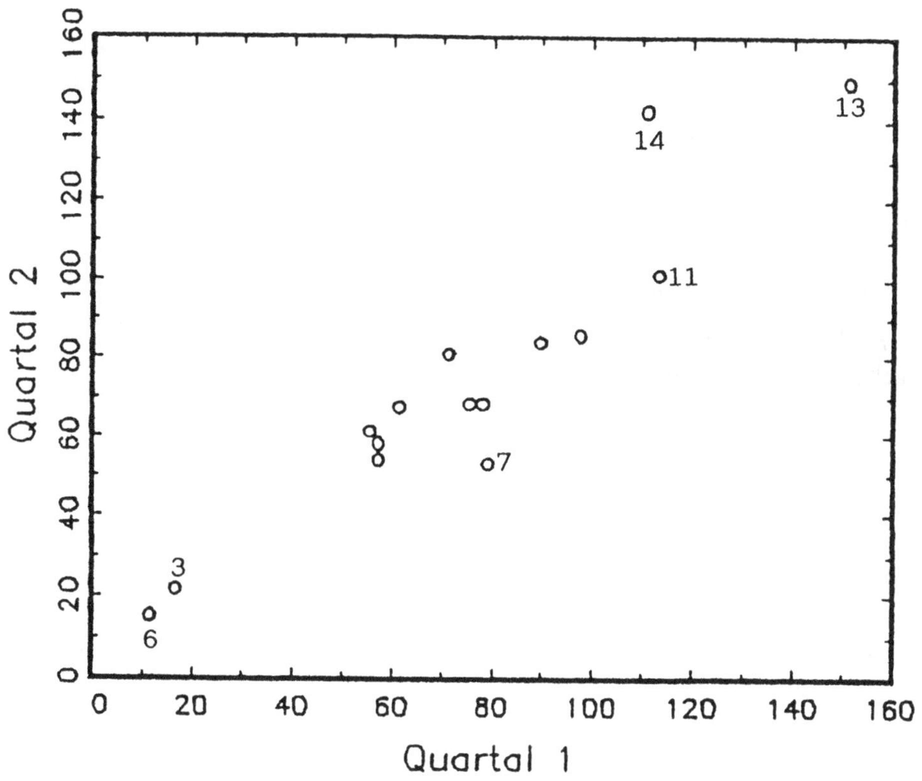

Abb. 29: Pils-Absatz von n=15 Gaststätten im 1. und 2. Quartal

Ein Blick auf das Streudiagramm könnte die Vermutung aufkommen lassen, daß es sich bei den Beobachtungen Nr. 6 und 13 (vielleicht auch noch Nr. 3 und Nr. 14) um Ausreißer handelt, da diese Beobachtungen nicht im Pulk der restlichen Beobachtungen liegen. Doch wie wird ein Ausreißer als solcher definiert bzw. entdeckt? Insbesondere im Fall p>2 können wir uns nicht mehr auf die visuelle Wahrnehmung verlassen. Im Zusammenhang mit der Identifikation eines Ausreißers stellt sich vorab die Frage: Wie soll der Abstand eines Punktes (Ausreißers?) vom "Zentrum" der Punktwolke gemessen werden? Eine Möglichkeit besteht in der Berechnung der Mahalanobis-Distanz D für den Punkt $\mathbf{x} \in \mathbb{R}^p$:

$$D(\mathbf{x}) = (\mathbf{x} - \bar{\mathbf{x}})' S^{-1} (\mathbf{x} - \bar{\mathbf{x}}) ,$$

worin $\bar{\mathbf{x}}$ das p-dimensionale arithmetische Mittel und S die empirische Kovarianzmatrix bedeuten. Doch dieses Konzept zur Bestimmung eines Ausreißers leidet bekanntlich an dem sogenannten *Maskierungseffekt*: Multivariate Ausreißer müssen nicht unbedingt einen großen Wert für D ergeben, da $\bar{\mathbf{x}}$ und S wenig robust sind und somit eine kleine Gruppe von Ausreißern $\bar{\mathbf{x}}$ und S "in Richtung dieser Gruppe" beeinflussen kann. Zur Ausschaltung dieses Effekts könnten im Abstandsmaß D $\bar{\mathbf{x}}$ und S durch robustere Schätzer ersetzt werden. Auf die Identifikation und Behandlung multivariater Ausreißer, die uns offensichtlich vor noch größere Probleme stellt als im univariaten Fall, wollen wir hier nicht weiter eingehen und verweisen stattdessen auf das Buch von Gnanadesikan (1977, Kap.6.4) und die Arbeit von Rousseeuw u. van Zomeren (1990) mit den daran anschließenden Diskussionsbeiträgen. Die Arbeit von Sibson (1984) bringt eine Reihe wichtiger Aspekte bei der Gegenüberstellung der Struktur und Analyse univariater und multivariater Daten.

2.10.2 Ordnungsprinzipien und Trimmversionen

Es seien $\mathbf{X}_1, \ldots, \mathbf{X}_n$ p-dimensionale unabhängige und identisch verteilte Zufallsvariablen mit $E(\mathbf{X}_j) =: \mu$ und der Kovarianzmatrix $KOV(\mathbf{X}_j) =: \Sigma$, j=1,...,n . Die zugehörige (p,n)- Datenmatrix X sei wie folgt gegeben:

$$\mathbf{X} = (x_{ij}) = \begin{pmatrix} x_{11} & x_{12} & \cdot & \cdot & \cdot & x_{1n} \\ x_{21} & x_{22} & \cdot & \cdot & \cdot & x_{2n} \\ \cdot & \cdot & \cdot & \cdot & \cdot & \cdot \\ \cdot & \cdot & \cdot & \cdot & \cdot & \cdot \\ x_{p1} & x_{p2} & \cdot & \cdot & \cdot & x_{pn} \end{pmatrix}, i=1,\ldots,p,\ j=1,\ldots,n .$$

Die Zeilen von X seien geschrieben: $\mathbf{x}'_{[1]}, \ldots, \mathbf{x}'_{[p]}$ und die Spalten: $\mathbf{x}_1, \ldots, \mathbf{x}_n$; $\mathbf{x}_{[i]}$ bedeutet also die i-te Zeile von X geschrieben als Spalte. Die Matrix X kann demnach wie folgt angegeben werden:

$$X = \begin{pmatrix} \mathbf{x}'_{[1]} \\ \cdot \\ \cdot \\ \cdot \\ \mathbf{x}'_{[p]} \end{pmatrix} = (\mathbf{x}_1, \dots, \mathbf{x}_n) .$$

Die Daten $x_{i1}, \dots, x_{in}$ bedeuten die Messungen der i-ten Variablen an den n Objekten, $i=1,\dots,p$, und $x_{1j}, \dots, x_{pj}$ die Messungen der p Variablen am j-ten Objekt, $j=1,\dots,n$. Das oben unterstellte Modell setzt die Unabhängigkeit der n Beobachtungen $\mathbf{x}_1, \dots, \mathbf{x}_n$ (Spaltenunabhängigkeit) bei (möglicherweise hochgradiger) Abhängigkeit der p Zufallsvariablen $X_1, \dots, X_p$ (Zeilenabhängigkeit) voraus.

Wie bereits in 2.10.1 erwähnt, unterscheidet Barnett (1976) vier Ordnungsprinzipien für multivariate Daten, und zwar

(1) Marginales (komponentenweises) Ordnen, kurz: M-Ordnen,

(2) Reduziertes (aggregiertes) Ordnen, kurz: R-Ordnen,

(3) Partielles (gruppenweises) Ordnen, kurz: P-Ordnen,

(4) Konditionales (sequentielles) Ordnen, kurz: K-Ordnen.

Im folgenden wollen wir auf diese vier Ordnungsprinzipien und auf damit verbundene Trimmversionen näher eingehen.

(1) M-Ordnen

Die n Objekte werden bezüglich jeder der p Variablen *getrennt* geordnet (zeilenweises Ordnen):

$$x_{i(1)} \leq x_{i(2)} \leq \dots \leq x_{i(n)} \; , i=1,\dots,p \; ;$$

d.h. der multivariate Fall wird auf p-malige Anwendung des univariaten Falls zurückgeführt. Dieses komponentenweise Ordnen impliziert natürlich keine globale Ordnung der n Beobachtungsvektoren; die (univariate) Ordnung der n Beobachtungen für die i-te Variable induziert generell nicht dieselbe Ordnung für die k-te Variable.

Die so geordnete Datenmatrix $X_{()}$ bekommt also folgende Gestalt:

$$X_{()} = \begin{pmatrix} x_{1(1)} & \cdot & \cdot & \cdot & x_{1(n)} \\ x_{2(1)} & \cdot & \cdot & \cdot & x_{2(n)} \\ \cdot & \cdot & \cdot & \cdot & \cdot \\ \cdot & \cdot & \cdot & \cdot & \cdot \\ x_{p(1)} & \cdot & \cdot & \cdot & x_{p(n)} \end{pmatrix} .$$

Für das Beispiel 31 in 2.10.1 ergibt sich:

$$X_{()} = \begin{pmatrix} 11.3 & 16.5 & 55.3 & 57.0 & 57.0 & 61.2 & 71.0 & 75.3 & 78.0 & 79.0 & 89.5 & 97.6 & 111.0 & 113.5 & 151.0 \\ 15.5 & 21.6 & 53.0 & 54.0 & 58.0 & 61.0 & 67.2 & 68.0 & 68.0 & 80.8 & 84.0 & 85.7 & 101.2 & 142.0 & 149.0 \\ 12.8 & 19.3 & 38.0 & 41.3 & 43.3 & 44.0 & 51.0 & 51.5 & 60.0 & 68.9 & 80.1 & 84.0 & 143.1 & 143.9 & 161.0 \\ 6.0 & 16.0 & 50.0 & 63.0 & 63.5 & 65.5 & 72.8 & 79.0 & 87.0 & 89.0 & 96.3 & 102.4 & 119.4 & 159.0 & 160.1 \end{pmatrix}.$$

Das Trimmen von Beobachtungen kann nun auf der Basis dieses Ordnungsprinzips komponentenweise erfolgen: Sei γ, $0 < \gamma < 0.5$, für alle p Variablen fest vorgegeben (der Fall unterschiedlicher Trimmanteile für die einzelnen Variablen sei hier nicht betrachtet), und es sei $g = [n\gamma]$. Dann ist das γ-getrimmte Mittel für die i-te Variable definiert als:

$$\bar{x}_{i\gamma,M} = \frac{1}{n-2g} \sum_{j=g+1}^{n-g} x_{i(j)} \ , i=1,\dots,p \ ,$$

und das p-dimensionale γ-getrimmte Mittel als

$$\bar{\mathbf{x}}_{\gamma,M} = (\bar{x}_{1\gamma,M}, \bar{x}_{2\gamma,M}, \dots, \bar{x}_{p\gamma,M})' \ .$$

In Beispiel 31 ist für g=2 (d.h. $2\gamma = 4/15 = 26\frac{2}{3}\%$): $\bar{\mathbf{x}}_{\gamma,M} = (75.6, 71.0, 64.1, 80.7)'$. Im Vergleich dazu ist der p-dimensionale Mittelwert $\bar{\mathbf{x}} = (74.9, 73.9, 69.5, 81.9)'$, wobei $\bar{\mathbf{x}} = (\bar{x}_1, \dots, \bar{x}_p)'$ mit $\bar{x}_i = \frac{1}{n} \sum_{j=1}^{n} x_{ij}, i=1,\dots,p$, ist.

Das p-dimensionale getrimmte Mittel $\bar{\mathbf{x}}_{\gamma,M}$ stellt somit wie im univariaten Fall eine robuste Alternative zu $\bar{\mathbf{x}}$ dar. Der Vorteil eines solchen robusten Schätzers für μ gegenüber den noch folgenden Alternativen liegt in seiner einfachen numerischen Bestimmung, der gravierende Nachteil in der Tatsache, daß die Abhängigkeitsstruktur in den p Variablen bei dieser Trimmprozedur gänzlich unberücksichtigt bleibt. Hinzu kommt, daß auf der Basis dieser M-Ordnung i.d.R. nicht dieselben Beobachtungen bezüglich jeder der p Variablen aus der Stichprobe getrimmt werden. So sind dies im Beispiel 31 bei der 1. Variablen (1. Quartal) die Beobachtungen Nr. 3, 6, 11 und 13 und bei der 2. Variablen (2. Quartal) die Beobachtungen Nr. 3, 6, 13 und 14.

(2) R-Ordnen

Zur Veranschaulichung dieses Prinzips betrachten wir zunächst den univariaten Fall mit den Daten $x_1, \dots, x_n$. Die Stichprobe mit den *der Größe nach* geordneten Werten haben wir mit $x_{(1)}, \dots, x_{(n)}$ bezeichnet. Statt die Daten der Größe nach zu ordnen, könnten wir sie auch bezüglich ihres *Abstandes von einem festen Wert a* ordnen, d.h. wir bilden zunächst die absoluten Differenzen $d_j = | x_j - a |$ und ordnen diese Differenzen dann der Größe nach: $d_{(1)} \le d_{(2)} \le \dots \le d_{(n)}$. Beispiele für a sind a=0 oder a=M_x, wobei M_x der Median der x-Stichprobe ist.

Beispiel 32:

Gegeben seien die Daten

3, -1, 6, -4, 5.

1. Der Größe nach geordnet:

-4, -1, 3, 5, 6,

2. den absoluten Differenzen nach geordnet mit a=0:

-1, 3, -4, 5, 6,

3. den absoluten Differenzen nach geordnet mit $a=M_x=3$:

3, 5, 6, -1, -4.

Ein analoges Ordnen p-dimensionaler Beobachtungen $\mathbf{x}_1, \dots, \mathbf{x}_n$ über die Abstände von einem festen Punkt $\mathbf{a} \in \mathbf{R}^p$ basiert auf der bereits in 2.10.1 erwähnten Mahalanobis-Distanz D, die allgemein wie folgt definiert ist:

D: $\mathbf{R}^p \to \mathbf{R}$ mit

$$D(\mathbf{x}) = (\mathbf{x}-\mathbf{a})'\Gamma^{-1}(\mathbf{x}-\mathbf{a}),\ \mathbf{x},\ \mathbf{a} \in \mathbf{R}^p, \Gamma \in \mathbf{R}^p\mathrm{x}\mathbf{R}^p\ ,$$

bei geeigneter Wahl von $\mathbf{a}$ und Γ.

Ein Spezialfall ist:

$\mathbf{a}=\mathbf{0}$, $\Gamma=\mathbf{I}$ (Einheitsmatrix); d.h. $D(\mathbf{x}) = \mathbf{x}'\mathbf{x} = \|\mathbf{x}\|^2$ ist das Quadrat der euklidischen Norm, die den Abstand des Punktes $\mathbf{x}$ vom Nullpunkt mißt. Sind für die p-dimensionalen Zufallsvariablen $\mathbf{X}_1, \dots, \mathbf{X}_n$ $E(\mathbf{X}_j) = \mu$ und $KOV(\mathbf{X}_j) = \Sigma, \Sigma > 0$, bekannt, so liegt die Wahl $\mathbf{a} = \mu$ und $\Gamma = \Sigma$ nahe; anderenfalls - und das ist realistischer - können μ und Σ aus den Daten geschätzt werden, z.B. durch

$$\hat{\mu} = \bar{\mathbf{x}} \text{ und } \hat{\Sigma} = S = \frac{1}{n-1}\sum_{j=1}^{n}(\mathbf{x}_j - \bar{\mathbf{x}})(\mathbf{x}_j - \bar{\mathbf{x}})',$$

die empirische Kovarianzmatrix. Die Mahalanobis-Distanz hat dann die Form:

$$D(\mathbf{x}) = (\mathbf{x}-\bar{\mathbf{x}})'S^{-1}(\mathbf{x}-\bar{\mathbf{x}})\ .$$

Die Mahalanobis-Distanz mißt den Abstand eines Punktes $\mathbf{x} \in \mathbf{R}^p$ von einem festen Punkt $\mathbf{a} \in \mathbf{R}^p$ unter Berücksichtigung der Abhängigkeitsstruktur der p Komponenten von $\mathbf{x}$, wobei die Abhängigkeit durch die Matrix Γ beschrieben wird. Diese Abhängigkeit kann durch eine geeignete Transformation der Variablen $\mathbf{x} \in \mathbf{R}^p$ beseitigt werden. Dabei machen wir uns die Tatsache zunutze, daß die Mahalanobis-Distanz D invariant unter affinen Abbildungen $\mathbf{x} \to A\mathbf{x}+b =: y$ mit regulärer (p,p)-Matrix A ist, denn es gilt z.B. für $\mathbf{a} = \bar{\mathbf{x}}$ und $\Gamma = S, S > 0$:

$$D(y) = (Ax+b-(A\bar{x}+b))'(ASA')^{-1}(Ax+b-(A\bar{x}+b))$$

$$= (x-\bar{x})'A'(A')^{-1}S^{-1}A^{-1}A(x-\bar{x}) = D(x),$$

da unter der obigen affinen Abbildung die Matrix S in $S_y = ASA'$ transformiert wird. Wir wählen nun die spezielle Abbildung $x \to S^{-1/2}(x-\bar{x}) = :z$ (Lage- und Skalentransformation der p Variablen); dabei ist $S^{-1/2} = P\Delta^{-1/2}P'$ über die Spektralzerlegung von S, $S = P\Delta P'$, mit **P** als orthogonaler Matrix der zu S gehörenden Eigenvektoren und Δ als Diagonalmatrix der Eigenwerte von S bestimmt. Es ist $S_Z = I$ und

$$D(z) = D(x) = (x-\bar{x})'S^{-1/2}S^{-1/2}(x-\bar{x}) = z'z = \| z \|^2 .$$

Durch die Transformation $x \to z$ werden also die p Variablen standardisiert und die Korrelationen beseitigt. Über die Mahalanobis-Distanz D kann nun das "Ordnen" der p-dimensionalen Beobachtungen $x_1, \dots, x_n$ auf das Ordnen der Distanzen $D(x_1), \dots, D(x_n)$ zurückgeführt werden. Es sei

$$D_j := D(x_j) = (x_j-\bar{x})'S^{-1}(x_j-\bar{x}),\ j=1,\dots,n .$$

Wir definieren: $x_j \le x_k$ dann und nur dann, wenn $D_j \le D_k$ ist. Es bezeichnen nun $D_{(1)}, \dots, D_{(n)}$ die geordneten Distanzen von $D_1, \dots, D_n$. Die geordnete Stichprobe von $x_1, \dots, x_n$ ist dann gegeben durch $x_{(1)} \le x_{(2)} \le \dots \le x_{(n)}$ mit $x_{(r)} = x_j$, falls $D_{(r)} = D_j$ ist; schematisch:

$$\begin{array}{ccccccc} D_{(1)} & \le & D_{(2)} & \le \dots \le & D_{(n)} \\ | & & | & & | \\ x_{(1)} & \le & x_{(2)} & \le \dots \le & x_{(n)} \end{array} .$$

Auf diese Weise ist also die "Ordnung im $\mathbb{R}^p$ " auf die (natürliche) Ordnung im $\mathbb{R}^1$ zurückgeführt. Es ist allerdings zu beachten, daß diese Ordnung wesentlich von der Wahl von **a** und Γ in der Mahalanobis-Distanz D abhängt. Mit Hilfe von D ist auch die Zuweisung von Rängen für die p-dimensionalen Beobachtungen $x_1, \dots, x_n$ möglich, falls $D_{(1)} < D_{(2)} < \dots < D_{(n)}$ gilt: $r_j = \text{Rang}(x_j) := k$, wenn $D_j = D_{(k)}$ ist. Zur Veranschaulichung dieser R-Ordnung über die Mahalanobis-Distanz D betrachten wir wieder die Daten in Beispiel 31 aus 2.10.1:

Beispiel 33:

(a) p=4 (alle vier Quartale):

Es ist $\bar{x} = (74.9, 73.9, 69.5, 81.9)'$,

$$S = \begin{pmatrix} 1287.8 & 1233.3 & 1496.9 & 1497.8 \\ \cdot & 1344.5 & 1561.6 & 1546.1 \\ \cdot & \cdot & 2090.6 & 1811.0 \\ \cdot & \cdot & \cdot & 1881.9 \end{pmatrix}.$$

Wir erhalten Tabelle 50:

Tab. 50: Mahalanobis-Distanzen und Ränge für die Daten in Beispiel 31 (alle 4 Quartale)

j	D_j	$D_{(j)}$	r_j
1	1.58	0.60	5
2	2.51	1.11	9
3	3.02	1.23	10
4	1.89	1.26	8
5	1.59	1.58	6
6	5.16	1.59	11
7	8.81	1.78	14
8	1.26	1.89	4
9	1.11	2.51	2
10	0.60	3.02	1
11	7.30	5.16	13
12	1.78	7.17	7
13	7.17	7.30	12
14	11.02	8.81	15
15	1.23	11.02	3

Das bedeutet für die geordnete Stichprobe: $(\mathbf{x}_{(1)}, \mathbf{x}_{(2)}, \ldots, \mathbf{x}_{(14)}, \mathbf{x}_{(15)}) = (\mathbf{x}_{10}, \mathbf{x}_9, \ldots, \mathbf{x}_7, \mathbf{x}_{14})$.

(b) p=2 (1. und 2. Quartal):

Tab. 51: Mahalanobis-Distanzen und Ränge für die Daten in Beispiel 31 (1. und 2. Quartal)

j	D_j	$D_{(j)}$	r_j
1	0.24	0.24	1
2	0.260	0.256	3
3	2.73	0.260	11
4	0.40	0.30	5
5	0.70	0.34	8
6	3.19	0.49	12
7	3.78	0.51	13
8	1.00	0.70	9
9	0.256	1.00	2
10	0.30	1.73	4
11	1.73	2.73	10
12	0.49	3.19	6
13	4.52	3.78	14
14	7.89	4.52	15
15	0.51	7.89	7

Das bedeutet für die geordnete Stichprobe: $(\mathbf{x}_{(1)}, \mathbf{x}_{(2)}, \ldots, \mathbf{x}_{(14)}, \mathbf{x}_{(15)}) = (\mathbf{x}_1, \mathbf{x}_9, \ldots, \mathbf{x}_{13}, \mathbf{x}_{14})$.

∇

Abbildung 30 gibt die Daten für das 1. und 2. Quartal nach Transformation der Beobachtungen: $\mathbf{z}_j = \mathbf{S}^{-1/2}(\mathbf{x}_j - \bar{\mathbf{x}})$ wieder.

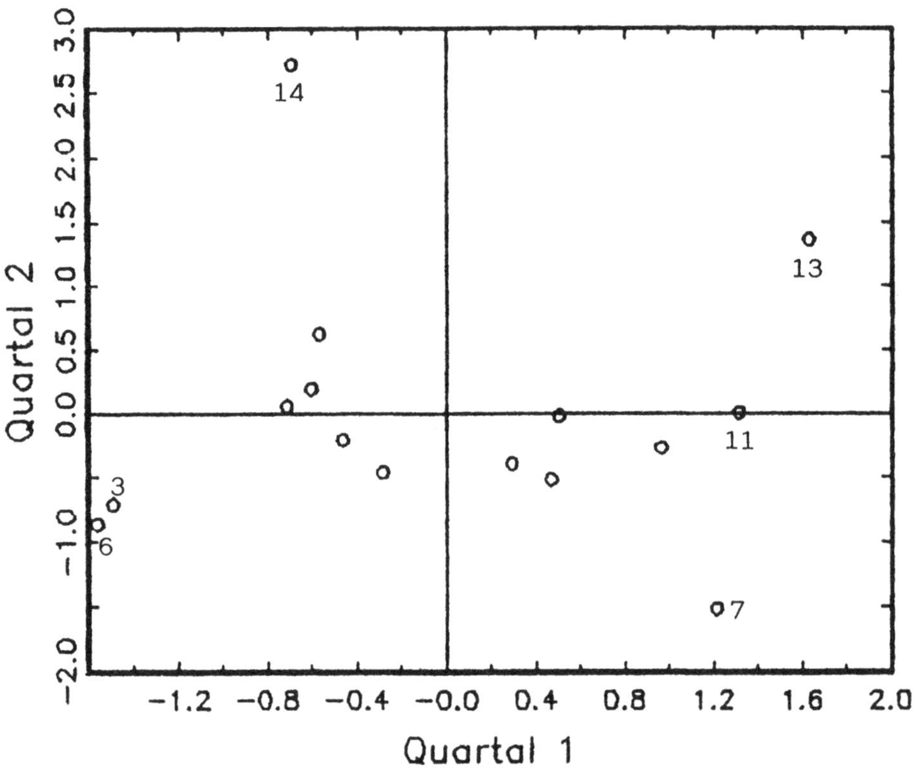

Abb. 30: Pils-Absatz im 1. und 2. Quartal nach Transformation der Beobachtungen

Vergleichen wir Abbildung 29 mit Abbildung 30, so wird in der letzteren deutlicher sichtbar, daß neben den Beobachtungen Nr. 3, 6, 13 und 14 auch die Nr. 7 weiter weg vom Pulk der Daten liegt (Ausreißer?). Betrachten wir noch ein weiteres Beispiel, das der Arbeit von Barnett (1976) entnommen ist:

Beispiel 34 (p=2):

Es sei $\mathbf{X} \sim N_2(\mu, \Sigma)$, μ, Σ bekannt, und damit $D(\mathbf{x}) = (\mathbf{x} - \mu)'\Sigma^{-1}(\mathbf{x} - \mu)$; speziell:

Fall (a): $\mu = \mathbf{0}$, $\Sigma = \begin{pmatrix} 1 & 0 \\ 0 & 1 \end{pmatrix}$,

Fall (b): $\mu = \mathbf{0}$, $\Sigma = \begin{pmatrix} 1 & 0.5 \\ 0.5 & 1 \end{pmatrix}$.

Für die Fälle (a) und (b) wurden jeweils n=50 Zufallsvariablen erzeugt. Setzen wir $D(\mathbf{x})$= const., so entstehen im Fall (a) Kreise und im Fall (b) Ellipsen, was die Abbildungen 31 und 32 veranschaulichen:

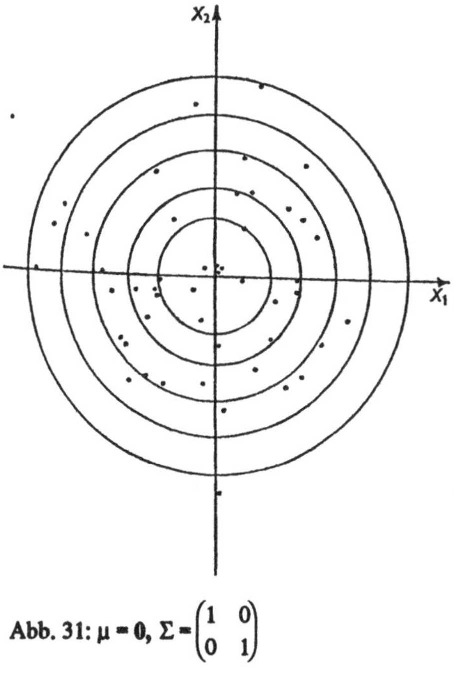

Abb. 31: $\mu = \mathbf{0}$, $\Sigma = \begin{pmatrix} 1 & 0 \\ 0 & 1 \end{pmatrix}$

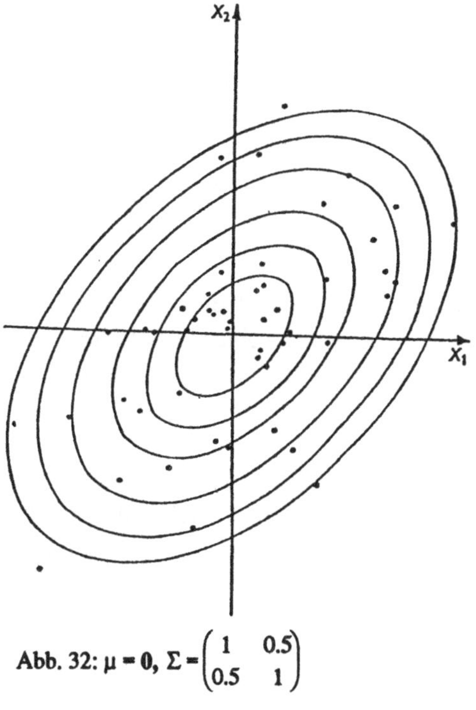

Abb. 32: $\mu = \mathbf{0}$, $\Sigma = \begin{pmatrix} 1 & 0.5 \\ 0.5 & 1 \end{pmatrix}$

Einige Beobachtungen sind deutlich getrennt vom restlichen Datenpulk, wobei im Fall (b) noch die positive Korrelation zwischen den Daten zu beachten ist.

∇

Über die R-Ordnung können nun "extreme" Beobachtungen aus dem Datensatz getrimmt werden. Es sei γ wieder der Trimmanteil, $0 \leq \gamma < 0.5$, $g = [\gamma n]$ und $D_j = (\mathbf{x}_j - \bar{\mathbf{x}})'S^{-1}(\mathbf{x}_j - \bar{\mathbf{x}})$, $j=1,...,n$. Aus der geordneten Folge der Mahalanobis-Distanzen $D_{(1)},...,D_{(n)}$ werden die g größten Distanzen eliminiert; wir erhalten: $D_{(1)},...,D_{(n-g)}$. Aus den zu diesen Distanzen gehörenden geordneten Beobachtungen $\mathbf{x}_{(1)},...,\mathbf{x}_{(n-g)}$ wird dann das p-dimensionale γ-getrimmte Mittel $\bar{\mathbf{x}}_{\gamma,R}$ gebildet:

$$\bar{\mathbf{x}}_{\gamma,R} = \frac{1}{n-g} \sum_{k=1}^{n-g} \mathbf{x}_{(k)} .$$

Im Gegensatz zum komponentenweise getrimmten Mittel werden beim getrimmten Mittel über die R-Ordnung g Beobachtungen *vollständig* eliminiert und nicht nur einzelne Komponenten der p Variablen.

Für die Daten in Beispiel 31 werden im Fall g=4, d.h. $\gamma=26^2/_3\%$, die Beobachtungen Nr. 14, 7, 11 und 13 getrimmt, und wir erhalten

$\bar{\mathbf{x}}_{\gamma,R} = (60.9,60.3,50.3,64.0)'$, und im Vergleich dazu:

$\bar{\mathbf{x}} = (74.9,73.9,69.5,81.9)'$ bzw. $\bar{\mathbf{x}}_{\gamma,M} = (75.6,71.0,64.1,80.7)'$.

Der Vorteil eines solchen über die R-Ordnung definierten γ-getrimmten Mittels liegt darin, daß es im Gegensatz zum komponentenweise getrimmten Mittel die Abhängigkeitsstruktur in den Daten berücksichtigt; der Nachteil in der "Willkür" der Wahl von $\mathbf{a}$ und Γ. Inwieweit $\overline{\mathbf{X}}_{\gamma,R}$ als robuster Schätzer für μ infrage kommt, mag dahingestellt bleiben, weil ja in die Mahalanobis-Distanz, über die die Daten geordnet werden, die wenig robusten Schätzer $\overline{\mathbf{X}}$ für μ und S für Σ eingehen (siehe dazu den in 2.10.1 erwähnten Maskierungseffekt).

(3) P-Ordnen

Während die beiden erstgenannten Ordnungsprinzipien analytischer Natur sind, basiert das P-Ordnen mehr auf einer geometrischen Betrachtungsweise: Die p-dimensionalen Beobachtungen $\mathbf{x}_1,...,\mathbf{x}_n$ werden nach einem bestimmten geometrischen Prinzip in verschiedene Gruppen mit verschiedener Ordnung aufgeteilt; Punkte *gleicher* Gruppe haben die *gleiche* Ordnung. Es gibt eine Reihe von Prinzipien der Gruppeneinteilung, so z.B. über die konvexe Hülle der Punkte, definiert als Rand der *minimalen* konvexen Menge, die alle Punkte $\mathbf{x}_1,...,\mathbf{x}_n$ umfaßt. Im Fall p=2 stellt die konvexe Hülle ein geschlossenes konvexes Polygon dar, dessen Ecken Punkte sind. Wir können uns die Punkte $\mathbf{x}_1,...,\mathbf{x}_n$ als Nägel auf einem Brett vorstellen, um die ein (großes) elastisches Band gespannt und dann losgelassen wird; das Band kommt in Form eines Polygons "zur Ruhe". Die n_1 Punkte der (ersten) konvexen Hülle H_1 werden (nach Barnett) als c-Ordnungsgruppe 1 gekennzeichnet und entfernt. Dann wird die konvexe Hülle H_2 der restlichen $n-n_1$ Beobachtungen bestimmt; die n_2

Beobachtungen auf H_2 bilden die c-Ordnungsgruppe 2. Dieser Prozeß wird so lange wiederholt, bis alle n Punkte einer c-Ordnungsgruppe zugeteilt sind. Es sei nun t die Gesamtzahl der Hüllen und n_s die Anzahl der Punkte auf der Hülle H_s, $1 \le s \le t$, dann ist $\sum_{s=1}^{t} n_s = n$. Je kleiner die Zahl der Ordnungsgruppe ist, desto "extremer" sind die Beobachtungen und je größer t, desto mehr streuen die Beobachtungen. Zwischen Punkten auf der Hülle H_s, $1 \le s \le t$, wird bei dieser Ordnung nicht unterschieden; alle Punkte auf H_s gehören derselben Ordnungsgruppe s an; daher der Name "partielles" Ordnen. In Abbildung 33 sind die 3 konvexen Hüllen für die Daten (1. und 2. Quartal) aus Beispiel 31 graphisch dargestellt und in Abbildung 34 und 35 die 6 bzw. 8 konvexen Hüllen der Fälle (a) bzw. (b) aus Beispiel 34, siehe Barnett (1976).

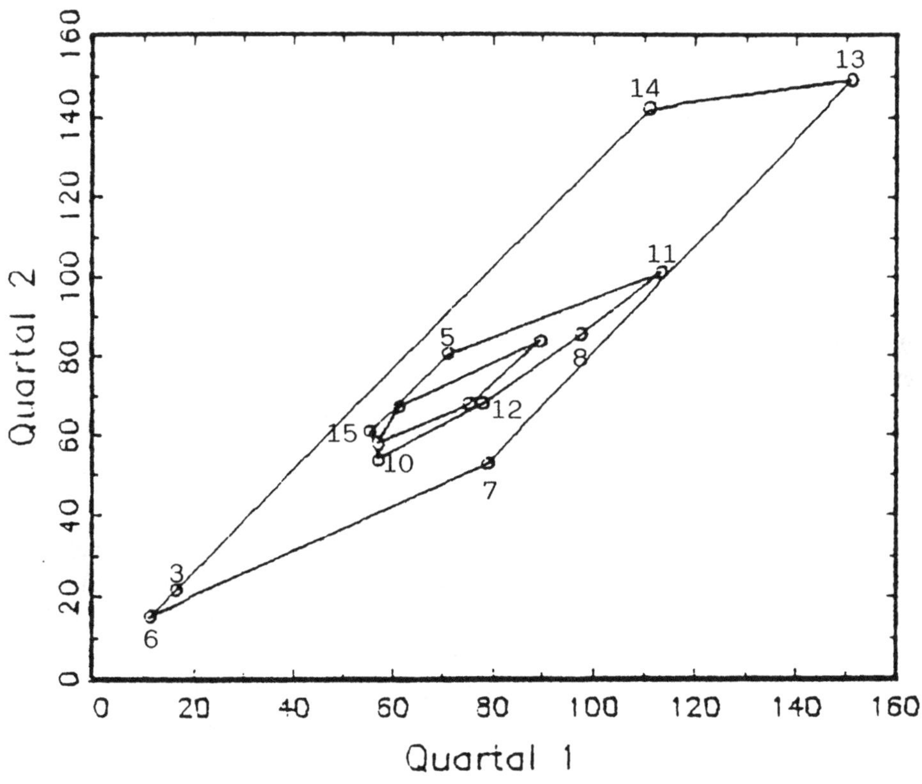

Abb. 33: Konvexe Hüllen für die Daten (1. und 2. Quartal) aus Beispiel 31

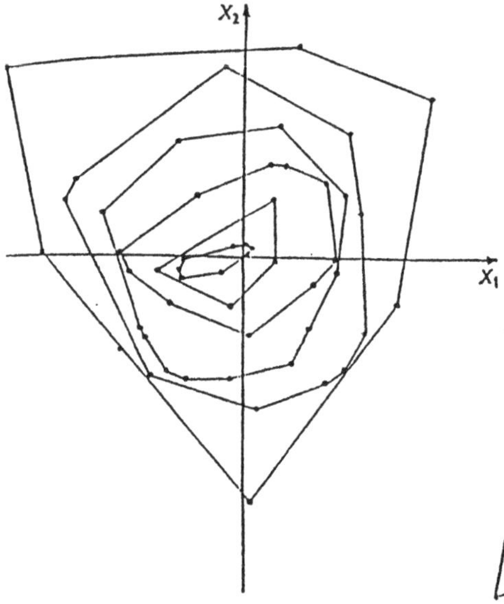

Abb. 34: Konvexe Hüllen für Fall (a)

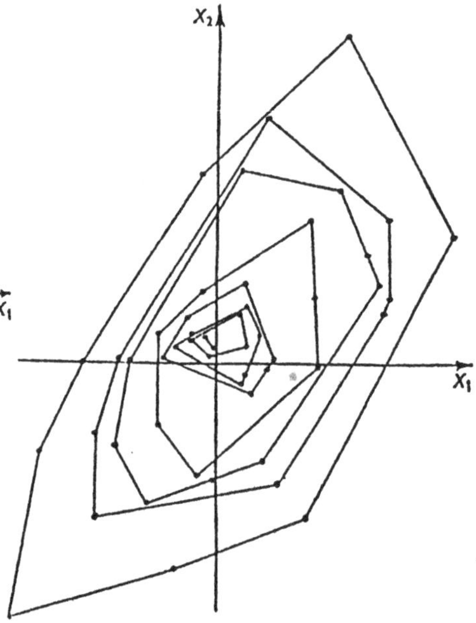

Abb. 35: Konvexe Hüllen für Fall (b)

Die Punkte Nr. 3, 6, 7, 13 und 14 in Abbildung 33 gehören also der c-Ordnungsgruppe 1, Nr. 5, 8, 10, 11, 12 und 15 der Gruppe 2 und Nr. 1, 2, 4 und 9 der Gruppe 3 an.

Nach dem Prinzip der P-Ordnung können auch Ränge für die Beobachtungen $\mathbf{x}_1, \ldots, \mathbf{x}_n$ vergeben werden: alle Beobachtungen auf H_1 erhalten den Rang 1, alle auf H_2 den Rang 2 u.s.w. bis zum Rang t für die Punkte auf der Hülle H_t.

Wie können nun die konvexen Hüllen bzw. ihre Eckpunkte für einen beliebigen Datensatz bestimmt werden? Im Fall p=2 mag für kleine n das "Augenmaß" ausreichen. Ansonsten gibt es für p=2 effiziente Computeralgorithmen, siehe z.B. Green u. Silverman (1979). Im Falle p>2 treten erhebliche Schwierigkeiten bei der Entwicklung eines Algorithmus' auf. Die Bestimmung der konvexen Hüllen erfordert lineare Programmierung, und wenn eine einzige Beobachtung hinzugefügt wird, muß das Programm von neuem gestartet werden. Wir verweisen in diesem Zusammenhang auf die Arbeit von Preparata u. Hong (1977), in der die Fälle p=2 und p=3 behandelt werden und in der eine Übersicht über weitere Algorithmen, auch für p>3, unter Angabe der Anzahl der Operationen zur Bestimmung der konvexen Hülle von n Punkten gegeben wird.

Über die Bildung solcher konvexen Hüllen kann eine weitere Form des multivariaten Trimmens eingeführt werden, das nach Tukey *Peeling* (Häuten, wie bei einer Zwiebel) genannt wird: Es werden alle Beobachtungen auf den Hüllen $H_1,...,H_r$ eliminiert, wobei r mit $r<t$ fest vorgegeben ist. Die Anzahl der zu trimmenden Beobachtungen ist somit eine Zufallsvariable, und der Trimmanteil γ ist a priori nicht bekannt.

Formal ist das γ-getrimmte Mittel $\bar{\mathbf{x}}_{\gamma,P}$ dann wie folgt definiert:

$$\bar{\mathbf{x}}_{\gamma,P} = \sum_{j=1}^{n} a_{s(j)}\mathbf{x}_j \Big/ \sum_{j=1}^{n} a_{s(j)} \text{ mit}$$

$$a_s = \begin{cases} 0 & \text{für } s \le r \\ 1 & \text{sonst.} \end{cases}$$

Das Symbol $s_{(j)}$ kennzeichnet die j-te Beobachtung auf der s-ten Hülle. Ist $a_s=1$ für alle $s=1,...,t$, so ergibt sich

$\bar{\mathbf{x}}_{\gamma,P} = \bar{\mathbf{x}}$.

Beispiel 35:

Wir betrachten die Daten aus Beispiel 31 für das 1. und 2. Quartal, dargestellt in Abbildung 33. Es sei $r=1$, d.h. die $n_1=5$ Beobachtungen Nr. 3, 6, 7, 13, 14 auf der 1. Hülle werden getrimmt ($\gamma = 33\frac{1}{3}\,\%$). Es ist dann: $\bar{\mathbf{x}}_{\gamma,P} = (75.5, 67.6)$.

∇

Wie im univariaten Fall kann die Wahl $a_s = 0$ in Abhängigkeit von s von der Stärke der Tails der zugrundeliegenden Verteilung abhängig gemacht werden. Doch wie kann diese Tail-Stärke beschrieben werden? Für den Fall $p=2$ führt Green (1980) die sogenannte *Signatur* b_r der Datenmenge ein:

$$b_r = \left(\sum_{s=1}^{r} n_s\right) \Big/ E_N\left(\sum_{s=1}^{r} n_s\right), \quad r=1,2,...,$$

wobei $E_N(\cdot)$ den Erwartungswert bei unterstellter Normalverteilung bedeutet. Sind die Daten bivariat normalverteilt, so ist $b_r \approx 1$, bei Verteilungen mit stärkeren Tails $b_r < 1$ und bei solchen mit kürzeren Tails $b_r > 1$; für $r \to \infty$ gilt $b_r \to 1$. In der oben zitierten Arbeit von Green sind für $n=100$ simulierte Daten aus einer (bivariaten) Gleichverteilung, Normalverteilung, kontaminierten Normalverteilung und Cauchy-Verteilung die Signaturen b_r für $r=1,2,...,15$, graphisch dargestellt. In der Arbeit wird auch ein Vorschlag zur adaptiven Schätzung der Gewichte a_s über die Signaturen b_r unterbreitet. Hinsichtlich weiterer verteilungstheoretischer Ergebnisse über die erwartete Anzahl von Kanten, Ecken, Flächen u.a. der konvexen Hüllen sei auf die Arbeiten von Renyi

u. Sulanke (1963, 1964), Efron (1965) und Eddy (1980) hingewiesen; dabei handelt es sich zumeist um asymptotische Ergebnisse in Abhängigkeit von der Tail-Stärke der zugrundeliegenden Verteilung.

Neben dem Peeling über konvexe Hüllen gibt es eine Reihe von Alternativen des Trimmens bei multivariaten Daten, so z.B. das Rechteck- und Ellipsen-Peeling. Dabei geht es allgemein um die Aufgabe, für eine *gegebene Form* (z.B. Rechteck oder Ellipse) die *kleinste* Fläche zu finden, die *alle* Datenpunkte enthält. Die beiden Abbildungen 36 und 37, entnommen der Arbeit von Green (1980), mögen zur Veranschaulichung dienen.

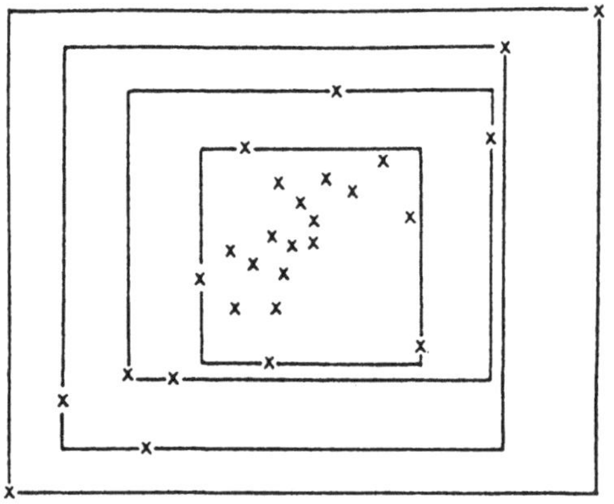

Abb. 36: Rechteck-Peeling

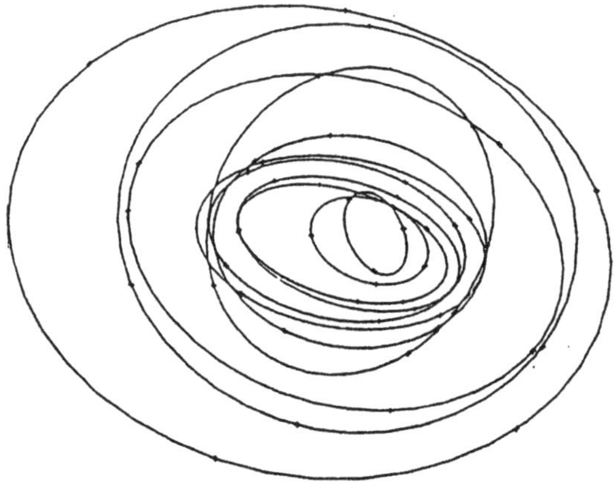

Abb. 37: Ellipsen-Peeling

Offensichtlich ist die Folge der minimalen Rechtecke geschachtelt, nicht jedoch die der minimalen Ellipsen. Analog dem Peeling über konvexe Hüllen können nun Beobachtungen auf den äußeren Rechtecken bzw. auf den äußeren Ellipsen getrimmt werden.

Der Vorteil des Peeling über konvexe Hüllen, Rechtecke, Ellipsen u.a. liegt zum einen in der Tatsache begründet, daß die Abhängigkeitsstruktur der Daten voll berücksichtigt bleibt und zumindest für p=2 eine anschauliche Interpretation möglich ist; zum anderen bleibt dieses Peeling invariant unter affinen Abbildungen in dem Sinne, daß die Peels der affin transformierten Daten die transformierten Peels der Originaldaten sind. Nachteile sind, daß immer nur ganze Hüllen, Rechtecke, Ellipsen von Beobachtungen getrimmt werden und damit der Trimmanteil γ vorher nicht festgelegt werden kann (somit sollte auch der Stichprobenumfang n nicht zu klein sein) und daß - gravierender noch - wegen der bereits erwähnten algorithmischen Probleme zur Bestimmung der konvexen Hüllen für $p \geq 3$ der praktischen Anwendung zunächst (noch) Grenzen gesetzt sind.

(4) K-Ordnen

Dieses Ordnungsprinzip basiert darauf, die n Beobachtungen *einer* (ausgewählten) Variablen der Größe nach zu ordnen, wodurch dann eine entsprechende Ordnung der n Beobachtungen für die *restlichen* p-1 Variablen bedingt ist. Das bedeutet formal, falls z.B. die 1. Variable x_1 ausgewählt wird:

$$x_{1(1)}, x_{1(2)}, \ldots, x_{1(n)}$$

$$x_{2[1]}, x_{2[2]}, \ldots, x_{2[n]}$$

.

.

.

$$x_{p[1]}, x_{p[2]}, \ldots, x_{p[n]} ,$$

wobei $x_{i[k]}$, $1 < i \leq p$, der Wert der i-ten Variablen ist, der sich in Verbindung mit dem k-ten geordneten Wert von x_1 ergibt.

Beispiel 36 (p=2):

Gegeben seien fünf zweidimensionale Beobachtungen, dargestellt wie folgt:

4, 6, 1, 9, 3
7, 3, 4, 5, 1;

dann ergibt sich, falls nach der 1. Variablen x_1 geordnet wird:

1, 3, 4, 6, 9
4, 1, 7, 3, 5.

∇

Die $x_{i[k]}$, $1 < i \leq p$, sind also quasi-geordnete Beobachtungen, bedingt durch die Ordnung der Beobachtungen der 1. Variablen.

Das K-Ordnen findet z.B. Anwendung bei den Rangkorrelationskoeffizienten von Kendall und Spearman, ist aber offensichtlich für die Identifiaktion von Ausreißern oder zur Definition einer Trimmprozedur nicht geeignet, so daß wir auf dieses Ordnungsprinzip nicht weiter eingehen wollen.

Welches der drei erstgenannten Ordnungsprinzipien soll nun zur Definition einer Trimmprozedur, z.B. für ein getrimmtes Mittel, bevorzugt herangezogen werden? Legen wir die beiden Kriterien Praktikabilität und Berücksichtigung der Abhängigkeitsstruktur der Daten für eine Entscheidung zugrunde, so bietet sich im Fall p=2 das partielle Ordnen mit dem Peeling, im Fall $p \geq 3$ das marginale oder eher noch das reduzierte Ordnen an. Damit bleibt allerdings das wohl wichtigste Kriterium, die Effizienz der mit Hilfe dieser verschiedenen Trimmversionen konstruierbaren Schätz- und Testverfahren, noch unberücksichtigt.

2.10.3 Multivariater Median

Im *univariaten* Fall erweist sich der Median M als robuster Schätzer für den Erwartungswert einer symmetrisch verteilten Zufallsvariablen, und er ist insbesondere bei Verteilungen mit weit stärkeren Tails als die der Normalverteilung dem arithmetischen Mittel $\overline{X}$ vorzuziehen. Das haben zahlreiche Robustheitsstudien, finiter und asymptotischer Art, nachgewiesen, siehe z.B. die Princeton-Studie von Andrews u.a. (1972), Bickel u. Lehmann (1975) und Gastwirth u. Cohen (1970). Es gibt zwei äquivalente Definitionen von M:

(1) M ist Lösung von:

$$\sum_{j=1}^{n} |x_j - c| \stackrel{!}{=} \text{Min} ,$$

(2) M ist ein Wert, der die Stichprobe in dem Sinne "halbiert", daß oberhalb und unterhalb von M gleichviele Beobachtungen liegen, d.h.

$$M = \begin{cases} x_{\left(\frac{n+1}{2}\right)}, & \text{falls n ungerade,} \\ k x_{\left(\frac{n}{2}\right)} + (1-k) x_{\left(\frac{n}{2}+1\right)}, & \text{falls n gerade, } 0 < k < 1. \end{cases}$$

Für gerades n ist also M nicht eindeutig bestimmt; i.d.R. wird dann k=1/2 gesetzt. In diesem Fall (2) ist M gleich einem γ-getrimmten Mittel, $M = \overline{x}_\gamma$, mit

$$\gamma = \begin{cases} \frac{1}{2} - \frac{1}{2n}, & \text{falls n ungerade} \\ \frac{1}{2} - \frac{1}{n}, & \text{falls n gerade ist,} \end{cases}$$

denn für ungerades n gilt:

$$[n\gamma] = \left[\frac{n}{2} - \frac{1}{2}\right] = \frac{n-1}{2} \text{ ,d.h. } M = x_{\left(\frac{n+1}{2}\right)} ,$$

und für gerades n:

$$[n\gamma] = \frac{n}{2} - 1 \text{ ,d.h. } M = \left(x_{\left(\frac{n}{2}\right)} + x_{\left(\frac{n}{2}+1\right)}\right)/2 .$$

Wie kann nun für p-dimensionale Beobachtungen $\mathbf{x}_1, \ldots, \mathbf{x}_n$ ein multivariater Median definiert werden, der als robuste Alternative zum arithmetischen Mittel $\overline{\mathbf{X}}$ (auch Centroid genannt) angesehen werden kann. Verallgemeinerungen der im univariaten Fall äquivalenten Definitionen (1) und (2) unter Einschluß der Trimmversion sind möglich, sind aber alle verschieden und bezüglich der Trimmversion nicht einmal eindeutig.

Als nächstliegende Möglichkeit bietet sich an, für jede der p Variablen getrennt den (univariaten) Median nach (1) zu berechnen und aus diesen *marginalen* Medianen M_i^m, $i=1,\ldots,p$, den multivariaten Median $\mathbf{M}_m$ zu bilden: $\mathbf{M}_m = (M_1^m, \ldots, M_p^m)'$. Ein solcher auf dem Prinzip des M-Ordnens basierender Median, der von Mood (1941) eingeführt wurde, ist leicht zu berechnen und geeignet für den Fall, daß die p Variablen Verschiedenes messen, nicht jedoch z.B. bei räumlichen Daten, wo die Variablen isometrisch sind. Statistische Verfahren für solche Variablen erforden Rotationsinvarianz, was für den Vektor der marginalen Mediane nicht gilt, wohl aber für den sogenannten räumlichen Median $\mathbf{M}_r$ (auch Mediancentre genannt, siehe Gower (1974)), dessen Definition auf dem Prinzip des R-Ordnens basiert:

$\mathbf{M}_r$ ist Lösung von

$$\sum_{j=1}^{n} \| \mathbf{x}_j - \mathbf{c} \| \overset{!}{=} \text{Min} ,$$

worin $\| \cdot \|$ die euklidische Norm bedeutet. Die Berechnung von $\mathbf{M}_r = (M_1^r, \ldots, M_p^r)$ erfolgt iterativ, z.B. mit Hilfe der Newton-Raphson-Methode, siehe Kosfeld (1986); für p=2 sind bei Gower (1974) und Brown (1983) Bedingungen für die beiden Komponenten von $\mathbf{M}_r$ über die Darstellung der Beobachtungen in Polarkoordinaten angegeben. Generell ist für den räumlichen Median anzumerken, daß seine Berechnung die Vergleichbarkeit der Skalierung auf den zu den p Variablen gehörenden Achsen voraussetzt, anderenfalls sollten die Variablen vorab standardisiert werden.

Trimmversionen des multivariaten Medians könnten über das im vorangegangenen Abschnitt beschriebene Peeling angegeben werden, z.B. auf der Basis von konvexen Hüllen oder Ellipsen. Im *univariaten* Fall werden Schritt für Schritt jeweils zwei Beobachtungen (eine am unteren Ende, eine am oberen Ende der geordneten Stichprobe) getrimmt, bis zur letzten Beobachtung, falls n ungerade ist, bzw. bis zu den letzten beiden Beobachtungen, über die dann gemittelt wird, falls n gerade ist. Analog dazu müßten beim Peeling schrittweise Hüllen (Ellipsen) von Beobachtungen eliminiert werden, bis nur noch eine Hülle (Ellipse) von Beobachtungen verbleibt, aus denen dann das arithmetische Mittel gebildet wird. Eine solche Version des Medians ist für p>2 wegen numerischer Probleme nicht praktikabel und im Fall des Ellipsen-Peeling auch kaum einsichtig, weil die Folge der Ellipsen nicht geschachtelt ist.

Wir wollen abschließend noch einige Effizienzaussagen über den marginalen Median M_m und den räumlichen Median M_r im Vergleich zum arithmetischen Mittel $\overline{X}$ machen. Brown (1983) hat die asymptotische relative Effizienz von M_r zu $\overline{X}$, A.R.E.(M_r, $\overline{X}$) unter Annahme einer p-dimensionalen *sphärischen* (symmetrischen) Normalverteilung ($\Sigma = \sigma^2 I$) berechnet; in diesem Fall ist die A.R.E. über die asymptotische Varianz bestimmt, die für alle Komponenten von M_r dieselbe ist.

Das Ergebnis ist in Tabelle 52 wiedergegeben.

Tab. 52: A.R.E. (M_r,$\overline{X}$) unter p-dimenisonaler sphärischer Normalverteilung

p	1	2	3	4	5	6	7
A.R.E. (M_r,$\overline{X}$)	0.637	0.785	0.849	0.884	0.905	0.920	0.931

Auffällig ist also, daß die Effizienzen mit wachsendem p zunehmen.

In der bereits zitierten Arbeit von Kosfeld (1986) sind im Rahmen einer Simulationsstudie für p=2 finite relative Effizienzen (nach drei verschiedenen Kriterien) von M_m und M_r im Vergleich zu $\overline{X}$ berechnet, und zwar unter einer (bivariaten) Normalverteilung, kontaminierten Normalverteilung und einer Lognormalverteilung, jeweils für verschiedene Werte des Korrelationskoeffizienten ρ , sowie für Stichprobenumfänge n=10, 15 und 20. Es zeigt sich, daß unter der kontaminierten Normalverteilung und der Lognormalverteilung M_m und M_r meist und z.T. erheblich effizienter als $\overline{X}$ sind, gerade mit wachsendem ρ. Der Vergleich von M_m und M_r fällt unter Normalverteilung und kontaminierter Normalverteilung bei Anwendung zweier verschiedener Stichprobenumfänge unterschiedlich aus; unter der Lognormalverteilung gibt es jedoch ein klares Ranking der Schätzer: M_m, M_r und $\overline{X}$. Hinsichtlich weiterer Robustheitsstudien von M_m, $\overline{X}$ und anderer robuster Schätzer für einen multivariaten Lageparameter sei auf Bickel (1964) sowie Gnanadesikan u. Kettenring (1972) hingewiesen.

2.10.4 Zur Robustheit von Schätz- und Testverfahren

In den beiden vorangegangenen Abschnitten haben wir bereits robuste Alternativen zum arithmetischen Mittel $\overline{X}$ als Schätzer für einen Lageparameter (μ) vorgestellt, zwei Versionen des multivariaten Medians und verschiedene Trimmprozeduren. Als weiteres wichtiges Problem ist das Schätzen der Kovarianzmatrix Σ zu nennen; hier bietet sich zunächst der klassische Schätzer S, die empirische Kovarianzmatrix an:

$$S = \frac{1}{n-1} \sum_{j=1}^{n} (x_j - \bar{x})(x_j - \bar{x})' .$$

Robustifizierte Versionen von S gibt es mannigfacher Art nach verschiedenen Kriterien, siehe z.B. Huber (1981), Gnanadesikan u. Kettenring (1972), Devlin u.a. (1981) und Wilk u.a. (1962). Wir wollen hier nur zwei Verfahren erwähnen, das erste gehört zur Gruppe der elementweise robusten Schätzungen von Σ, das zweite basiert auf dem (globalen) Prinzip des R-Ordnens:

Verfahren 1: Als robuste Schätzungen der p Varianzen auf der Hauptdiagonalen werden - für jede Variable getrennt - γ-getrimmte Varianzen gewählt, siehe Abschnitt 2.6.3. Die Kovarianzen werden einer Idee von Gnanadesikan u. Kettenring (1972) folgend über die Beziehung

$$KOV(X_1, X_2) = \frac{1}{4}(VAR(X_1 + X_2) - VAR(X_1 - X_2))$$

geschätzt. Eine robuste Schätzung $\tilde{s}_{12}$ von $KOV(X_1, X_2)$ ist dann:

$$\tilde{s}_{12} = \frac{1}{4}(s_{+12}^{*2} - s_{-12}^{*2}) ,$$

worin s_{+12}^{*2} und s_{-12}^{*2} robuste Schätzungen der Varianz von $X_1 + X_2$ bzw. von $X_1 - X_2$ in obigem Sinne sind. Diese so elementweise definierte Kovarianzmatrix ist allerdings nicht notwendig positiv definit (im Gegensatz zur Matrix S, die dies mit Wahrscheinlichkeit 1 ist). Eine robuste Schätzung von Σ, die positiv definit ist, erhalten wir über das nachstehende Verfahren.

Verfahren 2: Dieses iterative Verfahren ist bei Devlin u.a. (1981) beschrieben. In jedem Schritt werden die Mahalanobis-Distanzen

$$D_j = (x_j - \tilde{m})' \tilde{S}^{-1}(x_j - \tilde{m}) \ , j=1,\ldots,n \ ,$$

mit den jeweiligen Schätzern $\tilde{m}$ von μ und $\tilde{S}$ von Σ berechnet. Für einen fest vorgegebenen Trimmanteil γ werden die Beobachtungen mit den $[n\gamma]$-größten Distanzen getrimmt und für die restlichen Beobachtungen $\tilde{m}$ und $\tilde{S}$ auf dieselbe Weise wie $\bar{x}$ und S berechnet. Als Startschätzer können $\bar{x}$ und S gewählt werden; Abbruchkriterien (spätestens nach dem 25. Schritt) werden in der obigen Arbeit angegeben.

Eine weitere getrimmte Version eines robusten Schätzers für Σ, die auf dem Prinzip des R-Ordnens basiert, führen Wilk u.a. (1962) ein. Robustheitsaussagen auf der Basis der Influenzfunktion über Schätzer der Lage und der Kovarianzmatrix sind bei Hampel u.a. (1986, Kap. 4 und 5) zu finden.

Was kann nun zur Robustheit multivariater Tests gesagt werden? Analog zum univariaten Fall können dabei eine Reihe von Testproblemen betrachtet werden, so im parametrischen Fall die Tests auf einen bestimmten Erwartungswert μ_0, auf die Gleichheit zweier oder mehrerer Erwartungswerte, auf eine bestimmte Kovarianzmatrix Σ_0 oder auf die Gleichheit zweier oder mehrerer Kovarianzmatrizen, siehe z.B. Mardia u.a. (1979, Kap. 5.2-5.4). Im nichtparametrischen Fall mag es um das Testen der Gleichheit zweier oder mehrerer Verteilungen gehen, siehe dazu Puri u. Sen (1971). So sind z.B. im Ein- und Zwei-Stichproben-Problem für μ Hotellings T^2-Tests die Verallgemeinerungen der beiden entsprechenden t-Tests und die MANOVA-Tests (Multivariate Analysis of Variance) von Wilks (likelihood ratio), Roy (largest root), Hotelling-Lawley (trace) und Pillai-Bartlett (trace) die Verallgemeinerungen des ANOVA-F-Tests, siehe Ito (1980); im Fall $p=1$ fallen diese vier multivariaten Teststatistiken mit der F-Statistik zusammen. Wir können also wie im univariaten Fall unser Interesse auf drei Gruppen von Tests konzentrieren:

1. parametrische Tests,
2. nichtparametrische Tests und
3. robustifizierte Tests;

adaptive multivariate Tests liegen m.W. nicht vor.

Als Alternativen zur (multivariaten) Normalverteilung können zwecks Robustheitsstudien für diese Gruppen von Tests Verallgemeinerungen univariater Verteilungen zugrunde gelegt werden (siehe z.B. Mardia u.a. (1979, Kap. 2.6)), insbesondere die kontaminierte Normalverteilung:

$$F = (1-\varepsilon)N(\mu_1, \Sigma_1) + \varepsilon N(\mu_2, \Sigma_2) \ ,$$

speziell mit (a) $\mu_1 = \mu_2, \Sigma_1 \neq \Sigma_2$ (b) $\Sigma_1 = \Sigma_2, \mu_1 \neq \mu_2$, siehe Day (1969).

Während zur Robustheit der Gruppe parametrischer Tests bei Abweichungen von der Normalverteilung sowie im Zwei- und c-Stichproben-Lageproblem unter Annahme der Normalverteilung bei *ungleichen* Kovarianzmatrizen eine Reihe von Arbeiten vorliegen, ist die Literatur über Robustheitsstudien der beiden anderen Gruppen von Tests ausgesprochen dürftig. Die verteilungstheoretischen Probleme bei robustifizierten Tests erweisen sich ja als noch weit komplizierter, als sie schon im univariaten Fall sind. Wie sieht z.B. -finit oder asymptotisch- die Verteilung einer Teststatistik aus, die auf dem Peeling oder einer Trimmprozedur nach dem Prinzip des R-Ordnens basiert? Oder wie sind dafür geeignete Simulationsstudien zu konzipieren? Hier tut sich noch ein weites Feld wünschenswerter Studien auf.

Im Rahmen einer Einführung in multivariate robuste Verfahren, wie sie mit diesem Abschnitt intendiert ist, kann natürlich nicht im Detail auf die vorliegenden Robustheitsstudien zu den verschiedenen Tests eingegangen werden. Es sei deshalb abschließend nur eine (nicht vollständige) Übersicht über die Literatur zur Robustheit multivariater Tests gegeben, mit dem Versuch, ein Resümee daraus zu ziehen; siehe dazu auch Ito (1980).

1. Parametrische Tests

Chase u. Bulgren (1971) untersuchen im Rahmen einer Simulationsstudie die α-Robustheit von Hotellings T^2-Test im *Einstichproben-Problem* unter sechs bivariaten Verteilungen, einschließlich schiefer Verteilungen und verschiedener Werte des Korrelationskoeffizienten ρ, und zwar für $\alpha = 0.01, 0.05$ und 0.10 sowie für $n=5$, 10 und 20. Es zeigt sich, daß der T^2-Test bei sehr schiefen Verteilungen ausgesprochen antikonservativ ist. Weitere Ergebnisse zur Verteilung von T^2 unter eine Reihe zusätzlicher Verteilungen sind bei Rizzi (1984) zu finden.

In einer Simulationsstudie von Everitt (1979) wird die α-Robustheit des T^2-Tests von Hotelling im *Ein- und Zweistichproben- Problem* für $p=2, 4, 6, 8, 10$ unter vier verschiedenen Verteilungen und für $n \leq 20$ sowie $\alpha = 0.01, 0.05$ und 0.10 untersucht, mit dem Ergebnis, daß der Zweistichproben-Test viel robuster als der Einstichproben-Test ist (ein Ergebnis wie bei den t-Tests), der insbesondere bei schiefen Verteilungen das nominale Testniveau weit überschreitet, und das umso mehr, je größer p ist.

Hopkins u. Clay (1963) untersuchen die α-Robustheit des bivariaten Hotelling-Tests im *Zweistichproben-Problem* unter der Normalverteilung mit ungleichen Kovarianzmatrizen $\sigma_1^2 I$ und $\sigma_2^2 I$ (Behrens-Fisher-Problem) und unter der kontaminierten Normalverteilung $F = 0.8N(0, I) + 0.2N(0, \sigma^2 I)$, $\sigma = 2.5$ und 3.7, d.h. mit Kurtosiswerten $\beta_2 = 6.2$ bzw. 9.2. Es zeigt sich, daß der T^2-Test recht robust ist im Behrens-Fisher-Problem, falls $n_1 = n_2 \geq 10$ ist (nicht jedoch bei ungleichen Stichprobenumfängen) und daß das Anwachsen der Kurtosis für $n_1, n_2 \geq 10$ keinen nennenswerten Einfluß auf das Testniveau ausübt.

Eine Simulationsstudie zum Behrens-Fisher-Problem findet sich auch in der Arbeit von Holloway u. Dunn (1967), in der für $p=2, 3, 5, 7$ und 10 aktuelle Testniveaus α^* (nominal $\alpha = 0.01$ und 0.10) und Gütewerte des T^2-Tests berechnet sind, ebenfalls für gleiche und ungleiche Stichprobenumfänge. Als Ergebnis bleibt festzuhalten, daß bei ungleichen Kovarianzmatrizen α^* meist deutlich α überschreitet, und dies mit wachsendem p und abnehmenden (*ungleichen*) Stichprobenumfängen; für solche α^* ist ein Vergleich der Güte mit der unter α wenig sinnvoll. Im Fall gleicher Stichprobenumfänge wird das Testniveau "einigermaßen" eingehalten, nicht jedoch die Güte des T^2-Tests. Zu einem ähnlichen Ergebnis über den T^2-Test im Behrens-Fisher-Problem kommen Ito u. Schull (1964), die auch die Fälle $p=2, 3, 5, 7$ und 10 betrachten. Eine Studie über die approximative Bestimmung der Anzahl der Freiheitsgrade einer zur Welch-Statistik (p=1) analogen Teststatistik bringt die Arbeit von Yao (1965).

Olson (1974) untersucht im Rahmen einer Simulationsstudie die α- und β-Robustheit von sechs MANOVA-Tests der Einfachklassifikation unter Abweichungen von der Normalverteilung und von der Homogenität der Kovarianzmatrizen, beschrieben durch eine kontaminierte Normalverteilung. Die Variablenzahl beträgt p=2, 3, 6 und 10, die Anzahl der Stichproben c=3, 6 und 10, und die Stichprobenumfänge sind $n_k = n = 5,10,50$, $k=1,\ldots,c$. Resümee dieser umfangreichen Studie ist, daß der Test von Roy vermieden werden sollte und der Pillai-Bartlett-Test als der robusteste unter den Konkurrenten empfohlen werden kann. Weitere Untersuchungen zur α-Robustheit der MANOVA-Tests von Wilks, Roy, Hotelling-Lawley und Pillai-Bartlett sind bei Korin (1972) und O'Brien u.a. (1982) zu finden.

Über die Robustheit von Tests auf eine bestimmte Kovarianzmatrix Σ_0 bzw. eine Korrelationsmatrix R_0 oder auf Gleichheit von c Kovarianzmatrizen (Bartlett-Test) liegen nur wenige Arbeiten vor, siehe z.B. Devlin u.a. (1981), Korin (1969, 1972), Hopkins u. Clay (1963) sowie Kariya u. Sinha (1989, Kap. 6 und 8).

2. Nichtparametrische Tests

Nichtparametrische multivariate Tests zu verschiedenen Problemen sind -wie bereits vermerkt- in dem Buch von Puri u. Sen (1971) zusammengestellt. Zwecks Definition geeigneter Teststatistiken kommen grundsätzlich die vier Ordnungsprinzipien aus 2.10.2 bei der Behandlung der p-dimensionalen Beobachtungen infrage, im Fall $c \geq 2$ sowohl für jede Stichprobe getrennt als auch für die kombinierte Stichprobe; Ränge und Vorzeichen sind dabei meist Ausdruck des Ordnens. Robustheitsstudien über nichtparametrische Tests im Vergleich zu den klassischen parametrischen Tests liegen m.W. nicht vor. Hinsichtlich asymptotischer Eigenschaften spezieller Rangtests im c-Stichproben-Problem mit Lage- und Skalenalternativen sei auf die Arbeiten von Duran u. Mitchell (1989) und Shiraishi (1990) hingewiesen.

3. Robustifizierte Tests

Zur Konstruktion robustifizierter Tests als Alternativen zu den parametrischen Tests bietet sich an, zunächst robuste Schätzungen für μ (getrimmte Mittel, Median, M-Schätzer) und Σ (Verfahren 1 oder 2) vorzunehmen und darauf aufbauend Teststatistiken zu definieren. Im Einstichproben-Problem $H: \mu = \mu_0$ bedeutete das beispielsweise, Hotellings Statistik

$$T^2 = (\overline{X} - \mu_0)' S^{-1} (\overline{X} - \mu_0)$$

z.B. durch

$$T_\gamma^2 = (\overline{X}_{\gamma,M} - \mu_0)' S_\gamma^{-1} (\overline{X}_{\gamma,M} - \mu_0)$$

zu ersetzen, worin $\overline{X}_{\gamma,M}$ das (komponentenweise) γ-getrimmte Mittel und S_γ eine Schätzung für Σ nach Verfahren 1 sind. Das Problem liegt natürlich hier wie bei ähnlich zu konstruierenden robustifizierten Teststatistiken darin, daß über die exakte finite oder die asymptotische Verteilung dieser Statistiken unter Normalverteilung oder anderen Verteilungen nichts bekannt ist und auch wohl keine Aussage gemacht werden kann, allenfalls also wieder Simulationsstudien herhalten müssen. So nimmt es nicht wunder, daß im Gegensatz zum Schätzen so gut wie keine Studien über robustifizierte multivariate Tests vorliegen. Eine Arbeit über robuste M-Tests (basierend auf komponentenweisen M-Schätzern) für das c-Stichproben-Problem der Gleichheit der Mittelwerte und für das Regressionsmodell ist hier zu melden, und zwar die von Shiraishi (1990).

Zum Abschluß dieses Abschnitts bleibt festzuhalten, daß die Konstruktion und Untersuchung robustifizierter Tests im multivariaten Fall noch in den Kinderschuhen steckt und daß als Alternativen zu den klassischen parametrischen Tests bislang nur nichtparametrische Tests infrage kommen. Es wäre eine reizvolle Aufgabe, auf der Basis von verschiedenen Trimmprozeduren aus Abschnitt 2.10.2 robustifizierte Tests einzuführen und in Konkurrenz zu den beiden anderen Gruppen von Tests verstärkt ins Spiel zu bringen. Wegen der bereits erwähnten Komplexität verteilungstheoretischer Aspekte wird das allerdings eine nur schwer lösbare Aufgabe sein. Offen bleibt die Frage, in welcher Form auch die vierte Gruppe von Tests, die adaptiven, analog dem univariaten Fall als weitere Alternative zur Verfügung gestellt werden kann.

"Data! data! data!", he cried impatiently. "I' can't make bricks without clay".

Sherlock Holmes, in The Adventure of the Copper Beeches

3 Adaptive Tests

3.1 Vorbemerkungen

In den ersten beiden Kapiteln ist bereits an mehreren Stellen auf die "Notwendigkeit" eines adaptiven Ansatzes hingewiesen worden, siehe insbesondere Abschnitt 1.3 bei der Diskussion der Beispiele. Robustifizierte und nichtparametrische Tests haben meist zwar gegenüber ihren klassischen parametrischen Konkurrenten den Vorteil, daß sie unter einer größeren Klasse von Verteilungen, die die Normalverteilung einschließt (Supermodell), α- und β-robuster sind, lassen aber letztlich die Frage unbeantwortet, *welcher* robustifizierte oder *welcher* nichtparametrische Test in der konkreten Datensituation auszuwählen ist. Für ein bestimmtes Testproblem stehen mehrere Tests aus jeder dieser beiden Gruppen von Tests zur Verfügung, wobei einer effizienter als die anderen unter einem bestimmten Verteilungsmodell ist. So ist z.B. der wohl bekannteste Vertreter unter den nichtparametrischen Tests, der Wilcoxon-Test im Ein- und Zweistichproben-Lageproblem, dem t-Test bei symmetrischen Verteilungen mit stärkeren Tails als die der Normalverteilung überlegen. Er ist sogar lokal bester Rangtest unter einer logistischen Verteilung, schneidet aber gegenüber dem simplen Vorzeichen- bzw. Median-Test schlechter ab, wenn eine Doppelexponentialverteilung unterstellt wird, siehe die Abschnitte 2.5.3 und 2.7.3. Welcher Test ist also im konkreten Fall auszuwählen? Der Anwender statistischer Verfahren hat nur in den seltensten Fällen genaue Kenntnis über die seinen Daten zugrundeliegende Verteilung (dabei mag der Grad dieser "Ungewißheit" in den einzelnen Anwendungsfällen durchaus unterschiedlich sein wie z.B. im technischen gegenüber dem sozialwissenschaftlichen Bereich), ihm bleibt also die Qual der Wahl eines aus vielen infrage kommenden Verfahrens. Was liegt dann näher, als vorab, d.h. vor der Durchführung eines Tests, einen "Blick auf die Daten zu werfen", um mit Hilfe der daraus gewonnenen Information über den Verteilungstyp hinsichtlich Tails, Schiefe u.a. einen geeigneten Test auszuwählen?

Ein solches zweistufig adaptives Verfahren mit der Datenanalyse und Entscheidung für einen Test auf der 1.Stufe und der eigentlichen Testprozedur auf der 2. Stufe ist gang und gäbe in der statistischen Praxis. So werden häufig auf der 1. Stufe die Originaldaten so transformiert, daß dann auf der 2. Stufe ein Test angewendet werden kann, der auf der Normalverteilung basiert. Eine andere Vorgehensweise in der Praxis ist es, die für die Anwendung eines bestimmten parametrischen Verfahrens unterstellte Verteilung vorab mit Hilfe eines Anpassungstests zu überprüfen, um dann bei

Nichtablehnung dieses Verteilungsmodells den parametrischen Test durchzuführen. Solche zweistufigen Verfahren sind insoweit sehr bedenklich, als das Gesamtniveau α^* dieser bedingten Tests - bezogen auf beide Stufen - völlig außer Kontrolle geraten kann. Hogg (1976) spricht im Hinblick auf eine solche Änderung des Testniveaus von "*cheating*" und schlägt zur "Legalisierung" dieses cheating ein Konzept vor, das in der Verknüpfung eines *adaptiven* und eines *verteilungsfreien* Ansatzes unter Einhaltung des vorgegebenen Testniveaus liegt. Dazu muß die auf der 1. Stufe getroffene Auswahl einer aus mehreren zur Verfügung stehenden Teststatistiken unabhängig von jeder möglichen Teststatistik sein. Dieses Konzept der Anpassung des Tests an die Daten, auf das wir im folgenden näher eingehen werden, eröffnet nach Hogg eine "*new dimension*" in der verteilungsfreien Inferenz. Der Anwender kann also in diesem Sinne "mit ruhigem Gewissen" vorab seine Daten analysieren und dann einen geeigneten Test auswählen. Doch wie oben schon angeklungen ist und wie noch deutlich zu machen sein wird, ist ein solches adaptives Konzept (leider) nur für verteilungsfreie Tests (Rangtests) möglich, also nicht auf parametrische Tests und ihre robustifizierten Versionen anwendbar. Dies bedeutet aber keine große Einschränkung, haben doch die Rangtests in allen hier vorgestellten Robustheitsstudien meist hervorragend im Vergleich zu den parametrischen und robustifizierten Tests abgeschnitten.

Bevor wir im nächsten Abschnitt einige methodische Grundlagen und Konzepte adaptiver verteilungsfreier Tests angeben, greifen wir ein Beispiel eines adaptiven Tests von Hogg u. Lenth (1984) auf, das die Entscheidung für eine der beiden einseitigen Hypothesen beim t-Test im Zweistichprobenproblem zum Gegenstand hat:

$$\text{Ist } \overline{X} - \overline{Y} > 0\text{, teste } H_0: \mu_X \leq \mu_Y \quad \text{gegen} \quad H_1: \mu_X > \mu_Y,$$
$$\text{ist } \overline{X} - \overline{Y} < 0\text{, teste } H_0: \mu_X \geq \mu_Y \quad \text{gegen} \quad H_1: \mu_X < \mu_Y,$$
$$\text{ist } \overline{X} - \overline{Y} = 0\text{, schließe}: \mu_X \approx \mu_Y.$$

Daß diese adaptive Vorgehensweise, Hypothesen erst *nach* Blick auf die Daten zu formulieren und damit gegen traditionelle Testprinzipien zu verstoßen, durchaus sinnvoll sein kann, zeigt die nachstehende Berechnung für das Testniveau dieser zweistufigen Prozedur. Es ergibt sich für das Gesamtniveau:

$$\sup_{\mu_X \leq \mu_Y} P(\overline{X} > \overline{Y}) \cdot P(t \geq t_{1-\gamma} \mid \overline{X} > \overline{Y}) + \sup_{\mu_X \geq \mu_Y} P(\overline{X} < \overline{Y}) \cdot P(t \leq -t_{1-\gamma} \mid \overline{X} < \overline{Y})$$
$$= \frac{1}{2} \cdot 2 \cdot \gamma + \frac{1}{2} \cdot 2 \cdot \gamma = 2\gamma,$$

weil das Supremum für $\mu_X = \mu_Y$ angenommen wird und $P(\overline{X} > \overline{Y}) = P(\overline{X} < \overline{Y}) = 0.5$ ist für $\mu_X = \mu_Y$. Setzen wir nun $\gamma = \alpha/2$, so haben wir dasselbe Testniveau und denselben kritischen Bereich wie beim *zweiseitigen* t-Test, der deshalb als adaptiver Test betrachtet werden kann. Der einzige Unterschied besteht darin, daß wir nur an den in der adaptiven Prozedur formulierten *einseitigen* Hypothesen interessiert sind.

3.2 Adaptive Konzepte

Es gibt eine Reihe von Vorschlägen zur Konstruktion adaptiver verteilungsfreier Tests. Das im Hinblick auf die statistische Praxis wohl am einfachsten zu handhabende Verfahren stammt von Hogg (1974), siehe auch Hájek (1969, S.152); es beruht auf dem folgenden

Satz 1: (i) Bezüglich einer Klasse $\mathcal{F}$ von Verteilungsfunktionen gebe es k unter H_0 verteilungsfreie Tests basierend auf den Statistiken $T_1, \ldots, T_k$, d.h.:

$$P_{H_0}(T_i \in C_i \mid F) = \alpha \text{ für alle } F \in \mathcal{F} \text{ und } i=1,\ldots,k.$$

(ii) Sei S eine Statistik, die unter H_0 unabhängig von $T_1, \ldots, T_k$ ist für alle $F \in \mathcal{F}$, und sei M_S die Menge aller S-Werte mit folgender Zerlegung:

$$M_S = D_1 \cup \ldots \cup D_k, D_i \cap D_j = \emptyset \text{ für } i \neq j,$$

so daß $S \in D_i$ bedeutet, den Test basierend auf T_i anzuwenden, $i=1,\ldots,k$.

Die Gesamttestprozedur ist somit wie folgt definiert:
Ist $S \in D_i$, so wende T_i an und lehne H_0 ab, falls $T_i \in C_i$.

Dann gilt:
Dieser zweistufig adaptive Test ist verteilungsfrei über $\mathcal{F}$, d.h. er hält das Niveau α ein für alle $F \in \mathcal{F}$.

Beweis:

$$P_{H_0}(H_0 \text{ ablehnen} \mid F) = P_{H_0}\left(\bigcup_{i=1}^{k} \{S \in D_i \wedge T_i \in C_i\} \mid F \right)$$

$$= \sum_{i=1}^{k} P_{H_0}(S \in D_i \wedge T_i \in C_i \mid F)$$

$$= \sum_{i=1}^{k} P_{H_0}(S \in D_i \mid F) \cdot P_{H_0}(T_i \in C_i \mid F)$$

$$= \alpha \sum_{i=1}^{k} P_{H_0}(S \in D_i \mid F) = \alpha \cdot 1 = \alpha .$$

Δ

Zur Konstruktion eines adaptiven verteilungsfreien Tests sind also zum einen Teststatistiken anzugeben, die unter H_0 verteilungsfrei sind bzgl. einer Klasse $\mathcal{F}$ von Verteilungen, und zum anderen eine sogenannte Selektor-Statistik S, die *unabhängig* von diesen Teststatistiken ist. Der Nachweis der Unabhängigkeit kann häufig mit Hilfe eines Satzes von Basu (siehe Roussas (1973, S.215)) geführt werden, der besagt:

Jede vollständige und suffiziente Statistik für einen Parameter θ (z.B. $\theta = F$) ist *unabhänigig* von jeder Statistik, deren Verteilung θ nicht enthält.

So können wir also zunächst im Sinne von (i) des Satzes 1 als Klasse $\mathcal{F}$ alle *stetigen* Verteilungsfunktionen F zugrunde legen und als Teststatistiken $T_1, \dots, T_k$ dann lineare Rangstatistiken betrachten, die nach den Ausführungen in den Abschnitten 2.5.3, 2.7.3 und 2.8.3 für stetiges F unter H_0 *verteilungsfrei* sind. Wie wir in den nächsten Abschnitten sehen werden, gelingt es zudem, eine Selektor-Statistik S als (geeignete) Funktion einer *geordneten* Statistik anzugeben, die vollständig und suffizient für F und damit *unabhängig* von $T_1, \dots, T_k$ ist. Es sei erwähnt, daß dieser Test selbst kein Rangtest ist, sondern zur Klasse der Permutationstests gehört, da er sowohl vom Rangvektor als auch vom Vektor der geordneten Beobachtungen abhängt.

Eine geeignete Statistik S nach (ii), die unter H_0 unabhängig von den Teststatistiken $T_1,\dots,T_k$ ist, kann natürlich auch für parametrische Tests angegeben werden. So ist z.B. im Zweistichproben-Problem die t-Statistik als Funktion vollständiger und suffizienter Statistiken $\overline{X}, \overline{Y}, S^2$ (gepoolte Stichprobenvarianz, siehe 2.7.2) für μ_X, μ_Y bzw. $\sigma_X^2 = \sigma_Y^2 =: \sigma^2$ unter H_0 unabhängig von der gepoolten Stichprobenkurtosis (siehe 2.8.4) als Selektor-Statistik. Das "Scheitern" von Satz 1 aber in dieser und in anderen parametrischen Testsituationen hat seinen Grund darin, daß im Sinne von (i) keine Klasse $\mathcal{F}$ von Verteilungen F angegeben werden kann, bezüglich der die "konkurrierenden" parametrischen Statistiken $T_1,\dots,T_k$ verteilungsfrei sind; das Niveau α dieser Tests hängt entscheidend von der Wahl von F ab. Im Beweis von Satz 1 ist also $P_{H_0}(T_i \in C_i \mid F)$ nicht konstant gleich α für beliebiges F.

Das auf der Selektor-Statistik S basierende Verfahren zur Konstruktion adaptiver verteilungsfreier Tests wollen wir als *grob-adaptierend* bezeichnen; grob in dem Sinne, daß die Menge M_S der Werte der Selektor-Statistik S vorab in (einige wenige) disjunkte Bereiche zerlegt wird, für die dann jeweils ein Rangtest zur Verfügung steht. Solche grob-adaptierenden Tests sind offensichtlich leicht anzuwenden; Beispiele von Randles u. Hogg (1973) im Einstichproben-Lageproblem, Hogg u.a. (1975) im Zweistichproben-Lageproblem sowie Rünstler (1987) und Kössler (1991) im Zweistichproben-Skalenproblem werden wir in den nächsten Abschnitten kennenlernen.

Diese grob-adaptierenden Tests können als Spezialfälle eines allgemeineren Konzepts aufgefaßt werden, das Hušková (1985) mit "*restrictive procedures*" bezeichnet:

(1) Wähle eine "reasonable" Familie $\mathcal{F}$ von Verteilungen aus, dazu eine Entscheidungsregel für die Auswahl einer bestimmten Verteilung aus $\mathcal{F}$ und eine Klasse von Teststatistiken.

(2) Wähle gemäß der Entscheidungsregel in (1) auf der vorliegenden Datenbasis eine Verteilung $F_0 \in \mathcal{F}$ mit Dichte f_0 aus.

(3) Wende den Test aus der Klasse der Teststatistiken in (1) an, der optimal für f_0 ist.

Beispiele für solche "*restrictive procedures*" sind bei Hájek (1970) und Policello u. Hettmansperger (1976) zu finden, wobei in der letztgenannten Arbeit ein Kontinuum von Dichten nach (1) unterstellt wird und damit das Klassifikationsschema ein Kontinuum von Score-Funktionen verwendet. Dieser adaptive Test ist allerdings nicht verteilungfrei. Auch der Ansatz von Hájek, bei dem vorab k *a priori* gleichwahrscheinliche Dichten $f_1, \ldots, f_k$ vorgegeben sind und dann zur Auswahl einer bestimmten Dichte f_j, $i \le j \le k$, auf der Datenbasis $x_1, \ldots, x_n$ ein komplexes Doppelintegral zu lösen ist, wird den Praktiker nicht gerade zur Anwendung dieses Verfahrens ermutigen. Hájek sagt selbst "*the complexity for the formula ... makes its applicability doubtful*".

Den *grob-adaptierenden* Verfahren stehen die *fein-adaptierenden* Verfahren, nach Hušková (1985) auch "*nonrestrictive procedures*" genannt, gegenüber. Diese Verfahren basieren darauf, die optimale Score-Funktion in der für ein bestimmtes Testproblem gegebenen Klasse von Rangtests direkt aus den Daten zu schätzen, so z.B. die lokal optimalen Score-Funktionen

$$\phi^+(u,f) = \frac{-f'\left(F^{-1}\left(\frac{1}{2}+\frac{1}{2}u\right)\right)}{f\left(F^{-1}\left(\frac{1}{2}+\frac{1}{2}u\right)\right)},$$

$$\phi_L(u,f) = \frac{-f'(F^{-1}(u))}{f(F^{-1}(u))} \quad \text{oder}$$

$$\phi_S(u,f) = -1 - F^{-1}(u)\cdot\frac{f'(F^{-1}(u))}{f(F^{-1}(u))}$$

im Ein- bzw. Zweistichproben-Lageproblem sowie im Zweistichproben-Skalenproblem, siehe die Abschnitte 2.5.3, 2.7.3 bzw. 2.8.3. Die *fein-adaptierenden* Verfahren laufen dann wie folgt ab:

(1) Wähle in Abhängigkeit vom Testproblem eine Klasse von Rangstatistiken aus.

(2) Schätze die optimale Score-Funktion aus den Daten.

(3) Wende die Rangstatistik aus (1) mit der in (2) geschätzten Score-Funktion an.

Das Problem liegt hier offensichtlich in einer geeigneten Schätzung der Dichte f bzw. von f'/f. Hájek u. Šidák (1967, S.260) schätzen unter gewissen Regularitätsbedingungen an die Dichte f die optimale Score-Funktion konsistent aus der geordneten Stichprobe. Auch ein solches Verfahren ist wenig praktikabel, zumal extrem große

Stichproben nötig sind, um die Score-Funktion "vernünftig" zu schätzen. Die Konvergenzgeschwindigkeit dieses und anderer Verfahren zur Schätzung der Score-Funktion ist meist sehr gering, und ihre Anwendung erfordert umfangreiche Berechnungen. Zur Schätzung der Score-Funktion siehe auch Beran (1974), Eplett (1982), Neuhaus (1987) und Behnen u. Neuhaus (1989). Die zuletzt genannte Arbeit beinhaltet eine Reihe von Testproblemen, verbunden mit praktischen Anwendungen; als Schätzer für die optimale Score-Funktion werden Kern- und Projektionsschätzer angewendet.

Wegen der einfachen praktischen Durchführung wollen wir uns in den folgenden Abschnitten vorwiegend auf adaptive verteilungsfreie Tests nach dem Hoggschen Schema in Satz 1 beschränken. Damit stellen sich unmittelbar drei Fragen:

1. Welche Gestalt soll die Selektor-Statistik S haben?
2. Wie sind die disjunkten Bereiche $D_1,...,D_k$ in der Zerlegung von M_S festzulegen; wie groß soll k dabei sein?
3. Welche k Rangtests sind auszuwählen?

Was die 1. Frage betrifft, so liegt es im Hinblick auf die Bemerkungen im Anschluß an Satz 1 nahe, S als Funktion der geordneten Stichprobe zu definieren mit dem Ziel, bestimmte charakteristische Merkmale der zugrundeliegenden Verteilung zu beschreiben. Doch welche? Wir haben im 2. Kapitel schon mehrfach - jedoch ohne Quantifizierung - die Begriffe *Tails* und *Schiefe* von Verteilungen im Zusammenhang mit Robustheitsstudien benutzt und z.B. von Verteilungen mit kurzen, mittleren und starken Tails gesprochen. Diese Begriffe bedürfen natürlich einer Präzisierung. Eine Klassifizierung von Verteilungen nach beiden Kriterien der Stärke der Tails und der Schiefe, allenfalls noch nach der sogenannten Peakedness als dem Steigungsverhalten der Dichte im Zentrum, ist - wie wir noch sehen werden - völlig ausreichend für die Festlegung der Selektor-Statistik S und des Schemas zur Anwendung eines adaptiven Tests. Maßzahlen zwecks Klassifizierung von Verteilungen werden wir im nächsten Abschnitt kennenlernen, und zwar zunächst die theoretischen Maße und dann ihre Schätzungen.

Die Beantwortung der 2. und 3. Frage hängt unmittelbar von dem zu untersuchenden Testproblem und der Datensituation ab. In der Abgrenzung der Bereiche $D_1,...,D_k$ steckt dabei natürlich eine gewisse Willkür, wenngleich "oberstes Gebot" sein sollte, M_S so in k disjunkte Bereiche aufzuteilen, daß für jeden dieser Bereiche ein "optimaler" Rangtest zur Verfügung steht. Der adaptive Test soll ja gerade insgesamt besser sein als seine k "Einzelkonkurrenten", von denen jeder nur für ein bestimmtes Verteilungsmodell der beste ist. Die Anzahl k der Bereiche und Tests hängt dabei natürlich auch von der Größe der Stichprobe ab: Je kleiner der Stichprobenumfang, desto geringer die Information über die Schiefe und Tails der Verteilung, d.h. desto kleiner sollte k sein. Neben dem Stichprobenumfang ist auch die Güte des adaptiven Tests ein wichtiges Kriterium für die Festlegung von k. Je mehr Rangtests mit hoher Güte für Verteilungstypen, klassifiziert z.B. nach Schiefe und Tails, zur Verfügung stehen, desto größer kann k sein. Ist jedoch kein nennenswerter Gütegewinn bei einer feineren Zerlegung von M_S und der damit verbundenen Vergrößerung der Zahl der Rangtests zu erwarten, so sollte man sich auf einige wenige Bereiche D_i (z.B. auf 4 oder 5) beschränken. Ein (k+1)-ter Rangtest bewirkt nämlich in der Tendenz eine Abnahme der Güte des adaptiven Tests bezüglich solcher Verteilungen, für die dieser zusätzliche Rangtest nicht so gut ist wie die anderen in einem solchen Verfahren anzuwendenden k Rangtests. Diese Überlegungen liefern natürlich noch kein klares Entscheidungskriterium, sie sind nur als Hinweise für eine Festlegung von k zu verstehen.

Auch auf die 3. Frage kann keine eindeutige Antwort gegeben werden. Für einen bestimmten Bereich D_i, d.h. für eine Klasse von Verteilungen mit z.B. gewisser Schiefe und gewisser Tail-Stärke, stehen meist mehrere Rangtests als Konkurrenten zur Verfügung. Allerdings ist die Willkür einer solchen Auswahl erheblich eingeschränkt unter Berücksichtigung der Theorie lokal optimaler Rangtests und bekannter F.R.E.- und A.R.E.-Ergebnisse von Rangtests für bestimmte Verteilungen. Wichtig allerdings ist, daß jeder ausgewählte Test T_i nicht nur im Bereich D_i hohe Güte hat, sondern wegen einer möglichen Fehlklassifikation der Stichprobe auch in der Umgebung von D_i akzeptable Güte besitzt.

3.3 Maßzahlen zur Klassifizierung von Verteilungen

3.3.1 Theoretische Maße

Im folgenden wollen wir drei Gruppen I, II, III von Maßen - wir nennen sie Sekundärmaße - betrachten, die sich mehr auf die Gestalt der Verteilung beziehen. Lage- und Skalen-Maße - wir nennen sie Primärmaße - sollen hier unberücksichtigt bleiben. Zur folgenden Einteilung der Maße siehe Büning (1985). Die Schiefe β_1 und die Kurtosis β_2 in Gruppe I haben wir bereits in Abschnitt 2.2 kennengelernt.

Gruppe I (über Momente):

Schiefe: $\beta_1 = \frac{\mu_3}{\sigma^3}$,

Kurtosis: $\beta_2 = \frac{\mu_4}{\sigma^4}$.

Gruppe II (über Mittelwerte):

$$\text{Sei} \quad \mu(a,b) = \frac{1}{b-a} \int_{x_a}^{x_b} x f(x)\, dx$$

$$= \frac{1}{b-a} \int_a^b F^{-1}(p)\, dp\,, \; 0 \le a < b \le 1\,, \; 0 \le p \le 1\,, \text{ mit } x_p = F^{-1}(p)\,.$$

Folgende "Mittelwerte zwischen zwei p-Quantilen" werden definiert:

$L_{0.05} := \mu(0, 0.05)$,

$B_{0.15} := \mu(0.05, 0.20)$,

$C_{0.30} := \mu(0.20, 0.50)$,

$D_{0.30} := \mu(0.50, 0.80)$,

$E_{0.15} := \mu(0.80, 0.95)$,

$U_{0.05} := \mu(0.95, 1)$,

$L_{0.50} := \mu(0, 0.50)$,

$M_{0.50} := \mu(0.25, 0.75)$,

$U_{0.50} := \mu(0.50, 1)$.

Aus diesen Mittelwerten lassen sich Maße der Schiefe, Tails und Peakedness definieren, die Analoga zu den empirischen Maßen von Hogg (1974, 1982) darstellen:

Schiefe:

$$Q_1 = \frac{U_{0.05} - M_{0.50}}{M_{0.50} - L_{0.05}},$$

$$H_1 = \frac{U_{0.05} - D_{0.30}}{C_{0.30} - L_{0.05}},$$

Tails:

F symmetrisch

$$Q_2 = \frac{U_{0.05} - L_{0.05}}{U_{0.50} - L_{0.50}},$$

$$H_3 = \frac{U_{0.05} - L_{0.05}}{E_{0.15} - B_{0.15}},$$

F rechtsschief

$$H_4 = \frac{C_{0.30} - L_{0.05}}{E_{0.15} - B_{0.15}},$$

F linksschief

$$H_5 = \frac{U_{0.05} - D_{0.30}}{E_{0.15} - B_{0.15}},$$

Peakedness:

$$H_2 = \frac{E_{0.15} - B_{0.15}}{D_{0.30} - C_{0.30}}.$$

Im Unterschied zu den Tail-Maßen drückt der Nenner des Peakedness-Maßes H_2 eine stärkere Konzentration um den Median der Verteilung aus. Es gilt: $Q_1, H_1 \geq 0$, $Q_1 = H_1 = 1$ für symmetrische Verteilungen, $Q_1, H_1 < 1$ für linksschiefe, $Q_1, H_1 > 1$ für rechtsschiefe Verteilungen und weiterhin: $Q_2, H_3, H_4, H_5, H_2 \geq 1$; je größer diese Werte, desto stärker die Tails bzw. die Peakedness.

Gruppe III (über p-Quantile $x_p = F^{-1}(p)$):

Schiefe:

$$S_1(a) = \frac{x_{1-a} - x_{0.5}}{x_{0.5} - x_a}, \; 0 < a < 0.5 \; ,$$

speziell a=0.025:

$$S_1(0.025) =: S_1 = \frac{x_{0.975} - x_{0.5}}{x_{0.50} - x_{0.025}} \; .$$

$$S_2(a) = \frac{x_{1-a} + x_a - 2x_{0.5}}{x_{1-a} - x_a}, 0 < a < 0.5 ,$$

speziell a=0.25

$$S_2(0.25) = :b_1 = \frac{x_{0.75} + x_{0.25} - 2x_{0.5}}{x_{0.75} - x_{0.25}} .$$

Das Maß b_1 stammt von Bowley (1920).

Tails:

F symmetrisch:

$$T(a,b) = \frac{x_{1-a} - x_a}{x_{1-b} - x_b}, 0 < a < b < 0.5 ,$$

speziell a=0.025, b=0.125:

$$T(0.025,0.125) = :T_1 = \frac{x_{0.975} - x_{0.025}}{x_{0.875} - x_{0.125}} .$$

F rechtsschief:

$$T_2 = \frac{x_{0.35} - x_{0.025}}{x_{0.875} - x_{0.125}} .$$

F linksschief:

$$T_3 = \frac{x_{0.975} - x_{0.65}}{x_{0.875} - x_{0.125}} .$$

Peakedness:

$$P(b,c) = \frac{x_{1-b} - x_b}{x_{1-c} - x_c}, 0 < b < c < 0.5 ,$$

speziell b=0.125, c=0.25:

$$P(0.125,0.25) = :P_1 = \frac{x_{0.875} - x_{0.125}}{x_{0.75} - x_{0.25}} .$$

F symmetrisch um 0: $mt_p(f) = 1 - p/A_p(f)$

mit $A_p(f) = f(0) \cdot x_{p+0.5}$, $p < 0.5$.

Das Maß $mt_p(f)$ stammt von Horn (1983) und ist in Abbildung 1 veranschaulicht.

Hinsichtlich der Größe der Werte von S_1, T_1, T_2, T_3 und P_1 gelten analoge Aussagen wie die zu den entsprechenden Maßen in II; b_1 und $mt_p(f)$ sind "normierte" Maße, wobei gilt:

$|b_1| \leq 1 , 0 \leq mt_p(f) \leq 1 .$

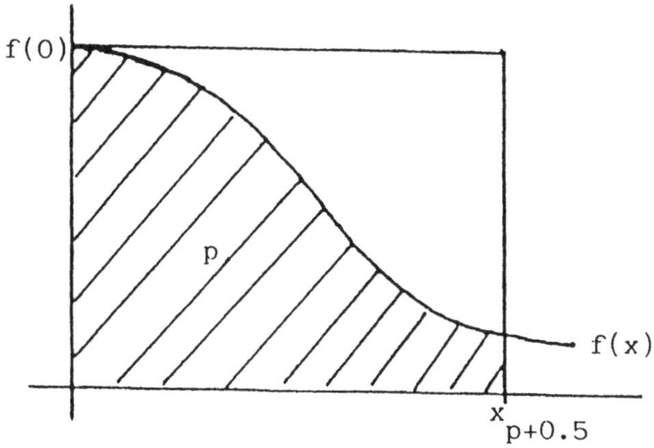

Abb. 1: Horns Peakedness-Maß $mt_p(f)$

Weiterhin ist $b_1 = 0$ für symmetrische Verteilungen, $b_1 < 0$ für linksschiefe und $b_1 > 0$ für rechtsschiefe Verteilungen. Je größer $mt_p(f)$, desto stärker ist der "Peak" der zugehörigen Dichte. Zur Definition von Maßen über p-Quantile, siehe auch Hogg u. Lenth (1984) und Groeneveld u. Meeden (1984).

Alle in I, II und III angegebenen Maße haben eine wichtige Eigenschaft: Sie sind lage- und skaleninvariant. Falls die zugrundeliegende Verteilung keine endlichen Momente hat (z.B. die Cauchy-Verteilung), existieren die beiden Maße in I nicht; das gilt auch für die Maße in II, die auf L_α und U_α basieren ($\alpha = 0.05, 0.50$).

In Tabelle 1 sind zunächst für symmetrische Verteilungen die Werte ausgewählter Maße aus den Gruppen I, II und III zusammengestellt. Dabei bedeuten $t(\nu)$ die t-Verteilung mit ν FG, $KN(\varepsilon, c) = (1-\varepsilon)N(0,1) + \varepsilon N(0,c^2)$ die skalenkontaminierte Normalverteilung und R-S-T(λ) die (symmetrische) R-S-T-Verteilung mit Formparameter λ, siehe Abschnitt 2.2.

Wie wir sehen, deckt die R-S-T-Verteilung einen großen Bereich der Tail-Stärke ab. Für $\lambda \leq -1$ existieren $\mu(a,b)$ und damit Q_2 nicht, ebenso β_2 nicht für $\lambda \leq -0.25$. Das gilt, weil generell das k-te Moment nur für $\lambda > -1/k$ existiert (Für $\lambda = -1$ ergibt sich eine gute Approximation an die Cauchy-Verteilung, siehe 2.2.). Die Kurtosis β_2 und die Tail-Maße Q_2 und T_1 nehmen ihr Minimum für $\lambda \approx 1.45$ an. Die Dichte ist dann U-förmig und ist in Abbildung 2 dargestellt.

Die Dichte f ist generell U-förmig für $1 < \lambda < 2$; sie hat dann also keinen "Peak", und $mt_p(f)$ wird negativ.

Tab. 1: Werte ausgewählter Maße für einige symmetrische Verteilungen

	KURTOSIS	TAILS		PEAKEDNESS		
					$mt_p(f)$	
Verteilung	β_2	Q_2	T_1	H_2	p=0.05	p=0.1
Gleich	1.800	1.900	1.267	2.500	0.0	0.0
Dreieck	2.400	2.367	1.553	2.998	0.026	0.053
Normal	3.000	2.585	1.704	2.972	0.003	0.011
Logistische	4.200	2.864	1.883	3.133	0.004	0.014
t(6)	6.000	2.950	1.922	3.143	0.003	0.013
Doppelexp.	6.000	3.302	2.161	3.737	0.051	0.104
t(3)	-	3.508	2.237	3.362	0.004	0.017
t(2)	-	4.328	2.683	3.641	0.005	0.020
Cauchy	-	-	5.263	4.982	0.008	0.033
KN(0.02;2)	3.471	2.636	1.723	2.983	0.003	0.011
KN(0.02;5)	18.462	2.973	1.768	2.999	0.003	0.011
KN(0.05;2)	3.970	2.706	1.753	2.998	0.003	0.011
KN(0.05;5)	19.960	3.439	1.915	3.045	0.003	0.011
KN(0.10;2)	4.440	2.801	1.807	3.026	0.003	0.011
KN(0.10;5)	16.453	3.986	2.606	3.144	0.003	0.012
R-S-T(-0.9)	-	8.498	4.960	5.069	0.009	0.037
R-S-T(-0.5)	-	4.787	3.019	3.951	0.006	0.025
R-S-T(-0.2)	22.211	3.148	2.223	3.401	0.004	0.018
R-S-T(-0.1)	6.793	3.114	2.038	3.259	0.004	0.016
R-S-T(0.1)	3.219	2.659	1.754	3.022	0.003	0.012
R-S-T(0.5)	2.082	2.147	1.425	2.700	0.001	0.005
R-S-T(1.0)	1.800	1.900	1.267	2.500	0.0	0.0
R-S-T(1.5)	1.753	1.853	1.238	2.449	0.0	-0.002
R-S-T(3)	2.057	2.120	1.388	2.818	0.003	0.013
R-S-T(4)	2.447	2.413	1.542	3.358	0.010	0.039

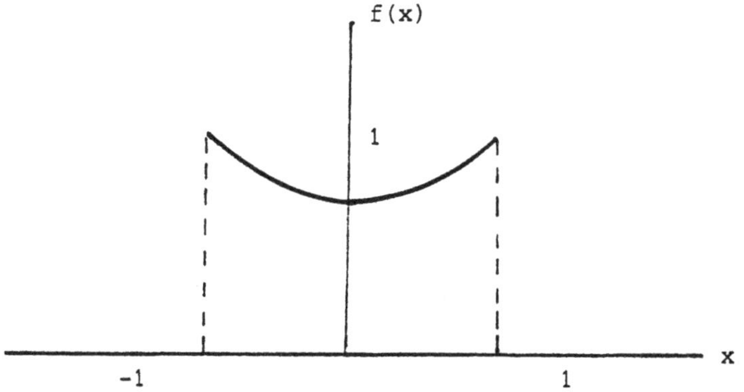

Abb. 2: λ-Dichte für λ = 1.45

Bei der skalenkontaminierten Normalverteilung wird β_2 maximal für $\varepsilon = 1/(1+\sigma^2)$; dann ist

$$\beta_2 = 3(1+\sigma^2)^2/4\sigma^2 .$$

Für $\sigma^2 = 1$ ergibt sich $\varepsilon = 0.5$ und damit die Standardnormalverteilung mit $\beta_2 = 3$.

Wie stehen nun die verschiedenen Gruppen von Maßen und die Maße innerhalb jeder Gruppe zueinander? Ohne im Detail die Werte in der Tabelle interpretieren zu wollen, sollen doch folgende Punkte herausgestellt werden:

1. Die Tail-Maße Q_2, T_1 induzieren dieselbe Ordnung (Symbol "$<_T$") in den Verteilungen: Gleich $<_T$ Dreieck $<_T$ ... $<_T$ Cauchy. Dasselbe gilt für die skalenkontaminierte Normalverteilung KN bei festem ε oder festem σ und für die R-S-T-Verteilung. Die Kurtosis β_2 liefert dagegen nicht dieselbe Ordnung wie Q_2 (oder T_1). So ist z.B. bei KN(ε, σ) mit *festem* $\sigma = 5$, β_2 für $\varepsilon = 0.10$ kleiner als für $\varepsilon = 0.02$ und 0.05; die Kurtosis nimmt hier ihr Maximum für $\varepsilon = 1/26 \approx 0.038$ an. Zudem ist $\beta_2 = 6$ für t(6) und die Doppelexponentialverteilung. Auffallend sind auch die "unverhältnismäßig" großen β_2- Werte bei der skalenkontaminierten Normalverteilung im Vergleich zu den anderen β_2- Werten, was bei den Tail-Maßen nicht der Fall ist.
2. Die Peakedness-Maße H_2 und $mt_p(f)$ induzieren *nicht* dieselbe Ordnung (Symbol "$<_P$") in den Verteilungen. So gilt bezüglich H_2: Doppelexponential $<_P$ Cauchy, aber bezüglich $mt_p(f)$: Cauchy $<_P$ Doppelexponential (mehr als das Sechsfache für p=0.05). Während β_2 bei KN mit variablen ε, σ sehr große Unterschiede aufweist, nimmt hier das Hornsche Maß $mt_p(f)$ für festes p nahezu gleichgroße (!) Werte an. Auch bezüglich des anderen Peakedness-Maßes H_2 treten bei KN keine nennenswerten Differenzen auf. Das ist auch verständlich, denn eine Kontamination durch größere Varianz wirkt sich mehr am Rande als im Zentrum der Verteilung aus. Die Dreiecksverteilung mit einem starken "Peak", was deutlicher durch das Hornsche Maß als durch die beiden anderen Maße beim Vergleich mit den übrigen Verteilungen zum Ausdruck kommt, hat einen Kurtosis-Wert $\beta_2 = 2.4$, der kleiner ist als der der Normalverteilung. Auch zwischen dem Tail-Maß T_1 und dem Peakedness-Maß $mt_p(f)$ sind Unterschiede festzustellen. So ist T_1 für die Cauchy-Verteilung deutlich größer als für die Doppelexponentialverteilung, das Umgekehrte gilt bezüglich $mt_p(f)$.

Alles in allem wird zumindest eines deutlich: Kurtosis, Tail-Stärke und Peakedness sind keineswegs synonym; β_2 mißt weder Tail-Stärke noch die Peakedness einer Verteilung, was auch durch die beiden Graphiken 3 und 4 verdeutlicht werden soll, wobei Abbildung 3 der Arbeit von Johnson u.a. (1980) und Abbildung 4 der von Joiner u. Rosenblatt (1971) entnommen sind. In beiden Fällen werden Klassen von Verteilungen, alle mit $\beta_2 = 3$ wie bei der Normalverteilung, betrachtet, die aber jeweils völlig unterschiedliche Tails und Peakedness haben.

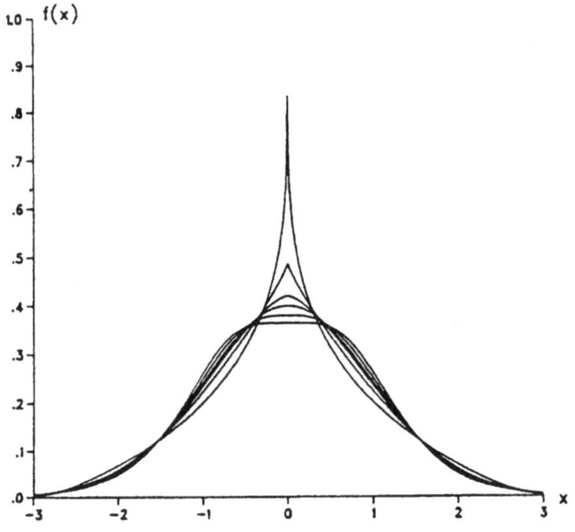

Abb. 3: Sechs Dichten mit $\beta_2 = 3$

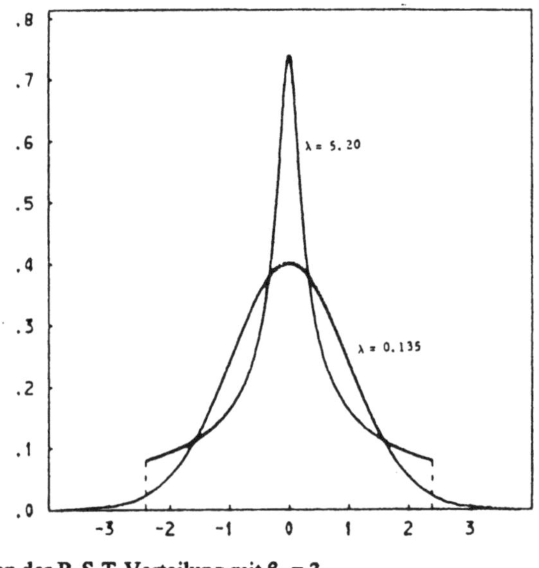

Abb. 4: Zwei Dichten der R-S-T-Verteilung mit $\beta_2 = 3$

Zur Frage "Was mißt die Kurtosis β_2" gibt es im Laufe der Jahre eine Reihe von Arbeiten, die zu den unterschiedlichsten Ergebnissen kommen, so nach dem Motto "Die Kurtosis im Wandel der Zeit"; Kaplanski (1945): β_2 mißt *nicht* Peakedness, Finucan (1964) und Chissom (1970): β_2 mißt Tails *und* Peakedness, Darlington (1970) und Hillebrand (1971): β_2 ist ein Maß für unimodale gegen bimodale Verteilungen, Moors (1986): β_2 ist ein Maß für die Streuung um die beiden Werte $\mu \pm \sigma$, Ali (1974): β_2 mißt *nur* Tails und schließlich wieder Ruppert (1987): β_2 mißt Tails *und* Peakedness (bewertet über die Influenzfunktion).

Wie dem auch sei: Die Kurtosis ist kein geeignetes Maß zur Klassifizierung von Verteilungen, ganz abgesehen davon, daß sie - wie erwähnt - nicht immer existiert.

Auch Tail-Stärke und Peakedness sind wohl zu unterscheiden. Diese These findet Unterstützung durch die bereits in Abschnitt 2.2 diskutierte Arbeit von Hall u. Joiner (1982), die eine Reihe von Klassen symmetrischer Verteilungen zugrunde legen: die Klasse der t-Verteilungen, R-S-T-Verteilungen, skalenkontaminierten Normalverteilungen u.a., insgesamt 45 verschiedene Verteilungen mit Tails stärker als die der Normalverteilung. Die dort angegebene Distanzfunktion $d = \sqrt{1 - \text{A.R.E.}}$ zur Durchführung einer multidimensionalen Skalierung auf die (45,45)-Matrix der A.R.E.-Werte kann geometrisch als Sinus des Winkels zwischen den zu zwei linearen Rangstatistiken gehörenden Score-Funktionen interpretiert werden. Die Darstellung der Verteilungen im $\mathbf{R}^2$ erklärt 99.3% der Varianz, so daß die betrachteten *symmetrischen* Verteilungen im wesentlichen also durch zwei Dimensionen beschrieben werden können; die eine kann als Tail-Stärke, die andere als Peakedness interpretiert werden, siehe dazu auch Handl (1985a).

So entnehmen wir z.B. der Abbildung 4 in 2.2, daß die skalenkontaminierte Normalverteilung (geringe Peakedness) fast senkrecht auf den Verteilungen steht, die von der logistischen Verteilung zur Doppelexponentialverteilung (starke Peakedness) reichen. Im Hinblick auf einen adaptiven Test im Sinne von Satz 1 könnten wir also zu den Maßen der Schiefe und der Tails noch ein solches der Peakedness zur Festlegung der (dann dreidimensionalen) Selektor-Statistik S hinzunehmen. Ob uns das dann allerdings einen (nennenswerten) Gütegewinn des adaptiven Tests beschert, darauf wollen wir für das Zweistichproben-Lageproblem in Abschnitt 3.5 eine Antwort zu geben versuchen.

In Tabelle 2 sind noch für einige spezielle asymmetrische Verteilungen Werte ausgewählter Schiefe-, Tail- und Peakedness-Maße sowie der Kurtosis angegeben; dabei bedeuten $\chi^2(\nu)$ die χ^2-Verteilung mit ν FG, LN(σ^2) die Lognormalverteilung mit Formparameter σ^2 und W(δ) die Weibullverteilung mit Formparameter δ .

Tab. 2: Werte ausgewählter Maße für einige asymmetrische Verteilungen

	Schiefe			Kurtosis	Tails		Peakedness
Verteilung	β_1	Q_1	b_1	β_2	Q_2	H_4	H_2
Exponential	2.000	4.569	0.262	9.000	2.864	0.206	3.133
$X^2(4)$	1.414	2.804	0.172	6.000	2.704	0.328	3.035
$X^2(6)$	1.155	2.287	0.137	5.000	2.660	0.391	3.011
$X^2(8)$	1.000	2.033	0.117	4.500	2.639	0.430	3.000
$X^2(10)$	0.894	1.879	0.104	4.200	2.628	0.457	2.994
$X^2(20)$	0.632	1.533	0.072	3.600	2.606	0.527	2.983
LN(0.1)	1.007	1.918	0.106	4.856	2.700	0.471	3.035
LN(0.25)	1.750	2.805	0.167	8.898	2.875	0.369	3.127
LN(0.50)	2.939	4.315	0.234	21.507	3.166	0.278	3.283
LN(1)	6.185	7.976	0.325	113.936	3.740	0.184	3.606
LN(2)	23.732	19.356	0.444	3948.610	4.836	0.101	4.300
W(1.5)	1.072	2.368	0.140	4.390	2.555	0.350	2.946
W(2)	0.631	1.660	0.076	3.245	2.480	0.460	2.910

Alle drei Schiefe-Maße erzeugen diesselbe Ordnung in den Verteilungen, was bei den hier ausgewählten rechtsschiefen Verteilungen zu erwarten ist. Die Tail-Maße Q_2 und H_4 induzieren eine entgegengesetzte Ordnung, wobei das H_4-Maß das geeignetere ist, weil es gerade für rechtsschiefe Verteilungen konzipiert ist. Schiefe und Tails sind natürlich nicht unabhängig voneinander. Die Werte für H_2 unterscheiden sich bis auf zwei Ausnahmen kaum, wenngleich die einzelnen Verteilungen sehr verschiedene Stärken der Asymmetrie aufweisen. Doch was bedeutet schon Peakedness bei asymmetrischen Verteilungen?

Wir wollen die Definition von Maßen noch in einem allgemeineren Kontext sehen. Die Werte von p, $0 \leq p \leq 1$, in den Quantilen x_p zur Festlegung der Maßzahlen für Schiefe, Tails und Peakedness aus den Gruppen II und III sind ganz speziell gewählt und könnten natürlich durch andere (geeignete) Werte ersetzt werden. Die getroffene Wahl ist mehr Ausdruck einer intuitiven Vorstellung und weniger Konsequenz einer streng formalen Betrachtung. So ist es natürlich völlig unbefriedigend, daß zwei verschiedene Maße für dasselbe Merkmal - wie H_2 und $mt_p(f)$ für die Peakedness - verschiedene Ordnungen der Verteilungen induzieren. Was notwendig erscheint, ist ein allgemeines Konzept für Maßzahlen, das *per definitionem* festlegt, wann eine Verteilung F z.B. stärkere Tails, stärkere Peakedness oder rechts- bzw. linksschiefer als eine andere Verteilung G ist. Ein solcher Vergleich der Tail-Stärke bzw. der Schiefe zweier Verteilungen F und G kann über die sogenannte s-Ordnung bzw. die c-Ordnung vorgenommen werden, siehe van Zwet (1964, S.65 bzw. S.48).

Ausgangspunkt für die Definition dieser beiden Partialordnungen ist die Funktion $h(x) := G^{-1}(F(x))$. Die Funktion h transformiert eine Zufallsvariable X mit Verteilungsfunktion F in eine Zufallsvariable Y mit Verteilungsfunktion G, denn es gilt:

$$P(Y \le y) = P(G^{-1}(F(X)) \le y) = P(F(X) \le G(y)) = G(y) \;,$$

da F(X) gleichverteilt auf (0,1) ist.

Definition 1: Es sei $\mathcal{F}$ die Klasse aller stetigen und symmetrischen Verteilungsfunktionen. Die Verteilungsfunktion $F \in \mathcal{F}$ ist bezüglich der s-Ordnung kleiner als $G \in \mathcal{F}$, in Zeichen $F \underset{s}{<} G$, falls $h(x) = G^{-1}(F(x))$ konvex ist für $x > x_{0.5}$ mit $x_{0.5}$ als Median von F.

Offensichtlich ist $G^{-1}(F(x))$ dann und nur dann konvex für $x > x_{0.5}$, falls $F^{-1}(G(x))$ konkav für $x > x_{0.5}$ ist. Bei Ruppert (1987) finden wir folgende Interpretation der Transformation h: " *The concave-convex transformation h tends to "push together" values of X in the center and "spread apart" values of X in the tails"*.

Hettmansperger u. Keenan (1975) verwenden diese s-Ordnung zur Unterscheidung der Tail-Stärke von F und G; sie definieren: F hat *kürzere* Tails als G, falls $F \underset{s}{<} G$.

Diese Definition kann wie folgt interpretiert werden; dazu sei o.B.d.A. $x_{0.5}=0$ und damit $h(x)=G^{-1}(F(x))$ konvex für $x>0$. Da h monoton wachsend ist für $x>0$, gilt $h(x) \ge x$, und wegen $G(h(x))=F(x)$ folgt dann $F(x) \ge G(x)$, d.h. G hat mehr Wahrscheinlichkeitsmasse in den Tails als F.

So gilt z.B. für die Gleichverteilung U, die Normalverteilung N, die logistische Verteilung LG und die Doppelexponentialverteilung D:

$$U \underset{s}{<} N \underset{s}{<} LG \underset{s}{<} D \,,$$

siehe van Zwet (1964, S.70/72), nicht jedoch (wie es Hettmansperger u. Keenan (1975, S.176) behaupten):

$$D \underset{s}{<} CA \,,$$

wobei CA die Cauchy-Verteilung bedeutet, siehe Handl (1986, S.80 ff). In dieser Arbeit ist auch eine s-Ordnung für die (symmetrische) R-S-T-Verteilung angegeben.

Die Tatsache aber, daß die s-Ordnung "nur" eine Partialordnung ist, d.h. nicht generell entweder $F \underset{s}{<} G$ oder $G \underset{s}{<} F$ gilt, schränkt natürlich die Verwendung dieser Ordnung für einen Tail-Stärke-Vergleich ein.

Liegt aber für eine Klasse von Verteilungen eine s-Ordnung vor, so überträgt sich diese Ordnung auf β_2 und auf die Maßzahlen für die Tails *und* Peakedness aus den Gruppen II und III, siehe Handl (1986); mit anderen Worten: die s-Ordnung induziert dieselbe Ordnung der obigen Maße, angewandt auf diese Klasse von Verteilungen. Das bedeutet z.B.: Wegen $U \underset{s}{<} N$ folgt $\beta_1(U) < \beta_1(N)$, $Q_2(U) < Q_2(N)$, $H_2(U) < H_2(N)$ usw.; die Umkehrung gilt natürlich nicht. Unter der Annahme der s-Ordnung für die betrachtete Klasse von Verteilungen reicht also *ein* Maß (das für die Tails oder das für die Peakedness) zur Klassifizierung symmetrischer Verteilungen aus.

Es sei noch darauf hingewiesen, daß Hájek (1969, S.150) ein anderes Tail-Maß über eine schwächere Form der Partialordnung als die s-Ordnung einführt.

Wir kommen nun zur Schiefe von Verteilungen, die auf folgender Partialordnung basiert:

Definition 2: Es sei $\mathcal{F}$ die Klasse aller stetigen Verteilungsfunktionen. $F \in \mathcal{F}$ ist bezüglich der c-Ordnung kleiner als $G \in \mathcal{F}$, in Zeichen $F \underset{c}{<} G$, falls

$$h(x)=G^{-1}(F(x)) \text{ konvex ist auf I mit } I := \{x \mid 0 < F(x) < 1\}.$$

Hettmansperger u. Keenan (1975) verwenden diese c-Ordnung zur Unterscheidung der Tail-Stärke bei asymmetrischen Verteilungen, während Groeneveld u. Meeden (1984) sie im folgenden Sinne zur Definition unterschiedlicher Schiefe zweier Verteilungen F, G heranziehen:

G ist zumindest so *rechtsschief* wie F, falls $F \underset{c}{<} G$.

Diese Abstufung in der Schiefe läßt sich wie folgt interpretieren, siehe Groeneveld u. Meeden (1984) und Handl (1986, S.119): Wegen der Lage- und Skaleninvarianz der c-Ordnung sei o.B.d.A. $F^{-1}(0.5) = G^{-1}(0.5) = 0$.

Ist nun $F \underset{c}{<} G$, dann gilt: $G(x) \le F(x)$ für alle $x \in I$ und

$$G^{-1}(p) \ge F^{-1}(p) \quad \text{für } 0 < p < 1,$$

d.h. für $0<p<0.5$ liegt das p-Quantil von G *mindestens so nah* am Median $x_{0.5}=0$ wie das von F, wohingegen das (1-p)-Quantil von G *mindestens so weit* vom Median entfernt ist wie das von F.

Beispiele für Verteilungsklassen, in denen eine c-Ordnung möglich ist, ist die Klasse der Gammaverteilungen, siehe van Zwet (1964, S.60 ff) und die der Lognormalverteilungen, siehe Handl (1986, S.120), nicht jedoch die Klasse der Weibull-Verteilungen. Für die c-Ordnung gilt eine analoge Aussage wie bei der s-Ordnung: Die c-Ordnung von Verteilungen induziert dieselbe Ordnung der Schiefe-Maße aus den Gruppen I, II und III, angewandt auf diese Verteilungen, siehe Handl (1986, S.122ff).

Weitere Ausführungen zu Tail- und Schiefe-Maßen sind bei Oja (1981), Schuster (1984) und MacGillivray (1986) zu finden.

3.3.2 Schätzung der Maße

Um einen adaptiven Test im Sinne von Satz 1 durchzuführen, müssen die Maße, die zur Festlegung der Selektor-Statistik herangezogen werden sollen, geschätzt werden, da die Verteilung F unbekannt ist. Wir wollen diese Schätzungen für β_1, β_2 aus Gruppe I und einige ausgewählte Maße aus den Gruppen II und III vornehmen, die bei den in den nächsten Abschnitten vorzustellenden adaptiven Tests eine Rolle spielen; die Schätzungen für die anderen Maßzahlen aus II und III sind entsprechend.

Gruppe I:

$$\hat{\beta}_1 = \sum_1^n (X_i - \overline{X})^3 / nS^3$$

$$\hat{\beta}_2 = \sum_1^n (X_i - \overline{X})^4 / nS^4 \quad \text{mit}$$

$$S^2 = \sum_1^n (X_i - \overline{X})^2 / n \; .$$

Die Schätzungen $\hat{\beta}_1$ und $\hat{\beta}_2$ für β_1 bzw. β_2 sind konsistent und asymptotisch normalverteilt, siehe Serfling (1980, S.69, 72, 125) und Cramér (1963, S.367).

Gruppe II:

Zur Schätzung von $\mu(a,b)$ werden in der geordneten Stichprobe $a \cdot n$ Beobachtungen am unteren Ende und $(1\text{-}b)n$ Beobachtungen am oberen Ende der Stichprobe getrimmt, und von den verbleibenden Beobachtungen wird das arithmetische Mittel gebildet. Für den Fall $a \cdot n \notin N$ oder $(1-b)n \notin N$ geht ein entsprechender Anteil des zugehörigen x-Wertes in die Mittelwertbildung ein. Ist z.B. n=36, so erhalten wir:

$$\overline{L}_{0.05} := (X_{(1)} + 0.8X_{(2)})/1.8 \qquad (a=0,\ b=0.05),$$

$$\overline{U}_{0.05} := (0.8X_{(35)} + X_{(36)})/1.8 \qquad (a=0.95,\ b=1),$$

$$\overline{B}_{0.15}: = (0.2X_{(2)} + X_{(3)} + \ldots + X_{(7)} + 0.2X_{(8)})/5.4 \qquad (a=0.05, b=0.20),$$

$$\overline{M}_{0.50}: = (X_{(10)} + \ldots + X_{(27)})/18 \qquad (a=0.25, b=0.75)$$

und entsprechend die Schätzungen für die anderen Mittelwerte zwischen zwei p-Quantilen. Das bedeutet z.B. für die Maßzahl der

Schiefe Q_1:
$$\hat{Q}_1: = \frac{\overline{U}_{0.05} - \overline{M}_{0.50}}{\overline{M}_{0.50} - \overline{L}_{0.05}}\text{, der}$$

Tails Q_2:
$$\hat{Q}_2: = \frac{\overline{U}_{0.05} - \overline{L}_{0.05}}{\overline{U}_{0.50} - \overline{L}_{0.50}}\text{ und der}$$

Peakedness H_2:
$$\hat{H}_2: = \frac{\overline{E}_{0.15} - \overline{B}_{0.15}}{\overline{D}_{0.30} - \overline{C}_{0.30}}\;.$$

Gruppe III:

Zur Schätzung der Maßzahlen dieser Gruppe müssen die entsprechenden Quantile x_p geschätzt werden. Dazu gibt es eine umfangreiche Literatur, auf die wir hier nicht näher eingehen wollen; nur so viel sei gesagt: Die sogenannten "klassischen" Quantilschätzer basieren auf einer Glättung der empirischen Verteilungsfunktion, wohingegen der Ansatz von Harrel u. Davis (1982) auf der Schätzung des Erwartungswertes der i-ten geordneten Statistik beruht. Wir wollen uns hier auf folgenden (klassischen) Quantilschätzer beschränken, der einfach zu berechnen ist und der hohe Effizienz zu anderen Quantilschätzern hat, was Handl (1985b, 1986) im Rahmen einer Simulationsstudie gezeigt hat:

$$\hat{x}_p = \begin{cases} X_{(1)} & \text{für } p < 0.5/n \\ (1-\lambda)X_{(j)} + \lambda X_{(j+1)} & \text{für } 0.5/n \le p \le 1 - 0.5/n \\ X_{(n)} & \text{für } p > 1 - 0.5/n \end{cases}$$

mit $j = [np+0.5]$ und $\lambda = np + 0.5 - j$.

Die Schätzung von x_p sei am Beispiel n=5, p=0.25 in Abbildung 5 dargestellt; es ist np=1.25, j=1, $\lambda = 0.75$, $0.5/n = 0.1$ und damit $\hat{x}_{0.25} = 0.25X_{(1)} + 0.75X_{(2)}$.

Wir wollen noch die Anwendung der Schätzer für die Maßzahlen aus den Gruppen I, II und III an einem konkreten Datensatz veranschaulichen, um dann im Vergleich mit den entprechenden theoretischen Werten aus den Tabellen 1 und 2 Aufschluß über die Form der den Daten zugrundeliegenden Verteilung zu erhalten.

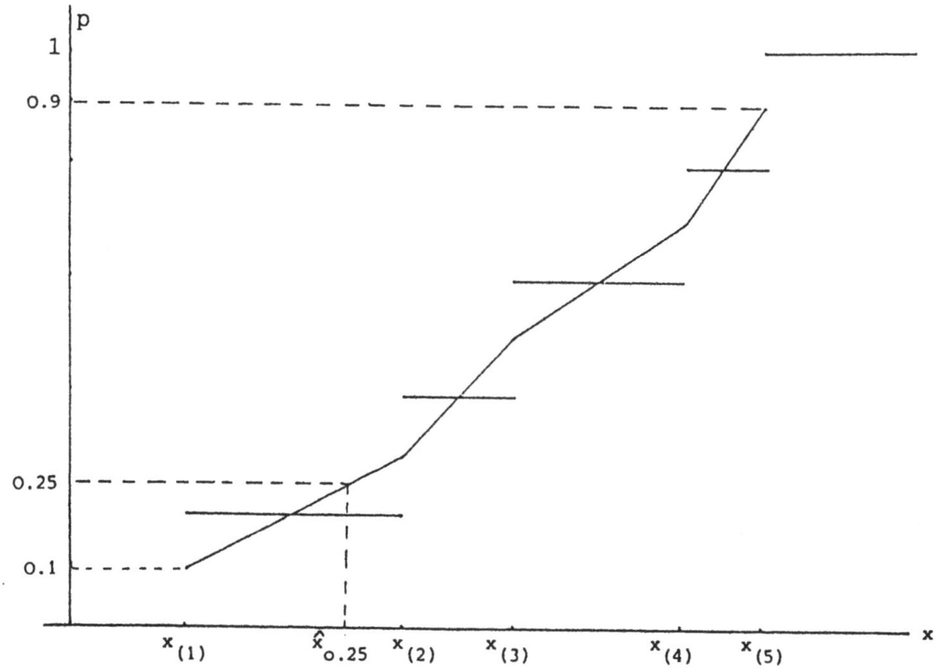

Abb. 5: Quantilschätzer

Beispiel 1:

Gegeben seien die Daten aus Beispiel 6 in 1.3. Unter der Nullhypothese der Gleichheit der Verteilungen können wir die x- und y- Stichprobe als aus einer Grundgesamtheit stammend auffassen. Für die kombinierte Stichprobe (N=15+18=33) ergeben sich dann folgende Schätzungen der Kurtosis und einiger ausgewählter Schiefe- und Tail-Maße:

Tab. 3: Schätzwerte ausgewählter Maße für das Beispiel 6 aus 1.3

$\hat{\beta}_1$	$\hat{Q}_1$	$\hat{b}_1$	$\hat{\beta}_2$	$\hat{Q}_2$	$\hat{H}_4$	$\hat{T}_2$
1.289	3.991	0.338	3.594	2.426	0.127	0.163

Ein Vergleich mit den theoretischen Werten in Tabelle 2 läßt den Schluß zu, daß die Verteilung der Daten stark rechtsschief ist, so daß zur Schätzung der Tail-Stärke $\hat{H}_4$ oder $\hat{T}_2$ besser geeignet sind als $\hat{Q}_2$; die Tail-Stärke erweist sich dabei als moderat.

∇

Abschließend sei noch die Frage aufgeworfen: Was spricht generell für eine Bevorzugung oder Ablehnung der Maße aus Gruppe I, II oder III bzw. ihrer Schätzungen? Bei der Kurtosis β_2 hatten wir im vorangegangenen Abschnitt bereits herausgestellt, daß eigentlich nicht klar ist, was β_2 mißt; hinzu kommt, daß der Schätzer $\hat{\beta}_2$ wegen der auftretenden vierten Potenz extrem sensitiv gegenüber Ausreißern ist. Diese Nicht-Robustheit gilt auch für $\hat{\beta}_1$. Beim Vergleich zwischen den Maßen aus den Gruppen II und III bleibt festzuhalten, daß die Maße in II nicht generell existieren, und zwar dann nicht, wenn die Verteilung keinen (endlichen) Erwartungswert hat; auf der anderen Seite ist das Hornsche Peakedness-Maß aus III für die praktische Anwendung weniger geeignet, weil zu seiner Schätzung vorab f(0) aus den Daten geschätzt werden muß. Generell gilt jedoch für beide Gruppen von Schätzern, daß der Stichprobenumfang n nicht zu klein sein darf, n sollte mindestens 20 betragen, damit von der Stichprobe sinnvoll auf Schiefe oder Tail-Stärke der zugrundeliegenden Verteilung geschlossen werden kann. Wir wollen hier die Frage offen lassen, ob die Maße für Schiefe und Tails aus Gruppe II oder die aus Gruppe III zur Bildung einer Selektor-Statistik S herangezogen werden sollen. Unter gewissen (schwachen) Voraussetzungen sind diese beiden Typen von Selektor-Statistiken asymptotisch bivariat normalverteilt, siehe Serfling (1980, S.80 u. 122) und Hüsler (1988). Hüsler kommt zudem über eine Simulationsstudie, der die Klasse der R-S-T-Verteilungen zugrunde liegt, zu dem Ergebnis, daß die Hogg-Schätzer aus Gruppe II den Schätzern aus Gruppe III vorzuziehen seien. Die Begründung dafür mag darin liegen, daß in die Schätzer der Gruppe II wegen der vorzunehmenden Mittelwertbildung zwischen zwei Stichprobenquantilen mehr Information aus den Daten eingeht, als in die "reinen" Quantilschätzer aus Gruppe III. Es sei betont, daß die Schätzer aus beiden Gruppen II und III verzerrt sind. Eine Entscheidung für eine der beiden Gruppen von Schätzern könnte somit auch von der Größe des Bias oder vom MSE (Mean-squared error) für bestimmte Stichprobensituationen abhängig gemacht werden. Für die Wahl einer "optimalen" Selektor-Statistik S, basierend z.B. auf Maßen für Tail-Stärke und Schiefe, ist letzlich ein wesentliches Kriterium, welche Selektor-Statistik am besten zwischen den Verteilungen zu diskriminieren vermag, siehe dazu Handl (1986, S.151ff) und Rünstler (1987, S.66 ff).

3.4 Adaptive Lagetests im Einstichproben-Problem

3.4.1 Problemstellung

Wir betrachten Modell und Hypothesen aus Abschnitt 2.5.1:
Es seien $X_1, \ldots, X_n$ unabhängige und identisch verteilte Zufallsvariablen mit $X_i \sim F(x-\theta)$, $i=1,\ldots,n$, $\theta \in \mathbb{R}$, wobei F stetig mit zugehöriger Dichte f und symmetrisch um θ ist. Zu testen sei

$$H_0\colon \theta = 0 \text{ gegen } H_1\colon \theta > 0 \; (\theta < 0, \theta \neq 0).$$

Im Abschnitt 2.5 haben wir drei Gruppen von Tests für dieses Problem vorgestellt, parametrische, nichtparametrische und robustifizierte, und diese Tests dann hinsichtlich ihrer Robustheitseigenschaften miteinander verglichen. Wie in den Abschnitten 3.1 und 3.2 herausgestellt, kommen für das von Hogg (1974) vorgeschlagene Konzept grob-adaptierender Verfahren nur verteilungsfreie Tests (Rangtests) infrage. Im Einstichproben-Lageproblem sind die zugehörigen linearen Rangstatistiken wie folgt definiert:

$$L_n^+ = \sum_{i=1}^{n} g(R_i^+)V_i,$$

wobei die Scores g(i) monoton wachsend sind und $R_i^+ = R(|X_i|)$ den Rang von $|X_i|$ bedeutet; es ist $V_i=1$ für $X_i>0$ und $V_i=0$ für $X_i \leq 0$.

Im Hinblick auf die in Abschnitt 3.2 aufgeworfenen drei Fragen ist vorab eine geeignete Selektor-Statistik auszuwählen, die zur Klassifizierung der (unbekannten) Verteilung F bezüglich gewisser Merkmale wie Schiefe, Tail-Stärke und Peakedness dient, siehe dazu Abschnitt 3.3. Ist dann über die vorliegenden Daten eine Klassifizierung erfolgt, so wird für "dieses F" ein geeigneter Rangtest ausgesucht. Bei der Suche ist die Theorie lokal optimaler Rangtests in Verbindung mit finiten und asymptotischen Gütestudien von Rangtests (F.R.E. und A.R.E.) behilflich.

In den hier zu konzipierenden adaptiven Lagetests entfällt die Wahl eines Schiefe-Maßes, da wir im Modell von einer *symmetrischen* Verteilung F ausgehen und folglich die betrachteten Rangtests auf die Symmetrie "zugeschnitten" sind. Damit drängt sich als einfachste (eindimensionale) Selektor-Statistik eine Statistik auf, die nur auf einem bestimmten Maß, und zwar einem für die Tail-Stärke von F basiert. Neben einem Maß für die Tails könnte noch eines für die Peakedness zur Klassifizierung der symmetrischen Verteilung F herangezogen werden. Es gibt m.W. bislang für das Einstichproben-Problem keinen adaptiven Test, der von einer solchen zweidimensionalen Selektor-Statistik ausgeht. Überhaupt ist die Literatur zu adaptiven Tests im Einstichproben-Lageproblem sehr dürftig; zu nennen sind hier m.W. nur die Arbeiten von Randles u. Hogg (1973), Policello u. Hettmansperger (1976) und Jones

(1977, 1979). Auf den für die statistische Praxis vielleicht interessantesten Vorschlag von Randles u. Hogg wollen wir im nächsten Abschnitt ausführlich eingehen und danach noch kurz auf das Konzept von Jones (1979); Bemerkungen zur Arbeit von Policello u. Hettmansperger hatten wir bereits in Abschnitt 3.2 gemacht.

3.4.2 Adaptive Tests von Randles u. Hogg

Randles u. Hogg (1973) schlagen zwei Selektor-Statistiken bezüglich der Tail-Stärke einer Verteilung F vor. Die erste lautet:

$$\hat{Q} = \frac{10(\tilde{U}_{0.05} - \tilde{L}_{0.05})}{\tilde{U}_{0.50} - \tilde{L}_{0.50}},$$

wobei $\tilde{U}_\gamma(\tilde{L}_\gamma)$ die *Summe* der γn größten (kleinsten) Beobachtungen in der Stichprobe $x_1,\ldots,x_n$ ist. Gilt $\gamma n \notin \mathbb{N}$, so geht ein entsprechender Anteil des zugehörigen x-Wertes in die Summe ein. Ist z.B. $\gamma = 0.05$ und $n=48$, so ergibt sich $\tilde{U}_{0.05} = x_{(48)} + x_{(47)} + 0.4x_{(46)}$. Offensichtlich ist $\hat{Q}$ gleich dem in Abschnitt 3.3.2 vorgeschlagenen Maß $\hat{Q}_2$, das auf den *arithmetischen Mitteln* $\overline{U}_\gamma$ und $\overline{L}_\gamma$ basiert, denn für $\gamma_1 = 0.05$ und $\gamma_2 = 0.50$ ist $\gamma_1 n = n/20$ und $\gamma_2 n = n/2$; es ergibt sich somit:

$$\hat{Q}_2 = \frac{\frac{1}{n/20}(\tilde{U}_{0.05} - \tilde{L}_{0.05})}{\frac{1}{n/2}(\tilde{U}_{0.50} - \tilde{L}_{0.50})} = \hat{Q}.$$

Im Fall $n \leq 20$ kann $\hat{Q}$ auch wie folgt dargestellt werden (hier für gerades n demonstriert, M ist der Median der Stichprobe):

$$\hat{Q} = \frac{10\left(\frac{n}{20}x_{(n)} - \frac{n}{20}x_{(1)}\right)}{\sum\limits_{i=[n/2]+1}^{n} x_{(i)} - \sum\limits_{i=1}^{[n/2]} x_{(i)}} = \frac{\frac{n}{2}(x_{(n)} - x_{(1)})}{\sum\limits_{i=[n/2]+1}^{n} x_{(i)} - [n/2]\cdot M - \sum\limits_{i=1}^{[n/2]} x_{(i)} + [n/2]\cdot M}$$

$$= \frac{\frac{n}{2}(x_{(n)} - x_{(1)})}{\sum\limits_{i=1}^{n} |x_i - M|} = \frac{(x_{(n)} - x_{(1)})/2}{\sum\limits_{i=1}^{n} |x_i - M|/n}.$$

Für $n \leq 20$ mag diese Darstellung von $\hat{Q}$ "anschaulicher" sein. Das Tail-Maß $\hat{Q}$ ist lage- und skaleninvariant wie alle Maße aus Gruppe II, zu der $\hat{Q}$ gehört. Das bedeutet für den hier vorliegenden Fall von Lagealternativen, daß die Verteilung von $\hat{Q}$ sich unter H_1 nicht ändert.

Die Wahl von $\hat{Q}$ als Selektor-Statistik für die Stärke der Tails einer Verteilung basiert auf Untersuchungen von Hogg (1972) und Uthoff (1970). Darin erweist sich $\hat{Q}$ als eine geeignete Teststatistik für einen Test auf Doppelexponentialverteilung (starke Tails) gegen eine Gleichverteilung (kurze Tails). Randles u. Hogg grenzen nun über $\hat{Q}$ drei Bereiche D_1, D_2, D_3 der Tail-Stärke einer Verteilung wie folgt ab (siehe Satz 1):

$$D_1 = \{\hat{Q} \mid \hat{Q} < 2.08 - 2/n\} \qquad \text{(kurze Tails)}$$
$$D_2 = \{\hat{Q} \mid 2.08 - 2/n \leq \hat{Q} \leq 2.96 - 5.5/n\} \qquad \text{(mittlere Tails)}$$
$$D_3 = \{\hat{Q} \mid \hat{Q} > 2.96 - 5.5/n\} \qquad \text{(starke Tails)}$$

Es wird aus der Studie nicht ersichtlich, warum gerade diese Intervallgrenzen gewählt werden. Ein Hinweis findet sich in der Arbeit von Randles u.a. (1973): "*The values ... were obtained empirically*". Zur Erklärung mag folgende Überlegung dienen: Das zu $\hat{Q}$ gehörende *theoretische* Maß Q_T läßt sich über die Funktion $\mu(a, b)$ aus Abschnitt 3.3.1 wie folgt angeben:

$$Q_T = \frac{10 \cdot 0.05 \cdot (\mu(0.95, 1) - \mu(0, 0.05))}{0.5 \cdot (\mu(0.50, 1) - \mu(0,0.50))}$$

$$= \frac{\mu(0.95, 1) - \mu(0,0.05)}{\mu(0.50,1) - \mu(0,0.50)}.$$

Das ist aber gerade das in 3.3.1 definierte Maß Q_2 aus Gruppe II. Und dieses Tail-Maß nimmt nach Tabelle 1 für drei ausgewählte Verteilungen folgende Werte an:

$Q_2 = 1.900$ bei Gleichverteilung (kurze Tails)
$Q_2 = 2.585$ bei Normalverteilung (mittlere Tails) und
$Q_2 = 3.302$ bei Doppelexponentialverteilung (starke Tails).

Eine Simulationsstudie mit Daten aus obigen drei Verteilungen hat gezeigt, daß $\hat{Q}$ das Tail-Maß Q_2 bei einer Gleichverteilung *überschätzt* und bei den beiden anderen Verteilungen *unterschätzt* und daß der Bias mit wachsendem Stichprobenumfang rasch abnimmt.

Welche Rangtests werden nun für die einzelnen drei Bereiche D_1, D_2 und D_3 ausgewählt? Randles u. Hogg gehen zunächst von einer zu L_n^+ äquivalenten linearen Rangstatistik

$$S_n^+ = \sum_{i=1}^{n} g(R_i^+)\, \mathrm{sign}(X_i)$$

aus, wobei also die Indikatorvariablen V_i in L_n^+ hier durch $\mathrm{sign}(X_i)$=-1,0,+1 ersetzt werden, je nachdem, ob X_i<0,=0 bzw. >0 ist. Unter H_0: $\theta = 0$ ist S_n^+ symmetrisch um 0 verteilt.

Für die drei Bereiche werden dann folgende Rangtests vorgeschlagen (siehe dazu Beispiel 9 in 2.5.3):

(i) der Randles-Hogg-Test K_n^+:

$$g_K(i) = \begin{cases} 0 & \text{für } i \le \left[\frac{n+1}{2}\right] \\ i - \left[\frac{n+1}{2}\right] & \text{für } i > \left[\frac{n+1}{2}\right] \end{cases},$$

(ii) der Wilcoxon-Test W_n^+:

$$g_W(i) = i\,,$$

(iii) der Vorzeichen-Test V_n^+:

$$g_V(i) = 1\,.$$

Die Rangstatistik K_n^+ ist dieselbe wie W_n^+, nachdem ungefähr die untere Hälfte der geordneten Werte von $|x_1|,\ldots,|x_n|$ eliminiert worden ist. Unter H_0 haben K_n^+ und W_n^+ dieselbe Verteilung, wenn in K_n^+ der Stichprobenumfang n durch $\left[\frac{n+1}{2}\right]$ ersetzt wird. Der adaptive Test, hier bezeichnet mit A, ist dann über folgendes Schema definiert:

$$A = \begin{cases} K_n^+, & \text{falls } \hat{Q} \in D_1, \\ W_n^+, & \text{falls } \hat{Q} \in D_2, \\ V_n^+, & \text{falls } \hat{Q} \in D_3. \end{cases}$$

Wie bereits in 3.2 betont, ist A selbst kein Rangtest, sondern ein Permutationstest, da A sowohl von den Rängen als auch von den geordneten Beobachtungen abhängt.

Beispiel 2:

Gegeben seien die Daten (n=22) aus Beispiel 5 in Abschnitt 1.3. Zu testen sei:

$$H_0: \theta = 108 \text{ gegen } H_1: \theta > 108.$$

Wie bereits in Beispiel 12 in 2.5.4 herausgestellt wurde, können wir von der Symmetrie der zugrundeliegenden Verteilung ausgehen ($\hat{Q} = 0.984$), so daß grundsätzlich ein Rangtest infrage kommt. Zwecks "Normierung" auf H_0: $\theta = 0$ werden zunächst die Daten x_i in $y_i := x_i - 108$, $i=1,\ldots,n$, transformiert. Es ergibt sich dann: $\hat{Q} = \hat{Q}_2 = 2.085$. Wegen $\hat{Q} \in D_2$ wird der Wilcoxon-Test W_n^+ angewendet, der für $\alpha = 0.05$ zur Ablehnung von H_0 führt, wie in Beispiel 12 in 2.5.4 gezeigt. Damit ist auch die dort gestellte Frage beantwortet, welcher der beiden Tests, der W_n^+-Test oder der V_n^+-Test (der *nicht* zur Ablehnung von H_0 führte), für diesen Datensatz der geeignetere Test ist.

∇

Mit der Anwendung eines adaptiven Tests A nach obigem Schema verbindet sich allerdings ein Problem: A ist nicht verteilungsfrei, d.h. A hält nicht für alle symmetrischen und stetigen Verteilungen exakt das Niveau α ein. Das ist darauf zurückzuführen, daß das Tail-Maß $\hat{Q}$ keine Funktion der geordneten Statistik von $|X_1|,\ldots,|X_n|$ ist, wohingegen K_n^+, W_n^+ und V_n^+ von $|X_1|,\ldots,|X_n|$ abhängen. Jede der drei Rangstatistiken und $\hat{Q}$ sind generell nicht unabhängig, wohl aber unkorreliert, wie Randles u. Hogg zeigen, wobei sie sich auf ein Ergebnis von Hollander (1968) stützen. Inwieweit sich diese Abhängigkeit der einzelnen Rangstatistiken von $\hat{Q}$ auf das Niveau α des adaptiven Tests A auswirkt, werden wir noch aus der Studie von Randles u. Hogg ersehen.

Um einen verteilungsfreien adaptiven Test zu erhalten, schlagen die beiden Autoren ein anderes empirisches Maß Q^* für die Tail-Stärke einer Verteilung vor:

$$Q^* = \frac{10\, U_{0.10}^*}{\sum_{i=1}^{n} |X_i|},$$

wobei $U_{0.10}^*$ die Summe der $0.10 \cdot n$ größten Werte von $|x_1|,\ldots,|x_n|$ ist. Offensichtlich ist Q^* unter H_0 im Sinne von Satz 1, (ii) unabhängig von jeder Statistik K_n^+, W_n^+ und V_n^+, denn die geordnete Statistik von $|X_1|,\ldots,|X_n|$ ist vollständig und suffizient für eine um 0 symmetrische Verteilung F, und eine solche vollständige und suffiziente Statistik ist unabhängig von jeder Rangstatistik L_n^+ oder S_n^+, da diese unter H_0 verteilungsfrei ist (siehe auch die Bemerkungen nach Satz 1).

Definieren wir das zu Q^* gehörende *theoretische* Maß Q_T^* einer um 0 symmetrischen Verteilung F durch

$$Q_T^* = \frac{10 \int_{y_{0.9}}^{\infty} y\, f_Y(y)\, dy}{E(Y)},$$

wobei $Y = |X|$, f_Y die Dichte von Y und $y_{0.9}$ das 0.90-Quantil der Verteilung von Y sind, so gilt: $Q_T^* = Q_2$. Denn seien im Sinne von 3.3.1 $\mu_X(a,b)$ und $\mu_Y(a,b)$ die "Mittelwertfunktionen" von X bzw. von Y, so gilt wegen der Symmetrie von F um 0:

$$Q_T^* = \frac{10 \cdot 0.10 \cdot \mu_Y(0.9,1)}{\mu_Y(0,1)} = \frac{\mu_X(0.95,1) - \mu_X(0,0.05)}{\mu_X(0.50,1) - \mu_X(0,0.50)} = Q_2 .$$

Das bedeutet also, alle drei theoretischen Maße Q_T, Q_T^* und Q_2, die zu den empirischen Maßen $\hat{Q}$, Q^* und $\hat{Q}_2$ gehören, sind gleich. So liegt es nahe, daß Randles u. Hogg unter Verwendung obiger drei Rangtests dieselbe Bereichseinteilung für Q^* wie für $\hat{Q}$ zur Angabe ihres alternativen adaptiven Tests, hier mit A^* bezeichnet, wählen:

$$A^* = \begin{cases} K_n^+, & \text{falls} \quad Q^* < 2.08 - 2/n \\ W_n^+, & \text{falls} \quad 2.08 - 2/n \le Q^* \le 2.96 - 5.5/n \\ V_n^+, & \text{falls} \quad Q^* > 2.96 - 5.5/n \end{cases} .$$

Wie erwähnt, ist A^* ein verteilungsfreier Test. Mit diesem Vorteil, bedingt durch die Wahl von Q^* statt $\hat{Q}$, handelt man sich jedoch einen Nachteil ein, der ernste Konsequenzen haben kann: Die Entscheidung des Auswahlprozesses für einen der drei Rangtests ändert sich unter H_1 mit variierendem θ, weil Q^* *nicht* lageinvariant ist.

Beispiel 3:

Folgende n=20 N(0,1)-verteilte Zufallszahlen wurden erzeugt:

-1.3556	-0.1356	-0.2209	0.9025
1.1498	-0.7095	0.4808	0.6852
-2.0697	-0.2214	0.0904	1.4586
0.0875	1.1454	1.6609	0.3329
-0.5967	-0.5008	-1.3131	-0.6949 .

Es bezeichne $Q^*(\theta)$ das Tail-Maß Q^* an der Stelle $\theta \in \mathbb{R}$. Dann ist unter H_0: $\theta = 0$: $Q^*(0) = 2.359$, d.h. W_n^* wird angewendet. Unter H_1: $\theta > 0$ erhalten wir z.B. für θ=0.5,1,2,3: $Q^*(0.5) = 2.333$, $Q^*(1) = 2.165$, $Q^*(2) = 1.766$, $Q^*(3) = 1.516$. In den letzten beiden Fällen kommt aber der Randles-Hogg-Test K_n^+ zur Anwendung. Offensichtlich wird bei Zugrundelegung dieses Schemas für Q^* mit wachsender Distanz $|\theta|$ von der Nullhypothese die Normalverteilung immer mehr als eine Verteilung mit kurzen Tails klassifiziert.

∇

In Tabelle 4 von Randles u. Hogg sind Prozentzahlen angegeben, die Aufschluß darüber geben sollen, wie häufig einige ausgewählte Verteilungen mit unterschiedlicher Tail-Stärke als solche mit kurzen (KT), mittleren (MT) oder starken Tails (ST) bei Zugrundelegung der beiden Schemata für $\hat{Q}$ und Q^* klassifiziert werden. Dazu ist eine Simulationsstudie (10000 Läufe) mit jeweils n=18 Daten aus den angegebenen Verteilungen durchgeführt worden. Da nach den obigen Ausführungen Q^* nicht lage- und skaleninvariant ist, werden für den adaptiven Test A^* verschiedene Parameter der Alternativhypothese betrachtet, und zwar $\theta = 0.2\sigma$, $\theta = 0.4\sigma$ und $\theta = 0.6\sigma$. Bei der

Cauchy-Verteilungsfunktion F_{CA} ist der Skalenparameter σ definiert durch $F_{CA}(\sigma) = 0.8413 = \Phi(1)$, wobei F_{CA} symmetrisch um 0 ist. Es bezeichne U die Gleichverteilung, N die Normalverteilung, LG die logistische Verteilung, D die Doppelexponentialverteilung und CA die Cauchy-Verteilung.

Tab. 4: Klassifikation der Tail-Stärke ausgewählter Verteilungen bei zwei adaptiven Tests

Test	Verteilung	Klassifikation											
		KT	MT	ST	KT	MT	ST	KT	MT	ST	KT	MT	ST
		$\theta = 0$			$\theta = 0.2\sigma$			$\theta = 0.4\sigma$			$\theta = 0.6\sigma$		
A^*	U	69	31	0	58	41	1	36	61	3	25	69	6
	N	9	64	27	9	65	26	9	65	26	10	67	23
	LG	4	48	48	4	50	46	5	54	41	7	59	34
	D	1	26	73	1	30	69	2	39	59	5	50	45
	CA	0	3	97	0	4	96	0	6	94	1	8	91
A	U	62	37	1									
	N	11	66	23									
	LG	6	54	40									
	D	2	35	63									
	CA	0	6	94									

Für $\theta = 0$ sind die beiden Klassifikationsschemata von A und A^* recht effektiv. Mit wachsendem θ wird bei Test A^* die Gleichverteilung immer mehr als eine Verteilung mit mittleren oder sogar starken Tails klassifiziert, wohingegen z.B. die Doppelexponentialverteilung immer häufiger als eine Verteilung mit mittleren oder sogar kurzen Tails eingeordnet wird.

Tabelle 5 bringt die Ergebnisse der Simulationsstudie von Randles u. Hogg zwecks Gütevergleich von A und A^* mit den einzelnen Rangtests K_n^+, W_n^+, V_n^+ und dem parametrischen t-Test. Zur Vermeidung einer Randomisierung ist n=18 und α=0.049 gewählt, so daß alle betrachteten Tests approximativ das Niveau einhalten (es ist $a(1^+) = 2^{18} \cdot 0.049 = 12845$, siehe dazu 2.5.3). Tabelle 4 gibt dabei an, wie häufig die einzelnen Tests K_n^+, W_n^+ und V_n^+ beim adaptiven Test A bzw. A^* für verschiedene θ angewendet werden. So ist z.B. beim Test A^* unter Zugrundelegung einer Gleichverteilung für $\theta = 0$ insgesamt in 69% der (10 000) Fälle der K_n^+-Test, in 31% der Fälle der W_n^+-Test und kein einziges Mal der V_n^+-Test herangezogen worden.

Tab. 5: Gütevergleich verschiedener Tests bei ausgewählten Verteilungen, n=18, α=0.049

	Verteilung				
Test	U	N	LG	D	CA
			$\theta=0$		
t	0.052	0.048	0.053	0.052	0.030
K_n^+	0.048	0.049	0.048	0.048	0.048
W_n^+	0.053	0.046	0.053	0.053	0.053
V_n^+	0.051	0.047	0.051	0.051	0.051
A^*	0.051	0.044	0.052	0.051	0.051
A	0.065	0.055	0.061	0.059	0.053
			$\theta=0.2\sigma$		
t	0.194	0.201	0.216	0.228	0.095
K_n^+	0.264	0.184	0.188	0.183	0.129
W_n^+	0.189	0.198	0.219	0.268	0.226
V_n^+	0.130	0.168	0.196	0.284	0.265
A^*	0.239	0.187	0.203	0.275	0.263
A	0.279	0.220	0.231	0.299	0.267
			$\theta=0.4\sigma$		
t	0.437	0.487	0.506	0.527	0.209
K_n^+	0.614	0.439	0.429	0.403	0.240
W_n^+	0.440	0.473	0.519	0.592	0.471
V_n^+	0.262	0.372	0.441	0.590	0.565
A^*	0.506	0.440	0.476	0.583	0.558
A	0.609	0.491	0.522	0.613	0.567
			$\theta=0.6\sigma$		
t	0.777	0.789	0.787	0.790	0.327
K_n^+	0.876	0.726	0.685	0.633	0.344
W_n^+	0.714	0.774	0.800	0.849	0.674
V_n^+	0.439	0.630	0.702	0.822	0.786
A^*	0.722	0.728	0.746	0.818	0.779
A	0.856	0.777	0.791	0.851	0.787

Wir sehen, daß der t-Test für Verteilungen mit mittleren Tails (wie N oder auch noch LG) dem A^*-Test, der das Niveau α einhält, überlegen ist. Das gilt nicht mehr für Verteilungen mit kurzen Tails und erst recht nicht für solche mit starken Tails. Klammern wir den Test A für einen Gütevergleich aus, weil er das Niveau α stärker als seine Konkurrenten überschreitet, so schneiden - wie nicht anders zu erwarten - der K_n^+-Test für U, der W_n^+-Test für LG und D und der V_n^+-Test für D und CA sehr gut ab; in einer *konkreten* Verteilungssituation ist stets einer dieser Tests dem A^*-Test vorzuziehen. Doch die Verteilungsfunktion F ist i.d.R. unbekannt, so daß ein Test bevorzugt werden sollte, der Verteilungen mit unterschiedlicher Tail-Stärke berücksichtigt. Und das leistet gerade der adaptive Test A^*. Denn vergeben wir Ränge für die einzelnen Tests bei jeder der fünf Verteilungen, so ergibt sich z.B. für $\theta = 0.2\sigma$ (für $\theta = 0.4\sigma$ und 0.6σ ist die Situation ähnlich) Tabelle 6.

Tab. 6: Rangwerte und Rangsumme ausgewählter Tests bei verschiedenen Verteilungen

	Verteilung					
Test	U	N	LG	D	CA	Rangsumme
t	3	1	2	4	5	15
K_n^+	1	4	5	5	4	19
W_n^+	4	2	1	3	3	13
V_n^+	5	5	4	1	1	16
A^*	2	3	3	2	2	12

Der Test A^* und der "All-Round-Test" W_n^+ schneiden also insgesamt am besten ab, wobei sich A^* keinen "Ausrutscher" leistet.

3.4.3 Ergänzungen

Die im vorangegangenen Abschnitt diskutierten Tests A und A^* von Randles u. Hogg (1973) machen eine Problematik deutlich, die sich bei der Konzeption eines adaptiven Tests im Einstichproben-Fall für Lagealternativen stellt:

(1) Die Gewährleistung, daß der Test verteilungsfrei ist, d.h. das Niveau α für alle stetigen und symmetrischen Verteilungen einhält,

(2) die Lage- und Skaleninvarianz des zugrundegelegten Tail-Maßes, um die unbekannte Verteilung unabhängig vom Parameter θ der Alternativhypothese hinsichtlich der Tail-Stärke zu klassifizieren; d.h. die Entscheidung für einen bestimmten Rangtest sollte nicht durch θ beeinflußt werden.

Wie wir gesehen haben, erfüllt Test A^* Bedingung (1), aber nicht (2), bei Test A ist es umgekehrt. Es mag dahingestellt bleiben, ob Bedingung (1) unbedingt Priorität gegenüber Bedingung (2) haben sollte, wie es in der Arbeit von Randles u. Hogg zum Ausdruck kommt. Das könnte infrage gestellt werden, wenn das aktuelle Testniveau α^* nur "geringfügig" das nominale α überschreitet, wie es in der Simulationsstudie von Randles u. Hogg der Fall ist.

Eine Reihe von Alternativen zu den adaptiven Tests A und A^* bieten sich an. So könnten zunächst statt der Maße $\hat{Q}$ und Q^*, die auf Summen extremer Werte in der Stichprobe $x_1,...,x_n$ bzw. in $|x_1|,...,|x_n|$ basieren, Tail-Maße direkt über p-Quantile von $x_1,...,x_n$ bzw. $|x_1|,...,|x_n|$ definiert werden, siehe Gruppe III in 3.3.1 und 3.3.2. Das brächte den Vorteil mit sich, daß die solchen empirischen Maßen zugrundeliegenden theoretischen Maße stets existieren, was für Q_2, dem zu $\hat{Q}$ und Q^* gehörenden Maß, nicht der Fall ist. Ein Beispiel für eine Alternative zu Q^* ist das Maß M^* mit

$$M^*(\gamma_1, \gamma_2, \gamma_3) = \frac{|x|_{\gamma_1}}{|x|_{\gamma_2} - |x|_{\gamma_3}},$$

worin $|x|_p$ das p-Quantil von $|x_1|,...,|x_n|$ ist und $\gamma_1, \gamma_2, \gamma_3$ mit $0 < \gamma_1,\gamma_2,\gamma_3 < 1$ geeignet zu wählen sind. Für $\gamma_1=\gamma_3=0.5$ und $\gamma_2=0.75$ erhalten wir das von Jones (1979) vorgeschlagene Tail-Maß P.

Neben der Festlegung eines alternativen Tail-Maßes mag eine feinere Einteilung mit mehr als k=3 Intervallen in dem adaptiven Schema wünschenswert sein; das impliziert natürlich eine entsprechend größere Anzahl von Rangtests für den neuen adaptiven Test. Die Zahl k sollte allerdings nach den Ausführungen in Abschnitt 3.2 nicht zu groß gewählt werden (k höchstens gleich 5).

Wir wollen noch einen Vorschlag für einen adaptiven Test unterbreiten, der auf dem Tail-Maß $M^*(0.5,0.75,0.5) =: M^*$ basiert und der vier Rangtests einbezieht, den K_n^+-Test, den X_n^+-Test, den W_n^+-Test und den V_n^+-Test, siehe Beispiel 9 in 2.5.3, Tabelle 15 in 2.5.5 und Abschnitt 2.5.6. Um eine Vorstellung von der Größenordnung von M^* zu bekommen, wird zunächst das zu M^* gehörende theoretische Maß M_T^* für einige ausgewählte Verteilungen mit kurzen bis starken Tails berechnet. (Dabei sind die p-Quantile $|x|_p$ in M_T^* bestimmt durch $|x|_p = F^{-1}\left(\frac{p+1}{2}\right)$, da F symmetrisch um 0 ist.)

Es ergeben sich folgende Werte:

Tab. 7: Werte von M_T^* für einige ausgewählte Verteilungen

	U	N	LG	D	CA
M_T^*	2	1.416	1.297	1.000	0.705

Dieses Maß M_T^* nimmt also mit wachsender Tail-Stärke ab. Eine Simulationsstudie (10 000 Läufe) mit Daten aus obigen Verteilungen hat gezeigt, daß M^* das theoretische Maß M_T^* gerade für kleine Stichprobenumfänge stets überschätzt, wobei der Bias mit wachsendem Stichprobenumfang n abnimmt. Das bedeutet also, daß in die Intervallgrenzen zur Festlegung des adaptiven Schemas auch der Stichprobenumfang eingehen sollte, so wie es in den beiden Schemata von Randles u. Hogg der Fall ist. Ein adaptiver Test, hier mit A_1^* bezeichnet, könnte dann wie folgt definiert werden:

$$A_1^* = \begin{cases} K_n^+, & \text{falls} \quad M^* > 1.9 + a/n \\ X_n^+, & \text{falls} \quad 1.3 + b/n \le M^* \le 1.9 + a/n \\ W_n^+, & \text{falls} \quad 1.0 + c/n \le M^* \le 1.3 + b/n \\ V_n^+, & \text{falls} \quad M^* < 1.0 + c/n \end{cases}$$

mit geeignet gewählten a, b und c, Vorschlag: a=5, b=8, c=5. Der Test A_1^* ist verteilungsfrei, wohingegen das zugrundeliegende Maß M^* *nicht* lage- und skaleninvariant ist. Ergänzend sei noch vermerkt, daß auch eine zum A-Test von Randles u. Hogg adaptive Alternative A_1 angegeben werden kann, die auf einem Tail-Maß basiert, das über p-Quantile von $x_1,...,x_n$ definiert ist, z.B auf dem Maß $\hat{T}_1$, siehe die Abschnitte 3.3.1 und 3.3.2. Solche Maße sind lage- und skaleninvariant, der Test A_1 ist aber nicht verteilungsfrei. Das "Dilemma des *Einstichproben*-Lageproblems" besteht offensichtlich darin, daß wegen der Abhängigkeit der Rangstatistik L_n^+ oder S_n^+ von $|X_i|$ (und nicht von X_i), i=1,...,n, im obigen Sinne kein adaptiver Test konstruiert werden kann, der gleichzeitig verteilungsfrei und dessen zugrundegelegtes Tail-Maß lage- und skaleninvariant ist.

Abschließend sei noch kurz auf ein anderes adaptives Konzept eingegangen, das von Jones (1977, 1979) stammt. Jones (1979) unterstellt als Klasse $\mathcal{F}$ stetiger und symmetrischer Verteilungen Tukeys λ-Familie (als Spezialfall der R-S-T-Verteilung), die implizit über Quantile definiert ist, siehe 2.2:

$$x_u := F_\lambda^{-1}(u) = (u^\lambda - (1-u)^\lambda)/\lambda \quad \text{und damit}$$

$$f_\lambda(x_u) = (u^{\lambda-1} + (1-u)^{\lambda-1})^{-1}, 0 < u < 1, -\infty < \lambda < \infty .$$

Die dazu optimale Score-Funktion $\phi^+(u,f_\lambda)$lautet:

$$\phi^+(u, f_\lambda) = \phi((u+1)/2, f_\lambda) \quad \text{mit}$$

$$\phi(u, f_\lambda) = -df_\lambda(x_u)/du = (\lambda - 1)(u^{\lambda-2} - (1-u)^{\lambda-2})/(u^{\lambda-1} + (1-u)^{\lambda-1})^2 ;$$

siehe dazu die Abschnitte 2.5.3 und 2.7.3.

Wie bereits in Abschnitt 2.2 näher ausgeführt, deckt die λ-Familie einen breiten Bereich von Verteilungen mit kurzen bis sehr starken Tails ab. Im Sinne des in 3.2 erklärten fein-adaptiven Verfahrens wird nun der zur optimalen Score-Funktion gehörende Parameter λ aus den Daten geschätzt, und zwar wie folgt:

Es sei $Y_i = |X_i|$, d.h. $Y_{(1)},\ldots,Y_{(n)}$ ist die geordnete Statistik der Absolutbeträge von X_i, $i=1,\ldots,n$. Dann läßt sich nach Pickands (1975) eine Schätzung $\hat{\lambda}$ für λ angeben, die unter gewissen Bedingungen konsistent für λ ist:

$$\hat{\lambda} = (\ln 2)^{-1} [(Y_{(n-m+1)} - Y_{(n-4m+1)})/(Y_{(n-m+1)} - Y_{(n-2m+1)})]$$

mit $m \in N$ und $m>1$ so, daß $4m \leq n$. Offensichtlich kennzeichnet der Wert $\hat{\lambda}$ die Tail-Stärke der zugrundeliegenden Verteilung. Der auf dieser Schätzung der Score-Funktion basierende Test ist natürlich verteilungsfrei, und Jones zeigt, daß die zugehörige Statistik unter einer gewissen Konvergenzbedingung für $\hat{\lambda}$ asymptotisch normalverteilt ist.

Ein Problem stellt sich hier in der Festlegung des Wertes für m; m läßt sich zwar als Lösung eines Minimierungsproblems bestimmen, doch "*for even moderate sample sizes, this method for obtaining m is cumbersome*" (Jones (1979)). So schlägt der Autor zur Vereinfachung vor, für $20 \leq n \leq 40$ $m=1$ oder $m=2$ zu wählen. Die Entscheidung für $m=1$ oder für $m=2$ trifft er über das oben angegebene Tail-Maß $M^*(=P)$. Im Fall $n>40$ ist das bei ihm formulierte Minimierungsproblem für m zu lösen. Vom praktischen Standpunkt aus gesehen mögen deshalb die adaptiven Tests von Randles u. Hogg "benutzerfreundlicher" sein. Das gilt wohl auch im Vergleich zu dem von Policello u. Hettmansperger (1976) vorgeschlagenen adaptiven Test, auf den wir bereits in Abschnitt 3.2 hingewiesen haben.

3.5 Adaptive Lagetests im Zweistichproben-Problem

3.5.1 Problemstellung

Wir betrachten Modell und Hypothesen wie in Abschnitt 2.7.1:

Es seien $X_1, \dots, X_m$ und $Y_1, \dots, Y_n$ unabhängige Zufallsvariablen mit $X_i \sim F(z)$, $i=1,\dots,m$, $Y_j \sim F(z-\theta)$, $j=1,\dots,n$, $\theta \in \mathbf{R}$, wobei F stetig mit zugehöriger Dichte f sei. Zu testen ist die Hypothese:

$$H_0: \theta = 0 \text{ gegen } H_1: \theta > 0 \ (\theta < 0, \theta \neq 0) .$$

Unter H_0 haben also die Zufallsvariablen X_i und Y_j dieselbe Verteilung; unter H_1 unterscheiden sich ihre Verteilungen nur durch einen Lageparameter θ. Von den drei zur Verfügung stehenden Gruppen von Tests der Abschnitte 2.7.2, 2.7.3 und 2.7.4, den parametrischen, nichtparametrischen und robustifizierten Tests, kommen im Sinne von Satz 1 in 3.2 für den Hoggschen adaptiven Test nur die nichtparametrischen Tests (Rangtests) infrage, ganz analog dem Einstichproben-Fall in Abschnitt 3.4. Die linearen Rangstatistiken im Zweistichproben-Problem sind wie folgt definiert:

$$L_N = \sum_{i=1}^{N} g(i) V_i \ , N=m+n \ ,$$

mit Gewichten $g(i) \in \mathbf{R}$ und den Indikatorvariablen

$$V_i = \begin{cases} 1, & \text{falls } W_{(i)} \text{ eine X-Variable} \\ 0, & \text{falls } W_{(i)} \text{ eine Y-Variable ist,} \end{cases}$$

wobei $W_{(1)}, \dots, W_{(N)}$ die kombinierte, geordnete Statistik von $X_1, \dots, X_m$, $Y_1, \dots, Y_n$ ist.

Beispiele sind der:

(a) Wilcoxon-Test W_N mit

$$g_W(i) = i \ ,$$

(b) Median-Test M_N mit

$$g_M(i) = \begin{cases} 1 & \text{für } i > (N+1)/2, \\ 0 & \text{für } i \leq (N+1)/2, \end{cases}$$

(c) Gastwirth-Test G_N mit

$$g_G(i) = \begin{cases} i-(N+1)/4 & \text{für } i \leq (N+1)/4, \\ 0 & \text{für } (N+1)/4 < i < 3(N+1)/4, \\ i-3(N+1)/4 & \text{für } i \geq 3(N+1)/4, \end{cases}$$

(d) Hogg-Fisher-Randles-Test H_N mit

$$g_H(i) = \begin{cases} i-(N+1)/2 & \text{für } i \leq (N+1)/2, \\ 0 & \text{für } i>(N+1)/2, \end{cases}$$

siehe Beispiel 20 in Abschnitt 2.7.3. Die einzelnen Tests zeigen unterschiedliches Güteverhalten bei unterschiedlicher Tail-Stärke und Asymmetrie der Verteilungen, vergleiche dazu Tabelle 31 in 2.7.5. Diese Tests kommen somit prinzipiell für einen adaptiven Test infrage. Doch vorab stellt sich die Frage: Welche Selektor-Statistik S ist zwecks Klassifikation der Verteilungen und Festlegung eines adaptiven Schemas auszuwählen? Weil hier im Gegensatz zum Einstichproben-Fall *nicht* a priori die Symmetrie der zugrundeliegenden Verteilung unterstellt wird, liegt es nahe, S durch zwei Maße, eines für die Tail-Stärke und eines für die Asymmetrie, zu beschreiben, d.h. S als eine zweidimensionale Statistik zu definieren. Eine Erweiterung wäre durch die Hinzunahme eines weiteren Maßes für die Peakedness möglich; darauf werden wir noch kurz in Abschnitt 3.5.3 zu sprechen kommen. Bevor wir im nächsten Abschnitt einen adaptiven Test angeben werden, dem eine zweidimensionale Selektor-Statistik zugrunde liegt, sei noch erwähnt, daß in der in Abschnitt 3.4.2 vorgestellten Arbeit von Randles u. Hogg (1973) ein adaptiver Test für das Zweistichproben-Problem vorgeschlagen wird, der nur auf einer Maßzahl für die Tail-Stärke als Selektor-Statistik basiert, wenngleich die Autoren in ihre Studie auch eine asymmetrische Verteilung (Exponentialverteilung) einbeziehen.

3.5.2 Adaptive Tests nach Hogg

Folgende Maße der Schiefe und der Tails von Verteilungen werden von Hogg u.a. (1975) vorgeschlagen:

$$\hat{Q}_1 = \frac{\overline{U}_{0.05} - \overline{M}_{0.50}}{\overline{M}_{0.50} - \overline{L}_{0.05}} \qquad \text{(Schiefe)},$$

$$\hat{Q}_2 = \frac{\overline{U}_{0.05} - \overline{L}_{0.05}}{\overline{U}_{0.50} - \overline{L}_{0.50}} \qquad \text{(Tails)},$$

worin $\overline{U}_\alpha$ ($\overline{M}_\alpha$ und $\overline{L}_\alpha$) den Durchschnitt der $\alpha \cdot N$ größten (mittleren bzw. kleinsten) Werte aus der kombinierten, geordneten Stichprobe $W_{(1)}, \ldots, W_{(N)}$ bezeichnet, siehe Abschnitt 3.3.2. Die Selektor-Statistik S ist also gleich $(\hat{Q}_1, \hat{Q}_2)$, wobei $\hat{Q}_i$, $i=1,2$, über *alle* Beobachtungen der kombinierten Stichprobe $X_1, \ldots, X_m, Y_1, \ldots, Y_n$ definiert ist. Als Alternative bietet sich an, $\hat{Q}_1$ und $\hat{Q}_2$ *getrennt* für jede Stichprobe auszuwerten und dann das jeweilige "Gesamtmaß" durch entsprechende Gewichtung über die Stichprobenumfänge festzulegen:

$$\overline{Q}_1 = \frac{m\hat{Q}_{1x} + n\hat{Q}_{1y}}{m+n} \qquad \text{(Schiefe)} ,$$

$$\overline{Q}_2 = \frac{m\hat{Q}_{2x} + n\hat{Q}_{2y}}{m+n} \qquad \text{(Tails)} ,$$

wobei $\hat{Q}_{1x}$ und $\hat{Q}_{2x}$ das Schiefe- bzw. Tail-Maß, berechnet aus der x-Stichprobe, sind, entsprechend für die y-Stichprobe. Ein auf einer solchen Selektor-Statistik $S = (\overline{Q}_1, \overline{Q}_2)$ aufbauender adaptiver Test hat allerdings den gravierenden Nachteil, daß er nicht verteilungsfrei ist; das aktuelle Testniveau α^* kann erheblich vom nominalen Niveau α abweichen. Beim erstgenannten Vorschlag, über die kombinierte Stichprobe die Selektor-Statistik festzulegen, sichern wir unter H_0 (*d.h. die X- und Y-Variablen sind identisch verteilt*) die verteilungsfreie Eigenschaft des adaptiven Tests, denn unter H_0 sind $\hat{Q}_1$ und $\hat{Q}_2$ als Funktionen der geordneten Statistik $W_{(1)}, \dots, W_{(N)}$ vollständig und suffizient für die zugrundeliegende Verteilung F. Weil zudem die oben definierten linearen Rangstatistiken L_N unter H_0 verteilungsfrei sind für alle stetigen F, ist $S = (\hat{Q}_1, \hat{Q}_2)$ unabhängig von L_N; nach Satz 1 hält also der auf $S = (\hat{Q}_1, \hat{Q}_2)$ und auf linearen Rangstatistiken basierende adaptive Test das Niveau α ein. Der Schlüssel für die verteilungsfreie Eigenschaft eines solchen adaptiven Tests liegt ganz einfach in der Tatsache, daß unter H_0 die Ränge $R_1, \dots, R_N$ und die geordnete Statistik $W_{(1)}, \dots, W_{(N)}$ unabhängig sind, siehe Randles u. Wolfe (1979, S.273).

Hogg u.a. (1975) legen nun wie folgt Bereiche D_1, D_2, D_3, D_4 im Sinne von Satz 1 über $S = (\hat{Q}_1, \hat{Q}_2)$ fest:

$$D_1 = \{S \mid 0 \le \hat{Q}_1 \le 2,\ 1 \le \hat{Q}_2 \le 2\} ,$$

$$D_2 = \{S \mid 0 \le \hat{Q}_1 \le 2,\ 2 < \hat{Q}_2 \le 7\} ,$$

$$D_3 = \{S \mid \hat{Q}_1 \ge 0,\ \hat{Q}_2 > 7\} ,$$

$$D_4 = \{S \mid \hat{Q}_1 > 2,\ 1 \le \hat{Q}_2 \le 7\} .$$

Diesen Bereichen werden folgende Rangtests zugeordnet:

D_1: G_N-Test (Gastwirth-Test) für Verteilungen mit kurzen Tails,

D_2: W_N-Test (Wilcoxon-Test) für Verteilungen mit mittleren bis starken Tails,

D_3: M_N-Test (Median-Test) für Verteilungen mit sehr starken Tails,

D_4: H_N-Test (Hogg-Fisher-Randles-Test) für rechtsschiefe Verteilungen.

Der adaptive Test A ist dann wie folgt definiert:

$$A = \begin{cases} G_N, & \text{falls } S \in D_1, \\ W_N, & \text{falls } S \in D_2, \\ M_N, & \text{falls } S \in D_3, \\ H_N, & \text{falls } S \in D_4. \end{cases}$$

Die Graphik 6 veranschaulicht diesen adaptiven Test.

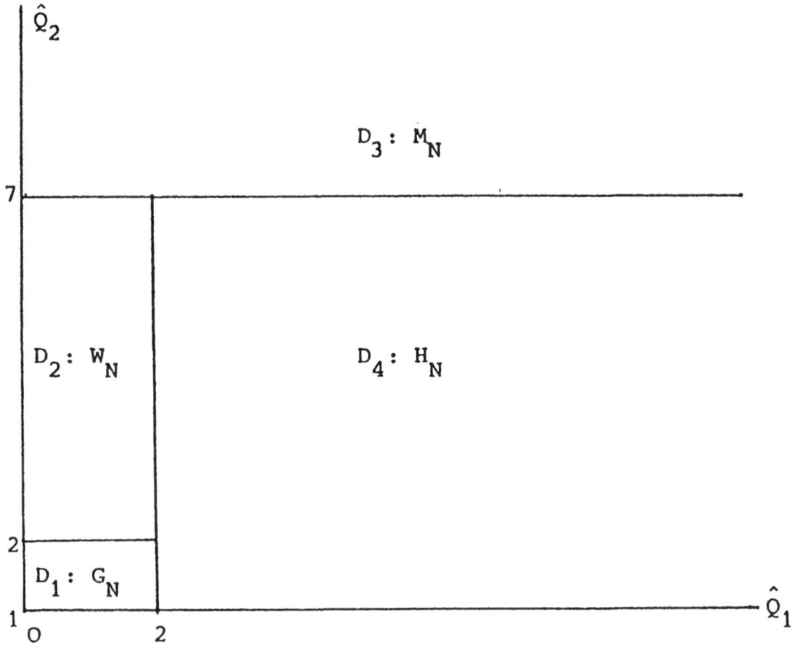

Abb. 6: Adaptives Schema über $\hat{Q}_1$, $\hat{Q}_2$

Beispiel 4:

Wir betrachten die Daten aus Beispiel 7 in 1.3. Zu testen sei:

$$H_0: \theta = 0 \text{ gegen } H_1: \theta < 0 \;, \alpha = 0.10 \;.$$

Wie bereits in Beispiel 23 in 2.7.4 verdeutlicht, können wir von der Gleichheit der Varianzen der X- und Y-Variablen ausgehen, so daß einer der obigen Rangtests infrage kommt. In Beispiel 23 wurde auch die Frage aufgeworfen, welcher der beiden Tests, der Median-Test M_N oder der Wilcoxon-Test W_N der geeignetere für diesen Datensatz ist; dabei führte der M_N-Test im Gegensatz zum W_N-Test nicht zur Ablehnung von H_0.

Es ergibt sich nun:

$\hat{Q}_1 = 0.946$ (angenähert Symmetrie) und

$\hat{Q}_2 = 2.298$ (kurze bis mittlere Tails),

d.h. $S = (\hat{Q}_1, \hat{Q}_2) \in D_2$, und der Wilcoxon-Test W_N ist anzuwenden.

Berechnen wir das Schiefe- und Tail-Maß getrennt für die x- bzw. y-Stichprobe, so erhalten wir:

$\overline{Q}_1 = 1.023$ und $\overline{Q}_2 = 2.271$; der Unterschied zu $\hat{Q}_1$ bzw. $\hat{Q}_2$ ist also gering.

∇

Es sei hier erwähnt, daß ein weiterer Bereich für linksschiefe Verteilungen in dieses adaptive Schema aufgenommen werden könnte. Ein geeigneter Test für solche Verteilungen ergibt sich, wenn die Gewichte $g_H(i)$ in der Rangstatistik H_N "vertauscht" werden, d.h. $g_H(i)$ durch

$$g_H^*(i) = \begin{cases} 0 & \text{für } i \leq (N+1)/2, \\ i-(N+1)/2 & \text{für } i > (N+1)/2 \end{cases}$$

ersetzt wird, siehe Randles u. Wolfe (1979, S.293).

Auf ein wichtiges Problem bei der Anwendung solcher adaptiver Tests muß an dieser Stelle hingewiesen werden. Die vorab zu erfolgende Klassifikation der (unbekannten) Verteilung hinsichtlich der Kriterien Schiefe und Tail-Stärke basiert auf der *kombinierten*, geordneten Statistik der X- und Y- Variablen. Unter der Alternativhypothese H_1 ($\theta > 0, \theta < 0, \theta \neq 0$) sind natürlich die zugrundeliegenden Rangtests nicht mehr verteilungsfrei; die Verteilungen der zugehörigen Rangstatistiken hängen dann ganz wesentlich von der speziell unterstellten Verteilung F ab. Das bedeutet z.B. im Fall $H_1{:}\theta > 0$, daß mit wachsendem θ die über die Selektor-Statistik S getroffene Wahl des Verteilungsmodells immer weniger akkurat wird. Wir wollen diesen Sachverhalt an einem Beispiel verdeutlichen: Nehmen wir an, die Selektor-Statistik S wählt den Median-Test M_N aus ($S \in D_3$), und dieser Test führe dann zur Ablehnung der Nullhypothese. Wir addieren nun zu allen y-Werten einen bestimmten positiven Wert θ, durch den die y-Werte in der Weise vergrößert werden, daß S für die neue kombinierte Stichprobe den Wilcoxon-Test W_N auswählt. Dann ist der Fall möglich (wenn auch für kleines θ nicht sehr wahrscheinlich), daß der Wilcoxon-Test, basierend auf der alten x- und der neuen y-Stichprobe, *nicht* zur Ablehnung der Nullhypothese führt. Hogg u.a. (1975) argumentieren dagegen, daß erstens, wenn θ *klein* ist, die Auswahl des Modells und damit die des Tests nicht stark beeinflußt wird, und daß zweitens, wenn θ *groß* ist, es eigentlich unwichtig ist, welches Modell ausgewählt wird, weil jeder der in dem adaptiven Schema benutzten Rangtests dann leicht den Lageunterschied zwischen den X- und Y-Variablen aufzudecken vermag. Die Frage, die sich sofort aufdrängt, lautet: Was heißt, θ ist klein, θ ist groß, bzw. was passiert für weder kleines noch großes θ? Wir werden den Einfluß von θ auf die Maße $\hat{Q}_1$ und $\hat{Q}_2$ bei der Diskussion der Tabellen 8 und 9 näher untersuchen.

Grundsätzlich ließe sich dieses Problem des Einflusses von θ auf die Modellauswahl dadurch vermeiden, daß statt der *kombinierten* Stichprobe die x- und y-Stichproben *getrennt* - wie oben beschrieben- bei der Definition der Selektor-Statistik betrachtet werden. Dann verlieren wir allerdings die gewünschte verteilungsfreie Eigenschaft des adaptiven Tests. Vor einem ähnlichen Dilemma standen wir im Einstichproben-Fall im vorangegangenen Abschnitt 3.4: Verteilungsfreie Eigenschaft des adaptiven Tests A^* gegen Lage- und Skaleninvarianz des Tail-Maßes $\hat{Q}$ beim Test A. Die einem adaptiven Test im Zweistichproben-Problem zugrundeliegenden Maße $\hat{Q}_1$ und $\hat{Q}_2$ sind lage- und skaleninvariant in dem Sinne, daß die x- *und* y-Beobachtungen in *gleicher* Weise transformiert werden. Das oben erwähnte Problem einer möglichen unkorrekten Modellauswahl über $S = (\hat{Q}_1, \hat{Q}_2)$ stellt sich deshalb, weil unter der Alternativhypothese H_1 nur die y-Beobachtungen einer Transformation unterliegen, d.h. $\hat{Q}_1$ und $\hat{Q}_2$ schätzen die theoretischen Maße Q_1 bzw. Q_2, die zur Verteilung $H(x) = \frac{m}{m+n}F(x) + \frac{n}{m+n}F(x-\theta)$ gehören und *nicht* zu F(x), falls $\theta \neq 0$ ist.

Fassen wir zusammen: Für einen adaptiven Test A mit Selektor-Statistik S wäre das Erfülltsein der folgenden beiden Kriterien wünschenswert:

1. Verteilungsfreie Eigenschaft von A (unter H_0),
2. Invarianz von S bei Transformation der y-Beobachtungen (unter H_1).

Der von Hogg u.a. (1975) angegebene adaptive Test A erfüllt das erste Kriterium, aber nicht das zweite, und der oben als Alternative vorgeschlagene adaptive Test, der auf einer getrennten Behandlung der beiden Stichproben basiert, erfüllt das zweite Kriterium, aber nicht das erste. Prinzipiell sollte dem ersten Kriterium stärkeres Gewicht beigemessen werden, d.h. ein adaptiver Test bevorzugt werden, der die Einhaltung des Testniveaus sicherstellt; es sei denn, die Abweichung des aktuellen Testniveaus α^* vom nominalen α ist belanglos.

Wie gut ist nun der oben angegebene adaptive Test A im Vergleich zu seinen einzelnen Konkurrenten G_N, W_N, M_N und H_N? Zur Beantwortung dieser Frage wurde eine Simulationsstudie (5000 Läufe) mit Stichprobenumfängen (m,n)= (8,12), (10,10), (20,20), $\alpha = 0.10$ und für Lagealternativen $\theta = k\sigma$ bei fünf verschiedenen Verteilungen, der Gleichverteilung U, Normalverteilung N, Doppelexponentialverteilung D,

Cauchy-Verteilung CA und Exponentialverteilung E durchgeführt, siehe Büning (1983). Die Cauchy-Verteilungsfunktion F_{CA} ist so skaliert, das $F_{CA}^{-1}(0.8413) = \sigma$ ist wegen $\Phi(1) = 0.8413$.

Zur Simulation der Güte sind die (1-α)-Quantile der M_N-Statistik für alle drei (m,n)-Kombinationen Tabellen der exakten Verteilung von M_N unter H_0 entnommen, ebenso die (1-α)-Quantile der anderen drei Statistiken für (m,n) = (8,12) und (10,10); für m=n=20 wurden die (1-α)-Quantile der G_N-, W_N- und H_N-Statistik approximativ über die Normalverteilung bestimmt. Randomisierungen bei diesen vier verteilungsfreien Tests mußten vorgenommen werden, um das gewünschte Testniveau $\alpha = 0.10$ für jeden der vier Tests zu erhalten. Die Zahlen in den Spalten "Anzahl" der Tabellen 8 und 9 geben an, wie häufig (von 5000) die einzelnen vier verteilungsfreien Tests zur Durchführung des adaptiven Tests angewendet wurden; d.h. wie häufig die $(\hat{Q}_1, \hat{Q}_2)$-Werte in die einzelnen Bereiche $D_1,\ldots,D_4$ fielen.

Tab. 8: Gütewerte ausgewählter Tests bei verschiedenen Verteilungen, m=8, n=12, $\alpha = 0.10$

		Verteilung									
		U		N		D		CA		E	
Test	k	Güte	Anzahl	Güte	Anzahl	Güte	Anzahl	Güte	Anzahl	Güte	Anzahl
A	0	0.1106		0.0970		0.0982		0.1008		0.1028	
	0.3	0.2880		0.2488		0.3014		0.2574		0.4810	
	0.6	0.5256		0.4720		0.5738		0.4846		0.7594	
	1	0.7740		0.7696		0.8474		0.7184		0.9156	
G_N	0	0.1124	3211	0.0968	460	0.1020	58	0.1040	5	0.1058	232
	0.3	0.3140	2914	0.2372	403	0.2366	65	0.1802	6	0.4260	233
	0.6	0.5912	2173	0.4524	509	0.4320	125	0.2868	13	0.6764	240
	1	0.8664	1506	0.7274	519	0.6860	219	0.4166	22	0.8504	268
W_N	0	0.1110	1648	0.0972	4319	0.0990	4366	0.0994	2836	0.1106	178
	0.3	0.2504	1935	0.2522	4381	0.3078	4397	0.2636	2858	0.3848	556
	0.6	0.4736	2700	0.4806	4291	0.5866	4356	0.4786	2861	0.6712	1203
	1	0.7584	3421	0.7824	4308	0.8654	4346	0.7028	2918	0.8856	2264
M_N	0	0.1086	0	0.1006	0	0.1004	0	0.0956	921	0.1068	0
	0.3	0.1842	0	0.2180	0	0.3036	0	0.2716	884	0.2620	0
	0.6	0.3020	0	0.4012	0	0.5736	0	0.5082	889	0.4852	0
	1	0.5088	0	0.6652	0	0.8330	0	0.7582	886	0.7466	0
H_N	0	0.1094	141	0.0962	221	0.0994	576	0.1012	1238	0.1056	4590
	0.3	0.2412	151	0.2286	216	0.2704	538	0.2268	1252	0.4996	4211
	0.6	0.4288	121	0.4356	200	0.5264	519	0.4330	1237	0.8068	3557
	1	0.6850	73	0.7138	173	0.8024	435	0.6484	1174	0.9590	2468

Tab. 9: Gütewerte ausgewählter Tests bei verschiedenen Verteilungen, $m=n=20$, $\alpha = 0.10$

		Verteilung									
		U		N		D		CA		E	
Test	k	Güte	Anzahl	Güte	Anzahl	Güte	Anzahl	Güte	Anzahl	Güte	Anzahl
A	0	0.0980		0.1006		0.0998		0.1054		0.1088	
	0.3	0.4196		0.3554		0.4240		0.3696		0.7244	
	0.6	0.7270		0.6936		0.8122		0.6872		0.9608	
	1	0.9406		0.9598		0.9876		0.9094		0.9952	
G_N	0	0.1016	3604	0.1036	81	0.1014	2	0.1060	0	0.1120	27
	0.3	0.4732	3026	0.3368	60	0.3124	2	0.2382	0	0.6856	24
	0.6	0.8440	1895	0.6680	63	0.6344	0	0.3878	0	0.9396	32
	1	0.9912	924	0.9404	71	0.9102	16	0.5908	0	0.9900	64
W_N	0	0.0968	1376	0.1002	4896	0.0996	4771	0.1066	2601	0.1128	41
	0.3	0.3478	1953	0.3562	4914	0.4276	4822	0.3692	2721	0.5690	179
	0.6	0.6836	3097	0.6944	4906	0.8146	4795	0.6844	2731	0.8950	565
	1	0.9392	4075	0.9610	4909	0.9882	4827	0.9084	2797	0.9904	1517
M_N	0	0.0998	0	0.1006	0	0.0982	0	0.0996	1413	0.1062	0
	0.3	0.2236	0	0.2916	0	0.4214	0	0.3868	1344	0.3642	0
	0.6	0.4062	0	0.5482	0	0.8010	0	0.7252	1290	0.6966	0
	1	0.6996	0	0.8694	0	0.9760	0	0.9432	1162	0.9398	0
H_N	0	0.0994	20	0.1056	23	0.1028	227	0.1080	986	0.1088	4932
	0.3	0.3280	21	0.3204	26	0.3846	176	0.3268	935	0.7298	4797
	0.6	0.6258	8	0.6284	31	0.7508	205	0.6056	979	0.9730	4403
	1	0.9038	1	0.9242	20	0.9600	157	0.8326	1041	0.9992	3419

Es zeigt sich, daß die Maße $\hat{Q}_1$ und $\hat{Q}_2$ recht stabil sind bezüglich θ, mit Ausnahme bei der Gleichverteilung und Exponentialverteilung, für die mit wachsendem θ die Selektor-Statistik S immer mehr den Bereich D_2 (mittlere Tails) auswählt, was bei der Gleichverteilung für $\theta \geq 0.6\sigma$ sogar zur Folge hat, daß der (effiziente) Wilcoxon-Test vorrangig zur Anwendung kommt. Auffällig ist auch, daß selbst bei Cauchy-verteilten Daten die Werte von S vorrangig in den Bereich D_2 (und nicht D_3) fallen. Wir werden auf mögliche diesbezügliche Konsequenzen in Abschnitt 3.5.3 zusprechen kommen.

Ein Blick auf die Tabellen 8 und 9 zeigt, daß der adaptive Test A bei einer bestimmten Verteilung stets (etwas) schlechter ist als der für diese Verteilung speziell ausgewählte Test. Das ist auch verständlich, denn vom Test A wird ja nicht erwartet, daß er optimal für eine *bestimmte* Verteilung ist. In allen anderen Fällen schneidet der Test A besser ab als der für einen speziellen Verteilungstyp vorgesehene Test; so z.B. besser als der W_N-Test bei Gleichverteilung (kurze Tails), Cauchy-Verteilung (starke Tails) und Exponentialverteilung (Asymmetrie).

Wir wollen diese Aussage durch eine Rangtabelle stützen, in der wir für die einzelnen fünf Tests bei jeder der fünf Verteilungen Ränge vergeben (der beste Test erhält den Rang 1). Das wird in Tabelle 10 demonstriert am Beispiel m=8, n=12, $\theta = 0.6\sigma$. (In den anderen Fällen ist das Bild ähnlich.)

Tab. 10: Rangwerte und Rangsumme ausgewählter Tests bei verschiedenen Verteilungen

	Verteilung					
Test	U	N	D	CA	E	Rangsumme
A	2	2	2	2	2	10
G_N	1	3	5	5	3	17
W_N	3	1	1	3	4	12
M_N	5	5	3	1	5	19
H_N	4	4	4	4	1	17

Der adaptive Test (als bester) und der Wilcoxon-Test sind wie im Einstichproben-Fall insgesamt den anderen Tests überlegen, wobei sich auch hier Test A keinen "Ausrutscher" erlaubt. Bemerkenswert ist, daß der W_N-Test bei einer asymmetrischen Verteilung nicht gut im Vergleich mit den konkurrierenden Tests abschneidet.

Hogg u.a. (1975) haben eine ähnliche Simulationsstudie (5000 Läufe) unter Einbeziehung des t-Tests (t) und des (γ_1, γ_2)-getrimmten t-Tests $t_{\gamma_1\gamma_2 g}$ mit $\gamma_1 = \gamma_2 = 0.20$ (siehe 2.7.4), hier kurz mit t_g bezeichnet, durchgeführt, wobei der Test t_g sich bei symmetrischen Verteilungen mit starken Tails als besonders geeignet herausgestellt hat. Für das adaptive Schema werden auch die vier oben angegebenen Rangtests G_N, W_N, M_N und H_N verwendet; die Tests G_N und H_N sind dabei durch eine additive Konstante modifiziert. Als Verteilungsmodell wird die R-S-T-Verteilung (siehe 2.2) mit variierenden Parametern β_1 (Schiefe) und β_2 (Kurtosis) als Funktionen von λ_3 und λ_4, den Formparametern der R-S-T-Verteilung, betrachtet. (Für $\lambda_3 = \lambda_4$ liegt eine symmetrische Verteilung vor, d.h. $\beta_1 = 0$). Weiterhin ist m=n=15, $\alpha = 0.05, \theta = 0$ bzw. $\theta = 0.6\sigma$ gewählt. Tabelle 11 gibt die aktuellen Testniveaus α^* und die simulierten Gütewerte (in %) wieder; die letzte Spalte bei $\theta = 0.6\sigma$ beinhaltet die Rangsummen der einzelnen Tests, bestimmt über alle Verteilungen, mit Vergabe von Durchschnittsrängen bei gleich großen Gütewerten.

Tab. 11: Gütewerte ausgewählter Tests für die R-S-T-Verteilung, m=n=15, α = 0.05 (in %)

		Verteilung														
	β_1	0	0	0	0	0	CA	0.5	1.5	0.9	1.5	0.8	2.0	3.16	3.88	
Test	β_2	1.8	3.0	6.0	11.6	126	like	2.2	5.8	4.2	7.5	11.4	21.2	23.8	40.7	
							$\theta = 0$									
t		5.2	5.2	5.3	5.2	5.0	3.1	5.1	5.1	5.2	4.9	5.1	5.1	5.1	5.0	
t_g		5.4	5.3	5.3	5.3	5.3	4.1	5.3	5.0	5.3	5.1	5.2	5.1	4.7	4.7	
A		4.7	5.2	5.2	5.1	5.0	5.1	4.8	4.9	4.9	5.0	5.0	5.0	4.9	4.9	
W_N		5.1	5.2	5.2	5.2	5.1	5.1	5.1	5.1	5.2	5.2	5.1	5.1	5.1	5.1	
G_N		4.9	5.0	4.9	4.9	4.9	4.9	4.9	4.8	5.1	5.0	4.9	5.0	5.0	4.9	
H_N		4.9	4.9	4.9	4.9	4.9	4.9	4.9	4.9	4.9	4.9	4.9	4.9	4.9	4.9	
M_N		4.9	5.0	4.7	5.1	5.0	4.8	5.0	5.1	4.9	5.0	4.7	4.7	5.1	5.2	
							$\theta = 0.6\sigma$									Rangsumme
t		47	48	51	52	56	13	47	50	49	51	52	54	56	59	70.5
t_g		32	43	53	60	69	49	35	49	46	53	59	62	67	71	54.0
A		51	46	53	58	66	47	53	74	52	63	58	63	91	94	33.5
W_N		44	46	54	59	67	46	48	64	52	60	59	62	80	84	40.0
G_N		63	41	42	43	46	20	64	67	48	53	43	47	74	75	68.5
H_N		37	39	46	51	58	40	53	78	55	66	54	63	93	95	41.0
M_N		25	36	45	52	60	54	28	42	39	46	52	54	61	65	80.5

Ein Blick auf Tabelle 11 zeigt, daß der t-Test und auch (eingeschränkt) der t_g-Test nur bei der Cauchy-Verteilung das Niveau α nicht einhalten, beide Tests sind hier konservativ. Beim Gütevergleich schneidet der adaptive Test A auch in dieser Studie insgesamt gesehen am besten ab, wieder gefolgt vom "robusten" Wilcoxon-Test W_N. Der Test H_N liegt hier natürlich deshalb auf Platz 3, weil er unter den angegebenen Tests der einzige ist, der gerade für asymmetrische Verteilungen ($\beta_1 \neq 0$) konzipiert ist und somit in diesen Fällen Pluspunkte sammeln kann. Der t-Test liegt an vorletzter Stelle der Rangskala, er ist in der Nähe der Normalverteilung ($\beta_1 = 0, \beta_2 = 3$) kaum besser als der Test A und erweist sich gerade bei Verteilungen mit starken Tails und bei asymmetrischen Verteilungen als klarer Verlierer. Der t_g-Test gehört - wie zu erwarten - zu den besten Tests bei symmetrischen Verteilungen mit starken Tails. Für asymmetrische Verteilungen bietet sich eine getrimmte Version an, in die für jede der beiden Stichproben unterschiedliche Trimmanteile am unteren und oberen Ende eingehen ($\gamma_1 \neq \gamma_2$).

3.5.3 Ergänzungen

Der im vorangegangenen Abschnitt diskutierte adaptive Test A von Hogg u.a. (1975) wirft einige Fragen verbunden mit möglichen und u.U. besseren Alternativen zu A auf. So ist es allein unter Berücksichtigung der theoretischen Werte des Tail-Maßes Q_2 (siehe Tabelle 1 in 3.3.1) nicht einsichtig, warum für den Bereich D_2 (mittlere bis starke Tails) als obere Grenze für $\hat{Q}_2$ der Wert 7 gewählt wird und nicht ein deutlich kleinerer Wert, denn es ist z.B. $Q_2 = 3.302$ für die Doppelexponentialverteilung als eine Verteilung mit starken Tails. Diese Überlegung findet Unterstützung durch eine Simulationsstudie, in der für einige Verteilungen mit starken bis sehr starken Tails und für Stichprobenumfänge n=20, 50 und 100 Werte von $\hat{Q}_2$ berechnet wurden. Es stellt sich heraus, daß $\hat{Q}_2$ das Tail-Maß Q_2 prinzipiell *unterschätzt* und daß selbst bei einer Cauchy-Verteilung, für die Q_2 nicht existiert, die Werte von $\hat{Q}_2$ meist kleiner als 7 sind (siehe dazu auch die Tabellen 8 und 9). Auf Grund der Ergebnisse der Studie scheint eine Verbesserung des adaptiven Schemas von Hogg u.a. (1975) dadurch gegeben zu sein, daß in den Bereichen D_2, D_3 und D_4 der Wert 7 durch 3.5 ersetzt wird. Da der Bias des Schätzers $\hat{Q}_2$ für Q_2 z.T. stark - wie sich herausgestellt hat - von der Größe des Stichprobenumfangs abhängt, ist eine weitere Verbesserung des adaptiven Schemas durch Einbeziehung des Stichprobenumfanges N, N=m+n, in die Grenzen der Intervalle zur Festlegung der Bereiche D_i möglich, so wie wir es bereits im Einstichproben-Problem kennengelernt haben.

Eine weitere Alternative zum adaptiven Test A von Hogg u.a. liegt in der Wahl von Maßen für Schiefe und Tails aus der Gruppe III, die auf Quantilen basieren. So bieten sich als Schiefe-Maß

$$\hat{S}_1 = \frac{\hat{w}_{0.975} - \hat{w}_{0.5}}{\hat{w}_{0.5} - \hat{w}_{0.025}}$$

und als Tail-Maß

$$\hat{T}_1 = \frac{\hat{w}_{0.975} - \hat{w}_{0.025}}{\hat{w}_{0.875} - \hat{w}_{0.125}}$$

an, wobei $w_{(1)}, w_{(2)}, \ldots, w_{(N)}$ die kombinierte, geordnete Stichprobe ist.

In Tabelle 12 sind zunächst Werte der zu $\hat{S}_1$ und $\hat{T}_1$ gehörenden Maße S_1 und T_1 für verschiedene Verteilungen angegeben. Darin bedeuten $KN(\varepsilon, c)$ die skalenkontaminierte Normalverteilung, $LN(\sigma^2)$ die Lognormalverteilung mit Formparameter σ^2 und $W(\delta)$ die Weibull-Verteilung mit Formparameter δ; die (linksschiefe) Dreieckverteilung hat die Dichte $f(x) = 0.5x,\ 0 \le x \le 2$.

Tab. 12: Werte von S_1 (Schiefe) und T_1 (Tails) für ausgewählte Verteilungen

Verteilung	S_1	T_1
Gleichverteilung	1	1.297
Normal	1	1.704
Logistisch	1	1.883
Doppelexponential	1	2.161
Cauchy	1	5.263
KN(0.05,2)	1	1.753
KN(0.05,5)	1	1.915
KN(0.10,2)	1	1.807
KN(0.10,5)	1	2.606
Dreieckverteilung	0.511	1.425
Exponential	4.486	1.883
$\chi^2(4)$	2.711	1.778
$\chi^2(10)$	1.828	1.730
$\chi^2(20)$	1.522	1.716
LN(0.1)	1.217	1.711
LN(0.5)	2.665	1.885
LN(1.0)	7.102	2.449
W(1.5)	2.302	1.682
W(2.0)	1.616	1.636

In Ergänzung dazu wurde eine Simulationsstudie mit Daten aus einigen ausgewählten symmetrischen und asymmetrischen Verteilungen zwecks Berechnung der Schätzer $\hat{S}_1$ und $\hat{T}_1$ für S_1 bzw. T_1 durchgeführt, und zwar für Stichprobenumfänge n=20, 50 und 100. Auf Grund der theoretischen und der erhaltenen empirischen Werte für das Schiefe- und Tail-Maß schlagen wir folgendes adaptive Schema über die Selektor-Statistik $S = (\hat{S}_1, \hat{T}_1)$ vor, in das ergänzend ein Bereich für linksschiefe Verteilungen mit einbezogen wird; dabei bedeuten H_N^l der Hogg-Fisher-Randles-Test für linksschiefe und H_N^r der für rechtsschiefe Verteilungen (siehe dazu die Bemerkungen im Anschluß an Beispiel 4 in 3.5.2):

$$D_1 = \{S \mid 0 \le \hat{S}_1 \le 0.6,\ 1 \le \hat{T}_1 \le 2.5\}\ ,$$

$$D_2 = \{S \mid 0.6 < \hat{S}_1 \le 2,\ 1 \le \hat{T}_1 \le 1.5\}\ ,$$

$$D_3 = \{S \mid 0.6 < \hat{S}_1 \le 2,\ 1.5 < \hat{T}_1 \le 2.5\}\ ,$$

$$D_4 = \{S \mid \hat{S}_1 > 2,\ 1 \le \hat{T}_1 \le 2.5\}\ ,$$

$$D_5 = \{S \mid \hat{S}_1 \ge 0,\ \hat{T}_1 > 2.5\}\ .$$

Die Zuordnung der Tests zu den einzelnen Bereichen $D_1,\ldots,D_5$ ist der Graphik 7 zu entnehmen.

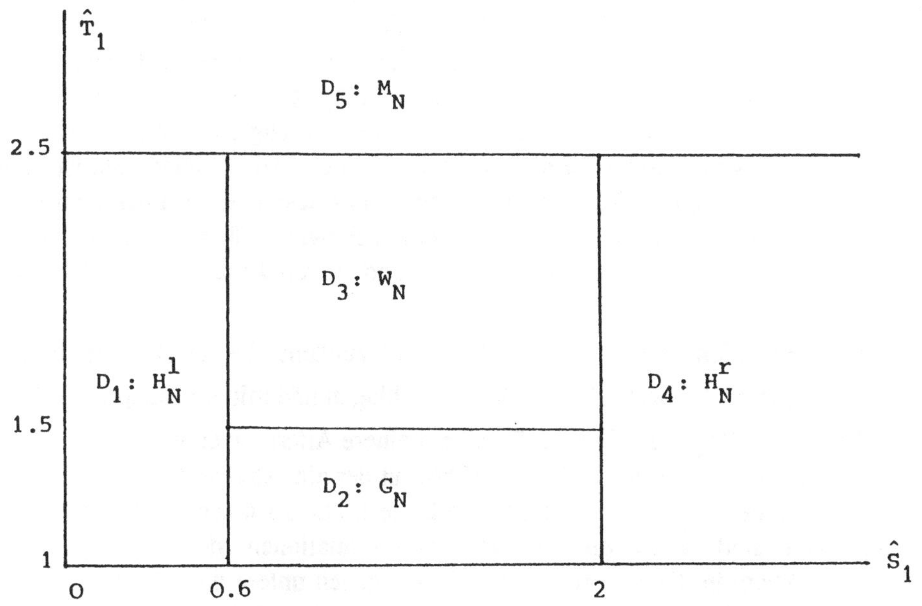

Abb. 7: Adaptives Schema über $\hat{S}_1, \hat{T}_1$

Da die oben erwähnte Simulationsstudie gezeigt hat, daß der Bias der Schätzer $\hat{S}_1$ und $\hat{T}_1$ für S_1 bzw. T_1 vom Stichprobenumfang N abhängt (wenn auch nicht in dem Maße wie bei den Schätzern $\hat{Q}_1$ und $\hat{Q}_2$), ist auch hier eine Verbesserung des adaptiven Schemas durch Einbeziehung des Stichprobenumfanges N in die Grenzen von $D_1,...,D_5$ möglich.

Neben einer alternativen Wahl von Maßen für Schiefe und Tails können auch die dem adaptiven Test zugrundeliegenden Rangtests ausgetauscht werden. So bieten sich für Verteilungen mit kurzen Tails der Test A+B von Hájek u. Šidák (1967, S.89) an, der als sogenannter *exceedance test* allerdings kein linearer Rangtest, aber auch unter H_0 verteilungsfrei ist, weiterhin für Verteilungen mit mittleren Tails der v.d. Waerden-Test X_N und für solche mit starken Tails der Cauchy-lokal-optimale Test C_N mit Gewichten $g_{CA}(i) = -\sin(2\pi i/(N+1))$.

Eine weitere Variante besteht in der Auswahl einer *dreidimensionalen* Selektor-Statistik S, die neben den Maßen für Schiefe und Tails ein solches für die Peakedness einer Verteilung einschließt, z.B. $S = (\hat{S}_1, \hat{T}_1, \hat{P}_1)$ mit $\hat{P}_1$ aus Gruppe III, siehe 3.3.1 und 3.3.2. Einige adaptive Tests, die auf einer solchen dreidimensionalen Selektor-Statistik basieren, hat Handl (1986, S.183ff) für eine Reihe von symmetrischen und asymmetrischen Verteilungen und für Stichprobenumfänge m=n=15, 50 untersucht und mit seinen Einzelkonkurrenten sowie dem adaptiven Test A von Hogg u.a. (1975) aus 3.5.2 verglichen. Es stellt sich in Übereinstimmung mit den Ergebnissen aus 3.5.2 heraus, daß bei symmetrischen Verteilungen der Wilcoxon-Test als "Einzelkämpfer" zusammen mit dem Test A ganz vorn liegt, wohingegen bei asymmetrischen Verteilungen eindeutig einem der adaptiven Tests der Vorzug zu geben ist. Allerdings fällt der Gütegewinn durch Hinzunahme der Peakedness in die Selektor-Statistik kaum ins Gewicht (in einigen Stichprobensituationen erweist sich diese Hinzunahme sogar als Nachteil), so daß konstatiert werden kann, daß zwei Maße für Schiefe und Tails völlig ausreichend für die Konzipierung eines adaptiven Tests im Zweistichproben-Lageproblem sind.

Abschließend seien noch drei Arbeiten genannt, zunächst die von Behnen (1975), in der zwei neue, nichtlineare Rangtests vorgeschlagen und mit dem adaptiven Test A_2^* von Randles u. Hogg (1973) auch für allgemeinere Alternativen verglichen werden, desweiteren die Arbeit von Ruhberg (1986), in der ein "stetig-adaptiver" Test konzipiert wird, der auf zwei Teststatistiken basiert. Die zu ihnen gehörenden Score-Funktionen sind stückweise lineare Approximationen der lokal optimalen Score-Funktion; in die entsprechenden Scores gehen untere und obere Truncation-Anteile ein, die als Funktionen der Schiefe- und Tail-Maße Q_1 bzw. Q_2 gewählt werden und vorab geschätzt werden müssen. Dieser adaptive Test, der nach den Ausführungen in Abschnitt 3.2 zur Gruppe der fein-adaptierenden Tests gezählt werden kann, ist gerade für Stichprobenumfänge $m=n \geq 20$ und für schiefe Verteilungen besser als seine zum Vergleich herangezogenen Konkurrenten (t-Test, Wilcoxon-Test und der adaptiver Test A aus 3.5.2), wie die Studie von Ruhberg auf der Basis von zehn aus der R-S-T-Familie ausgewählten Verteilungen gezeigt hat.

Last but not least sei auf die bereits erwähnte Monographie von Behnen u. Neuhaus (1989, Kap 2 und 3) hingewiesen, in der für allgemeinere Alternativen als solche der Lage die optimale Score-Funktion hergeleitet und diese dann mit Hilfe zweier Schätzverfahren, der Kern- bzw. der Projektionsmethode, geschätzt wird. Im Rahmen einer Simulationsstudie (10000 Läufe) werden dann der Wilcoxon-Test und diese beiden neuen fein-adaptierenden Rangtests bei Normalverteilung, logistischer Verteilung und Cauchy-Verteilung unter *verallgemeinerten* Lagealternativen und für m=30 und n=40 miteinander verglichen. Es zeigt sich, daß nur für das Modell der Normalverteilung und der logistischen Verteilung mit "exact shift" (das ist das (einfache) Lage-Modell aus 3.5.1) der Wilcoxon-Test den beiden neuen Rangtests überlegen, in allen anderen Fällen von Verteilungen und Lagealternativen aber z.T. deutlich unterlegen ist. Zwischen den beiden neuen Rangtests ist kein nennenswerter Güteunterschied festzustellen; der Projektionstest hat in dieser Studie knapp "die Nase vorn".

Alles in allem kann festgehalten werden, daß unter dem in 3.5.1 beschriebenen (einfachen) Lage-Modell der Wilcoxon-Test für symmetrische Verteilungen mit mittleren bis starken Tails allen hier vorgestellten adaptiven Tests kaum unterlegen ist, wohl aber bei anderen Verteilungstypen, insbesondere bei asymmetrischen Verteilungen. Und da dem Anwender der Verteilungstyp i.d.R. unbekannt ist, sollte er generell einem adaptiven Test den Vorzug geben, so z.B. dem Test von Hogg u.a. (1975) wegen seiner einfachen Durchführung.

3.6 Adaptive Skalentests im Zweistichproben-Problem

3.6.1 Problemstellung

Wir gehen zunächst vom Modell und den Hypothesen aus Abschnitt 2.8.3 aus:

Es seien $X_1,...,X_m$ und $Y_1,...,Y_n$ unabhängige Zufallsvariablen mit $X_i \sim F(z)$, $i=1,...,m$, und $Y_j \sim F(z/\tau)$, $j=1,...,n$, wobei F symmetrisch um 0 ist. Zu testen ist:

$$H_0: \tau = 1 \quad \text{gegen} \quad H_1: \tau < 1 \; (\tau > 1, \tau \neq 1).$$

In diesem Modell sind also X_i und Y_j/τ identisch verteilt.

Zwecks Konzipierung eines grob-adaptierenden, verteilungsfreien Tests im Sinne von Hogg (1974, 1976) gehen wir von Rangtests aus, die auf linearen Rangstatistiken $L_N = \sum_{i=1}^{N} g(i)V_i$ basieren. Im folgenden sind eine Reihe solcher Tests zusammengestellt, wobei gegebenenfalls in Klammern angeführt ist, für welche Verteilung der Test lokal optimal bzw. asymptotisch äquivalent zum lokal optimalen Test ist, siehe 2.8.3:

(a) Capon-Test C_N (Normalverteilung):

$$g_C(i) = E(Z_{(i)}^2),$$

wobei $Z_{(i)}$ die i-te geordnete Statistik von N standardnormalverteilten Zufallsvariablen ist,

(b) Klotz-Test K_N (Normalverteilung)

$$g_K(i) = (\Phi^{-1}(i/(N+1)))^2,$$

wobei Φ die Standardnormalverteilung ist,

(c) Ansary-Bradley-Test (Mielke-Verteilung mit r=1):

$$g_A(i) = (N+1)/2 - |i - (N+1)/2|,$$

(d) Mood-Test D_N (t-Verteilung mit ν=2 FG):

$$g_D(i) = (i - (N+1)/2)^2,$$

(e) Gastwirth-Test G_N:

$$g_G(i) = \begin{cases} (N+1)/4 - i & \text{für } i \leq (N+1)/4, \\ 0 & \text{für } (N+1)/4 < i < 3(N+1)/4, \\ i - 3(N+1)/4 & \text{für } i \geq 3(N+1)/4, \end{cases}$$

vergleiche dazu den Gastwirth-Lagetest in Abschnitt 3.5.1,

(f) Log-Score-Test LS_N (logistische Verteilung)

$$g_{LS}(i) = -(2i/(N+1) - 1)\ln((N+1)/i - 1),$$

(g) Cauchy-Test CA_N (Cauchy-Verteilung):

$$g_{CA}(i) = \cos 2\pi(i/(N+1)).$$

Diese Rangtests werden im nächsten Abschnitt unter dem Modell einer symmetrischen Verteilung zur Konstruktion eines adaptiven Tests herangezogen; auf die Wahl von Rangtests bei asymmetrischen Verteilungen gehen wir dann später ein.

3.6.2 Adaptive Tests

Im Skalenproblem liegen m.W. nur zwei Arbeiten über grob-adaptierende Tests vor, und zwar die von Rünstler (1987) und die von Kössler (1991). Während die erstgenannte Arbeit sich auf das wie in 3.6.1 angegebene Modell einer um 0 symmetrischen Verteilung beschränkt, schließt die zweite Arbeit auch den Fall asymmetrischer Verteilungen F mit F(0)=0 ein. Wir wollen uns im folgenden zunächst näher mit der Arbeit von Rünstler befassen, der insgesamt drei adaptive Tests vorschlägt. Die ausgewählte Selektor-Statistik S ist über zwei Maße $\hat{T}_1$ und $\hat{P}_1$ definiert, $\hat{T}_1$ für die Tailstärke und $\hat{P}_1$ für die Peakedness, d.h. $S=(\hat{T}_1,\hat{P}_1)$. Diese Maße basieren auf Quantil-Schätzern und sind jeweils aus der kombinierten, geordneten Stichprobe $w_{(1)},\dots,w_{(N)}$, N=m+n, berechnet:

$$\hat{T}_1 = \frac{\hat{w}_{0.975} - \hat{w}_{0.025}}{\hat{w}_{0.875} - \hat{w}_{0.125}} \quad \text{und}$$

$$\hat{P}_1 = \frac{\hat{w}_{0.875} - \hat{w}_{0.125}}{\hat{w}_{0.75} - \hat{w}_{0.25}}, \quad \text{siehe 3.3.1 und 3.3.2.}$$

In Tabelle 13 sind für einige symmetrische Verteilungen Werte der zu $\hat{T}_1$ und $\hat{P}_1$ gehörenden theoretischen Maße T_1 bzw. P_1 angegeben:

Tab. 13: Werte von T_1 und P_1 für ausgewählte symmetrische Verteilungen

Verteilung	T_1	P_1
Gleichverteilung	1.267	1.400
Normal	1.704	1.706
logistisch	1.883	1.771
Doppelexponential	2.161	2.000
t(2)	2.237	1.860
t(3)	2.683	1.964
KN(0.10, 2)	1.807	1.726
KN(0.10, 5)	2.606	1.766
R-S-T(-1)	5.584	2.751
R-S-T(-0.5)	3.019	2.081
R-S-T(-0.1)	2.038	1.822

Eine von Rünstler durchgeführte Simulationsstudie unter Zugrundelegung obiger und weiterer Verteilungen zeigt, daß $\hat{T}_1$ und $\hat{P}_1$ gute Schätzungen für T_1 bzw. P_1 liefern, mit Ausnahme von $\hat{T}_1$ bei Verteilungen mit sehr starken Tails. Aufbauend auf diesen theoretischen und empirischen Werten und unter Berücksichtigung der A.R.E.-Ergebnisse von Rangtests, die für bestimmte (T_1,P_1)-Werte als geeignet infrage kommen, schlägt Rünstler zunächst folgende Bereiche für das adaptive Schema vor:

$$D_1 = \{S \mid \hat{T}_1 < 3.5\,,\, \hat{P}_1 - 0.1\hat{T}_1 < 1.6\}\ ,$$

$$D_2 = \{S \mid \hat{T}_1 < 3.5\,,\, \hat{P}_1 - 0.1\hat{T}_1 \geq 1.6\}\ ,$$

$$D_3 = \{S \mid \hat{T}_1 \geq 3.5\}\ ,$$

und dann als adaptiven Test :

$$A = \begin{cases} G_N & \text{, falls } S \in D_1 \\ D_N & \text{, falls } S \in D_2 \\ CA_N & \text{, falls } S \in D_3\ , \end{cases}$$

worin G_N der Gastwirth-Test, D_N der Mood-Test und CA_N der Cauchy-Test sind. Abbildung 8 veranschaulicht diesen adaptiven Test:

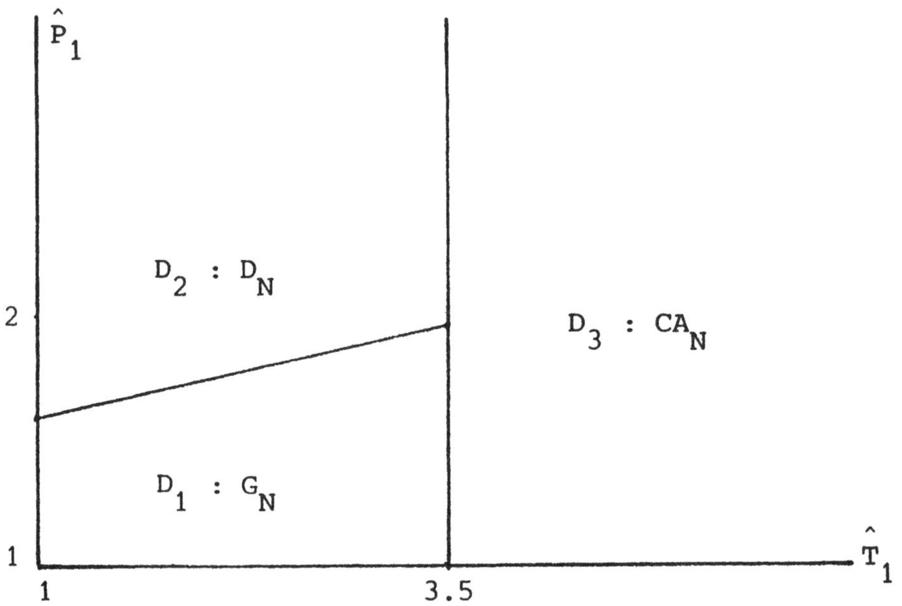

Abb. 8: Adaptives Schema über $\hat{T}_1$ und $\hat{P}_1$ für symmetrische Verteilungen.

Beispiel 5:

Wir betrachten die Daten aus Beispiel 9 in 1.3 (siehe auch Beispiel 29 in 2.8.5). Bezogen auf das Modell in 3.6.1 ist

$$VAR_D(\tilde{Z}) = VAR_D(\overline{Z})/\tau^2 \text{ ,d.h. } \tau = (VAR_D(\overline{Z})/VAR_D(\tilde{Z}))^{1/2} .$$

Zu testen ist:

$$H_0: \tau = 1 \text{ gegen } H_1: \tau > 1 \text{ ,} \alpha = 0.05 .$$

Es ergibt sich: $\hat{T}_1 = 1.811$ und $\hat{P}_1 = 1.936$, d.h. wegen $\hat{P}_1 - 0.1\hat{\tau}_1 = 1.755 > 1.6$ gilt $S \in D_2$, und der Mood-Test D_N wird angewendet. Wir erhalten: $D_N = 3011.5$ und als kritischen Wert $z_{0.05} = 3618.21$, d.h. H_0 wird abgelehnt. Der kritische Wert wurde approximativ über die Normalverteilung bestimmt, wobei unter H_0:

$$E(D_N) = m(N^2 - 1)/12 \text{ und } VAR(D_N) = mn(N + 1)(N^2 - 4)/180$$

gilt, siehe Büning u. Trenkler (1978, S.164).

∇

Es sei darauf hingewiesen, daß der adaptive Test von Rünstler nicht auf das Beispiel 8 in 1.3 angewendet werden sollte, da hier nicht von der Symmetrie der Verteilung der X-Variablen ausgegangen werden kann, siehe Beispiel 28 in 2.8.5.

Im Rahmen einer Simulationsstudie (3000 Läufe) vergleicht Rünstler den adaptiven Test A mit seinen Einzelkonkurrenten G_N, D_N und CA_N bei Annahme von insgesamt 27 Verteilungen mit kurzen bis sehr starken Tails, und zwar für $\tau = 1, 1.25, 2.5$, m=n=30, 50 und α=0.05. Dabei sind die kritischen Werte der drei Rangstatistiken approximativ über die Normalverteilung bestimmt. Es zeigt sich zunächst, daß alle vier Tests sehr gut das vorgegebene Niveau α=0.05 einhalten und somit ein Gütevergleich dieser Tests untereinander sinnvoll ist. In Tabelle 14 sind für einige ausgewählte Verteilungen und für m=n=30 sowie τ=1.5 die Gütewerte der vier Tests zusammengestellt.

Ein Blick auf Tabelle 14 zeigt, daß der adaptive Test A nicht vorrangig Platz 2 hinter dem für eine bestimmte Verteilung besten Test einnimmt, sondern häufig auch auf Platz 3 landet, wenngleich die Differenz in den (simulierten) Gütewerten oft sehr gering ist und dann kein klares Entscheidungskriterium für einen Test vorliegt. Für die hier betrachteten Verteilungen schneidet der Mood-Test D_N sogar insgesamt besser ab. Bei einer Vergabe von Rängen 1 (höchster Gütewert) bis 4 für die vier Tests unter jeder Verteilung erhalten wir über alle 19 Verteilungen beim Mood-Test eine mittlere Rangzahl von 2.11, beim adaptiven Test von 2.39, beim Cauchy-Test von 2.5 und beim Gastwirth-Test von 3.0. Ein ähnliches Bild ergibt sich für m=n=50 und τ=1.5.

Tab. 14: Gütewerte (in %) von 4 Tests bei ausgewählten Verteilungen, m=n=30, τ=1.5, α=0.05

Verteilung	Test			
	G_N	D_N	CA_N	A
Normal	56.7	55.6	48.0	55.9
Logistisch	47.3	49.1	43.5	49.1
Doppelexponential	38.8	38.9	36.3	38.7
t(1)	22.2	24.5	27.3	26.4
t(2)	33.3	35.6	35.5	34.5
t(3)	40.7	42.8	40.8	41.6
t(5)	47.0	46.7	42.9	46.9
R-S-T(-1)	20.6	23.7	26.8	26.1
R-S-T(-0.9)	22.8	25.3	26.7	25.8
R-S-T(-0.8)	23.8	26.5	28.4	26.8
R-S-T(-0.7)	25.7	27.6	29.1	27.9
R-S-T(-0.6)	28.8	30.6	31.9	30.5
R-S-T(-0.5)	30.2	32.9	33.0	31.5
R-S-T(-0.3)	36.2	38.1	36.9	37.1
R-S-T(-0.1)	46.2	46.0	43.0	46.0
KN(0.05,10)	46.5	45.8	44.0	46.3
KN(0.10,2)	51.4	51.5	45.7	51.3
KN(0.10,5)	43.4	43.7	43.1	43.1
KN(0.10,10)	40.3	41.7	42.4	41.2

Natürlich hängt das Abschneiden der Einzeltests und damit des adaptiven Tests wesentlich von der Auswahl der Verteilungen ab. So dominieren unter den 19 Verteilungen solche mit starken Tails, was offensichtlich den Gastwirth-Test benachteiligt. Aber dennoch ist festzuhalten, daß die Situation für den hier vorgestellten adaptiven Test nicht so günstig ist wie im Lageproblem im Abschnitt 3.5.2, wo der adaptive Test fast bei jeder Verteilung auf Platz 2 liegt und insgesamt über alle Verteilungen am besten abschneidet, und das gegen den robusten Wilcoxon-Test! Abgesehen davon, daß das adaptive Schema vielleicht noch durch einen Austausch des Cauchy-Tests durch den Ansary-Bradley-Test (wegen dessen Überlegenheit bei Verteilungen mit nicht so starken Tails) verbessert werden könnte, mag als Grund für die nicht so sichtbare Überlegenheit des adaptiven Skalentests gegenüber den Einzeltests generell folgende Tatsache angeführt werden:

Bei Skalentests gehen große Unterschiede in den Tails der Verteilungen viel weniger in die lokal optimalen Score-Funktionen ein als bei Lagetests. So ist z.B. im Lageproblem bei Annahme einer Normalverteilung die A.R.E. des unter der Normalverteilung lokal optimalen v.d.Waerden-Tests zu dem Median-Test, der unter der Doppelexponentialverteilung lokal optimal ist, gleich 0.6366, kurz:

A.R.E.(Normal,Doppelexponential)=0.6366;

im Skalenproblem, in dem der Klotz-Test unter der Normalverteilung lokal optimal ist, ergibt sich:

A.R.E.(Normal,Doppelexponential)=0.9767.

Das bedeutet also, daß im Skalenproblem die Diskrimination zwischen den Verteilungen bezüglich der Tailstärke zwecks Auswahl geeigneter Rangtests für das adaptive Schema längst nicht so stark ist wie im Lageproblem.

Rünstler schlägt noch zwei weitere adaptive Tests über die Selektor-Statistik $S=(\hat{T}_1, \hat{P}_1)$ vor, einen mit *vier* Bereichen unter Hinzunahme eines Tests, geeignet für Verteilungen mit kurzen Tails, und einen mit *fünf* Bereichen unter Einbeziehung eines weiteren Tests, geeignet für Verteilungen mit starken Tails, aber geringer Peakedness. Es zeigt sich allerdings, daß diese beiden adaptiven Tests trotz (oder wegen) der feineren Bereichseinteilung dem obigen Test A generell nicht überlegen sind; im Gegenteil, oft sogar geringere Effizienz haben. Ein möglicher Grund dafür wurde bereits in Abschnitt 3.2 angesprochen: Bei einer feineren Bereichseinteilung wird die Wahrscheinlichkeit für eine Fehlklassifikation größer und damit für die Auswahl eines "falschen" Tests; eine geringe Güte dieses Tests wirkt sich damit auf die des adaptiven Tests aus.

Wie oben erwähnt, hat Kössler (1991) auch den Fall asymmetrischer Verteilungen in seine beiden adaptiven Tests einbezogen. Bevor wir auf einen seiner Tests näher eingehen, seien einige allgemeine Bemerkungen zur Symmetrie und Asymmetrie von Verteilungen im Skalenproblem und zur Herleitung lokal optimaler Tests gemacht. Bei *symmetrischer* Verteilung F und deutlich größerer Streuung z.B. der x-Werte gegenüber den y-Werten wird sich im Extremfall folgendes Bild der kombinierten, geordneten Stichprobe zeigen: xx···xyy···yxx···x. Für das Testen der Hypothesen unter dem Modell der Symmetrie kommen prinzipiell alle die in 3.6.1 angeführten Rangtests (a)-(g) infrage, da sie diese Symmetrie berücksichtigen, ja gerade als lokal optimale Tests für bestimmte symmetrische Verteilungen konstruiert sind. So mißt z.B. die Mood-Statistik D_N die Summe der Abweichungsquadrate der x-Ränge von der mittleren Rangzahl $(N+1)/2$; bei obiger (x,y)-Konstellation wird D_N groß sein im Vergleich zu dem entsprechenden Wert für die y-Ränge. Diese Tests können auch bei asymmetrischen Verteilungen herangezogen werden, so lange die Mediane der X- und Y-Variablen *gleich* sind (o.B.d.A. gleich 0), d.h. $F(0)=1/2$ ist. Ganz anders ist die Situation, wenn die *asymmetrische* Verteilung von X als Träger die positive reelle Achse hat, d.h. $F(0)=0$ ist, wie z.B. bei der Exponential-, Lognormal- oder der χ^2-Verteilung; hier geht mit einer Skalenänderung auch eine Lageänderung einher. Denn betrachten wir die Zufallsvariablen X und Y/τ, $\tau>0$, die beide dieselbe Verteilung haben, so ist:

$$\mathrm{Var}(X) = 1/\tau^2 \cdot \mathrm{Var}(Y)\,, \quad \text{aber auch} \quad E(X) = 1/\tau \cdot E(Y)\,.$$

Die Gleichheit der Erwartungswerte von X und Y ist für $\tau \neq 1$ nur dann gegeben, wenn sie beide gleich 0 sind, was wir bislang unterstellt haben. Im Fall der Asymmetrie von F mit F(0)=0 gilt dies natürlich nicht mehr. Das bedeutet: die X- und Y-Variablen streuen um *verschiedene* Lageparameter, und die Frage stellt sich, was dann eigentlich der Skalenparameter τ noch aussagt! Die (x,y)-Konstellation der kombinierten, geordneten Stichprobe mit deutlich größerer Streuung der x-Werte zeigt dann im Extremfall ein anderes Bild: y···yx···x. Es wird somit im Gegensatz zu den Tests (a)-(g) ein Rangtest gesucht, der den x-Werten generell hohe (oder auch generell niedrige) Ränge zuordnet wie bei einem *Lagetest*. So nimmt es nicht wunder, daß bei asymmetrischen Verteilungen mit F(0)=0 als lokal optimale Rangtests "Vertraute" aus dem Lageproblem auftauchen. Das zeigt Kössler für die Lognormalverteilung und für eine Verteilung mit der Dichte $f(x)=1/(1+x)^2$, $x\geq 0$; im ersten Fall ist der v.d.Waerden-Test (asymptotisch) lokal optimal, im zweiten Fall der Wilcoxon-Test. Wir wollen deshalb die zu obiger Dichte gehörende Verteilung mit Wilcoxon-Verteilung bezeichnen. Im folgenden sei das Ergebnis für die Lognormalverteilung präsentiert.

Die lokal optimale Score-Funktion ϕ_S im Skalenproblem lautet:

$$\phi_S(u,f) = -1 - F^{-1}(u)\frac{f'(F^{-1}(u))}{f(F^{-1}(u))}, \quad \text{siehe 2.8.3.}$$

Ist nun f die Dichte der Lognormalverteilung, d.h.

$$f(x) = \frac{1}{(2\pi)^{1/2}\sigma x}e^{-(\ln x)^2/2\sigma^2}, \; x>0, \; \sigma>0,$$

worin σ^2 der Formparameter ist, so gilt zunächst:

$$x \cdot \frac{f'(x)}{f(x)} = -1 - \ln x/\sigma^2 .$$

Wegen

$$F(x) = \int_0^x f(t)\,dt = \int_{-\infty}^{\ln x/\sigma} (2\pi)^{-1/2} e^{-y^2/2}\,dy = \Phi(\ln x/\sigma)$$

folgt:

$$F^{-1}(u) = e^{-\sigma\Phi^{-1}(u)} \text{ und damit}$$

$$\phi_S(u,f) = -1 - (-1 - \ln(\exp(\sigma\,\Phi^{-1}(u)))/\sigma^2) = \Phi^{-1}(u)/\sigma .$$

Bis auf die Konstante σ ist das die Score-Funktion des v.d.Waerden-Tests.

Im Falle einer Exponentialverteilung erhalten wir als lokal optimalen Rangtest den Test S_N von Savage mit den Gewichten

$$g_S(i) = \sum_{j=N+1-i}^{N} 1/j .$$

Diese drei Rangtests, den Wilcoxon-Test W_N, den v.d.Waerden-Test X_N und den Savage-Test S_N, verwendet Kössler bei der Konzipierung seiner beiden adaptiven Tests. Fassen wir zusammen: Von den Rangtests (a)-(g) in 3.6.1 können in Abhängigkeit von der Tail-Stärke der *symmetrischen* Verteilungen geeignete Tests für das adaptive Schema ausgesucht werden; die zuletzt genannten drei Tests kommen bei Einbeziehung *asymmetrischer* Verteilungen in das adaptive Schema infrage.

Kössler geht bei der Definition der Selektor-Statistik - berechnet aus der kombinierten, geordneten Stichprobe $w_{(1)},...,w_{(N)}$ - von zwei Maßen aus, eins für die Schiefe:

$$\hat{S}_2(0.05) =: \hat{S}_2 = \frac{\hat{w}_{0.95} + \hat{w}_{0.05} - 2\hat{w}_{0.5}}{\hat{w}_{0.95} - \hat{w}_{0.05}}$$

und eins für die Tail-Stärke:

$$\hat{T}(0.05,0.15) =: \hat{T} = \frac{\hat{w}_{0.95} - \hat{w}_{0.05}}{\hat{w}_{0.85} - \hat{w}_{0.15}},$$

siehe die Abschnitte 3.3.1 und 3.3.2. In den Tabellen 15 und 16 sind Werte der zu $\hat{S}_2$ und $\hat{T}$ gehörenden theoretischen Maße S_2 bzw. T für einige ausgewählte asymmetrische bzw. symmetrische Verteilungen zusammengestellt; in Tabelle 15 bedeuten LN(σ^2) die Lognormalverteilung mit Formparameter σ^2 und W(δ) die Weibull-Verteilung mit Formparameter δ.

Für das Schiefe-Maß S_2 gilt wie für das Bowley-Maß b_1 in 3.3.1: $|S_2| \leq 1$; S_2 ist negativ, falls die Verteilung linksschief ist, und positiv, falls sie rechtsschief ist (S_2=0 bei Symmetrie).

Unter Berücksichtigung dieser Werte von S_2 und T sowie von A.R.E.-Ergebnissen der infrage kommenden Rangtests schlägt Kössler zwei adaptive Tests A_1 und A_2 vor; bei A_1 ein adaptives Schema mit *vier* Bereichen und bei A_2 ein solches mit *fünf* Bereichen. Bei beiden adaptiven Tests werden noch jeweils die zwei Fälle unterschieden, daß die beiden Maße für Schiefe und Tail-Stärke über die Gesamtstichprobe (G) oder über die Einzelstichproben (E) berechnet werden. Im ersten Fall ist $\hat{S}_2$ und $\hat{T}$ definiert wie oben angegeben, im zweiten Fall sind $\overline{S}_2$ und $\overline{T}$ die gewichteten Mittel der Schiefe- bzw. Tail-Maße aus der x-Stichprobe und der y-Stichprobe, d.h.:

$$\overline{S}_2 = \frac{m\hat{S}_{2x} + n\hat{S}_{2y}}{m+n} \quad \text{und} \quad \overline{T} = \frac{m\hat{T}_x + n\hat{T}_y}{m+n}.$$

Tab. 15: Werte von S_2 für einige ausgewählte asymmetrische Verteilungen

Verteilung	Schiefe-Maß S_2
LN(0.1)	0.082
LN(0.3)	0.242
LN(0.5)	0.390
LN(0.8)	0.577
LN(1.0)	0.676
$\chi^2(4)$	0.401
$\chi^2(6)$	0.338
$\chi^2(8)$	0.298
$\chi^2(10)$	0.271
$\chi^2(20)$	0.202
$\chi^2(50)$	0.135
W(1.0)	0.564
W(1.5)	0.335
W(2.0)	0.194
W(3.0)	0.040
W(4.0)	-0.040
W(10.0)	-0.185

Tab. 16: Werte von T für einige ausgewählte symmetrische Verteilungen

Verteilung	Tail-Maß T
Gleichverteilung	1.286
Normal	1.587
Logistisch	1.697
Doppelexponential	1.912
Cauchy	3.217
t(2)	2.107
t(3)	1.798
t(4)	1.786
t(10)	1.672
t(20)	1.628
KN(0.02,2)	1.597
KN(0.02,5)	1.614
KN(0.05,2)	1.611
KN(0.05,5)	1.665
KN(0.10,2)	1.636
KN(0.10,5)	1.794
R-S-T(-0.4)	2.146
R-S-T(-0.2)	1.891
R-S-T(-0.1)	1.788
R-S-T(0.1)	1.591
R-S-T(0.4)	1.446

Insgesamt liegen also vier Varianten vor: $A_1(E)$, $A_1(G)$, $A_2(E)$ und $A_2(G)$. Die adaptiven Tests $A_i(G)$, i=1,2, halten im Gegensatz zu den adaptiven Tests $A_i(E)$ das Testniveau α ein, während bei $A_i(E)$ im Gegensatz zu $A_i(G)$ das Schiefe- und Tail-Maß unter $H_1(\tau \neq 1)$ skaleninvariant sind. Wir wollen uns hier auf die Diskussion von $A_2(E)$ und $A_2(G)$ beschränken, da in der Studie von Kössler A_2 generell besser als A_1 abschneidet.

Der adaptive Test A_2 basiert auf folgenden Bereichen für die Selektor-Statistik $S=(\hat{S}_2,\hat{T})$:

$$D_1 = \{S \mid |\hat{S}_2| \leq 0.28\,,\ \hat{T} \leq 1.65\}$$

$$D_2 = \{S \mid |\hat{S}_2| \leq 0.28\,,\ 1.65 < \hat{T} \leq 2.05\}$$

$$D_3 = \{S \mid |\hat{S}_2| \leq 0.28\,,\ 2.05 < \hat{T} \leq 2.4\} \cup \{S \mid \hat{T} > 2.4\}$$

$$D_4 = \{S \mid |\hat{S}_2| > 0.28\,,\ \hat{T} \leq 1.75\}$$

$$D_5 = \{S \mid |\hat{S}_2| > 0.28\,,\ 1.75 < \hat{T} \leq 2.4\}\ ;$$

A_2 ist dann wie folgt definiert:

$$A_2 = \begin{cases} C_N\,, & \text{falls } S \in D_1 \text{ und } N \leq 20 \\ K_N\,, & \text{falls } S \in D_1 \text{ und } N > 20 \\ LS_N\,, & \text{falls } S \in D_2 \\ A_N\,, & \text{falls } S \in D_3 \\ S_N\,, & \text{falls } S \in D_4 \\ W_N\,, & \text{falls } S \in D_5\,, \end{cases}$$

worin C_N der Test von Capon, K_N der von Klotz, LS_N der Log-Score-Test, A_N der von Ansary-Bradley, S_N der von Savage und W_N der von Wilcoxon sind. Dieser adaptive Test berücksichtigt also sowohl linksschiefe als auch rechtsschiefe Verteilungen. Im Fall $|\hat{S}_2| \leq 0.28$ wird die Verteilung der Daten als symmetrisch klassifiziert. Ist $\hat{S}_2 < -0.28$, so wird eine linksschiefe Verteilung unterstellt und die Stichprobe am Nullpunkt "gespiegelt"; auf die so transformierte Stichprobe, deren Verteilung nun als rechtsschief klassifiziert ist, wird dann das adaptive Verfahren angewendet.

Diese Vorgehensweise hat folgende theoretische Begründung: Ist die Verteilung F_Z einer Zufallsvariablen Z linksschief, so hat die Zufallsvariable V=-Z eine rechtsschiefe Verteilung F_V mit $F_V(v)=1-F_Z(-v)$, und es gilt: $S_2(F_V)=-S_2(F_Z)$.

Abbildung 9 veranschaulicht den adaptiven Test A_2.

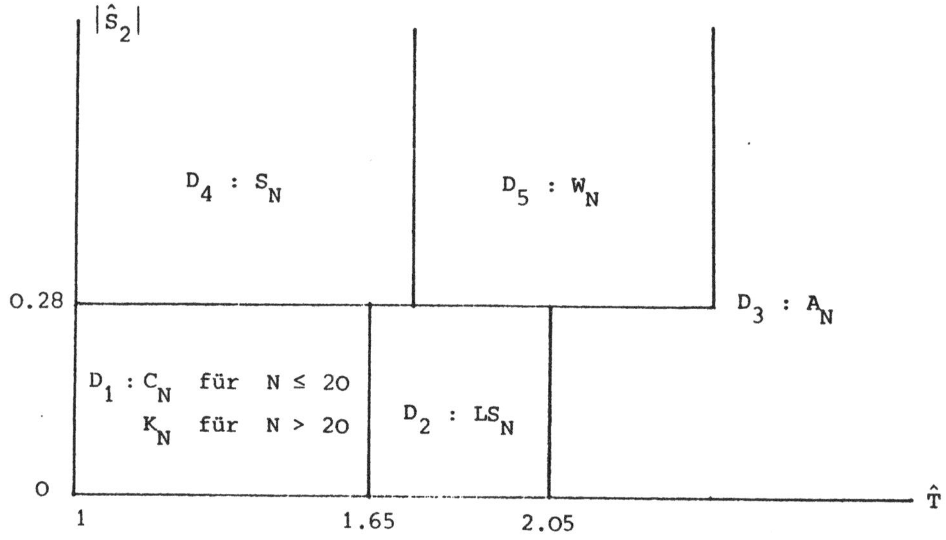

Abb. 9: Adaptives Schema über $\hat{S}_2$, $\hat{T}$ für schiefe und symmetrische Verteilungen.

Wir wollen die Anwendung dieses adaptiven Schemas an zwei Beispielen veranschaulichen.

Beispiel 6:

Wir betrachten die Daten aus Beispiel 8 in Abschnitt 1.3; siehe auch Beispiel 28 in 2.8.5. Zu testen ist:

$$H_0: \tau = 1 \text{ gegen } H_1: \tau < 1 \;, \alpha = 0.05 \;.$$

Es ergibt sich:

$$\hat{S}_2 = 0.600 \text{ und } \hat{T} = 1.923,$$

d.h. $S \in D_5$, und der W_N-Test wird angewendet. Werden das Schiefe- und Tail-Maß getrennt über die x- bzw. y-Stichprobe berechnet, so ist $\overline{S}_2 = 0.560$ und $\overline{T} = 2.200$, und es wird ebenfalls der W_N-Test angewendet. Wir erhalten: $W_N = 2993.0$ und als kritischen Wert (approximativ über die Normalverteilung) $z_{0.95} = 3197.05$, d.h. H_0 wird nicht abgelehnt.

∇

Beispiel 7:

Gegeben seien die Daten aus Beispiel 9 in 1.3; siehe auch Beispiel 29 in 2.8.5 und Beispiel 5 in diesem Abschnitt. Zu testen ist:

$$H_0: \tau = 1 \text{ gegen } H_1: \tau > 1 \;, \alpha = 0.05 \;.$$

Es ergibt sich:

$$\hat{S}_2 = -0.1600, \hat{T} = 1.536 \text{ bzw. } \bar{S}_2 = -0.218, \bar{T} = 1.608,$$

d.h. in beiden Fällen gilt $S \in D_1$, und wegen $N > 20$ wird der Klotz-Test K_N angewendet. Wir erhalten: $K_N = 11.46$ und als kritischen Wert (approximativ über die Normalverteilung) $z_{0.05} = 14.68$, d.h. H_0 wird abgelehnt, wie auch im Beispiel 5 dieses Abschnitts.

∇

An dieser Stelle sollte eine Bemerkung zur Bestimmung der kritischen Werte bei der Testentscheidung gemacht werden. Für die im adaptiven Schema von Kössler auftretenden Rangtests liegen in den meisten Fällen keine exakten kritischen Werte tabelliert vor, zumindest nicht für große Stichprobenumfänge. Mit Hilfe der Formeln für $E(L_N)$ und $VAR(L_N)$ aus Abschnitt 2.8.3 können jedoch approximativ über die Normalverteilung kritische Werte z_p durch

$$z_p = E(L_N) + \sqrt{VAR(L_N)} \cdot x_p$$

bestimmt werden, worin x_p das p-Quantil der Standardnormalverteilung bedeutet. Diese Approximation ist für Stichprobenumfänge $m \geq 20, n \geq 20$ durchaus vertretbar.

Bevor wir auf die Gütestudie von Kössler näher eingehen, wollen wir den Einfluß von τ auf die Selektor-Statistik $S = (\hat{S}_2, \hat{T})$ für den Test $A_2(G)$ untersuchen. Das Problem stellt sich bekanntlich deshalb, weil die aus der Gesamtstichprobe berechneten Maße $\hat{S}_2$ und $\hat{T}$ Schätzungen der theoretischen Maße S_2 bzw. T sind, die zur Verteilung

$$H(x) = \frac{m}{m+n} F(x) + \frac{n}{m+n} F(x/\tau)$$

gehören und *nicht* zu $F(x)$, falls $\tau \neq 1$ ist. Zu diesem Zweck wurden x- und y-Stichproben vom Umfang m=n=20 aus sieben verschiedenen Verteilungen, der Normalverteilung (N), der logistischen Verteilung (LG), der Doppelexponentialverteilung (D), der Cauchy-Verteilung (CA), der Exponentialverteilung (E), der Lognormalverteilung mit $\sigma^2 = 1$ (LN) und der Wilcoxon-Verteilung (WI) erzeugt und dann $\hat{S}_2$ und $\hat{T}$ für x_i und τy_i, $\tau = 1, 1.2, 1.6$ und 2 berechnet, $i = 1, \ldots, 20$. Tabelle 17 gibt die Häufigkeit der Zuordnung zu den einzelnen Bereichen $D_1, \ldots, D_5$ auf der Basis der Selektor-Statistik $S = (\hat{S}_2, \hat{T})$ an.

Tab. 17: Häufigkeiten der Auswahl von $D_1,\ldots,D_5$ auf der Basis von $S = (\hat{S}_2, \hat{T})$ für m=n=20 und für verschiedene Verteilungen und Werte von τ (1000 Läufe)

Bereiche	N	LG	D	CA	E	LN	WI
				Verteilung			
				$\tau = 1$			
D_1	583	406	221	21	42	18	0
D_2	302	348	361	66	2	0	0
D_3	40	123	272	845	35	196	617
D_4	44	50	50	6	644	428	131
D_5	31	73	96	62	277	358	252
				$\tau = 1.2$			
D_1	578	401	195	13	37	11	0
D_2	288	352	352	54	3	1	0
D_3	57	129	302	850	44	178	606
D_4	47	61	44	13	626	406	135
D_5	30	57	107	70	290	404	259
				$\tau = 1.6$			
D_1	487	330	174	12	30	8	0
D_2	323	375	315	60	2	2	0
D_3	81	161	344	846	55	198	617
D_4	70	56	58	14	640	400	146
D_5	39	78	109	68	273	392	236
				$\tau = 2$			
D_1	330	259	133	14	24	11	0
D_2	377	355	318	47	1	0	0
D_3	157	244	403	864	77	200	630
D_4	57	47	35	13	562	400	115
D_5	79	95	111	62	336	389	255

Offensichtlich sind die beiden Maße $\hat{S}_2$ und $\hat{T}$ recht stabil in der Nähe der Nullhypothese ($\tau = 1.2$); das gilt auch noch bei wachsendem τ für die Cauchy-Verteilung und die drei schiefen Verteilungen. Bei den anderen Verteilungen werden mit zunehmendem τ immer mehr Bereiche ausgewählt, die eine größere Tail-Stärke repräsentieren, so daß also verstärkt der LS_N-Test und der A_N-Test Anwendung finden. Das fällt nach der Hoggschen Argumentation aber auch kaum ins Gewicht, da bei "größerem" τ jeder Rangtest den Skalenunterschied zwischen den X-und Y-Variablen aufzudecken vermag.

Wir kommen nun zur Simulationsstudie (2500 Läufe) von Kössler, in der die beiden Varianten von A_2, $A_2(E)$ und $A_2(G)$, unter verschiedenen symmetrischen und asymmetrischen Verteilungen mit den Einzeltests des adaptiven Schemas verglichen werden. Aus den von Kössler betrachteten Stichprobensituationen wählen wir für einen Gütevergleich der Tests als Stichprobenumfang m=n=25 und als Skalenparameter $\tau=1$ (H_0), 1.5 und 2 aus. Tabelle 18 gibt die Gütewerte von $A_2(E)$, $A_2(G)$ und der Einzeltests an ($\alpha=0.05$); dabei sind die kritischen Werte der Rangstatistiken approximativ über die Normalverteilung bestimmt.

Tab. 18: Gütewerte von sieben Tests bei ausgewählten Verteilungen, m=n=25, $\alpha=0.05$

		Tests						
Verteilung		$A_2(E)$	$A_2(G)$	K_N	LS_N	A_N	S_N	W_N
Gleich-	$\tau=1$	0.052	0.060	0.053	0.055	0.053	0.048	0.048
verteilung	$\tau=1.5$	0.845	0.846	0.891	0.863	0.635	0.239	0.052
	$\tau=2$	0.941	0.943	0.994	0.990	0.926	0.349	0.063
Normal	$\tau=1$	0.062	0.055	0.056	0.058	0.052	0.056	0.044
	$\tau=1.5$	0.552	0.522	0.562	0.552	0.443	0.156	0.052
	$\tau=2$	0.888	0.850	0.900	0.898	0.799	0.267	0.058
Logistisch	$\tau=1$	0.049	0.053	0.050	0.047	0.046	0.041	0.053
	$\tau=1.5$	0.471	0.427	0.474	0.469	0.386	0.116	0.059
	$\tau=2$	0.802	0.768	0.788	0.789	0.701	0.193	0.072
Doppel-	$\tau=1$	0.061	0.053	0.052	0.055	0.053	0.050	0.049
exponential	$\tau=1.5$	0.324	0.298	0.294	0.291	0.251	0.101	0.054
	$\tau=2$	0.594	0.584	0.555	0.557	0.496	0.151	0.064
Cauchy	$\tau=1$	0.049	0.059	0.055	0.056	0.054	0.040	0.049
	$\tau=1.5$	0.131	0.160	0.117	0.124	0.136	0.053	0.053
	$\tau=2$	0.244	0.295	0.198	0.219	0.259	0.067	0.059
Exponential	$\tau=1$	0.046	0.050	0.050	0.049	0.050	0.044	0.054
	$\tau=1.5$	0.366	0.368	0.106	0.108	0.104	0.366	0.353
	$\tau=2$	0.687	0.695	0.137	0.150	0.153	0.714	0.667
$\chi^2(4)$	$\tau=1$	0.060	0.046	0.051	0.051	0.049	0.055	0.052
	$\tau=1.5$	0.536	0.492	0.111	0.106	0.093	0.624	0.594
	$\tau=2$	0.791	0.777	0.128	0.128	0.111	0.930	0.938

Was die Einhaltung des Testniveaus betrifft, so zeigen die beiden Varianten $A_2(E)$ und $A_2(G)$ keine nennenswerten Unterschiede; Abweichungen von $\alpha=0.05$ beim Test $A_2(G)$ sind simulationsbedingt. Hinsichtlich des Vergleichs der Gütewerte ist deutlich zu unterscheiden zwischen symmetrischen und asymmetrischen Verteilungen: Bei symmetrischen Verteilungen verhalten sich die für asymmetrische Verteilungen konzipierten Tests (S_N, W_N) ausgesprochen schlecht gegenüber ihren Konkurrenten, bei asymmetrischen Verteilungen ist es genau umgekehrt. Letzteres ist auch nicht verwunderlich, denn im Falle eines Skalenunterschieds der x- und y-Stichprobe, der - wie oben ausgeführt - bei asymmetrischen Verteilungen mit $F(0)=0$ auch einen Lageunterschied impliziert, nehmen die für symmetrische Verteilungen geeigneten Rangstatistiken in der Tendenz *keine* (kritischen) kleinen oder *keine* (kritischen) großen Werte an, d.h. der Test führt nicht zur Ablehnung der Nullhypothese. Dieser Güteverlust zeigt sich auch darin, daß die A.R.E. von "symmetrischen" Rangtests zu "asymmetrischen" Rangtests sehr klein ist unter asymmetrischen Verteilungen. So gilt z.B. für den unter einer (beliebigen) symmetrischen Verteilung lokal optimalen Rangtest T_N und für den lokal optimalen v.d.Waerden-Test unter der Lognormalverteilung A.R.E.$(T_N, X_N)=0$, siehe Kössler (1991, Kap. 7.2.2).

Der adaptive Test A_2 mit den beiden Varianten $A_2(E)$ und $A_2(G)$ ist natürlich im Falle symmetrischer Verteilungen mit bestimmten Tail-Stärken den dafür geeigneten Einzeltests tendenziell unterlegen, ebenso bei asymmetrischen Verteilungen dem S_N- bzw. W_N-Test. Aber das ist ja gerade die "Philosophie" eines adaptiven Tests, sich bei Vorliegen einer symmetrischen oder asymmetrischen Verteilung auf den zugehörigen "besten" Rangtest zu stützen. Insoweit entspräche es also nicht dieser Philosophie, einen adaptiven Test, differenziert nach Symmetrie oder Asymmetrie der Verteilung, im Vergleich zu seinen Einzeltests zu bewerten; der Anwender hat nun einmal i.d.R. keine gesicherte Kenntnis über den Verteilungstyp, der seinen Daten zugrunde liegt. Betrachten wir also in diesem Sinne die Tabelle 18 mit z.B. $\tau = 2$ (für $\tau = 1.5$ ist das Bild ähnlich) und vergeben die Ränge 1 (höchster Gütewert) bis 7 für die sieben Tests unter jeder Verteilung, so ergeben sich über alle sieben Verteilungen für die beiden adaptiven Varianten $A_2(E)$ und $A_2(G)$ mittlere Rangzahlen von 2.57 bzw. 2.85, die z.T. deutlich unter den mittleren Rangzahlen der Einzeltests liegen; der LS_N-Test und der K_N-Test schneiden unter diesen insgesamt noch am besten ab. Eine solche Vergabe mittlerer Rangzahlen ist natürlich nicht ganz unproblematisch bei einer Simulationsstudie, in der die Gütewerte manchmal kaum zu unterscheiden sind; zudem hängt die Güte natürlich wesentlich von der Auswahl der symmetrischen und asymmetrischen Verteilungen ab. Über einen solchen Rangzahlenvergleich kann jedoch die tendenzielle Aussage getroffen werden, daß der adaptive Test insgesamt gesehen auf jeden Fall einem Einzeltest vorzuziehen ist; sich vorab für einen bestimmten "symmetrischen" oder "asymmetrischen" Test zu entscheiden, birgt, wie Tabelle 18 zeigt, ein großes Risiko in sich.

3.6.3 Ergänzungen

Die im vorangegangenen Abschnitt vorgestellten adaptiven Tests von Rünstler (1987) und Kössler (1991) basieren auf Maßen für Tail-Stärke und Peakedness bzw. Tail-Stärke und Schiefe, die über p-Quantile definiert sind. Stattdessen könnten auch die Hoggschen Maße aus der Gruppe II in den Abschnitten 3.3.1 und 3.3.2, definiert über die Mittelwerte zwischen p-Quantilen, einem adaptiven Schema zugrunde gelegt werden, so wie es im Lageproblem in Abschnitt 3.5 der Fall war. Weiterhin wäre die Konzipierung eines adaptiven Tests für den (realistischen) Fall von Interesse, daß die unterstellten symmetrischen Verteilungen für die X- und Y-Variablen *verschiedene* Mediane haben, siehe dazu Abschnitt 2.8.1.

Eine Alternative zu den bislang vorgestellten grob-adaptierenden Tests stellen die fein-adaptierenden dar, die auf der Schätzung der lokal optimalen Score-Funktion basieren, siehe dazu das Buch von Behnen u. Neuhaus (1989, Kap. 2.2), auf das wir bereits bei der Diskussion fein-adaptierender Tests für das Lageproblem hingewiesen haben, und die Arbeit von Kössler (1991, Kap. 9). Dabei stellt sich wieder die Frage nach der Größe des Stichprobenumfangs, bei dem diese Score-Funktion vernünftig geschätzt werden kann. Kössler vermutet, daß dies erst für $N \geq 500$ der Fall ist.

Am Ende dieses Abschnitts über adaptive Skalentests verbleibt als Resümee festzuhalten, was wir bereits bei der Studie von Rünstler (1987) angemerkt haben: Die bisher vorliegenden adaptiven Lagetests scheinen besser abzuschneiden als die adaptiven Skalentests, jeweils im Vergleich zu ihren Einzelkonkurrenten, obwohl im Skalenproblem sich nicht einmal ein bestimmter Rangtest so stark in den Vordergrund drängt wie der Wilcoxon-Test im Lageproblem. Diese Tatsache muß nicht unbedingt auf die gewählte Festlegung der adaptiven Schemata und die Auswahl der Rangtests zurückzuführen sein, sie kann auch - wie bei der Diskussion der Ergebnisse von Rünstler bereits angedeutet - durch die unterschiedliche Problemstellung begründet sein. Hier sind also weitere Untersuchungen wünschenswert.

3.7 Weitere adaptive Tests

Wir wollen noch kurz auf einige weitere Probleme, für die adaptive Tests vorliegen bzw. konzipiert werden können, eingehen. Allerdings ist die Literatur zu diesen Problemen ausgesprochen spärlich.

(1) c-Stichproben-Problem

Die für das Zweistichproben-Problem mit Lage- und Skalenalternativen vorgeschlagenen adaptiven Tests nach Hogg können grundsätzlich auch auf den c-Stichproben-Fall erweitert werden, wie es von Hogg (1976) angedeutet wird; m.W. liegt dazu aber noch keine einzige Arbeit vor. Die Modelle für Lage- und Skalenalternativen bei c Stichproben sind in den Abschnitten 2.9.1 bzw. 2.9.2 beschrieben. Wie im Zweistichproben-Problem stellt sich zunächst die Frage nach der Auswahl

- einer Selektor-Statistik S und
- geeigneter Rangtests in einem adaptiven Schema, das Verteilungen auf der Basis von S klassifiziert.

Was die erste Frage betrifft, so bieten sich z.B. wieder $S = (\hat{Q}_1, \hat{Q}_2)$ oder $S = (\hat{S}_1, \hat{T}_1)$ mit den Maßen $\hat{Q}_1$, $\hat{S}_1$ für Schiefe und $\hat{Q}_2$, $\hat{T}_1$ für die Tail-Stärke an. Bei der Festlegung von S muß auch entschieden werden, ob die Maße für Schiefe und Tails jeweils über eine *getrennte* Behandlung der einzelnen Stichproben oder über die *kombinierte* Stichprobe definiert werden sollen. Randles u.a. (1973) wählen die erste Möglichkeit; dann sind z.B. die Maße $\overline{Q}_1$, $\overline{Q}_2$ wie folgt bestimmt:

$$\overline{Q}_1 = 1/N \sum_{i=1}^{c} n_i \hat{Q}_{1i} \quad \text{und} \quad \overline{Q}_2 = 1/N \sum_{i=1}^{c} n_i \hat{Q}_{2i} \quad \text{mit} \quad N = \sum_{i=1}^{c} n_i ,$$

worin $\hat{Q}_{1i}$ und $\hat{Q}_{2i}$ das Schiefe- bzw. Tail-Maß, berechnet aus der i-ten Stichprobe, $i=1,\ldots,c$, bedeuten. Die Maße $\overline{Q}_1$ und $\overline{Q}_2$ sind invariant gegenüber Lage- und Skalentransformationen (H_1), wohingegen der auf $\overline{Q}_1$ und $\overline{Q}_2$ aufbauende adaptive Test *nicht* verteilungsfrei ist. Der auf $\hat{Q}_1$ und $\hat{Q}_2$ - berechnet aus der kombinierten Stichprobe über alle N Beobachtungen - basierende adaptive Test ist zwar verteilungsfrei, die Maße $\hat{Q}_1$, $\hat{Q}_2$ sind aber nicht lage- oder skaleninvariant unter H_1. Auf dieses Dilemma haben wir bereits im Zweistichproben-Problem mehrfach hingewiesen. Während wir uns dort eher für den verteilungsfreien Test entschieden haben, scheint es im c-Stichproben-Problem angebrachter zu sein, der Lage- und Skaleninvarianz der Maße $\overline{Q}_1$ und $\overline{Q}_2$ wie bei Randles u.a. (1973) den Vorzug vor der verteilungsfreien Eigenschaft eines adaptiven Test zu geben; dies insbesondere dann, wenn die Abweichung des aktuellen Testniveaus vom nominalen vertretbar ist.

Unter der Lagealternative $H_1 : \theta_i \neq \theta_j$ bzw. unter der Skalenalternative $H_1 : \tau_i \neq \tau_j$, $i \neq j$, $i,j=1,...,c$, unterliegen nämlich (maximal) c-1 Datensätze verschiedenen Lage- bzw. Skalentransformationen, was einen erheblich stärkeren Einfluß auf die Maßzahlen $\hat{Q}_1$ und $\hat{Q}_2$ und damit auf die Auswahl eines bestimmten Rangtests im adaptiven Schema, letztlich also auf die Testentscheidung haben kann als im Zweistichproben-Problem, wo unter H_1 nur die y-Beobachtungen einer Transformation unterliegen.

Was die zweite Frage betrifft, so gibt es sowohl im Lage- wie im Skalenproblem Verallgemeinerungen der Zweistichproben-Rangtests, die gute Eigenschaften bei Verteilungen mit kurzen, mittleren bzw. starken Tails haben, siehe z.B. Hájek u. Šidák (1967, S.104) und Büning u. Trenkler (1978, Kap. 7) bezüglich Rangtests für das Lageproblem sowie z.B. Puri (1965) und Duran (1976) bezüglich solcher für das Skalenproblem. So ist bei Lagealternativen der verallgemeinerte v.d. Waerden-Test geeignet für Verteilungen mit mittleren Tails, der Kruskal-Wallis-Test als Verallgemeinerung des Wilcoxon-Tests gut für Verteilungen mit starken Tails und der verallgemeinerte Median-Test für solche mit sehr starken Tails; für links - bzw. rechtsschiefe Verteilungen könnten Verallgemeinerungen der Hogg-Fisher-Randles-Tests H_N^l bzw. H_N^r (siehe 3.5.3) gewählt werden. Im Falle von Skalenalternativen bieten sich zunehmender Tail-Stärke der Verteilungen entsprechend Verallgemeinerungen des Siegel-Tukey-Tests, Mood-Tests und Ansary-Bradley-Tests an.

Abschließend sei noch auf die bereits beim Zweistichproben-Problem zitierte Monographie von Behnen u. Neuhaus (1989, Kap. 2.3 und 4.2) hingewiesen, in der adaptive c-Stichproben-Tests, die auf der Schätzung der optimalen Score-Funktion (Kern- und Projektionsschätzung) basieren, beschrieben werden.

(2) Regressionsanalyse

Während es für das Schätzen der Parameter im Regressionsmodell eine Reihe adaptiver Konzepte gibt, insbesondere solche für die Klasse der L_p-Schätzer in 2.9.4, siehe z.B. Hogg (1974) und Graßhoff (1990), sind nur vereinzelt Arbeiten über das adaptive Testen der Parameter zu finden. Zum grob-adaptierenden Verfahren liegt m.W. bislang nur eine einzige Studie vor, die von Hogg u. Randles (1975), auf die wir hier kurz eingehen wollen. Als weitere Arbeiten über adaptive Parametertests sind noch die von Sen (1980), Hušková u. Sen (1986) und Hušková (1986) zu nennen.

Hogg u. Randles unterstellen ein einfaches Regressionsmodell:

$$Y_i = \beta x_i + Z_i,$$

wobei die Z_i unabhängig und identisch verteilt sind mit stetiger Verteilung F, $i=1,...,n$.

Zu testen ist

$$H_0 : \beta = \beta_0 \text{ gegen } H_1 : \beta \neq \beta_0 .$$

Als Teststatistik wird betrachtet:

$$K(\beta_0) = \sum_{i=1}^{n} c(S_i)a(R_i) ,$$

worin S_i der Rang von $x_i - \bar{x}$, R_i der Rang von $Y_i - \beta_0 x_i$ und $a(\cdot)$ sowie $c(\cdot)$ Score-Funktionen sind mit $c(1) \leq \ldots \leq c(n)$, $a(1) \leq \ldots \leq a(n)$ und $\bar{c} = 0$ oder $\bar{a} = 0$. Die Statistik $K(\beta_0)$ ist unter H_0 verteilungsfrei und approximativ normalverteilt. Die Autoren diskutieren die Wahl geeigneter Score-Funktionen $a(\cdot)$ und $c(\cdot)$, insbesondere $a(\cdot)$ in Abhängigkeit von den *geordneten* Residuen $\hat{Z}_{(1)} < \hat{Z}_{(2)} < \ldots < \hat{Z}_{(n)}$. Diese geordneten Residuen sind unter H_0 vollständig und suffizient für die unbekannte Verteilung F, und damit ist nach dem Satz von Basu in Abschnitt 3.2 jede Funktion von $\hat{Z}_{(1)}, \ldots, \hat{Z}_{(n)}$ *unabhängig* von jeder Rangstatistik $K(\beta_0)$, da deren Verteilung unter H_0 F nicht enthält.

Als Funktionen der geordneten Residuen werden das Schiefe-Maß $\hat{Q}_1$ und das Tail-Maß $\hat{Q}_2$ zwecks Angabe eines adaptiven Schemas für Verteilungen mit kurzen bis sehr starken Tails sowie für symmetrische und asymmetrische Verteilungen betrachtet. Der darauf aufbauende adaptive Test hält also das Niveau α ein. In einer Simulationsstudie wird dann für

$$H_0 : \beta = 0 \text{ gegen } H_1 : \beta = 0.2$$

bei einem Stichprobenumfang von n=30 ein Gütevergleich des adaptiven Tests mit den vier zum adaptiven Schema gehörenden Einzeltests sowie mit dem t-Test und dem Adichie-Test vorgenommen. Als Verteilungsmodell für Z_i wird die R-S-T-Verteilung mit variierenden Parametern β_1 (Schiefe) und β_2 (Kurtosis) als Funktionen der Formparameter λ_3 und λ_4 unterstellt (insgesamt 14 Kombinationen). Es zeigt sich, daß nur im Fall der Normalapproximation ($\beta_1 = 0, \beta_2 = 3$) der adaptive Test (etwas) schlechter abschneidet als der t-Test, in allen anderen 13 Fällen ist der adaptive Test z.T. erheblich besser; im Vergleich zu den Einzeltests des Schemas liegt er immer auf Platz 2 (oder gleichauf mit dem besten), was den Erwartungen entspricht.

Hogg u. Randles weisen am Ende der Studie darauf hin, daß diese adaptive Methode auf den Fall mehrerer Regressionsparameter übertragen werden kann und beschreiben dafür kurz die Vorgehensweise. Sie schließen mit den Worten "*Much work is still to be done in this area, and we only hope that the reader has found this an interesting and reasonably successful first effort in adaptive distribution-free regression methods.*"

(3) Unabhängigkeitstests

Wie in der Regressionsanalyse können auch hier zu adaptiven Tests auf Unabhängigkeit nur sehr wenige Arbeiten genannt werden, wie z.B. die von Behnen u. Neuhaus (1989, Kap.6) und Rödel (1989), die beide auf der Schätzung der optimalen Score-Funktion basieren und damit zu den fein-adaptierenden Verfahren zu zählen sind. Auf die letztgenannte Arbeit wollen wir hier noch eingehen.

Es sei (X,Y) eine zweidimensionale stetige Zufallsvariable mit gemeinsamer Verteilung H(x,y), gemeinsamer Dichte h(x,y), den Randverteilungen F(x) und G(y) sowie den Randdichten f(x) und g(y). Es bezeichnen R_i und S_i die Ränge von X_i und Y_i, $i=1,\dots,n$. Zu testen sei:

$$H_0: X,Y \text{ sind unabhängig gegen } H_1: X,Y \text{ sind positiv abhängig;}$$

dabei heißen X und Y positiv abhängig dann und nur dann, wenn

$$\frac{\partial}{\partial x}P(Y < y_0 \mid X = x) < 0 \text{ und } \frac{\partial}{\partial y}P(X < x_0 \mid Y = y) < 0$$

für alle x_0, y_0 gilt, siehe auch Lehmann (1966). Dieser Typ der Abhängigkeit bleibt invariant unter stetigen und streng monoton wachsenden Transformationen von X und Y, so speziell unter $U:=F(X)$ und $V:=G(Y)$; U und V sind gleichverteilt über (0,1), siehe z.B. Büning u. Trenkler (1978, S.68). Für die gemeinsame Dichte $\bar{h}(u,v)$ von U und V gibt es unter gewissen Voraussetzungen die Lancaster-Darstellung

$$\bar{h}(u,v) = 1 + \sum_{i=1}^{\infty} \lambda_i \delta_i(u) \cdot \psi_i(v)$$

mit $1 > |\lambda_1| \geq |\lambda_2| \geq \dots \geq 0$ und gewissen (orthogonalen) Eigenschaften von δ_i und ψ_i. Unter H_0 gilt: $\bar{h}(u,v) = 1$ und unter $H_1: \lambda_1 > 0$, wobei dann angenommen werden kann, daß δ_1 und ψ_1 streng monoton wachsend sind. Im Fall der zweidimensionalen Normalverteilung $(\rho \geq 0)$ ist $\delta_1(u) = \Phi^{-1}(u)$ und $\psi_1(u) = \Phi^{-1}(u)$, wobei Φ die Standardnormalverteilung ist. Weiterhin gilt, daß der auf der Rangstatistik

$$K_n = \sum_{i=1}^{n} a_n(R_i) b_n(S_i) \text{ mit}$$

$$a_n(i) = E(\delta_1(U_1) \mid R_1 = i) \text{ und}$$

$$b_n(i) = E(\psi_1(V_1) \mid S_1 = i)$$

basierende Test lokal optimal ist. Unter gewissen Regularitätsbedingungen gilt dies (asymptotisch) auch für die Rangstatistik

$$K_n^* = \sum_{i=1}^{n} a_n^*(R_i) b_n^*(S_i) \text{ mit}$$

$$a_n^*(i) = \delta_1\left(\frac{i}{n+1}\right)$$

$$b_n^*(i) = \psi_1\left(\frac{i}{n+1}\right);$$

im Beispiel der zweidimensionalen Normalverteilung ist K_n^* dann die v.d. Waerden-Statistik.

Um einen adaptiven Test zu erhalten, bestimmt Rödel nun Schätzungen $\hat{\delta}_1$ und $\hat{\psi}_1$ der Funktionen δ_1 bzw. ψ_1, die auf einer Schätzung für $\bar{h}(u,v)$ basieren. Er zeigt, daß die so gewonnene adaptive Rangstatistik $\hat{K}_n^*$ als Schätzung von K_n^* konsistent und asymptotisch normalverteilt ist. In einer unveröffentlichten Studie vergleicht Rödel unter Annahme der Normalverteilung (ρ = 0,0.1,0.2, ..., 0.9) und für n=10, 30, 50 und 100 diesen adaptiven Test mit dem v.d. Waerden-Test, dem parametrischen Korrelationstest und mit dem Spearman-Test. Er kommt zu dem Ergebnis, daß der adaptive Test generell nicht gut das Niveau α einhält, seine Güte aber mit den beiden optimalen Tests mithalten kann und meist höher ist als beim Spearman-Test. Es bliebe zu prüfen, ob durch Verbesserung der Schätzungen $\hat{\delta}_1$, $\hat{\psi}_1$ erreicht werden kann, daß das Testniveau besser eingehalten wird und ob dieser adaptive Test dann unter Normalverteilung und anderen zweidimensionalen Verteilungen insgesamt seinen Einzelkonkurrenten vorzuziehen ist.

Zum Abschluß dieses Kapitels bleibt festzuhalten, daß Arbeiten über adaptive Tests zu einer Reihe von Problemen noch sehr dünn gesät sind, ja teilweise gänzlich fehlen. Bis solche für die statistische Praxis wichtigen Tests ihre nicht-adaptiven Kontrahenten "von der Spitze verdrängt haben", ist also im Sinne des obigen Zitats von Hogg u. Randles (1975) noch eine Menge zu tun.

An approximate answer to the right problem is worth a good deal more than an exact answer to an approximate problem.

J. W. Tukey

4 Zusammenfassung - Was bringen robuste und adaptive Tests?

In den vorangegangenen beiden Kapiteln haben wir zu den einzelnen Problemen, dem Ein-, Zwei- und c-Stichproben-Problem, jeweils für Lage- und Skalenalternativen, vier Gruppen von Tests betrachtet, parametrische, nichtparametrische, robustifizierte und adaptive, und solche Tests auf der Basis einer Reihe vorliegender Studien miteinander verglichen. Zwei Fragen standen dabei im Vordergrund:

1. Wie robust sind die klassischen parametrischen Tests bei Abweichungen von den Modellen, unter denen sie optimal sind?
2. Gibt es Alternativen, die (deutlich) besser sind als die parametrischen Tests bei diesen Modellabweichungen?

Die Robustheitsuntersuchungen bezogen sich im wesentlichen auf Abweichungen vom Modell der Normalverteilung; dabei spielte in erster Linie die kontaminierte Normalverteilung $F = (1 - \varepsilon)N(\mu_1, \sigma_1^2) + \varepsilon N(\mu_2, \sigma_2^2)$ als ein mögliches Supermodell, das die Normalverteilung einschließt, eine wichtige Rolle. Der Anteil ε grober Fehler wurde in den Studien als bekannt vorausgesetzt; er kann im konkreten Fall vorab aus den Daten geschätzt werden, siehe dazu auch Hampel u.a. (1986, S.399) und Wannhoff (1989).

Neben der kontaminierten Normalverteilung gibt es aber auch noch andere Supermodelle, die die Normalverteilung einschließen (z.B. die Box-Tiao-Verteilung) oder über die die "Nähe zur Normalverteilung" beschrieben werden kann (z.B. die R-S-T-Verteilung). Robustheitsstudien hängen natürlich *ganz wesentlich* vom unterstellten Supermodell ab. So können wir für einen *bestimmten* Test bei *gleicher* Levy-Distanz zweier (aus verschiedenen Supermodellen stammenden) Verteilungen von der Normalverteilung unterschiedliche Robustheitsergebnisse erhalten; darauf wurde bereits im 2.Kapitel hingewiesen. Weitere Untersuchungen dazu wären wünschenswert.

Bei der Auswahl eines geeigneten Tests für ein bestimmtes Problem stehen sich die Kriterien Effizienz und Robustheit gegenüber: Auf der einen Seite sollte das Verfahren hohe Effizienz haben unter der Annahme eines konkreten Verteilungsmodells (z.B. der Normalverteilung), auf der anderen Seite aber auch robust sein gegenüber Abweichungen von diesem Modell, um vor "großem Schaden" zu schützen. Wir können natürlich generell nicht beides haben. So ist z.B. der F-Test im Zweistichproben-Skalenproblem unter der Normalverteilung optimal, aber keinesfalls robust bei Abweichungen von dieser Verteilung, wohingegen der Vorzeichen-Test im Einstichproben-Lageproblem robust ist unter einer großen Klasse von Verteilungen (siehe Abschnitt 2.5.6), dafür aber wenig effizient ist im Vergleich zum t-Test unter der Normalverteilung. Beide Aspekte, Effizienz und Robustheit, sind also gegeneinander abzuwägen.

Bei den hier vorgelegten Studien zur Robustheit und Effizienz der Tests muß allerdings konstatiert werden, daß die Ergebnisse fast ausschließlich entweder asymptotischer Natur sind oder (mehr noch) auf Simulationen basieren und somit nur eine "approximative Antwort" auf die Frage nach Robustheit zu geben vermögen; die exakten Verteilungen der betrachteten Teststatistiken sind nur in ganz wenigen Fällen analytisch herleitbar.

Welches Resümee können wir nun aus den Studien in Kapitel 2 und 3 ziehen? Eines ist ganz deutlich geworden: Es ist wohl zu unterscheiden zwischen Skalen- und Lagetests bei der Untersuchung der Robustheit klassischer Verfahren. So ist z.B. der t-Test im Zweistichproben-Problem für Lagealternativen sowie der F-Test für die ANOVA durchaus α-robust gegenüber symmetrischen Verteilungen mit nicht zu starken Tails, allerdings weniger β-robust; die beiden Skalentests, der χ^2-Test und der F-Test im Ein- bzw. Zweistichproben-Problem, sind dagegen ausgesprochen nichtrobust, wie alle Studien gezeigt haben. Diese Tests sollten somit aus der Liste bevorzugter parametrischer Tests gestrichen und durch robuste Versionen ersetzt werden. Der damit verbundene größere numerische Aufwand kann im Zeitalter des Computers kein Gegenargumant sein; eher dürfte die "Angst vor dem Neuen" beim Anwender eine Rolle spielen, überspielt durch Bemerkungen wie: "Solche robusten Verfahren sind gar nicht nötig, es ging ja bislang auch ohne sie". Dazu Hampel u.a. (1986, S.403):

"On the surface, the argument is debatable but unrealistic, since if we would follow it, we would still live in the Stone Age, carving and using Stone Age tools, since we have done it successfully for untold millenaries."

Doch welche der Alternativen zu den parametrischen Verfahren sollen nun dem Anwender empfohlen werden, der bereit ist, "neue Wege" zu gehen? In einer Reihe von Studien haben sich *nichtparametrische* Tests als robust und ausgesprochen effizient gegenüber ihren Konkurrenten erwiesen, meist kaum schlechter als die parametrischen Tests unter der Normalverteilung und oft erheblich besser unter anderen Verteilungsmodellen. Ein Ausreißer fällt ja bei einem Rangtest im Gegensatz zu einem parametrischen Test, der z.B. auf $\overline{X}$ basiert, kaum ins Gewicht, da ihm allenfalls die größte (oder kleinste) der zu vergebenden Rangzahlen zugeordnet wird. So sind z.B. die Tests von Wilcoxon im Ein- und Zweistichproben-Problem für Lagealternativen kaum zu schlagen bei symmetrischen Verteilungen mit mittleren bis starken Tails und der Vorzeichen-Test bzw. der Median-Test nicht bei solchen mit sehr starken Tails. Für diese Testprobleme kommen als Alternativen auch getrimmte t-Tests infrage, wobei der Trimmanteil γ in Abhängigkeit von der Tail-Stärke (gemessen z.B. über $\hat{Q}_2$) festgelegt werden kann; für die meisten Datensituationen wird $\gamma = 10\%$ bis 15% adäquat sein. Im Zwei- und c-Stichproben-Lageproblem mit *ungleichen* Varianzen scheiden die nichtparametrischen Tests sogar aus; statt dessen können dann getrimmte Versionen des Welch-Tests eingesetzt werden. Als robustifizierte Tests bei Skalenproblemen im Ein,- Zwei- und c-Stichproben-Fall bieten sich die Tests nach dem Levene-Prinzip an, zumal im Einstichproben-Fall keine Rangtests existieren und im c-Stichproben-Fall nur wenig über die Effizienz von Rangtests bekannt ist. Ob nichtparametrische Tests oder robustifizierte Tests, eines sollte hier deutlich herausgestellt werden: Die Robustheit dieser Tests ist nicht so eng mit einem ganz konkreten Verteilungsmodell verbunden wie die Überlegenheit der hier vorgestellten parametrischen Tests mit dem Modell der Normalverteilung.

Dennoch bleiben einige Fragen offen. Was berechtigt zu Modellannahmen wie: die zugrundeliegende Verteilung ist symmetrisch oder links- bzw. rechtsschief und hat starke oder weniger starke Tails, um dann unter einer solchen spezifizierten Prämisse den dafür "besten" nichtparametrischen oder robustifizierten Test auszuwählen? Insbesondere die Annahme der Symmetrie der Verteilungen erweist sich in vielen Situationen als fragwürdig. Es sollte noch einmal betont werden: *Die Datenwelt ist i.d.R. asymmetrisch*, und in einem solchen Fall sind z.B. die Tests von Wilcoxon eindeutig den eigens für asymmetrische Verteilungen konzipierten nichtparametrischen Test unterlegen.

Alle diese Überlegungen münden in der Frage: Hat der Anwender in seiner konkreten Datensituation (einigermaßen) sichere Kenntnisse über das Modell, das diese Daten "erzeugt" hat, oder "tappt er mehr oder weniger im Dunkeln" bei der Postulierung seines Modells und der damit verbundenen *a priori*-Auswahl seines Verfahrens. Trifft letzteres zu - und die Behauptung darf gewagt werden, daß dies der Normalfall ist - dann sollte die Wahl des Verfahrens *a posteriori* erfolgen, d.h. einem adaptiven Test der Vorzug gegeben werden, eine rigorose Forderung, die allerdings erst für wenige, im 3. Kapitel diskutierte Testprobleme realisierbar ist.

Im Prinzip stehen sich letztlich zwei Philosophien in der statistischen Inferenz gegenüber: die des nichtadaptiven und die des adaptiven Statistikers. Bickel (1976) beschreibt den Unterschied zwischen einem nichtadaptiven (modellgläubigen) und einem adaptiven (datenorientierten) Statistiker durch die Gegenüberstellung zweier Sichtweisen, die des Optimisten und die des Pessimisten:

"The optimist confronted with a problem uses his intuition, physical knowledge, perhaps his prior opinions to construct a mathematical model for the data. Once constructed the model is unchangeable and analysis proceeds using methods optimal

for that model. The pessimist, lately called a data analyst, uses models only provisionally and is always ready to change his view of the structure of the data in the light of the values he sees. Purists of either persuasion are fortunately rare."

Haben wir uns also in einem konkreten Fall für eine adaptive Vorgehensweise entschieden, so bieten sich nach den Ausführungen des vorangegangenen Kapitels zunächst zwei Konzepte für einen adaptiven Test an, das *grob- adaptierende* mit einer vorab zu erfolgenden Klassifikation der Verteilung bezüglich gewisser Maße wie solche für Schiefe und Tails und einer darauf aufbauenden Bereichseinteilung (Hoggsches Konzept) und das *fein-adaptierende*, das entweder auf einer direkten Schätzung der optimalen Score-Funktion basiert (siehe dazu die bereits zitierte Monographie von Behnen u. Neuhaus (1989)), oder von einer Approximation der optimalen Score-Funktion durch eine stetige, stückweise lineare Funktion ausgeht, in der dann die Steigungsparameter aus den Daten geschätzt werden (siehe z.B. Eplett (1982) und Ruhberg (1986)). Das fein-adaptierende Verfahren hat aus theoretischer Sicht gegenüber dem grob-adaptierenden den Vorteil, daß es bei einem konkreten Datensatz unmittelbar den dazu "besten" Rangtest liefert, während das grob-adaptierende eine stärkere Willkür in der Wahl geeigneter Rangtests für das adaptive Schema, in der damit verbundenen Festlegung gewisser Maße zur Charakterisierung von Verteilungen und bei der Einteilung der Bereiche einschließt, wenngleich nicht verkannt werden sollte, daß auch bei der Schätzung der Score-Funktion "viel Spielraum" hinsichtlich der Wahl des Dichteschätzers (Kern, Bandweite u.a.) besteht.

Aus praktischer Sicht kommen zudem Zweifel an einer akzeptablen Konvergenzgeschwindigkeit bei der Schätzung der Score-Funktion auf. Wie groß muß der Stichprobenumfang mindestens sein, damit die Score-Funktion "vernünftig" geschätzt werden kann? Auch im Hoggschen Konzept darf der Stichprobenumfang nicht zu klein sein, um sinnvoll z.B. Schiefe und Tails einer Verteilung schätzen zu können. Tukey spricht in der Arbeit von Andrews u.a. (1972, S.223) davon, daß *"blatantly adaptive estimates seem to come into their own for fairly large samples, probably beyond n=50."* Diese Zahl ist für adaptive *Tests* sicher zu hoch gegriffen, denn die vorliegenden Studien mit dem Nachweis der Überlegenheit dieser Tests gegenüber ihren Einzelkonkurrenten basieren auf z.T. deutlich geringeren Stichprobenumfängen.

Ein völlig anderer Ansatz zur Konstruktion adaptiver Tests ist über den sogenannten "Bootstrap" denkbar, wenngleich m.W. bislang darüber noch keine einzige Arbeit vorliegt. Die Grundidee des Bootstrap, der ganz auf der Datenebene bleibt, kann wie folgt skizziert werden:

Es sei $X=(X_1,...,X_n)$ mit unabhängigen und identisch verteilten Zufallsvariablen X_i, $X_i \sim F$, $i=1,...,n$, und $x_1,...,x_n$ seien ihre Realisationen. Weiterhin sei $R(X,F)$ eine reellwertige Funktion von X und des unbekannten Parameters F (z.B. eine Schätz- oder Teststatistik) und $H_R(F,r):=P_F(R(X,F)\leq r)$ ihre Verteilungsfunktion. Gesucht ist eine Schätzung von $H_R(F,r)$ auf der Basis von $x_1,...,x_n$. Als Lösung bietet sich an,

F durch die empirische Verteilungsfunktion F_n zu schätzen, d.h. an Stelle der Verteilung von $R(X,F)$ wird die von $R(X,F_n)$ betrachtet; $\hat{H}(r):=H_R(F_n,r)$ heißt dann *Bootstrap-Schätzer* von $H_R(F,r)$. Um die Verteilung von $R(X,F_n)$ explizit zu berechnen, müßten also im Extremfall ($x_i \neq x_j$ für $i \neq j$) alle n^n Werte von $R(X,F_n)$ bestimmt werden. Das ist selbst für kleines n auch mit schnellen Rechnern nicht in vertretbarer Zeit zu schaffen. Die Verteilung von $R(X,F_n)$ kann jedoch mit Hilfe der Monte-Carlo-Methode mit beliebiger Genauigkeit geschätzt werden, wobei der Grad der Genauigkeit von der Rechnerkapazität bzw. von der Bereitwilligkeit der zu investierenden Rechenzeit abhängt. Die Schätzung von $H_R(F_n,r)$ vollzieht sich dann in folgenden Schritten:

(1) Ziehung einer Stichprobe $X^* = (X_1^*, \dots, X_n^*)$ mit *Zurücklegen* aus $X_1, \dots, X_n$,

(2) Berechnung von $R^*=R(X^*,F_n)$,

(3) Wiederholung von (1) und (2) B-mal (B ist die Anzahl der Bootstrap-Stichproben) und damit Erzeugung von B Werten $R_1^*, \dots, R_B^*$,

(4) Bestimmung der empirischen Verteilungsfunktion $\hat{H}_B$ von $R_1^*, \dots, R_B^*$, d.h.

$$\hat{H}_B := 1/B \left| \{ j \leq B \mid R_j^* \leq r \} \right| .$$

$\hat{H}_B(r)$ ist dann ein Schätzer von $\hat{H}(r)$.

Der Bootstrap wurde von Efron (1979) eingeführt und hat in jüngster Zeit eine Reihe von Anwendungen gefunden, siehe z.B. Efron (1981), Efron u. Tibshirani (1986), Hall (1986), Collings u. Hamilton (1988), Hall u. Martin (1988), Boos u. Brownie (1989) und Fisher u. Hall (1990); eine gute Einführung in das Bootstrap-Konzept bringt die Arbeit von Rothe (1989).

Die Philosophie, die hinter dem Bootstrap steht, ist die, daß der Anwender statistischer Methoden keine a priori Informationen über das zugrundeliegende Verteilungsmodell hat und damit allein auf seine Daten angewiesen ist. Über den Bootstrap kann nun ein adaptives Konzept vorgeschlagen werden, für das nicht nur Rangtests, sondern grundsätzlich alle bezüglich eines Problems relevanten Tests - einschließlich der parametrischen - infrage kommen. Dazu wird die Güte aller betrachteten Tests mit Hilfe der Bootstrap-Methode geschätzt und dann der Test mit der höchsten (geschätzten) Güte ausgewählt. Collings u. Hamilton (1988) haben die Güte des Wilcoxon-Tests, t-Tests und Median-Tests im Zweistichproben-Lageproblem mit der Bootstrap-Methode geschätzt und dabei auf die Konstruktion eines adaptiven Tests hingewiesen. Die Frage, die sich aufdrängt, lautet: Hält ein solcher adaptiver Test das Niveau α ein? Interessant ist weiterhin die Frage, wie diese drei verschiedenen Konzepte adaptiver Tests, das grob-adaptierende nach Hogg, das fein-adaptierende und das auf dem Bootstrap basierende, bei ausgewählten Testproblemen im Vergleich miteinander abschneiden. Hinsichtlich der Schätzung der Güte über den Bootstrap sei noch auf die Arbeit von Beran (1986) hingewiesen, in der der (parametrische) Bootstrap-t-Test untersucht wird.

Zusammenfassend bleibt am Ende festzuhalten: Die mangelnde Robustheit vieler der hier diskutierten parametrischen Tests schon unter geringen Modellabweichungen läßt eigentlich nur den Schluß zu, diesen Tests den Rücken zu kehren und sich nichtparametrischen oder robustifizierten Tests, besser noch (wenn vorhanden) adaptiven Tests zuzuwenden, die ja - wie schon in Abschnitt 1.2 betont - gerade wegen ihrer Datenbezogenheit als ausgesprochen robust einzuschätzen sind. Das setzt allerdings voraus, daß diese z.T. rechenaufwendigen neuen Verfahren in statistische Programmpakete aufgenommen und somit dem Anwender zur Verfügung gestellt werden. Daran mangelt es z.Z. noch ganz erheblich. Viele der existierenden Programmpakete sind auf einem Stand, an dem die nun mittlerweile 30 Jahre alte Epoche der robusten Statistik spurlos vorübergegangen ist. Zugegeben, das Sichklammern an parametrische Verfahren oder die Bereitschaft, sich von ihnen zu lösen und robustere Verfahren, insbesondere adaptive, einzusetzen, hängen wohl letzlich vom Grad des Vertrauens in das unterstellte Modell ab. Eines aber müßte unstrittig sein, daß nämlich Statistik nicht im Elfenbeinturm, sondern datenorientiert betrieben werden sollte. Dafür besteht heute auch durchaus Anlaß zur Hoffnung, die schon Hogg u. Lenth (1984) hegten: "*The recent explosion of interest in exploratory techniques ... further confirms our belief the practicing statistician prefers to proceed adaptively.*"

Anhang

Literatur:
Barndorff-Nielsen u. Cox (1989), Johnson u. Kotz (1970), Kendall u. Stuart (1969), Manoukian (1986a), Roussas (1973) und Serfling (1980).

1 Momente und Kumulanten

1.1 Momente

Die momenterzeugende Funktion M einer Zufallsvariablen X ist definiert als

$$M(X,t) = E(e^{tX}).$$

Existiert ein a>0, so daß M(X,t) konvergent ist für |t|<a, dann hat die Taylor-Entwicklung von M in t=0 die Form:

$$M(X,t) = 1 + \sum_{r=1}^{\infty} \mu_r' t^r / r! \quad \text{mit } \mu_r' = E(X^r).$$

Sei nun $\mu_1' = E(X) =: \mu$, dann ist

$$M(X-\mu,t) = e^{-t\mu} M(X,t) = 1 + \sum_{r=1}^{\infty} \mu_r t^r / r! \quad \text{mit } \mu_r = E((X-\mu)^r);$$

μ'_r und μ_r sind das r-te Moment bzw. das r-te zentrale Moment mit

$$\mu_r' = M^{(r)}(X,0) \quad \text{und}$$

$$\mu_r = M^{(r)}(X-\mu,0) \quad \text{für } r \geq 2,$$

wobei $M^{(r)}$ die r-te Ableitung von M nach t bedeutet. Zur Bestimmung von μ'_r bzw. μ_r ist also die Funktion $M(X,t) = E(e^{tX})$ bzw. $M(X-\mu,t) = E(e^{t(X-\mu)})$ zu bestimmen und dann ihre r-te Ableitung an der Stelle t=0 zu berechnen.

Beispiel 1:

Sei $X \sim N(\mu, \sigma^2)$, dann ist $M(X,t) = e^{t\mu + 1/2 t^2 \sigma^2}$ und $M(X-\mu,t) = e^{1/2 t^2 \sigma^2}$.

∇

1.2 Kumulanten

Die Kumulanten erzeugende Funktion K einer Zufallsvariablen X ist definiert durch $K(X,t) = \ln M(X,t)$.

Dann gilt zunächst:

$$K(X-\mu,t) = \ln M(X-\mu,t) = -t\mu + \ln M(X,t) = -t\mu + K(X,t),$$

$$\text{d.h. } K(X,t) = t\mu + K(X-\mu,t).$$

Die Taylorentwicklung von K(X,t) hat die Form:

$$\sum_{r=1}^{\infty} \kappa_r t^r / r! = \ln\left(1 + \sum_{r=1}^{\infty} \mu_r' t^r / r!\right)$$

$$= t\mu + \ln\left(1 + \sum_{r=1}^{\infty} \mu_r t^r / r!\right);$$

die Koeffizienten κ_r in dieser Taylor-Entwicklung heißen Kumulanten oder auch Semi-Invarianten von X; Semi-Invarianten, weil κ_r, $r \geq 2$, invariant gegenüber Translationen der Zufallsvariablen X ist. Es gilt:

$$\kappa_1 = K'(X,0) = \frac{M'(X,0)}{M(X,0)} = \mu_1' \quad \text{bzw.}$$

$$\kappa_1 = K'(X,0) = \mu + K'(X-\mu,0) = \mu + \frac{M'(X-\mu,0)}{M(X-\mu,0)} = \mu,$$

d.h. $\kappa_1 = \mu_1' = \mu$, und weiter über die nächsten Ableitungen von K:

$$\kappa_2 = \mu_2' - \mu_1'^2 = \mu_2,$$

$$\kappa_3 = \mu_3' - 3\mu_1'\mu_2' + 2\mu_1'^3 = \mu_3,$$

$$\kappa_4 = \mu_4' - 3\mu_2'^2 - 4\mu_1'\mu_3' + 12\mu_1'^2\mu_2' - 6\mu_1'^4 = \mu_4 - 3\mu_2^2,$$

$$\kappa_5 = \mu_5 - 10\mu_3\mu_2,$$

$$\kappa_6 = \mu_6 - 15\mu_4\mu_2 - 10\mu_3^2 + 30\mu_2^3.$$

Umgekehrt ergibt sich:

$$\mu_4 = \kappa_4 + 3\kappa_2^2,$$

$$\mu_5 = \kappa_5 + 10\kappa_3\kappa_4.$$

Bei Kendall u. Stuart (1969, S.69 ff) ist die Beziehung zwischen Momenten und Kumulanten für $r \leq 10$ angegeben. Häufig werden auch die Kumulanten standardisiert, um dimensionslose Maße zu erhalten (siehe 2.5.5):

$$\rho_r = \kappa_r / \sigma^r, \; r \geq 3.$$

Speziell für r=3 und r=4 ist

$$\rho_3 = \kappa_3/\sigma^3 = \mu_3/\sigma^3 = \beta_1 \text{ (Schiefe)}$$

$$\rho_4 = \kappa_4/\sigma^4 = (\mu_4 - 3\mu_2^2)/\sigma^4 = \beta_2 - 3 \text{ mit } \beta_2 \text{ als Kurtosis.}$$

Wir wollen noch als Beispiel eine normalverteilte Zufallsvariable X mit $E(X)=\mu$ und $VAR(X)=\sigma^2=\mu_2$ betrachten:

Es ist $M(X,t) = e^{t\mu + t^2\sigma^2/2}$,

$$M(X-\mu,t) = e^{t^2\sigma^2/2},$$

$$K(X,t) = t\mu + t^2\sigma^2/2,$$

d.h. $\kappa_1 = \mu$, $\kappa_2 = \sigma^2$, $\kappa_r = 0$ für $r \geq 3$.

2 Grenzwertbegriffe

2.1 Eine Folge $\{X_n\}$ von Zufallsvariablen mit zugehörigen Verteilungsfunktionen $\{F_n\}$ konvergiert *in Verteilung* (distribution) gegen die Zufallsvariable X mit Verteilungsfunktion F(x), wenn für alle Stetigkeitspunkte x von F gilt:

$$\lim_{n\to\infty} F_n(x) = F(x), \text{ kurz: } \{F_n\} \to F \text{ oder } X_n \overset{d}{\to} X, \text{ oft auch } X_n \overset{d}{\to} F.$$

Dieser Typ von Konvergenz heißt auch *schwache* Konvergenz.

Anmerkung: Aus der Konvergenz in Verteilung folgt *nicht*

(a) die Konvergenz der zu $\{X_n\}$ gehörenden Dichtefunktion $\{f_n\}$ gegen die Dichtefunktion f von X, siehe das Beispiel von Roussas (1973, S. 133),

(b) Die Konvergenz der zugehörigen Momente, ja nicht einmal ihre Existenz.

Beispiel 2 (siehe das gross-error-Modell in 2.3):

$\{X_n\}$ habe die Dichtefunktionen

$$f_n(x) = \left(1 - \frac{1}{n}\right)\frac{1}{\sqrt{2\pi}} e^{-\frac{1}{2}x^2} + \frac{1}{n}\frac{1}{\pi(1+x^2)},$$

dann konvergiert $\{X_n\}$ in Verteilung gegen X mit $F(x)=\Phi(x)$ (Standardnormalverteilung), obwohl die Momente von $\{X_n\}$ nicht existieren.

∇

2.2 Eine Folge $\{X_n\}$ von Zufallsvariablen konvergiert *in Wahrscheinlichkeit* (probability) gegen die Zufallsvariable X, wenn für jedes $\varepsilon>0$ gilt:

$$\lim_{n\to\infty} P(|X_n - X| < \varepsilon) = 1\,,\ \text{kurz}\ X_n \overset{P}{\to} X\,.$$

Anmerkung: Ist X=a=constant, so sind die Begriffe "Konvergenz in Wahrscheinlichkeit" und "Konvergenz in Verteilung" äquivalent.

2.3 Eine Folge $\{X_n\}$ von Zufallsvariablen konvergiert *mit Wahrscheinlichkeit 1* oder auch *fast sicher* (almost sure) gegen die Zufallsvariable X, wenn

$$P(\lim_{n\to\infty} X_n = X) = 1\,,\ \text{kurz:}\ X_n \overset{a.s.}{\to} X\,.$$

Dieser Typ von Konvergenz heißt auch *starke* Konvergenz.

Anmerkung: Wenn für jedes $\varepsilon>0$ gilt: $\sum_{i=1}^{\infty} P(|X_n - X| \geq \varepsilon) < \infty$, dann konvergiert X_n fast sicher gegen X.

2.4 Eine Folge $\{X_n\}$ von Zufallsvariablen konvergiert *im r-ten Mittel*, $r>0$, gegen die Zufallsvariable X, wenn

$$\lim_{n\to\infty} E(|X_n - X|^r) = 0\,,\ \text{kurz:}\ X_n \overset{r.M.}{\to} X\,.$$

Ist speziell r=2, so sprechen wir von Konvergenz im *quadratischen* Mittel.

Anmerkung: Sei $0<s<r$, dann gilt: $X_n \overset{r.M.}{\to} X \Rightarrow X_n \overset{s.M.}{\to} X$.

2.5 Eine Folge $\{X_n\}$ von Zufallsvariablen ist *asymptotisch normalverteilt*, wenn Folgen von Konstanten $\{\mu_n\}$ (z.B. die Erwartungswerte) und $\{\sigma_n\}$ (z.B. die Standardabweichungen) mit $\sigma_n>0$ existieren, so daß

$$(X_n - \mu_n)/\sigma_n \overset{d}{\to} N(0,1).$$

Wir schreiben auch:

$$X_n \overset{asymp.}{\sim} N(\mu_n, \sigma_n^2).$$

3 Grenzwertsätze

3.1 Zusammenhang zwischen den verschiedenen Typen der Konvergenz

(a) $X_n \xrightarrow{a.s.} X \Rightarrow X_n \xrightarrow{P} X$

(b) $X_n \xrightarrow{r.M.} X \Rightarrow X_n \xrightarrow{P} X$

(c) $X_n \xrightarrow{P} X \Rightarrow X_n \xrightarrow{d} X$.

Darstellung von Konvergenztypen im Diagramm:

$$\begin{array}{ccccc} a.s. & \Rightarrow & P & \Rightarrow & d \\ & & \Uparrow & & \\ & & r.M. & & \end{array}$$

3.2 Sätze von Slutzky

(1) Angenommen : $X_n \xrightarrow{d} X$ und $Y_n \xrightarrow{P} c$, $c \neq 0$. Dann gilt:

(a) $X_n + Y_n \xrightarrow{d} X + c$

(b) $X_n \cdot Y_n \xrightarrow{d} c \cdot X$

(c) $X_n / Y_n \xrightarrow{d} X / c$, falls $P(Y_n \neq 0) = 1$.

(2) Angenommen: $X_n \xrightarrow{P} x_0$, $Y_n \xrightarrow{P} y_0$, $x_0, y_0 \in \mathbf{R}$, und $g(x,y)$ sei eine in (x_0, y_0) stetige Funktion, dann gilt für $g(X_n, Y_n)$:

$g(X_n, Y_n) \xrightarrow{P} g(x_0, y_0)$, speziell:

(a) $aX_n + bY_n \xrightarrow{P} ax_0 + by_0$, $a, b \in \mathbf{R}$,

(b) $X_n \cdot Y_n \xrightarrow{P} x_0 \cdot y_0$,

(c) $X_n / Y_n \xrightarrow{P} x_0 / y_0$ für $y_0 \neq 0$.

3.3 Schwaches Gesetz der großen Zahlen

Sei $\{X_n\}$ eine Folge unabhängiger und identisch verteilter Zufallsvariablen mit endlichem Erwartungswert μ und endlicher Varianz σ^2, dann konvergiert die Folge $\{\overline{X}_n\}$ mit $\overline{X}_n = \frac{1}{n}\sum_{i=1}^{n} X_i$ in Wahrscheinlichkeit gegen μ, d.h.

$$\lim_{n \to \infty} P(|\overline{X}_n - \mu|) < \varepsilon) = 1 \quad \text{für alle } \varepsilon > 0 .$$

3.4 Starkes Gesetz der großen Zahlen

Sei $\{X_n\}$ eine Folge unabhängiger und identisch verteilter Zufallsvariablen, dann konvergiert die Folge $\{\overline{X}_n\}$ mit $\overline{X}_n = \frac{1}{n}\sum_{i=1}^{n} X_i$ mit Wahrscheinlichkeit 1 gegen eine endliche Konstante μ dann und nur dann, wenn $E(|X_1|)<\infty$ und $E(X_1)=\mu$.

3.5 Zentraler Grenzwertsatz

Sei $\{X_n\}$ eine Folge unabhängiger und identisch verteilter Zufallsvariablen mit endlichem Erwartungswert μ und endlicher Varianz σ^2, und es seien $Z_n = \sqrt{n}(\overline{X}_n - \mu) / \sigma$ mit $\overline{X}_n = \frac{1}{n}\sum_{i=1}^{n} X_i$ und Φ die Standardnormalverteilungsfunktion. Dann konvergiert die Folge $\{Z_n\}$ in Verteilung gegen die Zufallsvariable X mit Verteilungsfunktion Φ, und zwar gleichmäßig in x, $\{F_{Z_n}(x)\} \to \Phi(x)$. $\overline{X}_n$ ist also asymptotisch normalverteilt mit Erwartungswert μ und Varianz σ^2/n, kurz:

$$\overline{X}_n \overset{asymp}{\sim} N(\mu, \sigma^2/n) .$$

Wenn keine Verwechslung zu befürchten ist, wird der Index n weggelassen, d.h.

$$\overline{X} \overset{asymp}{\sim} N(\mu, \sigma^2/n) .$$

4 Konvergenz und Eigenschaften von Stichprobenmomenten

Im folgenden seien $X_1,\ldots,X_n$ unabhängige und identisch verteilte Zufallsvariablen, und es seien:

$$m'_r = \frac{1}{n}\sum_{i=1}^{n} X_i^r , \; r = 1, 2, \ldots, \quad \text{und}$$

$$m_r = \frac{1}{n}\sum_{i=1}^{n}(X_i - \overline{X})^r, \; r = 2, 3, \dots ,$$

Schätzungen für μ_r' bzw. μ_r. Dann gilt, falls die entsprechenden Momente existieren:

(a) $m_r' \overset{a.s.}{\rightarrow} \mu_r'$,

(b) $E(m_r') = \mu_r'$,

(c) $Var(m_r') = (\mu_{2r}' - \mu_r'^2)/n$,

(d) $m_r' \overset{asymp}{\sim} N(\mu_r', (\mu_{2r}' - \mu_r'^2)/n)$,

(e) $m_r \overset{a.s.}{\rightarrow} \mu_r$,

(f) $E(m_r) - \mu_r = (1/2r(r-1)\mu_{r-1}\mu_2 - r\mu_r)/n + O(n^{-2}), \; n \to \infty$,

(g) $Var(m_r) = (\mu_{2r} - \mu_r^2 - 2r\mu_{r-1}\mu_{r+1} + r^2\mu_2\mu_{r-1}^2)/n + O(n^{-2}), \; n \to \infty$,

(h) $\sqrt{n}(m_r - \mu_r) \overset{asymp}{\sim} N(0,\sigma_r^2)$ mit $\sigma_r^2 = (\mu_{2r} - \mu_r^2 - 2r\mu_{r-1}\mu_{r+1} + r^2\mu_2\mu_{r-1}^2)/n$.

Das bedeutet: m_r' ist erwartungstreu für μ_r' , m_r asymptotisch erwartungstreu für μ_r , und m_r' und m_r sind stark konsistent und konsistent im quadratischen Mittel; zudem sind beide Schätzungen asymptotisch normalverteilt.

(i) $\sqrt{n}(\overline{X} - \mu, S^2 - \sigma^2) \overset{d}{\rightarrow} N((0,0), \Sigma)$ mit $S^2 = \frac{1}{n-1}\sum_{i=1}^{n}(X_i - \overline{X})^2$

und $\Sigma = \begin{pmatrix} \sigma^2 & \mu_3 \\ \mu_3 & \mu_4 - \sigma^4 \end{pmatrix}$, wobei $\sigma^2 = \mu_2$ ist;

das bedeutet: $\overline{X} \overset{asymp}{\sim} N(\mu, \sigma^2/n)$, $S^2 \overset{asymp}{\sim} N(\sigma^2, (\mu_4 - \sigma^4)/n)$.

5 Edgeworth-Reihenentwicklung

Zur approximativen Entwicklung der unbekannten Dichte f und der unbekannten Verteilungsfunktion F einer Zufallsvariablen Z mit Hilfe einer Edgeworth-Reihenentwicklung gehen wir von einer standardnormalverteilten Zufallsvariablen X, $X \sim N(0,1)$, mit Dichte $\phi(x)$ aus und betrachten die sogenannten Hermiteschen Polynome, die implizit wie folgt definiert sind:

$$\phi(x)H_r(x) = (-1)^r\phi^{(r)}(x), \; r = 0, 1, 2, \dots ,$$

worin $\phi^{(r)}$ die r-te Ableitung von ϕ nach x bedeutet.

Dann gilt für die ersten sechs Hermiteschen Polynome:

$H_0(x) = 1$,

$H_1(x) = x$,

$H_2(x) = x^2 - 1$,

$H_3(x) = x^3 - 3x$,

$H_4(x) = x^4 - 6x^2 + 3$,

$H_5(x) = x^5 - 10x^3 + 15x$ und

$H_6(x) = x^6 - 15x^4 + 45x^2 - 15$.

Die Hermiteschen Polynome sind orthogonal in dem Sinne, daß $E(H_r(X) \cdot H_s(X))=0$ ist für $r,s=0,1,2,\ldots, r \neq s$.

Bedeutend für die momenterzeugende Funktion ist die folgende Beziehung:

$$(1) \quad E(e^{tX}H_r(x)) = \int_{-\infty}^{+\infty} e^{tx}H_r(x)\phi(x)\,dx = t^r e^{t^2/2}.$$

Die Edgeworth-Reihenentwicklung sei nun am folgenden Beispiel demonstriert:

Es seien $Y_1,\ldots,Y_n$ unabhängige und identisch verteilte Zufallsvariablen mit $E(Y_1)=\mu$, $Var(Y_1)=\sigma^2$ und mit Kumulanten κ_r, und es sei $\rho_r=\kappa_r/\sigma^r$. Wir wollen nun (approximativ) über ρ_r die Dichte f_Z und die Verteilungsfunktion F_Z von $Z = \left(\sum_{i=1}^{n} Y_i - n\mu\right) / \sigma\sqrt{n}$

angeben. Dazu bestimmen wir zunächst die Kumulanten erzeugende Funktion $K(Z,t)$:

$$K(Z,t) = -\sqrt{n}\,\mu t / \sigma + nK(Y_1, t/(\sigma\sqrt{n})).$$

Nach 1.2 ist wegen $\kappa_r = \rho_r \sigma^r$:

$$K(Y_1,t) = \sum_{r=1}^{\infty} \kappa_r t^r / r! = \mu t + \frac{1}{2}\sigma^2 t^2 + \frac{1}{6}\rho_3\sigma^3 t^3 + \frac{1}{24}\rho_4\sigma^4 t^4 + \ldots$$

und damit

$$K(Z,t) = t^2/2 + \rho_3 t^3 / 6\sqrt{n} + \rho_4 t^4/24n + O(n^{-3/2}).$$

Wegen $K(Z,t)=\ln M(Z,t)$ ist

$$M(Z,t) = e^{K(Z,t)} = e^{t^2/2} \cdot e^{g(t) + O(n^{-3/2})} \quad \text{mit}$$

$$g(t) = \rho_3 t^3 / 6\sqrt{n} + \rho_4 t^4 / 24n.$$

Entwickeln wir $e^{g(t)}$ in eine Taylorreihe um t=0, so erhalten wir für die momenterzeugende Funktion

$$(2) \quad M(Z,t) = e^{t^2/2}[1 + \rho_3 t^3/6\sqrt{n} + \rho_4 t^4/24n + \rho_3^2 t^6/72n + O(n^{-3/2})] .$$

Nach Definition ist:

$$M(Z,t) = E(e^{tZ}) = \int e^{tz} f_Z(z)\, dz .$$

Um nun die Dichte f_Z zu erhalten, nutzen wir die Beziehung (1) $t^r e^{t^2/2} = \int e^{tx}\phi(x)H_r(x)\,dx$ aus und erhalten aus (2) für f_Z die Reihenentwicklung:

$$(3) \quad f_Z(x) = \phi(x)[1 + \rho_3 H_3(x)/6\sqrt{n} + \rho_4 H_4(x)/24n + \rho_3^2 H_6(x)/72n] + O(n^{-3/2})$$

und aus (3) unter Berücksichtigung von $\phi^r(x) = (-1)^r H_r(x)\phi(x)$ für F_Z die Reihenentwicklung:

$$(4) \quad F_Z(x) = \Phi(x) - \phi(x)[\rho_3 H_2(x)/6\sqrt{n} + \rho_4 H_3(x)/24n + \rho_3^2 H_5(x)/72n] + O(n^{-3/2}) .$$

Gleichungen (3) und (4) stellen die sogenannte Edgeworth-Reihenentwicklung für f_Z bzw. F_Z dar. (Der Leser beachte, daß darin Momente erst ab der Ordnung r=3 auftreten.)

Auf solchen Reihenentwicklungen für die Verteilung von Teststatistiken (z.B. t- und F-Statistiken) basieren zahlreiche (ältere) Robustheitsuntersuchungen bei Abweichungen von der Normalverteilung, worauf im ersten und zweiten Kapitel hingewiesen wurde. Diese Abweichungen von der Normalverteilung werden meist über die Koeffizienten $\rho_3=\beta_1$ (Schiefe) und $\rho_4=\beta_2-3$ (mit β_2 als Kurtosis) in den ersten drei "Korrekturtermen" beschrieben, d.h. es wird unterstellt, daß die Dichte f der betrachteten Zufallsvariablen (hier n=1) approximativ durch

$$f(x) = \phi(x) - \rho_3\phi^{(3)}(x)/6 + \rho_4\phi^{(4)}(x)/24 + \rho_2^3\phi^{(6)}(x)/72$$

gegeben ist. Es sei betont, daß diese Korrekturterme für $\rho_3 \neq 0$ bzw. $\rho_4 \neq 0$ *keine* Dichten sind. Dazu und zu weiteren Bemerkungen zur Edgeworth-Reihenentwicklung sei auf Barndorff-Nielsen u. Cox (1989, S.92 verwiesen).

Abschließend sei noch vermerkt, daß statt einer normalverteilten Zufallsvariablen in Verbindung mit Hermiteschen Polynomen auch eine gammaverteilte Zufallsvariable (insbesondere eine χ^2-verteilte) in Verbindung mit sogenannten Laguerreschen Polynomen zur Grundlage einer Reihenentwicklung gemacht werden kann, siehe dazu z.B. Barndorff-Nielsen u. Cox (1989, S.75f) und Tiku u.a. (1986, Kap. 1.7, 1.9).

Literaturverzeichnis

Afifi, A. A. und Kim, P. J. (1972). Comparison of some two-sample location tests for nonnormal alternatives. J. Roy. Statist. Soc., Ser. B 34, 448-455

Albers, W. (1978). Testing the mean of a normal population under dependence. Ann. Statist. 6, 1337-1344

Ali, M. M. (1973). Distribution of Student's ratio for correlated observations. Statist. Hefte 14, 350-356

Ali, M. M. (1974). Stochastic ordering and kurtosis measure. J. Amer. Statist. Assoc. 69, 543-545

Andrews, D. F. (1974). A robust method for multiple linear regression. Technometrics 16, 523-531

Andrews, D. F., Bickel, P. J., Hampel, F. R., Huber, P. J., Rogers, W. H. und Tukey, J. W. (1972). Robust estimation of location: Survey and advances. Princeton University Press, Princeton, N.J.

Arnold, H. J. (1965). Small sample power for the one sample Wilcoxon test for nonnormal shift alternatives. Ann. Math. Statist. 36, 1767-1778

Barnard, G. (1984). Comparing the means of two independent samples. Appl. Statist. 33, 266-271

Barndorff-Nielsen, O. E. und Cox, D. R. (1989). Asymptotic techniques for use in statistics. Chapman and Hall, London

Barnett, V. (1976). The ordering of multivariate data (with discussion). J. Roy. Statist. Soc., Ser. A 139, 318-354

Barnett, V. und Lewis, T. (1978). Outliers in statistical data. Wiley, New York

Bartlett, M. S. (1937). Properties of sufficiency and statistical tests. Proc. Roy. Soc., Ser. A 160, 268-282

Beckman, R. J. und Cook, R. D. (1983). Outlier..........s. Technometrics, 119-132

Behboodian, J. (1970). On the modes of a mixture of two normal distributions. Technometrics 12, 131-139

Behnen, K. (1975). The Randles-Hogg tests and an alternative proposal. Commun. Statist. 4, 203-238

Behnen, K. und Neuhaus, G. (1989). Rank tests with estimated scores and their applications. Teubner, Stuttgart

Behrens, W. V. (1929). Ein Beitrag zur Fehlerberechnung bei wenigen Beobachtungen. Landwirtsch. Jahrbücher 68, 807-837

Benjamini, Y. (1983). Is the t test really conservativ when the parent distribution is long-tailed? J. Amer. Statist. Assoc. 78, 645-654

Beran, R. (1974). Asymptotically efficient adaptive rank estimates in location model. Ann. Statist. 2, 63-74

Beran, R. (1986). Simulated power functions. Ann. Statist. 14, 151-173

Best, D. J. und Rayner, J. C. W. (1987). Welch's approximate solution for the Behrens-Fisher problem. Technometrics 29, 205-210

Bhattacharjee, G. P. (1968). Non-normality and heterogeneity in two sample t-test. Ann. Inst. Statist. Math. 20, 239-254

Bickel, P. J. (1964). On some alternative estimates for shift in the p-variate one sample problem. Ann. Math. Statist. 35, 1079-1090

Bickel, P. J. (1973). On some analogues to linear combinations of order statistics in linear models. Ann. Statist. 1, 597-616.

Bickel, P. J. (1976). Another look at robustness: A review of reviews and some developments. Scand. J. Statist. 3, 145-168

Bickel, P. J. und Lehmann, E. L. (1975). Descriptive statistics for nonparametric models, II. Location. Ann. Statist. 3, 1045-1069

Birch, J. B. und Myers, R. H. (1982). Robust analysis of covariance. Biometrics 38, 699-713

Bishop, D. J. und Nair, U. S. (1939). A note on certain methods of testing homogeneity of a set of estimated variances. Suppl. J. Roy. Statist. Soc. 6, 89-99

Boehnke, K. (1983). Der Einfluß verschiedener Stichprobencharakteristika auf die Effizienz der parametrischen und nichtparametrischen Varianzanalyse. Springer, Berlin

Boneau, C. A. (1962). A comparison of the power of the U and t-test. Psychol. Review 69, 246-256

Boos, D. D. (1986). Comparing k populations with linear rank statistics. J. Amer. Statist. Assoc. 81, 1018-1025

Boos, D. D. und Brownie, C. (1989). Bootstrap methods for testing homogeneity of variances. Technometrics 31, 69-82

Bowley, A. L. (1920). Elements of statistics. Charles Sribner's Sons, New York

Bowman, K., Beauchamp, J. und Shenton, L. (1977). The distribution of the t-statistic under non-normality. Internat. Statist. Rev. 45, 233-242

Box, G. E. P. (1953). Non-normality and tests on variances. Biometrika 40, 318-335

Box, G. E. P. und Anderson, S. L. (1955). Permutation theory in the derivation of robust criteria and the study of departures from assumption. J. Roy. Statist. Soc., Ser. B 17, 1-26

Box, G. E. P. und Tiao, G. C. (1962). A further look at robustness via Bayes's theorem. Biometrika 49, 419-432

Box, G. E. P. und Tiao, G. C. (1964). A note on criterion robustness and inference robustness. Biometrika 51, 169-173

Bradley, J. V. (1968). Distribution-free statistical tests, Prentice-Hall, New Jersey

Bradley, J. V. (1978). Robustness? British J. Math. Statist. Psychology 31, 144-152

Brown, B. M. (1982). Robustness against inequality of variances. Austral. J. Statist. 24, 283-295

Brown, B. M. (1983). Statistical uses of the spatial median. J. Roy. Statist. Soc., Ser. B 45, 25-30

Brown, G. W. (1939). On the power of the L_1 test for equality of several variances. Ann. Math. Statist. 10, 119-128

Brown, M. B. und Forsythe, A. B. (1974a). The small sample behavior of some statistics which test the equality of several means. Technometrics 16, 129-132

Brown, M. B. und Forsythe, A. B. (1974b). Robust tests for the equality of variances. J. Amer. Statist. Assoc. 69, 364-367

Brunner, E. und Neumann, N. (1982). Rank tests for correlated random variables. Biom. J. 24, 373-389

Büning, H. (1974). Robuste Verfahren - der U-Test für ein Abhängigkeitsmodell. Diskussionsarbeit Nr. 4, Institut für Quantitative Ökonomik und Statistik, Freie Universität Berlin

Büning, H. (1981). Tests auf Gleichverteilung - ein Gütevergleich. In: Computational Statistics, Hrsg. H. Büning und P. Naeve, De Gruyter, Berlin

Büning, H. (1983). Adaptive verteilungsfreie Tests, Statist. Hefte 24, 47-67

Büning, H. (1985). Adaptive verteilungsfreie Tests - Nichtparametrische Maße zur Klassifizierung von Verteilungen. In: Neuere Verfahren der nichtparametrischen Statistik, Hrsg. G. C. Pflug, Springer, Berlin

Büning, H. (1987). Die Influenzfunktion als Robustheitsmaß für Tests - eine Untersuchung für Rangtests im Einstichproben-Fall. Diskussionsarbeit Nr. 7, Institut für Quantitative Ökonomik und Statistik, Freie Universität Berlin

Büning, H. und Trenkler, G. (1978). Nichtparametrische statistische Methoden. De Gruyter, Berlin.

Büning, H., Haedrich, G. Kleinert, H., Kuß, A. und Streitberg, B. (1981). Operationale Verfahren der Markt- und Sozialforschung - Datenerhebung und Datenanalyse. De Gruyter, Berlin

Chand, D. R. und Kapur, S. S. (1970). An algorithm for convex polytapes. J. ACM 17, 78-86

Chao, M. und Glaser, R. E. (1978). The exact distribution of Bartlett's test statistic for homogeneity of variances with unequal sample sizes. J. Amer. Statist. Assoc. 73, 422-426

Chase, G. R. und Bulgren, W. G. (1971). A Monte Carlo investigation of robustness of T^2, J. Amer. Statist. Assoc. 66, 499-502

Chissom, B. S. (1970). Interpretation of the kurtosis statistics. The Amer. Statist. 24(4), 19-23

Chu, J. T. (1957). Some uses of quasi-ranges. Ann. Math. Statist. 28, 173-180

Cochran, W. G. (1947). Some consequences when the assumptions for the analysis of variance are not satisfied. Biometrics 3, 22-38

Cohen, A. C. (1967). Estimation in mixtures of two normal distributions. Technometrics 9, 15-28

Collings, B. J. und Hamilton, M. A. (1988). Estimating the power of the two-sample Wilcoxon test for location shift. Biometrics 44, 847-860

Conover, W. J. (1973). Ranktests for one sample, two samples, and k samples without assumption of a continuous distribution function. Ann. Statist. 1, 1105-1125

Conover, W. J., Johnson, M. E. und Johnson, M. M. (1981). A comparative study of tests for homogeneity of variances, with applications to the outer continental helf bidding data. Technometrics 23, 351-361

Cox, D. R. und Snell, E. J. (1981). Applied statistics. Principles and examples. Chapman and Hall, London

Cramér, H. (1963). Mathematical methods of statistics. Princeton University Press, Princeton, N.J.

Cressie, N. (1980). Relaxing assumptions in the one sample t-test. Austral. J. Statist. 22, 143-153

Crow, E. L. und Siddiqui, M. M. (1967). Robust estimation of location. J. Amer. Statist. Assoc. 62, 353-389

Cyr, J. L. und Manoukian, E. B. (1982). Approximate critical values with error bounds for Bartlett's test of homogeneity of variances for unequal sample sizes. Commun. Statist., Ser. A, Theor. and Meth. 11, 1671-80

D'Agostino, R. B. und Lee, A. (1977). Robustness of location estimators under changes of population kurtosis. J. Amer. Statist. Assoc. 72, 393-396

Daniel, W. W. (1978). Applied nonparametric statistics. Houghton Mifflin, Company, Boston

Darlington, R. B. (1970). Is kurtosis really peakedness? The Amer. Statist. 24(2), 19-22

Davenport, J. M. und Webster, J. T. (1975). The Behrens-Fisher problem, an old solution revisited. Metrika 22, 47-54

David, F. N. und Johnson, N. L. (1951). The effect of non-normality on the power function of the F-test in the analysis of variance. Biometrika 38, 43-57

David, H. A. (1956). The ranking of variances in normal populations. J. Amer. Statist. Assoc. 51, 621-626

Day, N. E. (1969). Estimating the components of a mixture of normal distributions. Biometrika 56, 463-472

Devlin, S. R., Gnanadesikan, R. und Kettenring, J. R. (1981). Robust estimation of dispersion matrices and principal components. J. Amer. Statist. Assoc. 76, 354-362

Dijkstra, J. B. (1984). Robustness of multiple comparisons against variance heterogeneity. In: Robustness of statistical methods and nonparametric statistics, Hrsg. D. Rasch und M. L. Tiku, VEB Deutscher Verlag der Wissenschaften, Berlin

Dixon, W. J. (1950). Analysis of extreme values. Ann. Math. Statist. 21, 488-506

Dixon, W. J. und Tukey, J. W. (1968). Approximate behaviour of the distribution of winsorized t (Trimming/Winsorization II). Technometrics 10, 83-98

Donaldson, T. S. (1968). Robustness of the F-test to errors of both kinds and the correlation between the numerator and denominator of the F-ratio. J. Amer. Statist. Assoc. 63, 600-676

Draper, D. (1988). Rank-based robust analysis of linear models. I. Exposition and review. Statistical Science 3, 239-271

Du Mond, C. E. und Lenth, R. V. (1987). A robust confidence interval for location. Technometrics 29, 211-219

Duncan, D. B. (1955). Multiple range and multiple F tests. Biometrics 11, 1-42

Duran, B. S. (1976). A survey of nonparametric tests for scale. Commun. Statist., Ser. A, Theor. and Meth. 5, 1287-1312

Duran, B. S. und Mielke, P. W. (1968). Robustness of sum of squared ranks test. J. Amer. Statist. Assoc. 63, 338-344

Duran, B. S. und Mitchell, C.-C. (1989). A class of multi-sample multivariate nonparametric tests for location-scale. Commun. Statist., Ser. A, Theor. and Meth. 18, 67-148

Dyer, D. und Keating, J. P. (1980). On the determination of critical values for Bartlett's test. J. Amer. Statist. Assoc. 75, 313-319

Eddy, W. F. (1980). The distribution of the convex hull of a Gaussian sample. J. Appl. Prob. 17, 686-695

Efron, B. (1965). The konvex hull of a random set of points. Biometrika 52, 331-343

Efron, B. (1979). Bootstrap methods: Another look at the Jackknife. Ann. Statist. 7, 1-26

Efron, B. (1981). Nonparametric estimates of standard error: The jackknife, the bootstrap and other methods. Biometrika 68, 589-599

Efron, B. und Tibshirani, R. (1986). Bootstrap methods for standard errors, confidence intervals and other measures of statistical accuracy. Statistical Science 1, 54-77

Eisenberger, I. (1964). Genesis of bimodal distributions. Technometrics 6, 357-363

Eplett, W. J. R. (1980). An influence curve for two-sample rank tests. J. Roy. Statist. Soc., Ser. B 42, 64-70

Eplett, W. J. R. (1982). Rank tests generated by continuous piecewise linear functions. Ann. Statist. 10, 569-574

Everitt, B. S. (1979). A Monte Carlo investigation of the robustness of Hotelling's one- and two-sample T^2 tests. J. Amer. Statist. Assoc. 74, 48-51

Everitt, B. S. und Hand D. J. (1981). Finite mixture distributions. Chapman and Hall, London, New York

Fenstad, G. V. (1983). A comparison between the U and V tests in the Behrens-Fisher problem. Biometrika 70, 300-302

Field, C. A. und Ronchetti, E. (1985). A tail area influence function and its application to testing. Commun. Statist., Ser. C 4, 19-41

Field, C. A. und Ronchetti, E. (1990). Small sample asymptotics. Institute of Mathematical Statistics, Vol. 13, Hayward, California

Finucan, H. M. (1964). A note on kurtosis. J. Roy. Statist. Soc., Ser. B 5, 360-361

Fisher, N. I. und Hall, P. (1990). On Bootstrap hypothesis testing. Austr. J. Statist. 32, 177-190

Fisher, R. A. (1939). The comparison of samples with possibly unequal variances. Annals of Eugenics 9, 174-180

Fligner, M. A. und Killeen, T. J. (1976). Distribution-free two-sample tests for scale. J. Amer. Statist. Assoc. 71, 210-213

Fligner, M. A. und Policello, G. E. (1981). Robust rank procedures for the Behrens-Fisher problem. J. Amer. Statist. Assoc. 76, 162-168

Franke, J., Härdle, W. und Martin, D. (1984). Robust and nonlinear time series analysis. Springer, Berlin

Fraser, D. A. S. (1957). Most powerful rank-type tests. Ann. Math. Statist. 28, 1040-1043

Friedman, M. (1937). The use of ranks to avoid the assumption of normality implicit in the analysis of variance. J. Amer. Statist. Assoc. 32, 675-701

Gabriel, K. R. (1969). Simultaneous test procedures - some theory of multiple comparisons. Ann. Math. Statist. 40, 224-250

Gartside, P. S. (1972). A study of methods comparing several variances. J. Amer. Statist. Assoc. 67, 342-346

Gastwirth, J. L. (1966). On robust procedures. J. Amer. Statist. Assoc. 61, 929-948

Gastwirth, J. L. und Cohen, M. L. (1979). Small sample behavior of some robust linear estimations of location. J. Amer. Statist. Assoc. 65, 946-973

Gastwirth, J. L. und Rubin, H. (1971). Effect of dependence on the level of some one sample tests. J. Amer. Stat. Assoc. 66, 816-820

Gauß, C. F. (1821). Göttingische gelehrte Anzeigen, 321-327

Gayen, A. K. (1949). The distribution of Student's t in random samples of any size from non-normal universes. Biometrika 36, 353-369

Gayen, A. K. (1950). Significance of difference between the means of two nonnormal samples. Biometrika 37, 399-408

Geary, R. C. (1936). The distribution of Student's ratio for non-normal samples. J. Roy. Statist. Soc. Suppl. 3, 178-184

Geary, R. C. (1947). Testing for normality. Biometrika 34, 209-242

Geng, S., Wang, W. J. und Miller, C. (1979). Small sample size comparisons of tests for homogeneity of variances by Monte-Carlo. Commun. Statist., Ser. B, Simul. Comput. 8, 379-398

Gibbons, J. D. und Gastwirth, J. L. (1970). Properties of the percentile-modified rank tests. Ann. Inst. Statist. Math. Suppl. 6, 96-114

Glaser, R. E. (1976). Exact critical values for Bartlett's test for homogeneity of variances. J. Amer. Statist. Assoc. 71, 488-490

Glaser, R. E. (1980). A characterization of Bartlett's statistic involving incomplete beta functions. Biometrika 67, 53-58

Glazer, H. (1963). Comparison of the Student two-sample t-test and the Wilcoxon-Mann-Whitney test for normal distributions with unequal variances. Ph.D. Dissertation, Boston University

Gnanadesikan, R. (1975). Methods for statistical data analysis of multivariate observations. Wiley, New York

Gnanadesikan, R. und Kettenring, J. R. (1972). Robust estimates, residuals and outlier detection with multiresponse data. Biometrics 28, 81-124

Godwin, H. J. und Hartley, H. O. (1945). Tables of the probability integral and the percentage points of the mean deviation in samples from a normal population. Biometrika 33, 254-265

Gonin, R. und Money, A. H. (1989). Nonlinear L_p-norm estimation. Marcel Dekker, New York.

Govindarajulu, Z. (1976). A brief survey of nonparametric statistics. Commun. Statist., Ser. A, Theor. and Meth. 5, 429-453

Gower, J. C. (1974). The mediancentre (Algorithm AS 78). Appl. Statist. 23, 466-470

Graßhoff, U. (1990). Zur Robustheit von L_p-Schätzern im linearen Modell bei Abweichung von der Normalverteilungsannahme. Unveröffentlichte Dissertation, Freie Universität Berlin

Green, P. J. (1980). Peeling bivariate data. In: Interpreting multivariate data, Hrsg. V. Barnett, Wiley, Chichester, 3-19

Green, P. J. und Silverman, B. W. (1979). Constructing the convex hull of a set of points in the plane. Computer J. 22, 262-266

Groeneveld, R. A. und Meeden, G. (1984). Measuring skewness and kurtosis. The Statistician 33, 391-399

Gronow, D. G. C. (1953). Non-normality in two-sample t-tests. Biometrika 40, 222-225

Gross, A. M. (1976). Confidence interval robustness with long-tailed symmetric distributions. J. Amer. Statist. Assoc. 71, 409-411

Hájek, J. (1969). A course in nonparametric statistics. Holden-Day, San Fransisco

Hájek, J. (1970). Miscellaneous problems of rank test theory. In: Nonparametric techniques in statistical inference. Hrsg. M. L. Puri, University Press, Cambridge, Mass.

Hájek, J. und Šidák, Z. (1967). Theory of rank tests. Wiley, New York

Hald, A. (1962). Statistical theory with engineering applications. Wiley, New York

Haldane, J. B. S. (1948). Note on the median of a multivariate distribution. Biometrika 35, 414-415

Hall, D. L. und Joiner, B. L. (1982). Representations of the space of distributions useful in robust estimation of location. Biometrika 69, 55-59

Hall, D. L. und Joiner, B. L. (1983). The ubiquitous role of f'/f in efficient estimation of location. The Amer. Statist. 37, 128-133

Hall, I. J. (1972). Some comparisons of tests for equality of variances. J. Statist. Comput. Simulation 1, 183-194

Hall, P. (1986). On the Bootstrap and confidence intervals. Ann. Statist. 14, 1431-1452

Hall, P. und Martin, M. (1988). On the Bootstrap and two-sample problems. Austral. J. Statist. 30 A, 179-192

Hampel, F. R. (1968). Contributions to the theory of robust estimation. Unpublished dissertation, University of California, Berkeley

Hampel, F. R. (1971). A general qualitative definition of robustness. Ann. Math. Statist. 42, 1887-1896

Hampel, F. R. (1973). Some small-sample asympotics. In Proceedings of the Prague Symposium on Asymptotic Statistics. Hrsg. Hájek, J., Prague, Charles University, 109-126

Hampel, F. R. (1974). The influence curve and its role in robust estimation. J. Amer. Statist. Assoc. 69, 383-393

Hampel, F. R. (1978). Modern trends in the theory of robustness. Math. Operationsforsch. Statist., Ser. Statistics 9, 425-442

Hampel, F. R. (1980). Robuste Schätzungen. Ein anwendungsorientierter Überblick. Biom. J. 22, 3-21

Hampel, F. R., Ronchetti, E. M., Rousseeuw, P. J. und Stahel, W. A. (1986). Robust statistics - The approach based on influence functions. Wiley, New York

Handl, A. (1985a). Maße zur Klassifizierung von symmetrischen Verteilungen. Diskussionsarbeit Nr. 5, Institut für Quantitative Ökonomik und Statistik, Freie Universität Berlin

Handl, A. (1985b). Verteilungsfreie Quantilschätzer - ein Vergleich. Diskussionsarbeit Nr. 6, Institut für Quantitative Ökonomik und Statistik, Freie Universität Berlin

Handl, A. (1986). Maßzahlen zur Klassifizierung von Verteilungen bei der Konstruktion adaptiver verteilungsfreier Tests im unverbundenen Zweistichproben-Problem. Unveröffentlichte Dissertation, Freie Universität Berlin

Harrel, F. E. und Davis, C. E. (1982). A new distribution-free quantile estimator. Biometrika 69, 635-640

Hartung, J. und Elpelt, B. (1984). Multivariate Statistik. Oldenbourg

Hawkins, D. M. (1980). Identification of outliers. Chapman and Hall, London

Haynam, G. E. und Govindarajulu, Z. (1966). Exact power of the U-test for exponential and rectangular alternatives. Ann. Math. Statist. 37, 945-953

Heiler, S. (1980). Robuste Schätzung im linearen Modell. In: Robuste Verfahren, Hrsg. H. Nowak und R. Zentgraf, Springer, Berlin

Hettmansperger, T. P. (1984). Statistical inference based on ranks. Wiley, New York

Hettmansperger, T. P. (1987). Why not try a robust regression? Austral. J. Statist. 29, 1-18

Hettmansperger, T. P. und Keenan, M. A. (1975). Tailweight, statistical inference and families of distributions - a brief survey. In: A modern course on statistical distributions in scientific work, Vol. 1, Hrsg. Patil u.a., Reidel Publishing Company, Dordrecht-Holland

Hill, M. A. und Dixon, W. J. (1982). Robustness in real life - a study of clinical laboratory data. Biometrics 28, 377-396

Hillebrand, D. K. (1971). Kurtosis measures bimodality? The Amer. Statist. 25, 42-43

Hoaglin, D. C., Mosteller F. und Tukey, J. W. (1983). Understanding robust and exploratory data analysis. Wiley, New York

Hogg, R. V. (1972). More light on kurtosis and related statistics. J. Amer. Statist. Assoc. 67, 422-424

Hogg, R. V. (1974). Adaptive robust procedures. A partial review and some suggestions for future applications and theory. J. Amer. Statist. Assoc. 69, 909-927

Hogg, R. V. (1976). A new dimension to nonparametric tests. Commun. Statist., Ser.A, Theor. and Meth. 5, 1313-1325

Hogg, R. V. (1982). On adaptive statistical inference. Commun. Statist., Ser. A, Theor. and Meth. 11, 2531-2542

Hogg, R. V. und Lenth, R. V. (1984). A review on some adaptive statistical techniques. Commun. Statist., Ser. A, Theor. and Meth. 13, 1551-1579

Hogg, R. V. und Randles, R. H. (1975). Adaptive distribution-free regression methods and their applications. Technometrics 17, 399-407

Hogg, R. V., Fisher, D. M. und Randles, R. H. (1975). A two sample adaptive distribution-free test. J. Amer. Statist. Assoc. 70, 656-661

Hollander, M. (1968). Certain uncorrelated nonparametric test statistics. J. Amer. Statist. Assoc. 63, 707-714

Hollander, M., Pledger, G. und Lin, P.-E. (1974). Robustness of the Wilcoxon test to a certain dependency between samples. Ann. Statist. 2, 177-181

Holloway, L. N. und Dunn, O. J. (1967). The robustness of Hotelling's T^2. J. Amer. Statist. Assoc. 62, 126-136

Hopkins, J. W. und Clay, P. P. F. (1963). Some empirical distributions of bivariate T^2 and homoscedasticity criterion M under unequal variances and leptokurtosis. J. Amer. Statist. Assoc. 58, 1048-1053

Horn, P. S. (1983). A measure of peakedness. The American Statistician 37, 55-56

Horsnell, G. (1953). The effect of unequal group variances on the F-test for the homogeneity of group means. Biometrika 40, 128-136

Hotelling, H. und Pabst, M. R. (1936). Rank correlation and tests of significance involving no assumption of normality. Ann. Math. Statist. 7, 29-43

Huber, P. J. (1964). Robust estimation of a location parameter. Ann. Math. Statist. 35, 73-101

Huber, P. J. (1970). Studentizing robust estimates. In: Nonparametric techniques in statistical inference, Hrsg. M. L. Puri, Cambridge Univ. Press, 453-463

Huber, P. J. (1973). Robust regression: Asymptotics, conjectures and Monte Carlo. Ann. Statist. 1, 799-821

Huber, P. J. (1981). Robust statistics. Wiley, New York

Hušková, M. (1985). Partial review of adaptive procedures. In: Sequential methods in statistics, Vol. 16, Banach Center Publications, Warschau

Hušková, M. (1986). Adaptive procedures for detecting of change. Proc. 1st World Congress of the Bernoulli Society, Vol. 2, Hrsg. Y. V. Prohorov und V. V. Sazonov, 257-261

Hušková, M. und Sen, P. K. (1986). On sequentially adaptive signed-rank statistics. Sequential Analysis 5, 237-252

Hüsler, J. (1988). On the asymptotic behaviour of selector statistics. Commun. Statist., Ser. A, Theor. and Meth. 17, 3569-3590

Illers, W. (1982). Ein Ansatz zur Beurteilung der Robustheit statistischer Testverfahren. Unveröffentlichte Dissertation, Universität Karlsruhe

Immich, H. (1974). Medizinische Statistik. F.K. Schattauer, Stuttgart

Ito, K. (1969). On the effect of heteroscedasticity and nonnormality upon some multivariate test procedures. Multivariate Analysis, Vol. 2, Academic Press, New York, 87-120

Ito, P. K. (1980). Robustness of ANOVA and MANOVA test procedures. In: Handbook of Statistics, Vol. 1, Hrsg. P. R. Krishnaiah, North-Holland, 199-236

Ito, K. und Schull, W. J. (1964). On the robustness of the T_0^2 in multivariate analysis of variance when variance-covariance matrices are not equal. Biometrika 51, 71-82

Jaeckel, L. A. (1971). Some flexible estimates of location. Ann. Math. Statist. 42, 1540-1552

Jaeckel, L. A. (1972). Estimating regression coefficients by minimizing the dispersion of the residuals. Ann. Math. Statist. 43, 1449-1458

James, G. S. (1951). Tests of linear hypotheses in univariate and multivariate analysis when the ratios of the population variances are unknown. Biometrika 38, 19-43

Johnson, J. J. (1978). Modified t tests and confidence intervals for asymmetrical populations. J. Amer. Statist. Assoc. 73, 536-544

Johnson, M. E., Tietjen, G. L. und Beckman, R. J. (1980). A new family of probability with applications to Monte Carlo Studies. J. Amer. Statist. Assoc. 75, 276-279

Johnson, N. L. und Kotz, S. (1970). Distributions in statistics - continuous univariate distributions - I. Houghton Mifflin, Boston

Joiner, B. L. und Rosenblatt, J. R. (1971). Some properties of the range in samples from Tukey's symmetric lambda distribution. J. Americ. Statist. Assoc. 66, 394-399

Jones, D. H. (1977). A one-sample adaptive distribution-free test with a stable power function. Commun. Statist., Ser. A, Theor. and Meth. 6, 869-877

Jones, D. H. (1979). An efficient adaptive distribution-free test for location. J. Amer. Statist. Assoc. 74, 822-828

Kadane, J. B. (1984). Robustness of Bayesian Analyses. North-Holland, Amsterdam.

Kafadar, K. (1982). A biweight approach to the one-sample problem. J. Amer. Statist. Assoc. 77, 416-424

Kaplansky, I. (1945). A common error concerning kurtosis. J. Amer. Statist. Assoc. 40, 259

Kariya, T. und Sinha, B. K. (1989). Robustness of statistical tests. Academic Press, New York

Keating, J. P. und Tripathi, R. C. (1984). Comparison of some two sample tests for equality of variances. Commun. Statist., Ser. A, Theor. and Meth. 13, 2691-2706

Kendall, G. M. und Stuart, A. (1969). The advanced theory of statistics, Vol. 1, Charles Griffin, London

Kendall, G. M. und Stuart, A. (1973). The advanced theory of statistics, Vol. 2, Charles Griffin, London

Keselman, H. J., Games, P. A. und Clinch, J. J. (1979). Tests for homogeneity of variance. Commun. Statist., Ser. B, Simul. Comput. 8, 113-129

Klotz, J. (1962). Nonparametric tests for scale. Ann. Math. Statist. 33, 498-512

Klotz, J. (1963). Small sample power and efficiency for the one sample Wilcoxon and normal scores tests. Ann. Math. Statist. 34, 624-632

Koenker, R. (1982). Robust methods in econometrics. Econometric Review 1, 213-255

Koenker, R. und Bassett, G. Jr. (1978). Regression quantiles. Econometrica 46, 33-50

Kohne, W. (1981). Robustifizierte statistische Verfahren unter Abhängigkeitsannahmen. Dissertation, Siegen

Korin, B. P. (1969). On testing the equality of k covariance matrices. Biometrika 56, 216-218

Korin, B. P. (1972). Some comments on the homoscedasticity criterion M and the multivariate analysis of variance tests T^2, W and R. Biometrika 59, 215-216

Kosfeld, R. (1986). Computational aspects and small sample properties of multidimensional medians. Comp. Statist. Quarterly 1, 21-36

Kössler, W. (1991). Restriktive adaptive Rangtests zur Behandlung des Zweistichproben-Skalenproblems. Unveröffentlichte Dissertation, Humboldt-Universität Berlin

Laderman, J. (1939). The distribution of Student's ratio for samples of two items drawn from non-normal universes. Ann. Math. Statist. 10, 376-379

Lambert, D. (1981). Influence functions for testing. J. Amer. Statist. Assoc. 76, 649-657

Lambert, D. (1982). Qualitative robustness of tests. J. Amer. Statist. Assoc. 77, 352-357

Layard, M. W. J. (1973). Robust large-sample tests for homogeneity of variance. J. Amer. Statist. Assoc. 68, 195-198

Lecoutre, J.-P. und Tassi, P. (1987). Statistique nonparametrique et robustesse. Economica, Paris

Lee, A. und Gurland, J. (1977). One-sample t-test when sampling from a mixture of normal distributions. Ann. Statist. 5, 803-807

Lee, F. S. und D'Agostino (1976). Levels of significance of some two-sample tests when observations are from compound normal distribution. Commun. Statist., Ser. A., Theor. and Meth. 5, 325-342

Lee, H. und Yuen Fung, K. (1983). Robust procedures for multi-sample location problems with unequal group variances. Commun. Statist., Ser. B, Simul. Comput. 18, 125-143

Lehmann, E. L. (1959). Testing statistical hypotheses. Wiley, New York

Lehmann, E. L. (1966). Some concepts of dependence. Ann. Math. Statist. 37, 1137-1153

Lemmer, H. H. (1978). A robust test for dispersion. J. Amer. Statist. Assoc. 73, 419-421

Leonard, W. (1990). Robuste Scale-Tests im Einstichproben-Problem. Diplomarbeit, Freie Universität Berlin

Levene, H. (1960). Robust tests for equality of variances. In: Contributions to probability and statistics, Hrsg. I. Olkin, Stanford University Press, Palo Alto, Calif., 278-292

Levy, K. J. (1975). An empirical comparison of several range tests for variances. J. Amer. Statist. Assoc. 70, 180-183

Loh, W.-Y. (1987). Some modifications of Levene's test of variance homogeneity. J. Statist. Comput. Simul. 28, 213-226

MacGillivray, H. L. (1986). Skewness and asymmetry: Measures and orderings. Ann. Statist. 14, 994-1011

Mann, H. B. und Whitney, D. R. (1947). On a test of whether one of two variables is stochastically larger than the other. Ann. Math. Statist. 18, 50-60

Manoukian, E. B. (1986a). Modern concepts and theorems of mathematical statistics. Springer, New York

Manoukian, E. B. (1986b). Mathematical nonparametric statistics. Gordon and Breach Science Publishers, New York

Mardia, K. V., Kent, J. T. und Bibby, J. M. (1979). Multivariate analysis. Academic Press, London

Markowski, C. A. und Markowski, E. P. (1990). Conditions for the effectiveness of a preliminary test of variance. The Amer. Statist. 44, 322-326

Marrero, O. (1985). Robustness of statistical tests in the two-sample location problem. Biom. J. 27, 299-316

Martin, R. D. (1979). Robust estimation for time series autoregressions. In: Robustness in statistics, Hrsg. R. L. Launer und G. N. Wilkinson, Academic Press, New York, 147-176

Martin, R. D. (1980). Robust estimation of autoregressive models. In: Direction in time series, Hrsg. D. R. Brillinger und G. C. Tiao, Institute of Mathematical Statistics Publication, Haywood, California, 228-254

Martin, R. D. (1981). Robust methods for time series. In: Applied time series, Hrsg. D. F. Findley, Academic Press, 683-759

Martin, R. D. und Yohai, V. J. (1985). Robustness in time series and estimating ARMA models. In: Handbook of Statistics, Vol. 5, Hrsg. E. J. Hannan, P. R. Krishnaiah und M. M. Rao, 119-155

Martin, R. D. und Yohai, V. J. (1986). Influence functionals for time series. Ann. Statist. 14, 781-818

Mickey, M. R. und Brown, M. B. (1966). Bounds on the distribution functions of the Behrens-Fisher statistic. Ann. Math. Statist. 37, 639-642

Mielke, P. W. Jr. (1972). Asymptotic behaviour of two-sample tests based on powers of ranks for detecting scale and location alternatives. J. Amer. Statist. Assoc. 67, 850-854

Miller, R. G. (1966). Simultaneous statistical inference. McGraw Hill, New York

Miller, R. G. (1968). Jackknifing variances. Ann. Math. Statist. 39, 567-582

Miller, R. G. (1986). Beyond ANOVA, basics of applied statistics. Wiley, New York

Milton, R. C. (1970). Rank order probabilities, two-sample normal shift alternatives. Wiley, New York

Mood, A. M. (1941). On the joint distribution of the medians in samples from a multivariate population. Ann. Math. Statist. 12, 268-278

Mood, A. M., Graybill, F. A. und Boes, D. C. (1974). Introduction to the theory of statistics. McGraw Hill, Tokyo

Moors, J. J. A. (1986). The meaning of kurtosis: Darlington reexamined. The Amer. Statist. 40, 283-284

Morgenstern, O. (1965). Über die Genauigkeit wirtschaftlicher Beobachtungen. Physica, Würzburg

Moses, L. E. (1963). Rank tests for dispersion. Ann. Math. Statist. 34, 973-983

Neave, H. R. und Granger, C. W. J. (1968). A Monte Carlo study comparing various two-sample tests for differences in mean. Technometrics 10, 509-522

Neuhaus, G. (1987). Local asymptotics for linear rank statistics with estimated score functions. Ann. Statist. 15, 491-512

Neyman, J. und Pearson, E. S. (1931). On the problem of k samples. Bull. Acad. Polon. Sci. et Lettres, Ser. A, 460-481

Noether, G. E. (1955). On a theorem of Pitman. Ann. Math. Statist. 26, 64-68

Nürnberg, G. (1984). Robustness of two-sample tests for variances. In: Robustness of statistical methods and nonparametric statistics, Hrsg. D. Rasch und M. L. Tiku, VEB Deutscher Verlag der Wissenschaften, Berlin

O'Brien, P. N., Parenté, F. J. und Schmitt, C. J. (1982). A Monte Carlo study on the robustness of four MANOVA criterion tests. J. Statist. Comput. Simul. 15, 183-192

Oja, H. (1981). On location, scale, skewness and kurtosis of univariate distributions. Scand. J. Statist. 8, 154-168

Olivares, H. A. und Heiler, S. (1989). Recursive generalized M-estimators for ARMA models. Fakultät für Wirtschaftswissenschaften und Statistik, Universität Konstanz

Olson, C. L. (1974). Comparative robustness of six tests in multivariate analysis of variance. J. Amer. Statist. Assoc. 69, 894-908

Pagenkopf, J. (1977). Güte und Effizienz einiger nicht-parametrischer Tests bei kleinen Stichproben. Vandenhoeck und Ruprecht, Göttingen

Patel, K. R., Mudholkar, G. S. und Fernando, J. L. I. (1988). Student's approximations for three simple robust estimators. J. Amer. Statist. Assoc. 83, 1203- 1210

Pearson, E. S. (1929). The distribution of frequency constants in small samples from non-normal symmetrical and skew populations. Biometrika 21, 259-286

Pearson, E. S. (1931) The analysis of variances in case of non-normal variation. Biometrika 23, 114-133

Pearson, E. S. und Please, N. W. (1975). Relation between the shape of population distribution and the robustness of four simple test statistics. Biometrika 62, 223-242

Perlo, V. (1933). On the distribution of Student's ratio for samples of three drawn from a rectangular distribution. Biometrika 25, 203-204

Pickands, J. III (1975). Statistical inference using extreme order statistics. Ann. Statist. 3, 119-131

Pitman, E. J. G. (1939). Tests of hypotheses concerning location and scale parameters. Biometrika 31, 200-215

Policello, G. E. und Hettmansperger, T. P. (1976). Adaptive robust procedures for the one-sample location problem. J. Amer. Statist. Assoc. 71, 624-633

Pollock, K. H. (1978). Inference robustness vs. criterion robustness: An example. The Amer. Statist. 32, 133-136

Portnoy, S. L. (1977). Robust estimation in dependent situations. Ann. Statist. 5, 22-43

Portnoy, S. L. (1979). Further remarks on robust estimation in dependent situations. Ann. Statist. 7, 224-231

Posten, H. O. (1978). The robustness of the two-sample t-test over the Pearson system. J. Statist. Comput. Simul. 6, 295-311

Posten, H. O. (1982). Two-sample Wilcoxon power over the Pearson system and comparison with the t-test. J. Statist. Comput. Simul. 16, 1-18

Posten, H. O., Yehi, H. C. und Owen, D. B. (1982). Robustness of the two-sample t-test under violations of the homogeneity of variance assumption. Commun. Statist., Ser. A., Theor. and Meth. 11, 109-126

Pratt, J. W. (1964). Robustness of some procedures for the two-sample location problem. J. Amer. Statist. Assoc. 59, 665-680

Preparata, F. P. und Hong, S. J. (1977). Convex hulls of finite sets of points in two and three dimensions. Comm. ACM 20, 87-93

Puri, M. L. (1965). On some tests of homogeneity of variances. Ann. Math. Statist. 17, 323-330

Puri, M. L. (1972). Some aspects of nonparametric inference. Int. Stat. Rev. 40, 299-327

Puri, M. L. und Sen, P. K. (1971). Non-parametric methods in multivariate analysis. Holt, Rinehart and Winston, New York

Putter, J. (1955). The treatment of ties in some nonparametric tests. Ann. Math. Statist. 26, 368-386

Ramachandran, K. V. (1958). A test of variances. J. Amer. Statist. Assoc. 53, 741-747

Ramberg, J. S. und Schmeiser, B. W. (1972). An approximate method for generating symmetric random variables. Commun. ACM 15, 987-990

Ramberg, J. S. und Schmeiser, B. W. (1974). An approximate method for generating asymmetric random variables. Commun. ACM 17, 78-82

Ramsey, F. L. (1971). Small sample power functions for nonparametric tests of location in the double exponential family. J. Amer. Statist. Assoc. 66, 149-151

Randles, R. H. und Hogg, R. V. (1973). Adaptive distribution-free tests. Comm. Statist. 2, 337-356

Randles, R. H. und Wolfe, D. A. (1979). Introduction to the theory of nonparametric statistics. Wiley, New York

Randles, R. H., Ramberg, J. S. und Hogg, R. V. (1973). An adaptive procedure for selecting the population with largest location parameter. Technometrics 15, 769-778

Rao, C. R. (1965). Linear statistical inference and its applications. Wiley, New York

Ratcliffe, J. F. (1986). The effect on the t distribution of non-normality in the sampled population. Appl. Statist. 17, 42-48

Renyi, A. und Sulanke, R. (1963). Über die konvexe Hülle von zufällig ausgewählten Punkten I. Zeit. f. Wahr. 2, 75-84

Renyi, A. und Sulanke, R. (1964). Über die konvexe Hülle von zufällig ausgewählten Punkten II. Zeit. f. Wahr. 3, 138-147

Rey, W. J. J. (1978). Robust statistical methods. Lecture notes in mathematics. Springer, Berlin

Rieder, H. (1978). A robust asymptotic testing model. Ann Statist. 6, 1080-1094

Rieder, H. (1981). Robustness of one- and two-sample rank tests against gross errors. Ann. Statist. 9, 245-265

Rieder, H. (1982). Qualitative robustness of rank tests. Ann. Statist. 10, 205-211

Rivest, L.-P. (1986). Bartlett's, Cochran's and Hartley's test on variances are liberal when the underlying distribution is long-tailed. J. Amer. Statist. Assoc. 81, 124-128

Rizzi, A. (1984). The robustness of some statistical tests. The multivariate case. In: Robustness of statistical methods and nonparametric statistics, Hrsg. D. Rasch und M. L. Tiku, VEB Deutscher Verlag der Wissenschaften, Berlin, 117-124

Rödel, E. (1989). Linear rank statistics with estimated scores for testing independence. Statistics 20, 423-438

Rohatgi, V. K. and Ahluwalia, R. (1981). Testing equality of variances in sampling from two normal populations. Commun. Statist., Ser. B, Simul. Comput. 12, 140-142

Ronchetti, E. M. (1982a). Robust alternatives to the F-test for the linear model. In: Probability and statistical inference, Hrsg. W. Grossmann, C. Pflug und W. Wertz, Reidel Publishing Company, Dordrecht-Holland, 329-342

Ronchetti, E. M. (1982b). Robust testing in linear models: The infinitesimal approach. Ph.D. Thesis, ETH Zürich

Ronchetti, E. M. (1984). Bounded-influence inference in regression. Tech. Rpt. No. 257, Series Z, Department of Statistics, Princeton University

Ronchetti, E. M. (1987). Bounded influence in regression: A review. In: Statistical data analysis, Hrsg. Y. Dodge, North Holland

Rothe, G. (1989). Jackknife und Bootstrap: Resampling-Verfahren zur Genauigkeitsschätzung von Parameterschätzungen. ZUMA-Arbeitsbericht Nr. 89/04, Mannheim

Roussas, G. G. (1973). A first course in mathematical statistics. Addison-Wesley, Massachusetts

Rousseeuw, P. J. und Leroy, A. M. (1987).Robust regression and outlier detection. Wiley, New York

Rousseeuw, P. J. und Ronchetti, E. M. (1979). The influence curve for tests. Research Report 21, Fachgruppe für Statistik, ETH, Zürich

Rousseeuw, P. J. und van Zomeren, B. C. (1990). Unmasking multivariate outliers and leverage points (with discussion). J. Amer. Statist. Assoc. 85, 633-651

Ruhberg, S. J. (1986). A continuously adaptive nonparametric two-sample test. Commun. Statist., Ser. A, Theor. and Meth. 15, 2899-2920

Rünstler, G. (1987). Adaptive verteilungsfreie Tests auf Variabilität für das Zweistichprobenproblem. Diplomarbeit, Technische Universität Graz

Ruppert, D. (1987). What is kurtosis? An influence function approach. The Amer. Statist. 41, 1-5

Ruppert, D. und Carroll, R. J. (1980). Trimmed least squares estimation in the linear model. J. Amer. Statist. Assoc. 75, 828-837.

Ruppert, D. und Carroll, R. J. (1982). Robust estimation in heteroscedastic linear models. Ann. Statist. 10, 429-441

Rust, S. W. (1981). Robust nonparametric procedures for the several sample location problem, Ph.D. Thesis, Ohio State University

Sansing, R. C. und Owen, D. B. (1974). The density of the t-statistic for nonnormal distributions. Commun. Statist. 3, 139-155

Scheffé, H. (1959). The analysis of variance. Wiley, New York

Scheffé, H. (1970). Practical solutions of the Behrens-Fisher problem. J. Amer. Statist. Assoc. 65, 1501-1508

Schrader, R. M. und Hettmansperger, T. P. (1980). Robust analysis of variance based on a likelihood ratio criterion. Biometrika 67, 93-101

Schrader, R. M. und McKean, J. W. (1977). Robust analysis of variance. Commun. Statist., Ser. A, Theor. and Meth. 6, 879-894

Schuster, E. F. (1984). Classification of probability laws by tail behavior. J. Amer. Statist. Assoc. 79, 936-939

Sen, P. K. (1962). On studentized non-parametric multi-sample location tests. Ann. Inst. Statist. 14, 119-131

Sen, P. K. (1980). Asymptotic theory of some tests for a possible change in the regression slope occuring at an unknown time point. Zeit. f. Wahr. 52, 203-218

Sen, P. K. (1982). On M tests in linear models. Biometrika 69, 245-248

Serfling, R. J. (1968). The Wilcoxon two-sample statistic on strongly mixing processes. Ann. Math. Statist. 39, 1202-1209

Serfling, R. J. (1980). Approximation theorems of mathematical statistics. Wiley, New York

Shiraishi, T. (1989). Multivariate multi-sample rank tests for location-scale alternatives. Commun. Statist., Ser. A, Theor. and Meth. 18, 85-105

Shiraishi, T. (1990). M-tests in multivariate models. Metrika 37, 189-197

Shoemaker, L. H. und Hettmansperger, T. P. (1982). Robust estimates and tests for the one- and two-sample scale models. Biometrika 69, 47-53

Shorack, G. R. (1969). Testing and estimating ratios of scale parameters. J. Amer. Statist. Assoc. 64, 999-1013

Sibson, R. (1984). Present position and potential developments: Some personal views. Multivariate Analysis, J. Roy. Statist. Soc., Ser. A 147, 198-207

Silverman, B. W. und Titterington, D. M. (1981). Minimum covering ellipses. SIAM J. on Scientific and Statistical Computing 1, 401-409

Smirnow, N. V. (1939). On the estimation of the descrepancy between empirical curves of distribution for two independent samples (Russian). Bull. Moscow University 2, 3-16

Smith, T. M. und Iglewicz, B. (1986). An effective classroom technique for comparison of robust estimators. The Amer. Statist. 36, 163-168

Srivastava, A. B. L. (1958). Effect of non-normality on the power function of t-test. Biometrika 45, 421-429

Srivastava, A. B. L. (1959). Effects of non-normality on the power of the analysis of variance test. Biometrika 46, 114-122

Staudte, R. G. und Sheather, S. J. (1990). Robust estimation and testing. Wiley, New York

Stigler, S. M. (1977). Do robust estimators work with real data? Ann. Statist. 5, 1055-1098

Student (1908). The probable error of a mean. Biometrika 6, 1-25

Subrahmaniam, K., Subrahmaniam, K. und Messeri, J.Y. (1975). On the robustness of some tests of significance in sampling from a compound normal population. J. Amer. Statist. Assoc. 70, 435-438

Talwar, P. P. und Gentle, J. E. (1977). A robust test for the homogeneity of scales. Commun. Statist., Ser. A, Theor. and Meth. 6, 363-369

Talwar, P. P. und Gentle, J. E. (1978). A robust test for the coincidence of regressions. J. Statist. Comput. Simul. 7, 107-113

Tan, W. Y. und Tabatabai, M. A. (1985). Some robust ANOVA procedures under heteroscedasticity and nonnormality. Commun. Statist., Ser. B, Simul. Comput. 14, 1007-1026

Tan, W. Y. und Tabatabai, M. A. (1986). A robust procedure for comparing several means under heteroscedasticity and nonnormality. Commun. Statist., Ser. B, Simul. Comput. 15, 733-745

Tate, R. F. und Klett, G. W. (1959). Optimal confidence intervals for the variance of a normal distribution. J. Amer. Statist. Assoc. 54, 674-682

Tiku, M. L. (1971). Student's t distribution under nonnormal situations. Austral. J. Statist. 13, 142-148

Tiku, M. L., Tan, W. Y. und Balakrishnan, N. (1986). Robust inference. Marcel Dekker, New York

Tukey, J. W. (1960). A survey of sampling from contaminated distributions. Contributions to probability and statistics. Essays in honor of Harold Hotelling, Calif., 445-485

Tukey, J. W. (1962). The future of data analysis. Ann. Math. Statist. 33, 1-67

Tukey, J. M. und McLaughlin, D. H. (1963). Less vulnerable confidence and significance procedures for location based on a single sample: Trimming/Winsorization I. Sankhya(A) 25,331-352

Uthoff, V.A. (1970). An optimum test property of two well known statistics. J. Amer. Statist. Assoc. 62, 1179-1186

v. Mises, R. (1947). On the asymptotic distribution of differentiable statistical functions. Ann. Math. Statist. 18, 309-348 van der Vaart, H. R. (1961). On the robustness of Wilcoxon's two sample test. In: Quantitative methods in pharmacology, Hrsg. H. de Jonge, New York Interscience, 140-158

van Zwet, W. R. (1964). Convex transformations of random variables. Math. Centrum, Amsterdam

Viano, H. und Oppenheim, G. (1975). Robustesse de tests de comparaisons de moyennes vis à vis de la non-indépendence des observations. Math. Operationsforsch. Statist. 6, 197-211

Vleugels, P. (1984). Zur Robustheit von Tests im Ein- und Zweistichproben-Problem. Unveröffentlichte Dissertation, Freie Universität Berlin

Vořlíčková, D. (1972). Asymptotic properties of rank tests of symmetry under discrete distributions. Ann. Math. Statist. 43, 2013-2018

Wald, A. und Wolfowitz, J. (1940). On a test whether two samples are from the same population. Ann. Math. Statist. 11, 147-162

Wang, Y. Y. (1971). Probabilities of the type 1 errors of the Welch tests for the Behrens-Fisher problem. J. Amer. Statist. Assoc. 66, 605-608

Wannhoff, J. (1989). Zur Analyse von Mischverteilungen auf der Basis von Informationskriterien. Reihe: Quantitative Ökonomie, Bd. 23, J. Eul, Köln

Welch, B. L. (1937). The significance of the difference between two means when the population variances are unequal. Biometrika 29, 350-362

Welch, B. L. (1951). On the comparison of several mean values: An alternative approach. Biometrika 38, 330-336

Welsh, A. H. und Morrison, H. L. (1990). Robust L estimation of scale with an application in astronomy. J. Amer. Statist. Assoc. 85, 729-743

Wetherill, G. B. (1960). The Wilcoxon-test and non-null hypotheses. J. Roy. Statist. Soc., Ser. B 22, 402-418

Wilcox, R. R., Charlin, V. L. und Thompson, K. L. (1986). New Monte Carlo results on the robustness of the ANOVA F, W and F^* statistics. Commun. Statist., Ser. B, Simul. Comput. 15, 933-943

Wilcoxon, F. (1945). Individual comparisons by ranking methods. Biometrics 1, 80-83

Wilk, M. B., Gnanadesikan, R. und Huyett, M. J. (1962). Probability plots for the gamma distribution. Technometrics 4, 1-20

Yao, Y. (1965). An approximate degrees of freedom solution to the multivariate Behrens-Fisher problem. Biometrika 52, 139-147

Ylvisaker, D. (1977). Test resistance. J. Amer. Statist. Assoc. 72, 551-556

Yuen, K. K. (1974). The two-sample trimmed t for unequal population variances. Biometrika 61, 165-170

Yuen, K. K. (1975). Power comparisons of single-sample winsorized t, trimmed t and Student's t. Canad. J. Statist. 3, 71-80

Yuen Fung, K. (1979). A Monte-Carlo study of the studentized Wilcoxon statistic for the Behrens-Fisher problem. Commun. Statist., Ser. B, Simul. Comput. 10, 15-24

Yuen, K. K. und Dixon, W. J. (1973). The approximate behaviour and performance of the two-sample trimmed t. Biometrika 60, 369-374

Yuen, K. K. und Murthy, V. K, (1974). Percentage points of the distribution of the t statistic when the parent is Student's t. Technometrics 16, 495-497

Yuen Fung, K. und Rahman, S. M. (1980). The two-sample winsorized t. Commun. Statist., Ser. B, Simul. Comput. 9, 337-347

Yuen Fung, K., Lee, H. und Tajuddin, I. (1985). Some robust test statistics for the two-sample location problem. The Amer. Statist. 35, 175-182

Sachregister

Bei Fragen zur Produktsicherheit wenden Sie sich bitte an:
If you have any questions regarding product safety,
please contact:

Walter de Gruyter GmbH
Genthiner Straße 13
10785 Berlin
productsafety@degruyterbrill.com